Systembereinigung und Vereinfachung der Einkommensteuer

Europäische Hochschulschriften

Publications Universitaires Européennes
European University Studies

Reihe V
Volks- und Betriebswirtschaft

Série V Series V
Sciences économiques, gestion d'entreprise
Economics and Management

Bd./Vol. 3165

PETER LANG
Frankfurt am Main · Berlin · Bern · Bruxelles · New York · Oxford · Wien

Thomas Schmitt

Systembereinigung und Vereinfachung der Einkommensteuer

PETER LANG
Europäischer Verlag der Wissenschaften

Bibliografische Information Der Deutschen Bibliothek
Die Deutsche Bibliothek verzeichnet diese Publikation in der Deutschen Nationalbibliografie; detaillierte bibliografische Daten sind im Internet über <http://dnb.ddb.de> abrufbar.

Zugl.: Hohenheim, Univ., Diss., 2005

D 100
ISSN 0531-7339
ISBN 3-631-54632-7

www.peterlang.de

„Wir denken weiter über die Vereinfachung der Melkmaschine nach!“

Vorwort

Die vorliegende Arbeit entstand neben meiner Tätigkeit als selbstständiger Steuerberater unter der Betreuung von Herrn Prof. Dr. Peter Bareis am Lehrstuhl für Betriebswirtschaftliche Steuerlehre und Prüfungswesen der Universität Hohenheim und wurde im Juni 2005 als Dissertation angenommen. Das Promotionsverfahren wurde im Juli 2005 mit der mündlichen Prüfung abgeschlossen.

Ich danke meinem Doktorvater, Herrn Prof. Dr. Peter Bareis, für seine wertvollen Hinweise bezüglich Struktur und Inhalt dieser Arbeit, die es mir erleichterten, den Spagat zwischen der täglichen Arbeit im „Wirrwarr" des Steuerrechts und wissenschaftlichen Ansprüchen zu meistern. Mein Dank gilt auch Herrn Prof. Dr. Armin Dittmann für die Übernahme des Zweitgutachtens.

Meiner lieben Familie, und hier natürlich insbesondere meiner Frau Elke und meinen Töchtern Annika und Hannah, möchte ich für die Geduld danken, die sie hin und wieder aufbringen mussten, wenn das Ziel der Fertigstellung der Arbeit mal wieder unerreichbar schien und mein Gemütszustand dadurch „ein wenig schwieriger" wurde.

Meinem Freund, Partner und Berufskollegen Herrn WP/StB Stefan Klumpp danke ich für seine unaufhörliche Bereitschaft, mir den notwendigen Freiraum einzuräumen.

Pforzheim, im August 2005

Inhaltsübersicht

Inhaltsverzeichnis

Abkürzungsverzeichnis

a.A.	anderer Auffassung
Abb.	Abbildung
Abs.	Absatz
AfA	Absetzung für Abnutzung
AG	Aktiengesellschaft
AktG	Aktiengesetz
Anm.	Anmerkung
AO	Abgabenordnung
Art.	Artikel
Aufl.	Auflage
Az.	Aktenzeichen
BB	Betriebs-Berater
Bd.	Band
BewG	Bewertungsgesetz
BFH	Bundesfinanzhof
BFH/NV	Sammlung amtlich nicht veröffentlichter Entscheidungen des Bundesfinanzhofs
BGB	Bürgerliches Gesetzbuch
BGBl	Bundesgesetzblatt
BMF	Bundesminister bzw. Bundesministerium der Finanzen
BMG	Bemessungsgrundlage
Bsp.	Beispiel
BStBl	Bundessteuerblatt
BVerfG	Bundesverfassungsgericht
BVerfGE	Entscheidungen des Bundesverfassungsgerichts
bzw.	beziehungsweise
ca.	circa
DB	Der Betrieb
d.h.	das heißt
DM	Deutsche Mark
DStJG	Deutsche Steuerjuristische Gesellschaft
DStR	Deutsches Steuerrecht
DStRE	DStR-Entscheidungsdienst
DWS	Deutsches Wissenschaftliches Steuerinstitut der Steuerberater e.V.

EFG	Entscheidungen der Finanzgerichte
ErbStG	Erbschaftsteuer- und Schenkungsteuergesetz
ErbStR	Erbschaftsteuer-Richtlinien
ESt	Einkommensteuer
EStG	Einkommensteuergesetz
EStR	Einkommensteuer-Richtlinien
etc.	et cetera
EUR	Euro
evtl.	eventuell
f	folgend
FA	Finanzamt
ff	fortfolgend
FG	Finanzgericht
FN	Fußnote
GbR	Gesellschaft bürgerlichen Rechts
gem.	gemäß
GG	Grundgesetz
ggf.	gegebenenfalls
GmbH	Gesellschaft mit beschränkter Haftung
GmbHG	Gesetz betreffend die Gesellschaften mit beschränkter Haftung
GrS	Großer Senat
HFR	Höchstrichterliche Finanzrechtsprechung
HGB	Handelsgesetzbuch
Hrsg.	Herausgeber
IAS	International Accounting Standards
i.d.F.	in der Fassung
i.d.R.	in der Regel
IFRS	International Financial Reporting Standards
IRC	Internal Revenue Code
i.V.m.	in Verbindung mit
i.Z.m.	im Zusammenhang mit
KE	Karlsruher Entwurf zur Reform des Einkommensteuergesetzes
KG	Kommanditgesellschaft
KStG	Körperschaftsteuergesetz
KZF	Kalkulationszinsfuß

lfd.	laufende
Lifo	Last in first out
lt.	laut
LX-Nr.	Lexinform-Dokumentationsnummer
m.a.W.	mit anderen Worten
m.E.	meines Erachtens
Nr.	Nummer
NWB	Neue Wirtschafts-Briefe
OFD	Oberfinanzdirektion
p.a.	per anno
PublG	Gesetz über die Rechnungslegung von bestimmten Unternehmen und Konzernen (Publizitätsgesetz)
RAP	Rechnungsabgrenzungsposten
RVO	Rechtsverordnung
Rz	Randziffer
S.	Seite
Sec.	Section
sog.	sogenannt
Stpfl.	Steuerpflichtige(r)
u.	und
u.a.	unter anderem bzw. und andere
UStG	Umsatzsteuergesetz
UStR	Umsatzsteuer-Richtlinien
usw.	und so weiter
vgl.	vergleiche
VZ	Veranlagungszeitraum
wg.	wegen
z.B.	zum Beispiel
ZPO	Zivilprozeßordnung
z.T.	zum Teil

Symbolverzeichnis

A_0	Anschaffungsausgabe
A_t	Auszahlungen
AfA_t	Absetzung für Abnutzung
AU_t	Aufwendungen
C_t	Konsum
dS	Veränderung der Steuer
dZB	Veränderung des Zielbeitrags
E_t	Einzahlungen
EN_t	Entnahmen
ER_t	Erträge
FI_t	Finanzinvestition (in „risikolose" Wertpapiere)
G_t	Periodengewinn
i	Kalkulationszinsfuß vor Steuern
i_s	Kalkulationszinsfuß nach Steuern
K	Kapitalwert
n	Endperiode
ND	Nutzungsdauer
q	1+i
R_t	Restwert am Ende der Periode
R_{t-1}	Restwert am Ende der Vorperiode bzw. am Anfang der Periode
Rs_t	Rückstellung
s	Steuersatz
S_i	Steuerfunktion
S_t	Steuerzahlung
SBG_t^{ESt}	Einkommensteuerbemessungsgrundlage

TE	Totalerfolg
TG	Totalgewinn
TÜ	Totalüberschuss
t	Periodenindex (mit t = 0,...,n)
U_{max}	zu maximierender Konsumnutzen
$Ü_t$	Überschuss der Einnahmen über die Werbungskosten
V_n	am Lebensende noch vorhandenes Vermögen
V_t	Reinvermögen am Ende der Periode
V_{t-1}	Reinvermögen am Ende der Vorperiode bzw. am Anfang der Periode
VA_t	Verlustausgleich (Verlustverrechnung)
VE_n	Veräußerungserlös
VG_n	Veräußerungsgewinn
VK_t	Verkaufserlös (aus risikolosen Wertpapieren)
VR_t	Verlustrücktrag
VV_t	Verlustvortrag
ZB	Zielbeitrag
Z_t	Zahlungsüberschuss

A Einleitung

A.1. Problemstellung

Klagen über ein kompliziertes (Einkommen-)Steuerrecht, das in seiner Gesamtheit selbst für Fachleute undurchschaubar geworden ist, haben bedauerlicherweise keinen Neuigkeitswert mehr. Längst hat sich der Begriff „Steuerchaos“ für die Beschreibung des Zustandes des deutschen Steuerrechts eingebürgert.[1] In schöner Regelmäßigkeit treten vielfältige steuergesetzliche Änderungen in Kraft,[2] die z.T. in so ermutigend wirkende Begriffe wie Steuerentlastungsgesetz, Steuerbereinigungsgesetz, Steuersenkungsgesetz oder Steuervergünstigungsabbaugesetz gekleidet wurden und den Steuerpflichtigen als echte Reformen verkauft werden sollten.[3]

Eine solche Reform sollte etwa mit dem Gesetz zur Senkung der Steuersätze und zur Reform der Unternehmensbesteuerung („Steuersenkungsgesetz“) verwirklicht werden, das beginnend zum 1.1.2001 in mehreren Stufen in Kraft trat, jedoch bereits vor dessen Umsetzung erste Änderungen erfahren hatte. Anschließend sorgten insbesondere der Entwurf[4] zum sog. Steuervergünstigungsabbaugesetz und dessen spätere Umsetzung für die bereits gewohnte Unsicherheit speziell zum Jahreswechsel. Und zuletzt wurde das Steueränderungsgesetz 2003 von einer wahren Flut weiterer Gesetzesvorhaben begleitet.[5] Allerdings blieb die erhoffte Strukturreform bislang aus.

Für die Darstellung der Entwicklung wirklicher Reformbemühungen ist es deshalb hilfreich, zunächst einen Blick auf diejenigen Reforminitiativen zu werfen, die insbesondere durch den Beschluss des Bundesverfassungsgerichts zur Freistellung des Existenzminimums[6] ausgelöst wurden.

---

1 Vgl. Lang (1996), S. 119; Dann (1994), S. 133.

2 So wurden lt. einer Untersuchung des Nachrichtenmagazins FOCUS vom 10.11.2003 (S. 26) seit dem Amtsantritt der rot-grünen Koalition im Oktober 1998 allein im EStG 116 Paragrafen (z.T. mehrfach) geändert.

3 Ein Überblick der wesentlichen Änderungsgesetze zur Einkommensteuer findet sich im Verzeichnis der Gesetze und Verwaltungsanweisungen.

4 Vgl. DStR-Aktuell 48/2002, S. VI ff.

5 Zu nennen sind hier insbesondere das Haushaltsbegleitgesetz 2004, das Gesetz zur Umsetzung der Protokollerklärung der Bundesregierung zur Vermittlungsempfehlung zum Steuervergünstigungsabbaugesetz (sog. Korb II) sowie das Gesetz zur Reform der Gewerbesteuer.

6 Vgl. BVerfG v. 25.9.1992, BStBl II 1993, S. 413.

Einen wichtigen Beitrag zu einer echten Systembereinigung der Einkommensteuer, die über bloße punktuelle Änderungen einzelner Vorschriften hinausging, lieferten die Thesen der Einkommensteuer-Kommission zur Steuerfreistellung des Existenzminimums ab 1996 und zur Reform der Einkommensteuer.[7] Entsprechend dem Auftrag der durch den damaligen Bundesfinanzminister Theo Waigel eingesetzten unabhängigen Expertenkommission wurden Aussagen über die Integration des steuerfrei zu stellenden Existenzminimums in den Einkommensteuertarif und Möglichkeiten zur Gegenfinanzierung im Wege einer Verbreiterung der Bemessungsgrundlage getroffen.[8] Darüber hinaus wurden aber auch Anregungen zur Systematisierung und Vereinfachung des Einkommensteuerrechts gegeben. So wurden 85 Positionen genannt, die aus steuersystematischen und ökonomischen Gründen entfallen bzw. neu geregelt werden sollten.[9]

Um so unverständlicher erscheint es dem Betrachter, dass diese Vorschläge vom Bundesministerium für Finanzen zunächst nicht aufgegriffen wurden und an deren Stelle nur kosmetische Steuerrechtsänderungen in Verbindung mit einem Tarifflickwerk traten.[10] Dies enttäuschte um so mehr, als der damalige Finanzminister Waigel noch im Geleitwort einer Festschrift für den 1994 in den Ruhestand verabschiedeten Oberfinanzpräsidenten Dietrich Meyding forderte, die „Steuervereinfachung als ständige Aufgabe zu begreifen und vermeidbare Komplizierungen möglichst zu vermeiden."[11]

Anfang 1997 legte die Steuerreform-Kommission unter dem Vorsitz von Theo Waigel dann die sog. Petersberger Steuervorschläge vor.[12] Diese Kommission griff einige Änderungsvorschläge der Einkommensteuer-Kommission 1995 auf, ohne dies allerdings ausdrücklich zu benennen. Im Hinblick auf die angestrebte grundlegende Steuerreform blieben die Petersberger Steuervorschläge jedoch weit hinter den Thesen der Einkommensteuer-Kommission 1995 zurück. Schließlich scheiterte die Umsetzung der Petersberger Steuervorschläge am fehlenden Kompromiss zwischen der damaligen CDU-geführten Bundesregierung und dem SPD-dominierten Bundesrat.[13] Ergänzend sei erwähnt, dass es noch verschiedene andere Reformvorschläge der Parteien gab, die hier aber nicht erörtert werden.[14]

---

7 Ausführlich Einkommensteuer-Kommission (1995).

8 Vgl. Bareis (1995), S. 159.

9 Vgl. hierzu Einkommensteuer-Kommission (1995), Anlage 7.

10 So Bareis (1995), S. 160 ff.

11 Waigel (1994), Geleitwort.

12 Ausführlich Steuerreform-Kommission (1997).

13 Vgl. Kaltenbronn (1999), S. 38.

14 Ein Überblick und eine Bewertung der vorgeschlagenen Maßnahmen findet sich bei Kaltenbronn (1999), S. 35 ff.

Parteiübergreifender Konsens[15] und auch in der Fachwelt häufig genanntes Kriterium für eine notwendige Steuerreform ist die Forderung nach einer Senkung der Steuersätze bei gleichzeitiger Verbreiterung der einkommensteuerlichen Bemessungsgrundlage. Während man bei den Reformvorschlägen der Parteien schon damit rechnen konnte, dass diese sich in der konkreten Ausgestaltung einer Ausweitung des steuerbaren Einkommens z.T. deutlich unterscheiden würden, überrascht es zunächst, dass auch in der wissenschaftlichen Diskussion konträre Standpunkte zur Frage der Verbreiterung der Bemessungsgrundlage vertreten werden.[16]

Ursächlich hierfür ist, dass in der theoretischen Auseinandersetzung zwei gegensätzliche Systemkonzepte favorisiert werden, die zu einer unterschiedlichen Beurteilung dahingehend führen, welche Vergünstigungen als systemfremd zu streichen sind. So stellt z.B. der Sparer-Freibetrag bei den Einkünften aus Kapitalvermögen[17] nach dem Leitbild einer umfassenden Einkommensbesteuerung eine systemfremde Freistellung dar, die vollständig zu beseitigen wäre. Demgegenüber ist der Sparer-Freibetrag im Konzept einer konsumorientierten Einkommensbesteuerung ein erster Schritt in Richtung einer angestrebten einmaligen Besteuerung des Lebenskonsums, so dass sich die Reformbemühungen demnach auf eine Ausdehnung des Sparer-Freibetrags richten müssten.[18]

Welche Besteuerungskonzeption soll nun aber zur Beseitigung der Systembrüche der Einkommensbesteuerung und der vielfach geforderten Verbreiterung der Bemessungsgrundlage herangezogen werden? Anhand welcher Kriterien soll die Auswahl erfolgen?

Aus theoretischer Sicht sind Aussagen hierüber nur möglich, wenn die Ziele, die ein Steuersystem erfüllen soll, bekannt sind. In der Literatur besteht ein grundsätzlicher Konsens darüber, dass Entscheidungsneutralität und Gleichmäßigkeit der Besteuerung zu den zentralen Leitbildern der Gestaltung eines Steuersystems gehören.[19] Ergänzt werden beide Leitbilder um den Grundsatz der Einfachheit eines Steuersystems,[20] der gerade für eine praktikable Umsetzung der Leitbilder Entscheidungsneutralität und Gleichmäßigkeit von entscheidender Bedeutung ist.

---

15 Vgl. Kaltenbronn (1999), S. 173.

16 Stellvertretend Wagner (1997), S. 517 ff; a.A. Eschbach (1997), S. 2005 ff.

17 Vgl. § 20 Abs. 4 EStG.

18 Vgl. Rose (1997), S. 6.

19 Vgl. Schneider (1989), S. 329; Elschen (1991), S. 99 ff; Bareis (1996), S. 34; Kirchhof (1998), S. 18 ff; Meyding (1998), S. 220.

20 Vgl. Bareis (1996), S. 34; Sigloch (1995), S. 696.

Ausgehend von der grundsätzlichen Anerkennung dieser Ziele, die im folgenden Teil noch näher untersucht werden, stellt sich zunächst die Frage, inwieweit die vorhandenen Systemkonzepte geeignet sind, zur Verwirklichung der genannten Ziele beizutragen bzw. wo deren Schwächen liegen. Dabei ist es ein Anliegen dieser Arbeit, neben einer einführenden theoretischen Auseinandersetzung mit den Steuerkonzepten, die Frage nach deren Eignung für eine Umsetzung in die Besteuerungspraxis in den Mittelpunkt zu stellen. Dies bedeutet, dass insbesondere auch Erfahrungen mit der Beratung im Chaos des Steuerrechts Rechnung getragen werden soll. Entsprechend kann die Tauglichkeit eines Systemkonzeptes nicht unter der Annahme vollkommener Sicherheit und einheitlichem Steuersatz beurteilt werden. Denn derartige Annahmen sind zwar ein hilfreiches gedankliches Schulungsmittel für grundsätzliche Überlegungen,[21] sie helfen aber nicht weiter, wenn es gilt, ein möglichst entscheidungsneutrales und gleichmäßiges Steuersystem in eine bestehende Wirtschafts- und Gesellschaftsordnung zu integrieren.[22]

Dieser von der reinen Modellbildung losgelöste praxisorientierte Ansatz ist schon deshalb erforderlich, weil die Handlungen der Steuerpflichtigen erfahrungsgemäß durch Entscheidungen unter Unsicherheit geprägt sind und die Wirtschafts- und Gesellschaftsordnung ein Werturteil für einen (progressiv) ansteigenden Steuertarif getroffen hat. In Übereinstimmung mit dem Anliegen, einen Ansatz für ein systematisches und zugleich praxisgerechtes Einkommensteuerrecht herauszuarbeiten, orientiert sich die Auswahl und Analyse bestehender Systembrüche folglich an deren Bedeutung für die tägliche Arbeit derjenigen, denen die Lust an der Beschäftigung mit dem Steuerrecht noch nicht vergangen ist. Dabei stellt sich die Frage, welche (bestehenden) steuerlichen Regelungen in besonderem Maße den an ein Steuersystem gestellten Zielen widersprechen und zu einer Komplizierung des Steuerrechts führen. Um hier eine objektivierte Auswahl besonders schwerwiegender Problembereiche im bestehenden Einkommensteuerrecht vornehmen zu können, bietet es sich an, das Hauptaugenmerk auf die Vorschriften zu richten, die besonders häufig Gegenstand der Finanzrechtsprechung sind.

Neben Finanzverwaltung, Finanzgerichten, Wissenschaft und natürlich den Steuerzahlern selbst sind durchaus auch Steuerberater von dem Ausmaß der Systemlosigkeit und Kompliziertheit des Steuerrechts betroffen. So wird von Steuerberatern zwar grundsätzlich zu Recht verlangt, dass sie neben der Beratung in allen Bereichen des Steuerrechts beispielsweise auch kompetente Ansprechpartner auf dem Gebiet der Betriebswirtschaft oder Vermögensverwaltung sein sollten. Die ausufernden steuerlichen Regelungen lassen aber kaum Zeit, sich

21 Vgl. Schneider (1995), S. 11.
22 Zutreffend Schneider (1989), S. 329.

mit diesen für die Mandanten immer wichtiger werdenden Beratungsgebieten in dem gebotenen Umfang zu beschäftigen.[23]

Besonders deutlich wird der Konflikt zwischen Beratungserfordernissen und bestehender Steuerwirklichkeit etwa bei der zunehmenden Zukunftsorientierung der Wirtschaft und der nach wie vor ausgeprägten Vergangenheitsorientierung der traditionellen Steuerberatungsdienstleistungen. Während nämlich Bürger und Unternehmen vom Steuerberater Entscheidungshilfen für gegenwärtige und zukünftige Handlungsalternativen erwarten, zwingt der Gesetzgeber die Beratungsbranche, sich z.B. mit Bewertungsfragen auseinanderzusetzen, deren Ursprung über ein Jahrzehnt zurückliegt.[24] Angesichts der generellen Kosteneinsparungsbestrebungen der Wirtschaft wird ein nutzenorientierter Unternehmer eine derartige Dienstleistung bestenfalls als lästige Pflicht honorieren. Bereits insoweit trifft die Behauptung, Steuerberater würden von einem komplizierten Steuerrecht profitieren, nur sehr begrenzt zu. Wer daneben Steuerberatung mit dem Anspruch sachgerechter, zukunftsbezogener und gestaltender Problemlösungen betreiben will, kann den heutigen Zustand des Steuerrechts nicht stillschweigend tolerieren.[25]

Es darf aber nicht übersehen werden, dass auch der Berufsstand selbst in den vergangenen Steuerreformdiskussionen nicht immer zu einem Fortschritt beigetragen hat. Erwähnt sei hier nur die vehement geforderte Beibehaltung des sog. Zwei-Konten-Modells, das letztlich eine Umqualifizierung privater in betrieblich abzugsfähige Schulden ermöglicht. Diese aus dem Aufgabenbereich des Steuerberaters heraus durchaus verständliche, weil für (einige) Mandanten positive Forderung, ist unter dem Aspekt der Verbesserung der Steuersystematik (wie noch näher zu erläutern sein wird) bedenklich.[26] Ebenso wenig hilfreich sind die Klammerungsversuche an die Beibehaltung des „altehrwürdigen Maßgeblichkeitsprinzips“.[27] Spätestens seit den einschneidenden Änderungen durch das Steuerentlastungsgesetz und den zunehmenden Tendenzen zu einer Internationalisierung der Rechnungslegung in Deutschland sollte auch der Berufsstand der Steuerberater erkannt haben, dass die von Vertretern der Wissenschaft schon lange geforderte Abkehr vom Maßgeblichkeitsprinzip auch praktisch kaum mehr aufzuhalten ist.[28]

---

23 Vgl. Dann (1994), S. 133 ff. Zudem sorgt die Kompliziertheit der Vorschriften für zunehmende Haftungsgefahren aus Beratungsfehlern. Ebenso Dann (1994), S. 137 f.

24 Vgl. § 6 Abs.1 Nr. 1 S. 4 u. Nr. 2 S. 3 EStG sowie BMF v. 25.02.2000, BStBl I 2000, S. 372.

25 So Dann (1994), S. 133 ff.

26 Vgl. Bader (1996), S. 2864.

27 Stellvertretend Hoffmann (1999), S. I.

28 So bereits Schneider (1978), S. 1577 ff. Vgl. auch Wagner (1998), S. 2073 ff; Küting (2000), S. 38 ff.

Während sich Vertreter des Berufsstandes der Steuerberater somit den Vorwurf entgegenhalten lassen müssen, ihre Forderungen im Hinblick auf Reformbestrebungen nicht immer aus einem schlüssigen Steuersystem abgeleitet zu haben, waren es nicht zuletzt Vertreter der Finanzverwaltung und der Finanzgerichte, die zu einer Komplizierung des Steuerrechts aktiv beigetragen haben.[29] Zahlreiche, sich z.T. widersprechende Urteile der Finanzgerichte und des BFH[30] haben ebenso wie das akribische Streben nach der Regelung des Einzelfalls im Erlasswege[31] dazu beigetragen, dass die wenigen systemtragenden Prinzipien weiter verdrängt wurden. Gleichwohl haben auch die für die konkrete Umsetzung zuständigen Finanzämter selbst unter der Regelungswut zu leiden.[32] Ähnliches gilt für die Finanzrichter und deren gestiegene Geschäftsbelastung.[33]

Bei dem zunächst dargestellten kurzen Überblick über die Entwicklung vergangener Reformbemühungen, die vorhandenen divergierenden Besteuerungskonzeptionen sowie der Charakterisierung des Zustandes der konkreten, praktischen Arbeit auf dem Gebiet des Steuerrechts könnte bereits der Eindruck entstehen, „die Kompliziertheit unseres Steuerrechts werde nur noch übertroffen von den Schwierigkeiten, es zu vereinfachen.“[34] Deshalb soll im Folgenden aufgezeigt werden, dass z.T. nur einige wenige grundsätzliche Probleme von sehr weitreichender Bedeutung für die Systemlosigkeit und Kompliziertheit des Steuerrechts sind, so dass durchaus die Chance besteht, bei entsprechenden Lösungsansätzen für diese Grundprobleme zu einer praktikablen Systembereinigung des Einkommensteuerrechts zu gelangen.

A.2. Abgrenzung des Untersuchungsobjekts

In der Literatur besteht ein grundsätzlicher Konsens dahingehend, dass Lenkungsmaßnahmen aus dem Einkommensteuerrecht zu beseitigen sind.[35] Darüber hinaus findet sich selbst in der öffentlich geführten Reformdiskussion immer wieder die Forderung nach niedrigeren Steuersätzen bei gleichzeitiger Verbreiterung der Bemessungsgrundlage. An der Notwendigkeit einer Beseitigung der

---

29 Zutreffend Klein (1994), S. 74 f.

30 Vgl. hierzu Meßmer (1988), S. 223 ff; Raupach (1998), S. 201 ff; Bühler/Schutter (1994), S. 182 f.

31 Vgl. Dann (1994), S. 136; BMF-Schreiben v. 25.10.1990, BStBl I 1990, S. 626.

32 Vgl. Bühler/Schutter (1994), S. 195 f; Meyding (1998), S. 226 f.

33 Vgl. Meßmer (1988), S. 237 f.

34 Meyding (1998), S. 219.

35 Stellvertretend Einkommensteuer-Kommission (1995), These 4, S. 4 f; Bareis (1996), S. 44 f; Elschen (1991), S. 113 ff; Lang (1996), S. 127 f.

zahlreichen Ausnahmeregelungen im Einkommensteuerrecht sollten deshalb keine Zweifel bestehen, binden deren umfangreiche Regelungen doch ebenfalls Ressourcen in Verwaltung und Steuerberatung. Für das geltende Einkommensteuergesetz bedeutet dies zunächst, dass aus steuerlenkenden Vorschriften resultierende Verzerrungen und Vergünstigungen zu beseitigen sind.[36] Zu denken ist hier insbesondere an die Abschaffung von Steuerbefreiungen und Steuerermäßigungen.[37]

Zusätzlich bedarf das geltende Einkommensteuerrecht aber einer dringenden Systembereinigung in seinen Kernbereichen. Denn im Beratungsalltag zeigt sich, dass gerade „gewöhnliche“ Problemstellungen, wie die Zuordnung eines PC´s zum betrieblichen oder privaten Bereich oder die Qualifizierung einer Tätigkeit als gewerblich oder selbständig, auf Fragen der Grundstruktur der geltenden Einkommensteuer zurückgeführt werden können.

Dieser zunächst subjektiv erscheinende Eindruck aus dem Blickwinkel der Steuerberatungspraxis bestätigt sich, wenn man die regelmäßig vor die Finanzgerichte gelangenden Streitfälle hinsichtlich der ihnen zugrunde liegenden Vorschriften untersucht. So zeigte bereits eine am Beispiel des Finanzgerichts München für den Zeitraum vom 1.7.1987 bis 30.6.1988 durchgeführte Untersuchung, dass die Überlastung der Finanzgerichtsbarkeit im Wesentlichen nicht auf die Fülle der steuerrechtlichen Normen zurückzuführen ist. Vielmehr wurde in fast der Hälfte aller ergangenen Urteile zum gesamten Gebiet des Steuerrechts zur Begründung auf lediglich zehn Paragrafen verwiesen.[38]

Engt man den Untersuchungsbereich auf das hier zu analysierende Einkommensteuerrecht ein, wurde in 67% aller Entscheidungen lediglich auf sieben Paragrafen zurückgegriffen.[39] Zwar wurde die Untersuchung zum Zwecke einer Analyse bestehender Überlastungen bei den Finanzgerichten durchgeführt, doch lassen sich die dabei gewonnenen Erkenntnisse auch für die Frage nutzen, welche vordringlichen Aufgaben eine Reform des Einkommensteuerrechts zu bewältigen hat. Denn wenn beispielsweise Vorschriften wie § 9 Abs. 1 S. 1 und 2 EStG sowie § 4 Abs. 4 EStG, die in Wortlaut und Sinn eigentlich leicht verständlich sind, eine kaum noch überschaubare Fülle von Auslegungsproblemen aufwer-

---

36 Vgl. Bareis (1995), S. 160.

37 Vgl. Einkommensteuer-Kommission (1995), These 6, S. 5 ff. Hierzu sei nochmals auf den umfangreichen Maßnahmenkatalog der Einkommensteuer-Kommission (1995), Anlage 7, S. 15 ff, hingewiesen.

38 Vgl. Haegert (1991), S. 36 ff.

39 In der Reihenfolge ihrer Häufigkeit: § 9 EStG, § 4 EStG, § 33 EStG, § 15 EStG, § 10 EStG, § 7b EStG, § 3 EStG. Zu beachten ist dabei, dass Fragen der Abgrenzung der Einkünfte aus Gewerbebetrieb zu anderen Einkunftsarten auch Gegenstand gewerbesteuerlicher Prozesse sind, so dass die Bedeutung von § 15 EStG eher größer ist.

fen,[40] dürfte jede Steuerreform zum Scheitern verurteilt sein, der es nicht gelingt, für diesen Bereich praktikable Lösungsansätze aufzuzeigen.

Neben der umfangreichen Untersuchung von *Haegert* finden sich noch weitere Literaturquellen, welche die These stützen, dass gerade Fragen, die mit der Grundstruktur des Einkommensteuerrechts zusammenhängen, besondere Probleme bereiten und deshalb häufig Gegenstand von Finanzgerichtsprozessen sind. Letztlich lassen sich so die folgenden fünf wesentlichen Problemfelder ableiten:[41]

- Trennung der einkommensteuerbaren von den nicht einkommensteuerbaren Tätigkeiten
- Abgrenzung der Einkunftsarten
- Abgrenzung der Privat- von der Erwerbsphäre
- Gewinnbegriff im Allgemeinen
- Zurechnung der Einkünfte zwischen verschiedenen Steuerpflichtigen

Im Mittelpunkt der vorliegenden Arbeit steht nun die Analyse der in Verbindung mit diesen ausgewählten Kernproblemen auftretenden Systembrüche im geltenden Einkommensteuerrecht und die Diskussion möglicher Lösungsansätze im Wege einer Steuerreform. Aber selbst bei einer Beschränkung auf Fragestellungen aus den genannten Bereichen ist eine Auswahl aus der Fülle immanenter Systembrüche unumgänglich. Dabei wurde einerseits darauf geachtet, dass die Streitfälle von grundsätzlicher Bedeutung für die Konzeption der Einkommensteuer und die Besteuerungspraxis sind. Andererseits wurden nach Möglichkeit Problemfälle gewählt, deren Rechtsentwicklungen stark von der Rechtsprechung beeinflusst werden.

---

40 So Haegert (1991), S. 37.

41 Vgl. Raupach (1998), S. 203 ff; Tipke (1979), S. 1 ff; Lang (1996), S. 134; Wissel (1997), S. 2; Hundsdoerfer (2002), S. 198. Daneben nennt etwa Raupach noch das Verhältnis zwischen Erblasser und Erbe im Einkommensteuerrecht, bestehende Unsicherheiten in Teilen der Mitunternehmerbesteuerung sowie Besteuerungsunterschiede zwischen Personen- und Kapitalgesellschaften. Dem ist de lege lata sicher zuzustimmen. Jedoch würde für die hier vorliegende Arbeit zum einen die ausführliche Berücksichtigung von Gesellschaften zu weit führen (gem. B.1.2.4.2. steht dies auch nicht im Vordergrund). Zum anderen sind zahlreiche weiterführende Fragen auf bestehende Systembrüche innerhalb der oben genannten fünf Problembereiche zurückzuführen. Werden diese aber vordringlich gelöst, dann ergeben sich daraus auch positive Einflüsse, z.B. auf die Probleme i.Z.m. der Mitunternehmerbesteuerung oder dem Verhältnis zwischen Erblasser und Erbe.

A.3. Gang der Untersuchung

Teil B der vorliegenden Arbeit soll der Darstellung der theoretischen Anforderungen dienen. Hierbei ist eine Aussage über die Ziele eines Steuersystems zu treffen und darauf aufbauend zu untersuchen, wie die gewählten Leitbilder in ein Steuersystem zu integrieren sind. Daran anknüpfend werden mögliche Konzepte einer Einkommensbesteuerung diskutiert. Entsprechend dem zuvor genannten Anliegen, erfolgt deren Beurteilung nicht schwerpunktmäßig anhand modelltheoretisch abgeleiteter Prämissen, sondern insbesondere im Hinblick auf deren Eignung für die Besteuerungspraxis. Diesem Ansatz folgend sind derzeit geltende gesellschaftspolitische Rahmenbedingungen zu beachten, sofern mit deren Änderung oder Beseitigung nicht zu rechnen ist. Denn gerade die zu Beginn geschilderte Steuerreformdiskussion der letzten Jahre hat gezeigt, dass selbst punktuelle Änderungen offensichtlich nicht ohne große politische Widerstände umsetzbar sind.

Im Anschluss an eine Analyse der theoretischen Grundlagen und den daraus resultierenden Konsequenzen für die Definition und Ermittlung eines systematischen und rechtssicheren Einkommensbegriffes, steht dessen Umsetzung in ein materielles Steuergesetz im Vordergrund. Hierzu soll die Eignung des vorgestellten theoretischen Konzeptes zur Systembereinigung der geltenden Einkommensteuer überprüft werden. Dabei werden wichtige Einzelfragen analysiert, die sich im Zusammenhang mit den zuvor geschilderten, fünf wesentlichen Problemfeldern stellen.

Für eine möglichst systematische Abhandlung dieser Fragen könnte grundsätzlich auf die, aus dem sog. Vierfragenschema bekannte, Unterteilung - Steuersubjekt, Steuerobjekt, Bemessungsgrundlage und Tarif - zurückgegriffen werden.[42] Allerdings würde sich dann bereits für die Trennung der einkommensteuerbaren Tätigkeiten von den Liebhabereibetätigungen ein Zuordnungsproblem ergeben. Zwar dürfte der Prüfungsschwerpunkt nach geltendem Recht beim Steuerobjekt liegen.[43] Dennoch stellt sich die Frage, wie denn hierbei die subjektive Komponente der „Einkunftserzielungs*absicht*" berücksichtigt werden soll. Erachtet man demgegenüber weitgehend objektivierbare Kriterien als Voraussetzung für ein auch praxistaugliches Steuersystem, so ist möglicherweise

---

[42] So z.B. auch Bareis (2002), S.135. Grundlegend zu diesem Stufenaufbau Bayer/Müller (1978), S. 1 ff.

[43] Vgl. Hundsdoerfer (2002), S. 339. Die aktuelle Einkommensteuer hält zudem noch die Besonderheit bereit, dass mit der Erfüllung der Steuerbarkeit gleichzeitig eine Zuordnung in eine der sieben Einkunftsarten des § 2 EStG vorzunehmen ist.

eine Trennung in steuerbar und nicht steuerbar auf der Ebene der Bestimmung der Bemessungsgrundlage zweckdienlicher.[44] Aufgrund dieser tatbestandsmerkmalübergreifenden Problematik der Abgrenzung der einkommensteuerbaren von den nicht einkommensteuerbaren Tätigkeiten werden hierbei auftauchende Fragen und mögliche Lösungsansätze in einem separaten Teil diskutiert.

Auch wenn nun eine strikte Differenzierung in Subjekt, Objekt, Bemessungsgrundlage und Tarif nicht immer weiter hilft, weil die Bestandteile nicht isoliert voneinander betrachtet werden können,[45] so kann eine Zuordnung insoweit dennoch erfolgen, als ein bestimmtes Problemfeld schwerpunktmäßig einem Tatbestandsmerkmal zugerechnet werden kann. Beispielsweise resultiert das Problem der Abgrenzung der Einkunftsarten aus den verschiedenen Steuerobjekten des geltenden Einkommensteuerrechts.[46] Existiert dagegen nur ein Steuerobjekt, z.B. das erwerbswirtschaftliche Handeln,[47] dann sind auf dieser Ebene auch keine Abgrenzungsfragen mehr zu lösen.[48] Dies gilt allerdings nur dann, wenn nicht innerhalb dieser „einzigen Einkunftsart" weiter differenziert wird.[49]

Die Probleme im Zusammenhang mit der Abgrenzung der Privat- von der Erwerbssphäre[50] sowie der generellen Ermittlung des Gewinns bzw. Einkommens lassen sich dem Tatbestandsmerkmal Bemessungsgrundlage zuordnen. Während

---

44 Zu Recht weist Wissel (1997), S. 130 f, darauf hin, dass auch mit dem sog. Veranlassungsprinzip letztlich nur die Abgrenzung der Einkommenserzielung von der Einkommensverwendung angestrebt wird, dann aber auf der Ebene der Bemessungsgrundlage.

45 Dies gilt erst recht für die geltende Rechtslage, in der z.B. an die durch bestimmte Tätigkeiten gegeneinander abgegrenzten Steuerobjekte unterschiedliche Methoden der Ermittlung der Bemessungsgrundlage anknüpfen.

46 § 2 Abs. 1 EStG unterscheidet zwischen sieben Einkunftsarten und damit zwischen sieben unterschiedlichen steuerrelevanten Objekten. Diese Unterscheidung benutzt der Gesetzgeber offensichtlich zum Zweck der Einführung von Sonderbestimmungen für einzelne Tätigkeiten; vgl. Bareis (1996), S. 41.

47 Vgl. hierzu § 2 KE (Karlsruher Entwurf zur Reform des Einkommensteuergesetzes).

48 Es bleibt aber nach wie vor das Problem der Abgrenzung auf der Ebene der generellen Steuerbarkeit. Zutreffend Bareis (2002), S. 139; Wagner (2001), S. 357.

49 So unterscheidet etwa § 3 KE zwischen zwei Methoden zur Ermittlung der Einkünfte. Und der Vorschlag zur Reform des Ertragsteuerrechts von Kirchhof (2003), S. 12, schließt Verluste aus „anderen Erwerbsgrundlagen" aus. In beiden Fällen verlagert sich das Abgrenzungsproblem auf eine untergeordnete Begriffsebene. Vgl. hierzu auch die unterschiedlichen Auffassungen zwischen Bareis (2002), S. 139 und Wagner (2001), S. 357.

50 Sofern man nicht auf die derzeit mit dem Kriterium der Einkunftserzielungsabsicht erfolgende Qualifikation gesamter Aktivitäten, sondern auf die Zuordnung einzelner Aufwendungen abstellt. Zu nennen ist hier etwa die Unterscheidung in betriebliche oder private Schuldzinsen oder die Frage nach der beruflichen (erwerbswirtschaftlichen!) Veranlassung eines Sprachkurses.

das geltende Recht hierfür unterschiedliche Ermittlungsmethoden je nach Einkunftsart,[51] aber auch innerhalb einer Einkunftsart kennt,[52] verlangt eine gleichmäßige Besteuerung die „unterschiedslose Besteuerung gleicher Bemessungsgrundlagen bei der Einkommensteuer“.[53] Für eine somit anzustrebende Normierung der Steuerbemessungsgrundlage ist es sinnvoll, eine Systembereinigung im Bereich der Abgrenzung verschiedener Steuerobjekte bereits vorauszusetzen, weil die Analyse der Ermittlungsmethode dann losgelöst von einer Einkunftsart erfolgen kann. Inhaltlich stehen dabei die Fragen, wie ein Einkommen praxisgerecht gemessen werden kann und wie die zu berücksichtigenden Erwerbsaufwendungen gegenüber privat veranlassten Aufwendungen abgegrenzt werden können, im Vordergrund.

Nachdem im Anschluss an die Ausführungen zur generellen Steuerbarkeit (Teil C) Lösungsansätze für die Problembereiche „Abgrenzung der Einkunftsarten“ (= Steuerobjekt; Teil D) sowie „Bestimmung des Einkommens- bzw. Gewinnbegriffes“ und „Abgrenzung zwischen Erwerbs- und Privatsphäre“ (= Steuerbemessungsgrundlage; Teil E) vorgestellt wurden, sollen die verbleibenden wesentlichen Probleme im Zusammenhang mit der „Zurechnung von Einkünften zwischen verschiedenen Steuerpflichtigen“ analysiert werden (Teil F). Wie noch zu begründen sein wird, lautet das Problem hier nicht: Wer ist Steuersubjekt? Materiell geht es vielmehr um die steuersparende Gestaltung der (Höhe der) Bemessungsgrundlage zwischen Angehörigen.[54]

Eine eigenständige Diskussion des Tatbestandsmerkmals Steuertarif erfolgt nicht. Dies liegt zum einen daran, dass an der politisch (und wohl auch gesellschaftlich) gewollten progressiven Ausgestaltung des Einkommensteuertarifes keine Zweifel bestehen dürften.[55] Zum anderen bereitet der Tarif im Themenkomplex dieser Arbeit insofern keine Probleme, als unmittelbar tarifbezogene Streitfälle nur selten Gegenstand der Finanzrechtsprechung sind.[56] Dennoch spielt der Tarif bei der Analyse der übrigen Steuertatbestände eine wichtige

---

51 § 2 Abs. 2 EStG.

52 § 4 Abs. 1 EStG, § 4 Abs. 3 EStG und § 5 EStG.

53 Schneider (1994), S. 143.

54 Insoweit ist das nach Bayer eigentlich zu Beginn des Stufenaufbaus stehende „Steuersubjekt“ nur mittelbar (als Folge der Gestaltungsmöglichkeiten zwischen Angehörigen) angesprochen. Für die notwendigen Schritte zu einer Systembereinigung des geltenden EStG erscheint m.E. die Diskussion dieses Problembereichs schon am Anfang als weniger geeignet. Vgl. hierzu B.4.

55 Vgl. Siegel/Schneider (1994), S. 599. Gleichwohl ist zu beachten, dass inzwischen auch sog. Stufentarife politisch verstärkt akzeptiert werden. Vgl. hierzu den Überblick im Nachrichtenmagazin FOCUS vom 10.11.2003 (S. 22 f).

56 Die Probleme mit dem inzwischen abgeschafften § 32c EStG hatten eine andere Ursache.

Rolle, was sich gerade bei den Ausführungen über die Zurechnung von Einkommen zu alternativen Steuersubjekten zeigen wird, weil die dort aufgezeigten Probleme bei einem einheitlichen Steuersatz im Wesentlichen nicht existent wären.

B Theoretische Anforderungen an ein Steuersystem

B.1. Besteuerungsgrundsätze

B.1.1. Einleitung

Eine juristische Definition, was unter Steuern zu verstehen ist, findet sich in § 3 AO. Danach gilt: „Steuern sind Geldleistungen, die nicht eine Gegenleistung für eine besondere Leistung darstellen und von einem öffentlich-rechtlichen Gemeinwesen zur Erzielung von Einnahmen allen auferlegt werden, bei denen der Tatbestand zutrifft, an den das Gesetz die Leistungspflicht knüpft; die Erzielung von Einnahmen kann Nebenzweck sein." Grundsätzlich dienen Steuern also der Einnahmenerzielung des Staates. Neben diesem Fiskalzweck, der auch nur „Nebenzweck" sein kann, werden Steuern auch zur wirtschaftspolitischen Lenkung oder zu Umverteilungszwecken eingesetzt.[1]

Wer für eine marktwirtschaftliche Ordnung eintritt, wird den Einsatz von Steuern als wirtschaftspolitisches Lenkungsinstrument allerdings nur dann tolerieren, wenn der Marktmechanismus zu unerwünschten Ergebnissen führt. Welche Marktergebnisse aber als unerwünscht anzusehen sind, ist ebenso eine (gesellschafts-) politische Entscheidung wie etwa die Verfolgung eines Umverteilungszieles in Gestalt eines progressiven Steuertarifs.[2] Deshalb soll der Fiskalzweck als zentrale Aufgabe eines Steuersystems im Mittelpunkt der Betrachtung stehen.

Auch nach einer Beschränkung auf die Erzielung von Einnahmen als Hauptaufgabe eines Steuersystems muss dieses bestimmten Anforderungen genügen, wenn es die ihm gestellte Aufgabe zufriedenstellend erfüllen will. Im Folgenden sollen als Kriterien für die Beurteilung eines Einkommensteuersystems aus betriebswirtschaftlicher Sicht die steuerpolitischen Leitbilder Entscheidungsneutralität (Effizienz), Gleichmäßigkeit und Einfachheit der Besteuerung dienen.[3] Die Verfolgung mehrerer Ziele erfordert die Festlegung einer Rangfolge im Falle eines Zielkonfliktes, denn je nach Gewichtung der Ziele kann man zu unterschiedlichen Ergebnissen gelangen. Entsprechend einem in der Literatur ver-

---

1 Tipke (1987), S. 20 f, spricht in diesem Zusammenhang von den sog. Sozialzwecknormen.

2 Vgl. Elschen (1991), S. 113 ff.

3 Vgl. hierzu die Literaturhinweise aus Teil A, FN 19.

tretenen Werturteil lautet die Reihenfolge: „Effizienz vor Gleichmäßigkeit und diese beiden vor Einfachheit der Besteuerung.“[4]

B.1.2. Entscheidungsneutralität der Besteuerung

B.1.2.1. Rechtfertigung als Zielgröße

Angesichts der zurückliegenden Erfahrungen mit real existierenden Staatswirtschaften und den zunehmenden Schwierigkeiten, denen sich eine staatliche Lenkung in einem immer komplexer werdenden wirtschaftlichen Umfeld ausgesetzt sieht, dürften aktuell keine Zweifel daran bestehen, dass Effizienz nur von einer auf Wettbewerb begründeten Ordnung zu erwarten ist.[5] Dabei zwingt der Wettbewerbsdruck die Entscheidungsträger zu einem ökonomisch rationalen Verhalten und führt dadurch zu einer möglichst kostengünstigen Kombination der Produktionsfaktoren sowie zu einer weitestgehend flexiblen Anpassung an außerwirtschaftliche Daten und technische Entwicklungen.[6] Unterstellt, die insoweit aus einem marktwirtschaftlichen Prozess resultierende Ressourcenallokation sei optimal bzw. könnte durch (außersteuerliche) Rechtsregeln optimal gestaltet werden, könnte die volkswirtschaftliche Forderung nach Allokationseffizienz in die betriebswirtschaftliche Forderung nach Entscheidungsneutralität der Besteuerung transformiert werden. Folglich würden die Entscheidungen der Wirtschaftssubjekte in einer Welt mit Steuern genauso getroffen werden wie in einer Welt ohne Steuern.[7]

Gegen die Benennung der Effizienz als Zielgröße eines Steuersystems wird häufig der Einwand erhoben, es handle sich dabei um eine rein „kapitalistische“ Forderung, die den Gedanken einer Sozialen Marktwirtschaft und damit verbundenen Umverteilungsbestrebungen nicht gerecht werde.[8] Abgesehen von den Schwierigkeiten, die eine Konkretisierung von Werturteilen über Umverteilungen aufwirft, wird häufig nicht erkannt, dass die Effizienz eine wichtige Vorstufe für soziale Gerechtigkeit ist.[9] „Erst muß über eine Wettbewerbsordnung der

4 Schneider (1989), S. 329; ebenso Bareis (1996), S. 38.
5 Vgl. Bareis (1996) S. 34; Schneider (1989), S. 329.
6 Zu Inhalt und Funktionsweise eines wirksamen Wettbewerbs, vgl. Schmidt (1987), S. 60 ff.
7 Vgl. Bareis (1997), S. 246.
8 Zur Kritik an dieser Argumentation vgl. Bareis (1996), S. 35 ff.
9 Zutreffend Lang (1995), S. 406.

Kuchen des Volkseinkommens möglichst groß gemacht werden, ehe Verteilungskonflikte zwischen Steuerzahlern, Steuerbefreiten und dem Fiskus als Sachverwalter der sich von ihm Nährenden hinsichtlich dieser oder jener ethischen Vorstellungen zu einer gerechten Gesellschaftsordnung gemildert oder gar gelöst werden können."[10] Im Zusammenhang mit diesem Problemkreis stellt sich prinzipiell auch die Frage nach einer Beschränkung des Staates auf die nur von ihm lösbaren Aufgaben und eines denkbaren grundsätzlichen Vorzugs der Privatinitiative, die hier jedoch nicht näher untersucht werden soll.[11]

B.1.2.2. Berücksichtigung von Steuern im Entscheidungskalkül

Gründe für die Einbeziehung von Steuern in betriebswirtschaftliche Entscheidungen sind grundsätzlich immer dann gegeben, wenn Steuern Auswirkungen auf das angestrebte Ziel haben. Beschränkt sich die Betriebswirtschaftslehre auf die Untersuchung des „wirtschaftlichen" Aspekts des menschlichen Handelns und schließt somit die Verfolgung ausschließlich nichtfinanzieller Ziele aus, sind Steuern dementsprechend als negative Zielbeiträge einzustufen. „Das eigentliche Problem ist jedoch nicht die Auswirkung der Steuern auf die *Zielerreichung*, sondern die Auswirkung auf die *Entscheidung* als Wahl zwischen Alternativen."[12] Denn trotz des negativen Einflusses einer Steuer auf den Zielerreichungsgrad ändert sich an der relativen Vorteilhaftigkeit einer Alternative nichts, wenn alle Handlungsmöglichkeiten gleichermaßen von der Besteuerung betroffen wären.[13] Insoweit könnte die Steuer bei der Bewertung von Entscheidungsalternativen vernachlässigt werden.

Demgegenüber liegt ein Einfluss auf die Entscheidungen eines ökonomisch handelnden Steuerpflichtigen dann vor, wenn dieser sich bei Berücksichtigung der steuerlichen Folgen einer Handlungsalternative anders entscheiden würde, als er es im Falle ohne deren Berücksichtigung tun würde. Für den Steuerpflichtigen ergibt sich dann die Notwendigkeit zusätzlicher (Steuer-) Planungskosten, die neben die ohnehin anfallenden Deklarationskosten treten.

Aus einzelwirtschaftlicher Sicht besteht dennoch kein unmittelbares Interesse an einem entscheidungsneutralen Steuersystem, sondern lediglich an einer Minimierung der im Zusammenhang mit der Besteuerung auftretenden Belastungen.

---

10 Schneider (1989), S. 329.
11 Vgl. hierzu Bareis (1996), S. 34.
12 Wagner/Dirrigl (1980), S. 5
13 Ausführlich Wagner/Dirrigl (1980), S. 5 ff.

So würde jeder Unternehmer eine nicht neutrale Steuer einschließlich Planungskosten vorziehen, wenn deren Gesamtbelastung unter derjenigen einer entscheidungsneutral gestalteten Steuer liegen würde.[14] Die eigentliche Bedeutung einer entscheidungsneutralen Besteuerungskonzeption liegt vielmehr in ihrer gesamtwirtschaftlichen Wirkung. Geht man davon aus, dass sich in einer marktwirtschaftlichen Ordnung ohne staatlichen Eingriff eine gesamtwirtschaftlich optimale Ressourcenallokation bildet, dann führt eine Steuer, welche die Rangfolge der Handlungsalternativen eines Entscheidungsträgers verändert, zu einer Allokationsverzerrung und damit zu zusätzlichen gesellschaftlichen Kosten („excess burden").[15]

B.1.2.3. Entscheidungsneutralität und Zielgrößenbesteuerung

Um die unerwünschte Verschiebung der Rangfolge ökonomischer Handlungsalternativen auszuschließen, wäre es zunächst denkbar, dass die Besteuerung nicht an wirtschaftliche Größen anknüpft. Paradebeispiel einer solchen entscheidungsfixen Steuer ist die sog. Kopfsteuer.[16] Will man die aus der Finanzierung der Staatsausgaben resultierenden Steuerlasten einzelnen Individuen zuordnen, stellt sich unmittelbar die Frage nach einer „gerechten" Verteilung dieser Steuerlasten. Ohne den Ausführungen zum Leitbild einer Gleichmäßigkeit der Besteuerung vorzugreifen, kann sicherlich schon hier die Aussage getroffen werden, dass der Wunsch nach einer für die Bürger eines Staates gemeinsamen steuerlichen Bezugsbasis[17] mit einer Kopfsteuer nicht erfüllt werden kann.

So bleibt für die Konzeption eines entscheidungsneutralen Steuersystems die Besteuerung der (ökonomischen) Zielgröße selbst.[18] In diesem Fall ändert sich die Reihenfolge der Handlungsalternativen nicht, weil die Alternative mit dem höchsten Bruttoergebnis vor Steuern auch zum höchsten Nettoergebnis führt,[19] vorausgesetzt der Grenzsteuersatz ist kleiner als 100%. Formal läßt sich die Entscheidungsneutralität der Zielbesteuerung wie folgt darstellen:[20]

---

14 Vgl. Wagner (1989), S. 264 f.
15 Vgl. Wagner (1995), S. 741.
16 Siehe Wagner/Dirrigl (1980), S. 15 f.
17 So Schneider (1994), S. 22.
18 Zutreffend Wagner/Dirrigl (1980), S. 17.
19 Vgl. Wagner (1992), S. 4.
20 Vgl. hierzu Wagner/Dirrigl (1980), S. 17.

Ist die Steuer (S) eine Funktion des jeweiligen Zielbeitrags: $S_i = f(ZB_i)$,
so gilt für: $ZB_1 > ZB_2$
auch: $ZB_{1s} > ZB_{2s}$,
sofern die Nebenbedingung $dS/dZB < 1$ erfüllt ist.

Damit lässt sich als „Kernsatz der ökonomischen Analyse des Steuerrechts“[21] festhalten, dass nur von einer Besteuerung einer Zielgröße des Entscheidenden erhofft werden kann, dass keine steuerlich bedingten Zusatzlasten hervorgerufen werden. Denn wenn es gelingt, die Zielerreichung selbst als Steuerbemessungsgrundlage zu definieren, werden Steuerausweichhandlungen grundsätzlich nicht vorgenommen, weil sie zu einer Verringerung des Zielerreichungsgrades führen.[22]

Besteht insoweit Einigkeit, dass der Orientierungsrahmen eines Steuersystems durch die Notwendigkeit der Besteuerung ökonomischer Zielgrößen eingegrenzt wird, stellt sich sodann die grundsätzliche Frage, welches denn die Ziele sind, die dem menschlichen Handeln zugrunde liegen. Aufgrund der Verschiedenartigkeit menschlicher Ziele müsste theoretisch für jedes Individuum eine eigene Bezugsbasis gewählt werden. Damit wären aber Vergleiche der Steuerbelastung unmöglich. Deshalb ist eine einheitliche Bemessungsgrundlage zu definieren, anhand derer gesellschaftspolitische Vorstellungen über „steuerliche Gerechtigkeit“ gemessen werden können.[23] Entsprechend scheiden nichtmonetäre Ziele aus der Betrachtung aus, was angesichts der ohnehin unmöglichen Umverteilung dieser Zielgrößen durch die Besteuerung als gerechtfertigt erscheint.[24]

Doch selbst nach dieser Einschränkung bleibt die Schwierigkeit, dass Entscheidungsneutralität in seiner reinen Form auch bei der Verfolgung finanzieller Ziele nur ex ante gewährleistet ist. Demgegenüber erfordert die Suche nach einer für die Bürger eines Staates gemeinsamen (gesellschaftspolitisch normierten) Bezugsbasis eine nach Ablauf einer Periode objektiv messbare Größe (ex post-Betrachtung). Nur so kann der Forderung nach unterschiedsloser Besteuerung „gleicher steuerlicher Leistungsfähigkeit“ nachgekommen werden.[25]

---

[21] Schneider (1994), S. 61.
[22] Ebenso Wagner (1992), S. 4.
[23] Vgl. Schneider (1994), S. 22.
[24] Vgl. Wagner (1992), S. 5. Allgemein zu nichtfinanziellen Zielen, vgl. Schmidt (1986), S. 29 ff.
[25] Zutreffend Schneider (1994), S. 21 f.

B.1.2.4. Die Suche nach einer geeigneten Maßgröße für ein entscheidungsneutrales Steuersystem

B.1.2.4.1. Von den unternehmenseigenen Zielen zur personenbezogenen Sichtweise

Im Zuge einer Neuorientierung der Betriebswirtschaftslehre[26] traten an die Stelle einer eigene Ziele verfolgenden Unternehmung die Zielvorstellungen der an dieser Institution beteiligten Individuen. Für diese stellt eine Unternehmung (i.d.R. ein Betrieb) ein Instrument dar, mit deren Hilfe sie ihre Ziele realisieren können. Vorherrschend ist dabei der Blick auf die Unternehmung als Bündel verschiedener Interessengruppen, wie z.B. Eigenkapitalgeber, Fremdkapitalgeber, Manager, Arbeitnehmer, Kunden, Lieferanten oder den Staat. Um den zwischen diesen Interessengruppen bestehenden Ziel- und Interessenkonflikten zu begegnen, erfolgt gewöhnlich eine Beschränkung der Betrachtung auf die Ziele nur einer Personengruppe. In der Literatur üblich, aber dennoch willkürlich, ist die Behandlung der Unternehmung als ein Instrument zur Erreichung der Ziele der Eigenkapitalgeber.[27]

Diese eingeschränkte Sichtweise greift für die hier vorzunehmende Untersuchung insoweit zu kurz, als damit zahlreiche dem Mittelerwerb dienende Tätigkeiten einer natürlichen Person aus der Betrachtung ausgeschlossen würden, deren finanzielle Auswirkungen aber gerade im Zusammenhang mit der Verwirklichung einer gleichmäßigen (Einkommens-) Besteuerung nicht unterschlagen werden können.

Deshalb soll im Folgenden einem erweiterten personenbezogenen Unternehmensbegriff gefolgt werden.[28] Danach gilt: „Jedermann ist im Hinblick auf die Unsicherheit im Einkommenserwerb Unternehmer seines Wissens, seiner Arbeitskraft und seines sonstigen Vermögens."[29] Der Einsatz der eigenen Arbeitskraft (z.B. des Arbeitnehmers) ist damit ebenso in die Überlegungen einzubeziehen wie die im „Privatbereich" erfolgte Anlage von Vermögen, unabhängig ob in Form des Eigen- oder Fremdkapitals. Die Notwendigkeit eines derart umfassenden „Unternehmensbegriffs" zeigt sich bereits bei einem ersten Blick in die Struktur des geltenden Einkommensteuerrechts. So sind in § 2 Abs.1 EStG sieben Einkunftsarten genannt, die alle auf das Ausüben von unterschiedlichen

---

26 Vgl. hierzu den kurzen Überblick bei Wagner (1995), S. 727 ff.

27 Zur Rechtfertigung und Kritik, vgl. Schmidt (1986), S. 26 f.

28 Im Gegensatz zum „firmenbezogenen Unternehmen", vgl. Schneider (1995), S. 98 f.

29 Schneider (1995), S. 31.

Unternehmerfunktionen zurückgeführt werden können. Eine Beschränkung auf die Ziele der Eigenkapitalgeber „eines Betriebes" würde bedeuten, nur Teile eines Steuersystems in eine ökonomische Analyse einzubinden und damit Probleme wegzudefinieren, die gerade im Abgrenzungsbereich zwischen den ausgewählten und den vernachlässigten Unternehmerfunktionen bestehen.

Dennoch darf nicht verkannt werden, dass viele Menschen nur gelegentlich Unternehmerfunktionen ausüben. So etwa bei der Berufs- oder Arbeitsplatzwahl oder bei der Entscheidung zwischen einer mehr oder weniger risikoreichen Geldanlage. Häufig werden auch andere Personen mit der Wahrnehmung der Unternehmerfunktion beauftragt, in der Hoffnung, diese würden ihre (besseren) Kenntnisse zum Wohle des Auftraggebers einsetzen. Diese „Agenten" übernehmen dann Unternehmerfunktionen nicht nur für andere Menschen, sondern sind auch für sich selbst Unternehmer ihres Wissens, ihrer Arbeitskraft und ihres sonstigen Vermögens.[30]

Für den vorliegenden Untersuchungskontext kann somit davon ausgegangen werden, dass grundsätzlich alle dem Mittelerwerb dienenden Unternehmertätigkeiten einer natürlichen Person in die Betrachtung aufzunehmen sind. Eine Notwendigkeit, diese Tätigkeiten nach Einkunftsarten zu klassifizieren, besteht nicht. Die Ziele der (Eigen- oder Fremd-) Kapitaleigner stellen einen Teilbereich dar, denen hinsichtlich einer renditegesteuerten Allokationseffizienz in einer marktwirtschaftlichen Ordnung eine besondere Bedeutung zukommt.[31] Es spielt aber keine Rolle, ob die Mittel in einer Institution „Unternehmung" oder anderweitig angelegt werden.

B.1.2.4.2. Die natürliche Person als Entscheidungsträger und Steuersubjekt

Nach den bisherigen Ausführungen ist für die Ausgestaltung einer entscheidungsneutralen Besteuerungskonzeption auf die Ziele einer natürlichen Person abzustellen. Denn nur die einzelne Person disponiert im Rahmen ihres „personalen Unternehmens" über ihre Unternehmertätigkeit zum Zwecke der Erzielung von Einkommen bzw. von Konsummöglichkeiten. Die Frage, ob eine Personengesellschaft[32] oder eine gemäß § 1 KStG selbständig steuerpflichtige Kapitalge-

---

30 Vgl. Schneider (1995), S. 32; zu den dabei auftretenden sog. „Principal-Agent-Problemen", vgl. Schneider (1995), S. 47 ff.

31 Vgl. Wagner (1995), S. 740.

32 Zur Frage der Subjektfähigkeit einer Personengesellschaft im Einkommensteuerrecht, vgl. Lang (1993), S. 291 ff.

sellschaft bzw. eine andere juristische Person eigene Ziele verfolgt (z.B. Einkommenserzielungsabsicht), kann damit eindeutig verneint werden. Die Unternehmung als solche (z.B. AG oder GmbH) besitzt in diesem Kontext lediglich Instrumentalcharakter für die an ihr beteiligten Individuen.[33] Von dieser Sichtweise des Individuums als relevantem Entscheidungsträger geht grundsätzlich auch das deutsche Einkommensteuerrecht aus, das in § 1 Abs.1 Satz 1 EStG die natürliche Person zum Steuersubjekt macht.[34]

Nach dieser Einengung des Untersuchungsgegenstandes auf die natürliche Person als Entscheidungsträger betriebswirtschaftlicher Sachverhalte stellt sich unmittelbar die Frage, in welcher messbaren Zielgröße sich das wirtschaftliche Handeln am besten abbilden lässt. Aufgrund der bereits zuvor begründeten Begrenzung des Untersuchungsfeldes auf finanzielle Zielgrößen soll nun untersucht werden, ob im „Einkommen" oder im „Konsum" eine geeignete und praktikable Bemessungsgrundlage für die Konzeption eines entscheidungsneutralen Steuersystems gesehen werden kann.

B.1.2.4.3. Konsum als Ziel wirtschaftlichen Handelns

In der betriebswirtschaftlichen Literatur wurde die Gewinnmaximierung häufig als zentrales finanzielles Ziel genannt. Dabei wurden zwar die ebenfalls vorhandenen monetären (z.B. Kapitalerhaltung) und nicht-monetären (z.B. Prestige) Ziele in Form von Nebenbedingungen berücksichtigt, es wurde jedoch unterlassen, die Zielgröße Gewinn genauer zu definieren.[35] Die entscheidungsorientierte Wirtschaftstheorie versuchte dies, indem sie vom Konsum als dem letzten noch analysierbaren finanziellen Ziel wirtschaftlichen Handelns ausging. Zwar lässt sich der Konsum als eine Folge angenehmer Empfindungen nicht messen, weil der Nutzen, den der Ge- oder Verbrauch verschiedener Güter und Dienstleistungen stiftet, keine monetäre Größe ist und auch nicht zusammengezählt werden kann. Aber wenn der Konsum als eine in Geldeinheiten bewertbare Menge an Gütern und Dienstleistungen definiert wird, wäre es vereinfacht möglich, den Grad der persönlichen Bedürfnisbefriedigung anhand der während einer Periode getätigten Konsumausgaben zu beurteilen.[36] Als das maßgebliche finanzielle

---

[33] Zu nennen ist hier insbesondere die Übernahme von Einkommensunsicherheiten im Wege der Risikoteilung. Vgl. Schneider (1995), S. 34 f.

[34] Die Frage der unbeschränkten oder beschränkten Steuerpflicht i.Z.m. dem Wohnsitz oder gewöhnlichen Aufenthalt im Inland kann hier vernachlässigt werden.

[35] Siehe bereits Wöhe (1984), S. 41 ff.

[36] Ausführlich Schmidt (1986), S. 32 f; ebenso Schneider (1979), S. 31.

Ziel wirtschaftlichen Handelns könnte dann der Strom des für Konsumzwecke vorgesehenen Einkommens gelten. Dieser auch als Konsumeinkommen bezeichnete Strom unterscheidet sich von den im allgemeinen Sprachverständnis damit assoziierten, regelmäßigen Zahlungen aus einer Einkommensquelle insoweit, als der nicht zum Konsum verwendete, gesparte Einkommensteil nicht Bestandteil des Konsumeinkommens ist.[37]

Aufgrund des grundsätzlich über die Gegenwart hinausgehenden Planungszeitraumes einer Person ist die Wahl eines Konsumeinkommensstromes nicht nur durch dessen Höhe, sondern auch durch dessen zeitliche Struktur und Unsicherheit beeinflusst. Besondere Probleme bereiten dabei Angaben über die gewünschte zeitliche Struktur und die individuelle Bewertung der Unsicherheit, so dass diesbezüglich vereinfachende Annahmen zu treffen sind. Als plausible Zielsetzung eines ökonomisch handelnden Entscheidungsträgers könnte z.B. die Maximierung der Breite eines nach seiner Zeit- und Risikostruktur näher bestimmten und für Konsumzwecke vorgesehenen Einkommensstromes angesehen werden.[38] Formal lautet die Zielfunktion des Entscheidungsträgers dann:

(2.1.) $U_{max} = U\,(C_0, C_1, C_2, \ldots, C_n; V_n).$

Dabei wird mit U_{max} der zu maximierende Konsumnutzen bezeichnet, der sich als eine Funktion des in den einzelnen Perioden t (mit t = 0,..., n) realisierten Konsums darstellt. Zur hilfsweisen Messung des Konsums werden die Konsumausgaben herangezogen. V_n bezeichnet das am Lebensende noch vorhandene Vermögen, das im Wege der Vererbung auf eine andere Person übertragen werden kann.[39]

Woraus auch immer die Mittel zur Bestreitung der individuellen Konsumausgaben resultieren, sei es nun aus einer Kapitalbeteiligung an einer Institution Unternehmung oder aus dem Arbeitseinsatz in einem abhängigen Beschäftigungsverhältnis, es bliebe das Problem, dass Entscheidungen über die im Rahmen der Unternehmertätigkeit anfallenden Handlungsalternativen (z.B. Investition in eine Schuldverschreibung mit kontinuierlichen Zinszahlungen oder in eine Sachanlage mit diskontinuierlichen Einnahmeüberschüssen) nicht ohne Kenntnis über die bevorzugten Konsumwünsche möglich sind. Abhilfe schafft hier die Prämisse eines vollkommenen Kapitalmarktes, die es ermöglicht, die Investitions- von der Konsumentscheidung zu separieren. „Als Entscheidungskriterium kann in diesem Fall das Kapitalwertmaximum dienen, weil durch Transforma-

---

37 Vgl. Schmidt (1986), S. 33.

38 Stellvertretend Schmidt (1986), S. 33 f; Wagner/Dirrigl (1980), S. 9.

39 Vgl. Wissel (1997), S. 19. Zum grundsätzlichen Problem der Interpretation von V_n (bzw. V_t) als finaler Konsumakt, vgl. Schneider (1994), S. 40.

tionen zum Kalkulationszinsfuß die kapitalwertmaximale Alternative in die jeder beliebigen Konsumstruktur entsprechende optimale Alternative umgeformt werden kann.“[40]

Unterlässt man eine eigenständige Nennung des Rückzahlungsbetrages einer Finanzinvestition bzw. des Liquidationserlöses einer Sachinvestition, so kann der Kapitalwert einer Investition wie folgt bestimmt werden:[41]

$$(2.2.)\ K = -A_0 + \sum_{t=1}^{n} (E_t - A_t) / q^t$$

Die Investition, welche die maximale Barwertdifferenz aller Ein- und Auszahlungen liefert, ist für die konsumorientiert handelnde Person optimal, weil damit ein Maximum an Konsumausgabemöglichkeiten besteht. Unterschiede in der gewünschten zeitlichen Struktur des Konsumstroms sind ohne Bedeutung, weil es infolge des unterstellten vollkommenen Kapitalmarktes möglich ist, durch Aufnahme oder Anlage liquider Mittel zum Kalkulationszinsfuß die bevorzugte Konsumstruktur herzustellen. Probleme bereiten jedoch die restriktiven Annahmen, die für die Verwendung des Kapitalwertes als umfassendes Vorteilhaftigkeitskriterium erforderlich sind. Die Annahme sicherer Erwartungen und eines vollkommenen Kapitalmarktes wird zurecht als unrealistisch eingestuft,[42] so dass daraus abgeleitete Entscheidungsmodelle „nur in seltenen Glücksfällen eine gute Handlungsempfehlung für die Wirklichkeit liefern, und sie können kaum jemals eine beobachtete Handlung mit Anspruch auf Wissenschaftlichkeit erklären.“[43]

Dennoch wird auch im Rahmen der folgenden Ausführungen auf den Kapitalwert als Entscheidungskriterium zurückgegriffen werden, weil beim Versuch ökonomische Sachverhalte in steuerliche Rechtsnormen abzubilden, das Entscheidungsverhalten eines rational handelnden Steuerpflichtigen Ausgangspunkt der Überlegungen sein sollte. Im nächsten Schritt sind dann allerdings die modellmäßigen Vereinfachungen an real beobachtbare Sachverhalte und aus heutiger Sicht zwingende, gesellschaftspolitische Rahmenbedingungen anzupassen.

---

40 Wagner/Dirrigl (1980), S. 10.

41 Vgl. Wagner/Dirrigl (1980), S. 24. Die Symbole haben folgende Bedeutung:
E_t = Einzahlungen aus der Investition in einer Periode
A_t = Auszahlungen aus der Investition in einer Periode
A_0 = Anschaffungsausgabe
q = 1 + i, wobei i = Kalkulationszinsfuß (KZF) vor Steuern
t = Periodenindex (mit t = 0,..., n).

42 Stellvertretend Schmidt (1986), S, 62 f.

43 Schneider (1995), S. 11.

Nur dann lässt sich der bereits zitierte Konsens über eine gemeinsame Bezugsbasis für die Besteuerung finden.[44]

B.1.2.4.4. Einkommen als Ziel wirtschaftlichen Handelns

Während nun Teile der Literatur im Konsum die einzige neutrale Steuerbemessungsgrundlage sehen,[45] ist es insbesondere *Dieter Schneider*, der die in Verbindung mit einer persönlichen Konsumausgabensteuer behaupteten fehlenden Entscheidungswirkungen unter Unsicherheit und Ungleichverteilung des Wissens, die ja gerade Charakteristika einer Wettbewerbsordnung sind, bezweifelt.[46]

Als zentraler Diskussionspunkt einer Konsumausgabenbesteuerung zeigt sich die Steuerfreiheit der Ersparnis und des damit verbundenen Vermögensaufbaus.[47] Trifft man die plausible Annahme, dass mit Hilfe des Vermögensbestandes eine größere Bedürfnisbefriedigung durch zukünftige Konsumsicherheit und erhöhte Entscheidungsfreiheit (bzw. Unabhängigkeit) realisiert werden kann, wäre in Ergänzung einer Konsumausgabensteuer auch eine Besteuerung des Vermögens erforderlich. Die Bestimmung der Steuerlast würde dann insgesamt an der Verwendungsseite des Volkswohlstandes anknüpfen.[48] Eine Vermögensbestandsbesteuerung dürfte aber in aller Regel wegen der Abnahme der Risikobereitschaft nicht entscheidungsneutral sein und würde auch für die Realisierung einer gleichmäßigen Besteuerung neue Fragen aufwerfen.[49] Beispielsweise müsste ein Austauschverhältnis zwischen Bedürfnisbefriedigung aus Konsum und Vermögen festgelegt werden, das einer Besteuerung zugänglich wäre. *Schneider's* Fazit lautet demzufolge: „Deshalb habe ich vom Liebäugeln mit der Bezugsgröße "Verwirklichung von Bedürfnisbefriedigung" (einer persönlichen Konsumausgaben- und Vermögensbestandsbesteuerung) in früheren Auflagen Abstand genommen und halte für die Verringerung von Entscheidungswirkungen der Besteuerung und für die Verwirklichung von Gleichmäßigkeit der Be-

---

44 Vgl. hierzu Schneider (1994), S. 22.

45 Stellvertretend Wagner (1992), S. 5; Rose (1996), S. 72 ff; Lang (1996), S. 129 f.

46 Vgl. Schneider (1992), S. 216 ff u. S. 704 ff; ebenso Bareis (1996), S. 51; Homburg (1997), S. 107 ff.

47 Bareis (2002), S.140, bezeichnet die Steuerfreiheit der Vermögensakkumulation als (aus Sicht des Karlsruher Arbeitskreises) nicht vertretbare Lösung.

48 Vgl. Schneider (1994), S. 29 ff; Schneider (2002), S. 240, S. 246 f u. S. 269.

49 Vgl. hierzu Schneider (1994), S. 38 f.

steuerung die Bezugsgröße steuerlicher Leistungsfähigkeit "Verwirklichung von Mittelerwerb" für insgesamt besser geeignet."[50]

Schneider's Wandel ist darauf zurückzuführen, dass er die Eignung von Gleichgewichtsmodellen zur Beurteilung der Allokationswirkungen von Steuersystemen insbesondere deshalb bestreitet, weil dabei der Wettbewerb auf der Strecke bleibt. Modelle des Konkurrenzgleichgewichts bilden eben gerade nicht die zwar vereinfachte, aber dennoch adäquate Realität ab, sondern „sie definieren lediglich einen *Nullpunkt von Wettbewerb*: die denkmöglichen Existenzbestimmungen für einen Ruhezustand der Wirtschaft, in dem Wettbewerb nicht mehr möglich und unternehmerisches Handeln nicht mehr nötig ist." [51] Insoweit kann sich der hier gewählte Ansatz, notwendige Reformen auch an deren Praktikabilität in der Besteuerungspraxis zu messen, auch auf *Schneider's* Abkehr von Gleichgewichtsmodellen stützen.

Für eine Verwendung des Einkommens als Orientierungsmaßstab einer neutralen Besteuerungskonzeption spricht demgegenüber, dass es in einer unsicheren Welt nicht genügt, nur für den heutigen Konsum zu arbeiten. Denn der nicht konsumierte Teil des Einkommens erhöht die finanzielle Unabhängigkeit in der Zukunft und hilft damit den Lebensunterhalt dauerhaft zu sichern.[52] Wenn aber eine Besteuerung des mit Hilfe nicht konsumierter Einkommensteile gebildeten Vermögensbestandes an den Entscheidungswirkungen einer Vermögenssteuer oder am Problem, Gleichmäßigkeit der Besteuerung bei zwei verschiedenen Bemessungsgrundlagen (Konsumausgaben, Vermögensbestand) zu wahren,[53] scheitert, bleibt als Anknüpfungspunkt zur Bestimmung der Steuerlast nur die Entstehungsseite des Volkswohlstandes.[54]

---

50 Schneider (1994), S. 39. Die Ablehnung der Konsumbesteuerung erfolgte bereits in Schneider (1987), S. 696 ff. Interessant ist in diesem Zusammenhang, dass Befürworter einer Besteuerung der verwirklichten Bedürfnisbefriedigung zur Stützung ihrer Thesen Dieter Schneiders frühere Veröffentlichungen heranziehen (so z.B. Schneider (1979), S. 26 ff), auf seine geänderte Auffassung aber lediglich in einer Fußnote hinweisen. Vgl. Wissel (1997), S. 61 f.

51 Schneider (1987a), S. 433 f.

52 Zutreffend Bareis (1996), S. 39.

53 Vgl. hierzu die Ausführungen zu einem Mehr-Steuerarten-System bei Schneider (1994), S. 43 ff. Die Probleme einer gerechten Gestaltung eines Mehr-Steuerarten-Systems nehmen noch zu, wenn weitere Steuern erhoben werden (z.B. die Umsatzsteuer oder andere Verbrauchsteuern).

54 Vgl. Schneider (1994), S. 29 ff. Die Folgerung, dass nur auf die Verwirklichung wirtschaftlicher Sachverhalte und nicht auf die Möglichkeiten zum Mittelerwerb oder zur Bedürfnisbefriedigung abzustellen ist, wurde bereits bei Schneider (1979), S. 43 ff. begründet.

Mit der daran anknüpfenden Entscheidung, im verwirklichten Mittelerwerb eine Bezugsgröße „steuerlicher Leistungsfähigkeit" zu sehen, kann ein wirtschaftliches, nicht steuerrechtlich verstandenes Einkommen als geeignete Bemessungsgrundlage angesehen werden. Denn in einer Wettbewerbsordnung gibt das verwirklichte Reineinkommen „zumindest die Hoffnung auf eine spontane Ordnung, mit der Unsicherheit und Ungleichverteilung des Wissens in einer Gesellschaft abgebaut werden können. Deshalb kommt für eine Wettbewerbsordnung das Einkommen als Maßgröße steuerlicher Leistungsfähigkeit einer Zielgrößenbesteuerung noch am nächsten."[55]

B.1.2.4.5. Folgerungen

Auf den bisherigen Ausführungen aufbauend, wird die Erzielung von Einkommen als zentraler wirtschaftlicher Aspekt des menschlichen Handelns gesehen. Diese Sichtweise deckt sich mit den (zugegebenermaßen auch subjektiven) Erfahrungswerten aus der Tätigkeit als Steuerberater. Denn wenn Individuen Bedürfnisbefriedigung ausschließlich aus (heutigem) Konsum erzielen, muss die Frage erlaubt sein, warum dann die Beschäftigung mit Fragen einer optimalen Erbschafts- und Schenkungssteuerplanung zu den zentralen Geschäftsfeldern einer Steuerberatungskanzlei gehören sollte.[56] Wenn zudem die Rede von Vermögensübertragungen in Höhe von ca. einer Billion EUR ist, dann kann der Konsum offensichtlich nicht das einzige Ziel wirtschaftlichen Handelns sein.

Wird demgegenüber das noch nicht konsumierte und für eine Vererbung vorhandene Vermögen als finaler Konsumakt interpretiert,[57] so wird zwar auch dieser Teil der Bedürfnisbefriedigung (formel-) technisch erfasst. Man geht aber dem damit verbundenen Problem aus dem Weg, wie nämlich der Übergang des Vermögens auf nachfolgende Familiengenerationen bereits während der Lebenszeit für Steuerzwecke zu erfassen ist. Wie sollte etwa bei einer als gerecht empfundenen progressiven Konsumausgabensteuer einer steuergestaltenden Aufteilung der Konsumausgaben innerhalb der Familienmitglieder Einhalt geboten werden?[58] Da zudem selbst Vertreter einer konsumorientierten Neuord-

---

55 Schneider (1994), S. 39 f.

56 Stellvertretend Gruber/Heine/Seebald/Thaler (1997), S. 254 f. Vgl. hierzu auch Sommer (1998), S. 94 ff.

57 Vgl. Wissel (1997), S. 19.

58 Vgl. Schneider (1994), S. 40. Verwiesen sei hier auf die in Teil F behandelte, schon im Bereich einer Einkommensbesteuerung vorhandene Problematik der Verlagerung von Einkommen.

nung des Steuersystems auch deren Grenzen im Hinblick auf eines der Hauptprobleme, die Abgrenzung von Erwerbsaufwendungen (werbende Ausgaben) und Privataufwendungen (konsumtive Ausgaben), erkennen,[59] wird für die weiteren Ausführungen von der grundsätzlich besseren Eignung der Einkommensteuer als Zielsteuer ausgegangen. Insoweit wird dem Ansatz einer Systembereinigung des Einkommensteuerrechts gegenüber einem vollständigen Systemwechsel der Vorzug gegeben.[60]

B.1.3. Gleichmäßigkeit der Besteuerung

B.1.3.1. Rechtfertigung als Zielgröße

Sieht man in einer gleichmäßigen Besteuerung ein Leitbild zur Verwirklichung steuerlicher Gerechtigkeit, sollte sich eine Diskussion über die Rechtfertigung einer solchen Zielgröße eigentlich erübrigen. Zum einen spricht die Forderung nach einer gerechten, weil gleichmäßigen Besteuerung für sich, denn niemand wird ernsthaft für ein ungerechtes Steuersystem plädieren. Zum anderen finden sich vorwiegend in der steuerrechtlichen Literatur zahlreiche Beiträge, in denen eine gleichmäßige Besteuerung aus grundgesetzlichen Gerechtigkeitsprinzipien abgeleitet wird.[61] Im Folgenden geht es deshalb auch nicht um die Frage, ob die Verwirklichung einer gleichmäßigen Besteuerung ein geeignetes Beurteilungskriterium für die Qualität eines Steuersystems ist; hiervon kann in Übereinstimmung mit weiten Teilen der Literatur ausgegangen werden.[62] Vielmehr geht es darum, Inhalt und Maßstab dieser Norm zu konkretisieren, weil die Vergangenheit gezeigt hat, dass aufgrund der Unbestimmtheit der Norm mit dem Argument einer gleichmäßigen Besteuerung und dem daraus abgeleiteten Leistungsfähigkeitsprinzip die unterschiedlichsten Besteuerungszwecke verfolgt wurden.

---

59 Vgl. Wissel (1997), S. 7.

60 Vgl. Bareis (1996), S. 31, S. 39 u. S. 50 f.

61 Stellvertretend Tipke (1987), S. 24, S. 26 u. S. 31.

62 Die Forderung nach einer gleichmäßigen Besteuerung findet sich auch in der betriebswirtschaftlichen Literatur. Vgl. Schneider (1989), S. 329; Bareis (1996), S. 35.

B.1.3.2. Juristischer Anspruch und Wirklichkeit

Als Teil der allgemeinen Rechtsordnung hat sich die Besteuerung bei der Verfolgung ihrer Ziele an den in einem Rechtsstaat geltenden Prinzipien zu orientieren. Für die Erzielung von Einnahmen als den im Rahmen dieser Untersuchung genannten Hauptzweck einer Besteuerung bedeutet dies, dass sich die Verteilung der Steuerlasten an der im Grundgesetz verwirklichten rechtlichen Wertordnung zu orientieren hat. Entsprechend lässt sich das Gebot einer gleichmäßigen Besteuerung aus Art. 3 GG ableiten, dem allgemeinen Gleichheitssatz.[63] Die mit der Steuererhebung verbundenen, teilweise empfindlichen Eingriffe in das ökonomische Dispositionspotential der Steuerpflichtigen verlangen eine gleichmäßige Verteilung der Steuerlasten. Andernfalls wird es kaum gelingen, die insbesondere in Verbindung mit umfangreichen und komplizierten Gesetzeswerken erforderliche Mitarbeit der Bürger zu mobilisieren. Zunehmender Steuerwiderstand und die vielfach zitierte Staatsverdrossenheit sind hinlänglich bekannte Folgen einer aus Gesetzgebung und Gesetzesvollzug resultierenden Belastungsungleichheit.[64]

Von besonderer Bedeutung für die vorliegende Betrachtung ist dabei die lükkenhafte Anwendung eines gleichen Maßes bei der Bestimmung der Steuerbemessungsgrundlage. Eine Ursache für die zu beobachtende Belastungsungleichheit kann in der inhaltlichen Unbestimmtheit des Gleichheitssatzes und der auch in Entscheidungen des Bundesverfassungsgerichts vertretenen Interpretation als Willkürverbot gesehen werden. Danach ist lediglich eine willkürliche Ungleichbehandlung unzulässig.[65] Vernünftige, sich aus der Natur der Sache ergebende oder sonstwie einleuchtende Gründe sollen aber eine Differenzierung ermöglichen und eröffnen dem Gesetzgeber dadurch einen großen Ermessensspielraum.[66]

Dieser Spielraum erhöht sich noch dadurch, dass das Steuerrecht immer noch als legitimes Lenkungsinstrument der Sozial- und Wirtschaftspolitik betrachtet wird.[67] Da zudem das Bundesverfassungsgericht Art. 3 GG im Steuerrecht nur selten anwendet, kann der Steuergesetzgeber nahezu beliebige Unterscheidungen im Steuerrecht implementieren, ohne eine ernsthafte Prüfung der vermeintlichen Regeldurchbrechung an einem sachgerechten Maßstab befürchten zu

63 Vgl. Tipke (1987), S. 25 f u. S. 32 f.

64 Zutreffend Kirchhof (1998), S 17 f; Kirchhof (1994), S. 16 ff; Bühler/Schutter (1994), S. 184 f.

65 BVerfGE 1, 14, 52; 65, 325, 354.

66 Vgl. Tipke (1987), S. 33 f.

67 BVerfGE 16, 147, 161; 49, 343, 360; so auch BFH v. 22.6.1962 BStBl III 1962, S. 376.

müssen. Als Folge dieser mangelnden Konkretisierung der Forderung nach einer gleichmäßigen Besteuerung finden sich gerade im Einkommensteuergesetz zahlreiche Ungleichbehandlungen, bei denen vermutet werden kann, dass sie einer ernsthaften Prüfung an einem konsequent angewandten Gleichheitssatz nicht standhalten würden.[68] Beispielhaft können hier die Besonderheiten in der Besteuerung von Einkünften aus Land- und Forstwirtschaft, die Abgrenzung der gewerblichen von anderen Tätigkeiten oder die spezifischen Regelungen für Arbeitnehmer genannt werden.[69]

B.1.3.3. Die Suche nach einem sachgerechten Maßstab für eine gleichmäßige Besteuerung

B.1.3.3.1. Zum Begriff der steuerlichen Leistungsfähigkeit

Wenn es darum geht, das Leitbild einer gleichmäßigen Besteuerung mit Inhalten zu füllen, stellt sich zunächst die Frage, in Bezug auf welchen Maßstab Gleichmäßigkeit gewährleistet sein soll, denn dem allgemeinen Gleichheitssatz ist nicht zu entnehmen, was (relativ) gleich sein soll. „Für den relativen, relevanten Vergleich wird ein sachgerechter *Vergleichsmaßstab*, das richtige tertium comparationis, benötigt."[70] Ein derart sachgerechtes, sinnstiftendes Fundamentalprinzip für den Bereich des Steuerrechts wird im Allgemeinen im Leistungsfähigkeitsprinzip gesehen. Es kann sich auf eine breite Zustimmung in den steuerwissenschaftlichen Disziplinen berufen, wird vom Bundesverfassungsgericht angewendet,[71] von Politikern ständig bemüht und zur Begründung von Steuergesetzen bzw. deren Entwürfen herangezogen.[72] Der Vorteil dieses weitreichenden Konsens wird jedoch erkauft durch eine mit dem Gleichheitssatz vergleichbare Unbestimmtheit, die es verschiedenen Interessengruppen immer wieder ermöglicht, sich mit ihren Forderungen auf das Leistungsfähigkeitsprinzip zu berufen. Auffallend erscheint dabei, dass die Befürworter des Leistungsfähigkeitsprinzips dessen Vieldeutigkeit und den daraus entstehenden Spielraum durchaus erkennen, was sie aber nicht daran hindert, darin einen „Ausgangspunkt für eine tief-

---

68 Zutreffend Tipke (1987), S. 39 f.
69 Vgl. Bareis (1996), S. 41 f.
70 Tipke (1987), S. 35.
71 BVerfGE 66, 214, 223.
72 Vgl. Tipke (1987), S. 60 f.

greifende rechtliche Strukturierung und Konkretisierung der Besteuerung“[73] zu sehen.

Die Entwicklung der zu Beginn dieser Arbeit geschilderten Reformvorhaben, die unisono den Anspruch hatten, mit einer Besteuerung nach der Leistungsfähigkeit in Einklang zu stehen, zeigt jedoch, dass ein nicht konkretisiertes Leistungsfähigkeitsprinzip zu beliebig dehnbar ist, als dass es für die Steuerrechtspraxis eine ausreichende Orientierung erlauben würde.[74] Dennoch sind auf die Auseinandersetzung mit dem Leistungsfähigkeitsprinzip zurückgehende Diskussionsbeiträge auch in der vorliegenden Untersuchung zu berücksichtigen. Denn auch wenn der ungeklärte Allgemeinbegriff im politischen Gerangel als Werkzeug zur Verminderung der Urteilsfähigkeit der Zuhörer missbraucht wird, behalten die sich dahinter verbergenden Kernfragen ihre Bedeutung.[75] Gleichwohl, ob bei der Suche nach der geeigneten Maßgröße für die Gleichmäßigkeit der Besteuerung am Begriff der (steuerlichen) Leistungsfähigkeit festgehalten oder eine neue Namensgebung bevorzugt wird, entscheidend ist allein dessen Inhaltsbestimmung.

Die in der Steuerrechtswissenschaft gängige Interpretation der steuerlichen Leistungsfähigkeit als Fähigkeit, Steuern zahlen zu können,[76] ist hierbei wenig hilfreich. So würde eine wörtliche Interpretation dieser Sichtweise die Vermutung nahe legen, steuerliche Leistungsfähigkeit hätte nur derjenige, der über Zahlungsmittel verfügt, während eine darüber hinausgehende sinngemäße Interpretation zum Vermögensbestand als geeignetem Maßstab gelangen würde, da nur dieser in seiner Gesamtheit die Fähigkeit kennzeichnet, Steuerleistungen erbringen zu können.[77] Beide Definitionen stehen aber in keinem vernünftigen Zusammenhang mit den bereits genannten Anforderungen an eine Zielgrößenbesteuerung, so dass eine weitergehende Diskussion dieser Interpretationsansätze unterbleiben kann.

Für die Festlegung des Bedeutungsinhaltes der Begriffe „steuerliche Leistungsfähigkeit“ oder „Leistungsfähigkeitsprinzip“ sollte demgegenüber zwischen zwei Werturteilen steuerlicher Gerechtigkeit unterschieden werden:[78]

---

73 Lang (1996), S. 133.

74 Zur Kritik an der üblichen steuerrechtlichen Interpretation des Leistungsfähigkeitsprinzip aus ökonomischer Sicht, vgl. Elschen (1991), S. 110 ff.

75 Vgl. Schneider (1994), S. 22 f.

76 So etwa Tipke (1987), S. 59.

77 Vgl. Schneider (1984), S. 358.

78 Schneider (1984), S. 357.

(1) „Du sollst gleiche steuerliche Leistungsfähigkeit unterschiedslos besteuern."
(2) „Du sollst eine höhere steuerliche Leistungsfähigkeit relativ stärker besteuern."

Die mit dem ersten Werturteil verbundene Kernfrage lautet: Wann sind verschiedene Individuen zum Zwecke der Besteuerung in derselben wirtschaftlichen Lage? Erst wenn es gelingt, verschiedene empirische Sachverhalte (die Beratungstätigkeit des Steuerberaters, die Spekulation des Aktienhändlers, den Verkauf von Wohnungen etc.) für Besteuerungszwecke vergleichbar zu machen, kann eine Aussage darüber getroffen werden, ob ein Steuersystem dem Leitbild einer gleichmäßigen Besteuerung genügt und damit horizontale (steuerliche) Gerechtigkeit verwirklicht ist.[79]

Davon strikt zu trennen ist die mit dem zweiten Werturteil verbundene Frage, wie die Steuerlast auf verschiedene Steuerpflichtige zu verteilen ist, die sich in einer unterschiedlichen wirtschaftlichen Lage befinden. Dieses zweite Werturteil setzt voraus, dass eine geeignete Maßgröße für die wirtschaftliche Lage bereits gefunden wurde (z.B. im Einkommen), anhand der beobachtet werden kann, dass sich einige Steuerpflichtige in einer besseren oder schlechteren wirtschaftlichen Lage befinden als andere (also z.B. über ein höheres Einkommen verfügen). Dabei steht die Verwirklichung der sog. vertikalen (steuerlichen) Gerechtigkeit im Mittelpunkt der Betrachtung, also die Frage nach der Umverteilung im Wege der Besteuerung. An erster Stelle geht es hier um den Steuersatzverlauf in Abhängigkeit von unterschiedlich hohen Bemessungsgrundlagen.[80] Da es jedoch bislang keine wissenschaftlich begründbare Antwort auf die Suche nach dem gerechten Steuersatzverlauf gibt, bleibt die Wahl eines geeigneten Steuertarifs eine Glaubensentscheidung.[81] Dementsprechend wird im Rahmen dieser Arbeit von einer eigenständigen Diskussion des „richtigen" Steuertarifs abgesehen, zumal wie bereits erwähnt an einem gesellschaftspolitisch gewollten (progressiv) ansteigenden Tarifverlauf der Einkommensteuer derzeit keine Zweifel bestehen dürften.

Die strikte Trennung beider Werturteile ermöglicht eine begriffliche Klarstellung der mit der Namensgebung „Leistungsfähigkeitsprinzip" verfolgten Zwekke und vermeidet eine Vermengung zwischen der Messung steuerlicher Leistungsfähigkeit und einem Umverteilungs-Werturteil unter dem „Deckmantel" Leistungsfähigkeitsprinzip. Während es bei der Frage nach horizontaler Gerechtigkeit um die Suche nach einer geeigneten Messlatte für steuerliche Leistungsfähigkeit geht, will man bei der Verwirklichung von vertikaler Gerechtigkeit das

---

79 Ausführlich Schneider (1994), S. 20 ff.
80 Ausführlich Schneider (1994), S. 23 ff.
81 Vgl. Schneider (1994), S. 27; vgl. jedoch Schneider (1997a), S. 671 f.

Gegenteil dessen erreichen, was sich hinter der Vorstellung über ein „Leistungsfähigkeitsprinzip“ verbirgt: eine Umverteilung der gemessenen Leistungsfähigkeit.[82] Gerade dieses Umverteilungsziel mit der Forderung, dass eine bessere wirtschaftliche Lage einer Person eine relativ höhere Steuerzahlung auslösen sollte, wird aber im steuerrechtlichen und finanzwissenschaftlichen Schrifttum vielfach mit dem Begriff „steuerliche Leistungsfähigkeit“ oder „Leistungsfähigkeitsprinzip“ belegt. Entsprechend werden Fehlvorstellungen bewusst herbeigeführt oder zumindest unbewusst erleichtert.[83]

Wenn also im Folgenden von der Verwirklichung steuerlicher Gerechtigkeit durch eine Norm „Gleichmäßigkeit der Besteuerung“ gesprochen wird, ist diese ausschließlich als horizontale Gerechtigkeit aufzufassen: Personen in den gleichen wirtschaftlichen Umständen sind gleich zu besteuern.[84] Glaubensbekenntnisse zu einem „richtigen“ Steuertarif und damit verbundene Umverteilungs-Werturteile sind nicht Gegenstand der Untersuchung. Ebenso wenig soll hier die Verwendung der Steuereinnahmen für die Bereitstellung öffentlicher Güter berücksichtigt werden, die einzelnen Personen in unterschiedlichem Maße zugute kommen und insoweit ebenfalls die geforderte Gleichmäßigkeit der Besteuerung beeinflussen.[85] Die Bezeichnung „steuerliche Leistungsfähigkeit“ steht demnach nur für die Konkretisierung einer horizontal gleichmäßigen Besteuerung. An die Forderung einer unterschiedslosen Besteuerung als gleich erachteter steuerlicher Leistungsfähigkeit knüpft sodann unmittelbar die Frage an: „Woran soll überhaupt gleiche steuerliche Leistungsfähigkeit gemessen werden?“[86]

B.1.3.3.2. Einkommen als Maßstab steuerlicher Leistungsfähigkeit

Eine Maßgröße für die steuerliche Leistungsfähigkeit einer Person hat zunächst die Aufgabe, verschiedene beobachtbare Sachverhalte (wie die Spekulation des Aktienhändlers oder den Erwerb und Verkauf von Grundstücken) zum Zwecke der Gleichmäßigkeit der Besteuerung vergleichbar zu machen. Zugleich sollte sie einer finanziellen Zielgröße ökonomischen Handelns entsprechen, weil nur dann erhofft werden kann, dass keine steuerlichen Zusatzlasten entstehen.[87]

---

[82] Vgl. Schneider (1994), S. 24.

[83] Zutreffend Schneider (1997a), S. 669; Schneider (1994), S. 24. Inzwischen weisen auch Vertreter der Steuerrechtswissenschaft auf den politisch-ideologischen Missbrauch des Leistungsfähigkeitsprinzips hin; vgl. Lang (1996), S. 133.

[84] Ebenso Bareis (1996), S. 35 f.

[85] Vgl. hierzu Bareis (1996), S. 35 f.

[86] Schneider (1994), S. 27.

[87] Vgl. Schneider (1994), S. 29 u. 61.

Es wurde bereits in den Ausführungen über ein entscheidungsneutrales Steuersystem darauf hingewiesen, dass in einer Wettbewerbsordnung im verwirklichten Mittelerwerb eine geeignete Bezugsgröße steuerlicher Leistungsfähigkeit gesehen werden kann.[88] Ein daraus abgeleiteter wirtschaftlicher (nicht steuerrechtlicher) Einkommensbegriff kommt nicht nur einer Zielgrößenbesteuerung am nächsten, sondern hat auch Vorteile im Hinblick auf die Verwirklichung von Gleichmäßigkeit der Besteuerung. Würde nämlich der Versuch unternommen, steuerliche Leistungsfähigkeit über die Verwirklichung von Bedürfnisbefriedigung zu definieren, stünde man vor dem zusätzlichen Problem, aus zwei unterschiedlichen Bemessungsgrundlagen (Konsumausgaben und Vermögensbestand) eine allgemeine Bezugsgröße „steuerliche Leistungsfähigkeit" abzuleiten. Darüber hinaus wären die einzelnen Steuerbemessungsgrundlagen zueinander in Beziehung zu setzen und es müsste ein Austauschverhältnis für die daran anknüpfenden Steuersatzverläufe festgelegt werden.[89] So wäre z.B. eine Aussage darüber zu treffen, ob ein Steuersatz von 40% auf jährliche Konsumausgaben von EUR 100.000 und ein Steuersatz von 4% auf einen Vermögensbestand von EUR 1.000.000 eine gleichmäßige Besteuerung gewährleisten. In beiden Fällen entsteht die gleiche Steuerlast. Aber sind die Bemessungsgrundlagen im Sinne einer unterschiedslosen Besteuerung gleicher Sachverhalte überhaupt vergleichbar? Und in welchem Verhältnis zueinander müssen die Steuersätze stehen, um „steuerliche Gerechtigkeit" zu gewährleisten?

Aufgrund dieser Schwierigkeiten im Zwei-Steuerarten-System „Konsumausgaben und Vermögensbestand", ist auch für die Verwirklichung der Forderung „gleiche steuerliche Leistungsfähigkeit unterschiedslos zu besteuern" einer Bezugsgröße Einkommen der Vorzug zu geben. Dabei ist freilich zu bedenken, dass die realen Steuersysteme eine Vielzahl von Steuerarten kennen und insoweit nicht gewährleistet ist, dass eine Gleichmäßigkeit der Einkommensbesteuerung auch eine gleichmäßige Gesamtsteuerbelastung garantiert. Zu nennen sind hier beispielsweise die zusätzlichen Belastungen aus der Umsatz- oder Erbschaftsteuer, die aber in der vorliegenden Betrachtung weitgehend ausgeklammert werden müssen. Zunächst gilt es, für die Einkommensteuer als bedeutendste Steuerquelle[90] Gleichmäßigkeit herzustellen.

---

88 Vgl. B.1.2.4.4.

89 Vgl. dazu Schneider (1994), S. 38 ff u. S. 43 ff; Schneider (2002), S. 247.

90 Diese beinhaltet die Lohnsteuer, die Kapitalertragsteuer und den Zinsabschlag.

B.1.4. Einfachheit der Besteuerung

B.1.4.1. Rechtfertigung als Zielgröße

Es wurde bereits in den einleitenden Ausführungen darauf hingewiesen, dass die Einfachheit der Besteuerung kein eigenständiges Ziel vom Range der beiden vorgenannten Ziele ist.[91] Ihre Bedeutung wird hier vielmehr in einer Verknüpfung der Leitbilder Entscheidungsneutralität und Gleichmäßigkeit der Besteuerung mit den Gegebenheiten der Praxis gesehen. Ähnlich der Verwirklichung einer gleichmäßigen Besteuerung spricht die Forderung nach einem einfachen Steuerrecht zunächst einmal für sich. Denn niemand wird (öffentlich) ernsthaft für ein kompliziertes Steuerrecht eintreten. Entsprechend lässt sich ein breiter Konsens sowohl in den steuerwissenschaftlichen Disziplinen[92] als auch bei Vertretern der Steuerrechtspraxis[93] für die grundsätzliche Notwendigkeit zur Vereinfachung des Steuerrechts finden. Doch wie so oft steckt auch hier der Teufel im Detail.

Gerade das Einkommensteuerrecht ist in besonderem Maße Gruppeninteressen und der politischen Gestaltung bzw. Umverteilung ausgesetzt. Zwar ergeben sich gerade aus den daraus resultierenden Differenzierungen besonders viele Ansätze zur Vereinfachung, doch scheint die politische Umsetzung dieser Möglichkeiten offenbar nahezu unmöglich.[94] In der Tat drängen sich insbesondere dem Steuerrechtspraktiker gewisse Zweifel bezüglich der Durchführbarkeit derartiger Reformbestrebungen auf, hat doch bisher jede als Reform bezeichnete Gesetzesänderung in den vergangenen Jahren nur zu einem höheren Arbeitsaufwand geführt. Der Verdacht, der aus politischem Munde erfolgte Ruf nach Steuervereinfachung sei nicht viel mehr als ein Lippenbekenntnis, liegt nahe.[95] Dennoch bestehen keine Zweifel am Erfordernis einer grundlegenden Vereinfachung des Steuerrechts. Allerdings muss zunächst geklärt werden, was mit einer Vereinfachung erreicht werden soll und welche konkreten Schritte für eine praktikable Umsetzung notwendig sind.

---

[91] Stellvertretend Schneider (1994), S. 153; Bareis (1996), S. 37.

[92] Vgl. Kirchhof (1994), S. 3 ff, der sogar vom verfassungsrechtlichen Auftrag zur Steuervereinfachung spricht; Lang (1994), S. 33 ff; Bareis (1996), S. 37 f, wonach die Forderung nach Einfachheit auch die Merkmale Transparenz und Haltbarkeit einschließt; Schneider (1994), S. 152 ff.

[93] Stellvertretend Dann (1994), S. 133 ff; Meyding (1998), S. 219 ff; Klein (1994), S. 73 ff; Raupach (1998), S. 175 ff; zur Steuervereinfachung im internationalen Vergleich vgl. den Überblick bei Ault (1998), S. 107 ff.

[94] Vgl. Lang (1998), S. 5; Dann (1994), S. 142.

[95] Vgl. Häfele (1994), S. 51 ff.

B.1.4.2. Vereinfachung in Abhängigkeit vom Status Quo steuerlicher Regelungen

Die Auseinandersetzung mit der Namensgebung „steuerliche Leistungsfähigkeit" hat bereits gezeigt, dass gewählte Zielgrößen hinsichtlich ihres Inhalts zu konkretisieren sind, damit sie nicht als bloße Schlagwörter für die Verfolgung von Einzelinteressen missbraucht werden. Für die hier vorliegende Untersuchung ist dabei zu differenzieren, von welchem Zustand des Steuerrechts aus die Forderung nach der Einfachheit als Maßstab eines Steuersystems gestellt wird. Denn das Kriterium der Einfachheit hat in einem bereinigten, auf den Leitbildern Entscheidungsneutralität und Gleichmäßigkeit der Besteuerung aufbauenden Steuersystem andere Schwerpunkte als im gegenwärtigen Zustand des Steuerrechts.

Geht man von der Realität des deutschen Einkommensteuerrechts aus, so ist das Bemühen um ein einfaches Steuerrecht zumeist auch ein Ringen um ein gerechteres Steuerrecht.[96] Unter eine derart verstandene Vereinfachung fallen dann beispielsweise die Forderungen, den Missbrauch des Steuerrechts für Lenkungszwecke zu beschränken und seine sozialpolitische Überfrachtung zu beseitigen.[97]

Wie bereits bei der Abgrenzung des Untersuchungsobjekts ausgeführt wurde, ist einer Vereinfachung des Steuerrechts durch Beseitigung derartiger Ausnahmeregelungen uneingeschränkt zuzustimmen. Das Augenmerk dieser Arbeit richtet sich aber auf die notwendige Systembereinigung in den Kernbereichen des Einkommensteuerrechts, die sich zunächst an den Zielgrößen Entscheidungsneutralität und Gleichmäßigkeit der Besteuerung zu orientieren hat. Wenn also nachfolgend von Vereinfachungen die Rede ist, wird vorausgesetzt, dass ein „Zurückschneiden des steuergesetzlichen Wildwuchses auf den notwendigen Bestand von Fiskalzwecknormen"[98] bereits erfolgt ist. Im Mittelpunkt der Betrachtung steht dann die Frage, inwieweit die Einfachheit eines Steuersystems dazu beiträgt, die beiden übergeordneten Zielgrößen auch in der Besteuerungspraxis zu verwirklichen.

---

96 Zutreffend Lang (1994), S. 48. Ein Überblick über begrifflich-systematische Überlegungen zur Steuervereinfachung findet sich bei Ruppe (1998), S. 32 ff.

97 Vgl. Lang (1998), S. 3 f.

98 Lang (1996), S. 134.

B.1.4.3. Zur Aufgabe einer einfachen Besteuerung innerhalb eines bereits systematisierten Steuerrechts

Wer ein Steuersystem konsequent an den Leitbildern Entscheidungsneutralität und Gleichmäßigkeit der Besteuerung ausrichtet, wird grundsätzlich nur Einzelvorschriften erlassen, die notwendig sind. Ein Streichen dieser Vorschriften führt dann auch nicht zu einer Vereinfachung, sondern nur zu neuen Schwierigkeiten. Als generelle Voraussetzung einer einfachen Besteuerung kann dann die eindeutige und verständliche Formulierung der notwendigen Einzelvorschriften gesehen werden. Gerade im Hinblick auf eine Verwirklichung von Gleichmäßigkeit der Besteuerung sollte die Höhe der Steuerzahlung nicht von den Fähigkeiten der Steuerpflichtigen abhängen, möglichst viele Steuersparmöglichkeiten auszuloten, sei es nun durch die entsprechende eigene Sachkenntnis oder die Beauftragung eines teuer bezahlten Steuerspezialisten.[99]

Dennoch kann die Einfachheit der Besteuerung kein Ziel an sich sein. Die Subsidiarität dieser Zielgröße lässt sich am Beispiel einer „Kopfsteuer" verdeutlichen. Zweifellos wird mit einer Kopfsteuer eine besonders einfache Form der Besteuerung gewährleistet. Sie sichert sogar eine „formale" Gleichbehandlung, denn jeder zahlt dieselbe Steuer. Aber diese Form der Gleichbehandlung kann den Anspruch auf eine gleichmäßige Besteuerung im Sinne der zuvor geschilderten „horizontalen Gerechtigkeit" nicht erfüllen. Dies gilt erst recht für die hier ausgeklammerte Frage nach einer „vertikalen Gerechtigkeit".[100] Sieht man dagegen im Einkommen als verwirklichtem Mittelerwerb die Maßgröße, die Entscheidungsneutralität und Gleichmäßigkeit der Besteuerung am ehesten gewährleistet, dann liegt die (Haupt-) Aufgabe einer einfachen Besteuerung in einer praxisgerechten und transparenten Ermittlung dieser Maßgröße Einkommen.

Wäre die Ermittlung einer noch näher zu definierenden Größe namens Einkommen in jedem Einzelfall eindeutig möglich und objektiv überprüfbar, bestünde zunächst kein Anlass, von einer exakten Bestimmung dieser Maßgröße abzuweichen. Dies gebietet sich sowohl im Sinne einer neutralen als auch einer gleichmäßigen Besteuerung. Ohne an dieser Stelle bereits die Ausführungen zur Ermittlung der Maßgröße Einkommen vorwegzunehmen, soll aber bereits ein kurzer Einblick in eine denkbare Funktion der „Einfachheit der Besteuerung" bei der Verwirklichung der übergeordneten Zielgrößen gegeben werden.

---

[99] Vgl. Schneider (1994), S. 152 f.
[100] Vgl. Schneider (1994), S. 154.

B.1.4.4. Entscheidungsneutralität und Einfachheit der Besteuerung

Voraussetzung für die Verwirklichung einer entscheidungsneutralen Besteuerung ist, dass es gelingt, die jeweilige Zielgröße der Steuerpflichtigen über die Definition der gesuchten Maßgröße bestmöglich abzubilden. Hierzu wurde bereits ausgeführt, dass ein noch zu konkretisierendes wirtschaftliches Einkommen für diese Aufgabe am geeignetsten erscheint. Unterstellt man zunächst, dieses Einkommen würde als Saldo zwischen noch genauer zu definierenden „Erträgen" und „Aufwendungen" gemessen, dann sollten auch die einzelnen Erträge und Aufwendungen der Steuerpflichtigen möglichst exakt in die Berechnung der Messgröße Einkommen einfließen. Unproblematisch ist hier etwa die Berücksichtigung unterschiedlich hoher Personalaufwendungen, weil hier in der Regel keine Umperiodisierung der Zahlungen für steuerliche Zwecke erfolgen muss. Schwieriger ist dagegen die Transformation von Anschaffungsausgaben aus zwei heterogenen Investitionsalternativen (Kauf einer Maschine oder Kauf eines Wertpapiers) in einen Bemessungsgrundlagenbestandteil „Aufwand", sofern eben nicht die gesamte Anschaffungszahlung einer Periode zugerechnet werden soll. Denn hierfür sind Konventionen erforderlich.

Ermittelt man das Einkommen nun über einen Vermögensvergleich (mit Erträgen und Aufwendungen) und nicht über eine Cash-flow-Rechnung, zeigt sich, dass gerade das Problem der Periodisierung von Anschaffungsausgaben nur kompromissbehaftet zu lösen ist. Für den Idealtyp einer entscheidungsneutralen Besteuerung sollte die Aufwandsverteilung dem Konzept der Ertragswerterhaltung folgen, denn die Korrektur des Einnahmenüberschusses durch einen Periodisierungsbetrag „Ertragswertabschreibung" führt zu den wünschenswerten Eigenschaften der Investitionsneutralität.[101] Bei Kenntnis der Zahlungsströme und des richtigen Kalkulationszinsfußes läge somit ein ökonomisch begründetes Abschreibungsverfahren vor, denn die Maßgröße des Nutzungspotentials einer Anlage bildet der Ertragswert am Ende eines Jahres.[102]

Probleme bestehen jedoch darin, dass nicht alle Abschreibungsursachen quantifiziert werden können, so dass die Zahlungsströme letztlich unvollständig blei-

---

[101] Vgl. Schneider (1999), S. 106. Andererseits ist das Konzept der Ertragswerterhaltung mit einer gleichmäßigen Besteuerung nicht zu vereinbaren, weil der Kapitalwert selbst steuerfrei bleibt.

[102] Vgl. Schneider (1974), S. 374. Ist dieser geringer als der Ertragswert zu Beginn des Jahres, kommt es zu einer Ertragswertabschreibung; ist er höher, resultiert daraus eine Ertragswertzuschreibung. Eine Ertragswertzuschreibung kommt etwa dann in Betracht, wenn der Einnahmenüberschuss eines Jahres 0 beträgt, weil die dann folgenden künftigen Zahlungen nach Ablauf des betreffenden Jahres um ein Jahr weniger abzuzinsen sind.

ben. Zudem unterstellt das Modell erhebliche Vereinfachungen der Umwelt, wie die Kenntnis eines Kalkulationszinsfußes (Soll- und Habenzins sind identisch), das Nichtvorhandensein finanzieller Engpässe und die Beseitigung der Ungewissheit.[103]

Als entscheidender Einwand gegen die Ertragswertkonzeption bleibt festzuhalten, dass die daraus abgeleiteten Ergebnisse nicht nachprüfbar sind und damit als Grundlage für ein steuerlich gebotenes rechtssicheres Messkonzept ausscheiden. Der Wunsch nach einer ökonomisch verursachungsgerechten Verteilung der Anschaffungsausgaben ist folglich nicht zu erfüllen.[104]

Entsprechend ist das theoretische Gebilde der Ertragswertabschreibung zu normieren. Hierbei kommt dem Vereinfachungsgedanken eine bedeutende Aufgabe zu. Denn wenn ein entscheidungsneutrales Abschreibungsverfahren unter den gegebenen Voraussetzungen nicht verwirklicht werden kann, dann sollen entsprechend der Forderung nach einer einfachen Besteuerung wenigstens Willkür und Komplizierung durch die Wahl zwischen verschiedenen Abschreibungsverläufen beseitigt werden. An die Stelle einer entscheidungsneutralen Ermittlung einer definierten Maßgröße tritt zumindest eine gestaltungsunabhängige Variante als „second-best-Lösung“. Wie ein derartiges „Ersatz-Abschreibungsverfahren“ aussehen sollte, wird zu einem späteren Zeitpunkt erläutert.[105]

B.1.4.5. Gleichmäßigkeit und Einfachheit der Besteuerung

Zum Teil wird in der Literatur die Auffassung vertreten, dass eine durch Pauschalierungen verwirklichte Einfachheit der Besteuerung nur durch eine Ungleichbehandlung der Steuerpflichtigen erkauft werden könne.[106] In anderen Beiträgen wird zumindest auf ein mögliches Spannungsverhältnis zwischen Steuervereinfachung und Gleichmäßigkeit der Besteuerung hingewiesen.[107] Ursächlich für dieses behauptete Spannungsverhältnis ist das übliche Verständnis von Gerechtigkeit, das zu einer möglichst differenzierten Berücksichtigung von individuellen Gegebenheiten drängt.[108] Selbstverständlich ist individuellen Be-

---

[103] Vgl. Schneider (1974), S. 375.

[104] Zutreffend Schneider (1997), S. 132 f. Eine detaillierte Untersuchung findet sich bei Schneider (1974), S. 365 ff.

[105] Vgl. B.2.3.4.

[106] Siehe z.B. Wöhe (1983), S. 19.

[107] Stellvertretend Ruppe (1998), S. 30 f; Lang (1994), S. 34.

[108] Vgl. Lang (1998), S. 3.

sonderheiten Rechnung zu tragen. Doch kann die akribische Suche nach Einzelfallgerechtigkeit auch zu derartigen Komplizierungen führen, dass die angestrebte Steuergerechtigkeit in der Praxis nicht umgesetzt werden kann. Dieses vergebliche Bemühen charakterisiert offensichtlich nicht nur den augenblicklichen Zustand des deutschen Steuerrechts, sondern findet sich auch in anderen gesellschaftspolitischen Bereichen wieder.[109]

Besonders im Steuerrecht als Massenverfahren erweist sich die Suche nach immer mehr Einzelfallgerechtigkeit als Trugschluss. Denn Überdifferenzierungen machen unsicher und stehen einem gleichmäßigen und gleichwertigen Vollzug des Gesetzes entgegen. „Vielmehr besteht gerade im Steuerrecht eine *Typisierungsnotwendigkeit* durch gesetzliche Verallgemeinerungen, Vereinfachungen und Vergröberungen, weil in dieser Materie vergleichbare Sachverhalte oft hunderttausendfach vorkommen, indessen sachlich gleich besteuert werden sollten."[110] Diese Sichtweise steht im Einklang mit der Rechtsprechung des Bundesverfassungsgerichts, durch die es beispielsweise klarstellt, dass der Gleichheitssatz keine immer stärker individualisierende und spezialisierende Gesetzgebung erfordert, die einen gleichmäßigen Gesetzesvollzug letztlich nur gefährdet. Statt dessen ist ein allgemein verständlicher und möglichst unausweichlicher Belastungsgrund zu regeln. Hierbei kann die Tatbestandstypisierung dazu dienen, komplizierte Lebenssachverhalte übersichtlicher und verständlicher zu machen.[111]

Selbst wenn in zentralen steuersystematischen Bereichen eine gleichmäßige Besteuerung bereits verwirklicht wäre (z.B. durch Anwendung nur einer Methode der Einkommensermittlung), wird es dennoch Grenzbereiche geben, in denen die Frage zu stellen sein wird, ob nun die möglichst exakte Erfassung des Einzelfalles oder die Typisierung des Tatbestandes am ehesten materielle Gleichheit gewährleistet. Dabei sollte im Interesse der Besteuerungspraxis berücksichtigt werden, dass etwa im Bereich der Sachverhaltsermittlung dem Grundsatz der Einzelfallgerechtigkeit ohnehin nicht immer entsprochen werden kann. So sind gerade Abgrenzungsfragen zur Privatsphäre des Steuerpflichtigen, wie „*ob* und in welchem Umfang ein betrieblicher PKW auch privat genutzt, *ob* vom Autotelefon privat telefoniert wird, *ob* Kontokorrentzinsen beruflich oder privat entstanden sind, *ob* eine Reise, *ob* Sprachkurskosten, *ob* Aufwendungen für Literatur beruflich oder privat veranlaßt sind"[112], in vielen Fällen nicht zweifelsfrei

---

[109] Vgl. hierzu den Vortrag von Stratthaus, Gerhard anlässlich des 21. Forums „Finanzpolitik und Steuerrecht" der Steuerberaterkammer Nordbaden am 12.11.1999, Dokumentation, S. 10.

[110] Offerhaus (1997), S. 382.

[111] BVerfGE 96, 1, 10.

[112] Offerhaus (1997), S. 386.

zu lösen. Letztlich ist man in besonderem Maße auf die Angaben des Steuerpflichtigen angewiesen, ohne dass eine verlässliche Nachprüfungsmöglichkeit existiert. Die Sachverhaltsermittlung ist hier geprägt vom „Glauben und Schätzen", so dass die Gerechtigkeit für jeden Einzelfall ein formaler Wunsch bleibt.[113]

Wie soll etwa der materielle Gehalt eines Fahrtenbuchs geprüft werden? Hingewiesen sei hier beispielsweise auf einen Kongress in Hamburg an einem Freitag, den ein Münchner Unternehmer auch zu einem Aufenthalt am Wochenende nutzt. Da der Unternehmer inzwischen „versiert" im Umgang mit dem Fahrtenbuch ist, hat er bereits am Freitag auf der Hinfahrt, in Hamburg angekommen den PKW vollgetankt, damit der Privataufenthalt nicht nachvollzogen werden kann. Die Frage, ob er die gesamten Fahrtkosten als Betriebsausgaben ansetzen oder wie in diesem Fall erforderlich dem Privatbereich zuordnen wird,[114] braucht an dieser Stelle wohl nicht beantwortet zu werden. Auch die von der Finanzverwaltung erlassenen überwiegend formellen Gesichtspunkte helfen hier nicht weiter.[115] Eher schrecken sie noch den „betrieblichen Vielfahrer" von der Fahrtenbuchführung ab, denn am hiermit verbundenen Aufwand sind zumindest gewisse Zweifel angebracht.

Um Gerechtigkeit nicht nur im formalen Gesetz zu regeln, erscheint es aus der Sicht einer auf Massenverfahren beruhenden Steuerrechtspraxis also geboten, auf Typisierungen und Pauschalierungen zurückzugreifen.[116] Anderenfalls werden immer wieder Ausweichhandlungen provoziert, in denen Steuerpflichtige und ihre Berater durch eine alternative, häufig nur auf formalen Kriterien beruhende und damit gestaltbare Darstellung des Sachverhalts den begehrten Betriebsausgaben- oder Werbungskostenabzug erzielen. Dies führt dann zum viel zitierten „Dummensteuereffekt", wonach der unerfahrene, die Auseinandersetzung mit dem Finanzamt scheuende Steuerpflichtige im Vergleich zu dem Steuersparliteratur erprobten bzw. steuerberatenen Bürger zuviel an Steuern entrichtet.[117]

Eine Gleichmäßigkeit der Besteuerung im materiellen Sinne fordert nicht nur eine Gleichheit im gesetzlich definierten Besteuerungsanspruch, sondern verlangt diese Gleichheit auch für die konkrete Rechtsanwendung. Existiert demgegenüber ein Differenzierungsausmaß, das den gleichmäßigen Vollzug des Gesetzes gefährdet oder verhindert, so steht dies im Widerspruch zu einer gleich-

---

113 Vgl. Schmidt/Drenseck, EStG, § 12 Rz 14.
114 BFH vom 23.4.1992, BStBl II 1992, S. 898.
115 BMF- Schreiben v. 12.5.1997, BStBl I 1997, S. 562.
116 Zutreffend Lang (1998), S. 5.
117 Vgl. Lang (1994), S. 42.

mäßigen Besteuerung. Für die praktische Umsetzung eines konsistenten Steuersystems existiert das behauptete Spannungsverhältnis zwischen Gleichmäßigkeit und Einfachheit der Besteuerung nicht. Vielmehr fordert eine gerechte Besteuerungspraxis einfache, den steuerlichen Belastungsgrund bewusst machende Regelungen, bei deren Realisierung einer Typisierung bzw. Pauschalierung eine bedeutende Rolle zukommt.[118] Freilich bleibt zu beachten, dass die Einfachheit der Besteuerung kein Selbstzweck ist, sondern der Verwirklichung des übergeordneten Grundsatzes einer Gleichmäßigkeit der Besteuerung dient.

B.2. Ermittlung der Maßgröße „Einkommen“

B.2.1. Ausgangspunkt und historische Entwicklung der steuerrechtlichen Einkommensbegriffe

Wie in den vorausgegangenen Ausführungen dargelegt wurde, sollte sich ein innerhalb einer Wettbewerbsordnung zu konzipierendes Steuersystem mit den übergeordneten Zielen Effizienz und Gleichmäßigkeit am verwirklichten Mitteleerwerb orientieren. Ein daraus abgeleiteter wirtschaftlicher (nicht steuerrechtlicher) Einkommensbegriff kommt nicht nur einer Zielgrößenbesteuerung am nächsten, sondern gewährleistet auch am ehesten eine gleichmäßige Besteuerung. Mit der daran anknüpfenden Entscheidung für eine Einkommensbesteuerung und gegen eine Konsumbesteuerung[119] stellt sich sodann die Frage nach der „richtigen“ Ermittlung des Einkommens, die zunächst eine Analyse der möglichen Einkommenskonzepte erfordert. Dabei ist auch zu klären, wie eine Abgrenzung zwischen den in das Einkommen einzubeziehenden Sachverhalten und denen mit privater Veranlassung grundsätzlich erfolgen sollte. Da Einkommen jedoch kein in der Natur beobachtbares und entsprechend eindeutig zu bestimmendes Phänomen ist, kann eine Beurteilung unterschiedlicher Definitionen von Einkommen nur an den damit verfolgten Zwecken erfolgen.

Als zentrale Theorieansätze zur Ermittlung des Einkommens in der Vergangenheit können sowohl die Quellentheorie als auch die Reinvermögenszugangstheorie gesehen werden. Beide Theorien haben die Entwicklung des Einkommens-

[118] Vgl. Kirchhof (1994), S. 11 f.

[119] Sigloch (1995), S. 675, spricht hier vom Glaubenskrieg widerstreitender Lager und von der Irrlehre der Konsumbesteuerung.

begriffes in der deutschen Einkommensbesteuerung maßgeblich beeinflusst, wobei keine in reiner Form umgesetzt wurde.[120]

Der eigentliche Beginn einer einheitlichen Einkommensbesteuerung in Deutschland erfolgte mit der Verabschiedung des preußischen Einkommensteuergesetzes von 1891. Obwohl es ebenso wie die folgenden Einkommensteuergesetze auf eine grundlegende Definition des Einkommensbegriffs verzichtete, war es weitgehend dem quellentheoretischen Einkommensbegriff verhaftet.[121] Die Quellentheorie[122] macht die Frage, ob Einkommen vorliegt, vom Vorhandensein einer regelmäßig fließenden Einkommensquelle abhängig. Außerordentliche Wertänderungen am sog. Stammvermögen werden grundsätzlich nicht als Einkommensbestandteile betrachtet und bleiben folglich auch bei der Bestimmung eines steuerpflichtigen Einkommens unberücksichtigt. Ob eine für diese Unterscheidung erforderliche Trennbarkeit von Vermögensstamm und Frucht ökonomisch begründet vorgenommen werden kann, erscheint bereits äußerst zweifelhaft.[123] Zudem ist die grundsätzliche Ausgrenzung von Vermögenswertänderungen oder Gewinnen bzw. Verlusten aus der Veräußerung von Vermögen unter dem Aspekt einer vollständigen Erfassung von Einkommen als Maßgröße für steuerliche Leistungsfähigkeit nicht nachzuvollziehen und dementsprechend abzulehnen.[124] Infolgedessen kann auf eine weitergehende Untersuchung der Quellentheorie verzichtet werden.

Ein Wandel von der Quellentheorie zur Reinvermögenszugangstheorie[125] vollzog sich mit dem Reichseinkommensteuergesetz von 1920. Man hatte erkannt, dass mit dem Einkommensbegriff der Quellentheorie einmalige Vermögensanfälle nicht erfasst wurden und dadurch zahlreiche Vermögenszuflüsse bei den Steuerpflichtigen in den nicht steuerbaren Bereich fielen.[126] Ein nach der Reinvermögenszugangstheorie ermitteltes Einkommen bezieht demgegenüber Veräußerungsgewinne und -verluste des Vermögensstamms in die Ermittlung der Maßgröße ein. Ohne zusätzliche Anforderungen an das steuerlich maßgebliche (Markt-) Einkommen fallen dann allerdings auch Erbschaften, Geschenke oder

[120] Vgl. Tipke (1987), S. 167 f.
[121] Vgl. Nickel (1998), S. 54.
[122] Einer der Hauptvertreter der Quellentheorie war *Bernhard Fuisting*, vgl. Fuisting (1902), S. 107 ff.
[123] Ausführlich hierzu Schneider (1981), S. 137 ff.
[124] Zutreffend Sigloch (1995), S. 677.
[125] Die Reinvermögenszugangstheorie wurde vor allem von *Georg Schanz* begründet und von *Robert Haig* und *Henry Simons* weiterentwickelt. Vgl. Schanz (1896), Haig (1921), Simons (1938). Ein Überblick der Schanz-Haig-Simons-Konzeption findet sich bei Hundsdoerfer (2002), S. 52 ff.
[126] Vgl. Nickel (1998), S. 57.

Lotteriegewinne in den Definitionsbereich des Reinvermögenszugangs.[127] Einkommen eines Zeitabschnittes ist demnach alles, was ohne Schmälerung des Anfangsvermögens zum Zweck der Vermögensmehrung oder des Konsums verwendet werden kann. Eine Unterscheidung zwischen laufenden und außerordentlichen Einkommensbestandteilen entfällt. Einkommen lässt sich somit vereinfacht wie folgt ermitteln:

Reinvermögen am Ende der Periode
./. Reinvermögen am Anfang der Periode
\+ Entnahmen
./. Einlagen.

Da die Einkommenshöhe insbesondere durch die festgestellte Reinvermögensänderung determiniert wird, ist die einer Periode zuzuordnende Maßgröße davon abhängig, was als Reinvermögen definiert wird. Dies erfordert Aussagen zur Kapitalerhaltung sowie zur Abgrenzung und Bewertung des (Rein-) Vermögensbestandes,[128] auf die nachfolgend einzugehen sein wird.

B.2.2. Einkommensermittlungskonzepte und steuerliche Gerechtigkeit

B.2.2.1. Konzept der Ertragswerterhaltung

Innerhalb der Einkommenskonzepte kommt der Ertragswerterhaltung als Referenzmodell eine gewisse Sonderstellung zu. Dieses Konzept setzt die Erhaltung

[127] Bei einem derart umfassenden Erwerbsvermögensbegriff bliebe der Anwendungsbereich für mögliche Einlagen sehr gering (z.B. bislang ausschließlich konsumtiv verwendete Gegenstände), da ein Vermögenszugang bereits im Reinvermögen des Steuerpflichtigen zu erfassen ist. Dies ändert sich, wenn der steuerrelevante Reinvermögenszugang dagegen an weitere Tatbestandsmerkmale anknüpft (wie insbesondere unter B.2.4. dargestellt) und dadurch z.B. Erbschaften oder Schenkungen nicht als einkommensteuerlicher Reinvermögenszugang zu qualifizieren sind.

[128] Ausführlich Sigloch (1995), S. 679 ff. Einkommen lässt sich so als den, über das zu erhaltende Anfangsvermögen hinausgehenden, in Geldeinheiten gemessenen Vermögensmehrbestand definieren. Entsprechend resultieren in Abhängigkeit vom zu erhaltenden Anfangsvermögen unterschiedliche Einkommensbegriffe. Typische Kapitalerhaltungskonzepte sind dabei:
- die nominelle oder reale Geldkapitalerhaltung,
- die Sachkapitalerhaltung (Brutto- oder Nettosubstanzerhaltung) sowie
- die Ertragswerterhaltung.

Vgl. hierzu die Übersicht bei Wöhe (1987), S. 373 ff.

des Anfangsertragswertes voraus und ermittelt den Periodengewinn als Zinsen auf den Ertragswert zum Periodenanfang (= kapitaltheoretischer oder ökonomischer Gewinn). Aus der Ermittlung des Ertragswertes als Barwert aller zukünftigen Ein- und Auszahlungen resultiert ein zahlungsorientierter Gewinn- bzw. Vermögensbegriff. Der Gewinn bzw. die Reinvermögensänderung wird dabei als Einnahmenüberschuss am Periodenende ermittelt und um einen als Ertragswertabschreibung bezeichneten Periodisierungsbetrag korrigiert.[129] Den bei Einführung einer Besteuerung wünschenswerten Eigenschaften der Investitionsneutralität[130] stehen jedoch die engen Anwendungsvoraussetzungen des vollkommenen Kapitalmarktes unter Annahme sicherer Erwartungen gegenüber. Problematisch ist hierbei, dass die der Besteuerung zugrundegelegten Ertragswerte auf subjektiven Schätzungen beruhen, die einer Objektivierung nicht zugänglich sind. Insbesondere besteht ein Widerspruch zum Realisationsprinzip, da die erfolgswirksame Erfassung von Vermögensänderungen bereits im Zeitpunkt der Erkennbarkeit einer künftigen Ein- oder Auszahlung erfolgt.[131]

Zudem ist ein mit Hilfe des kapitaltheoretischen Gewinns definiertes Einkommen mit dem Leitbild einer Gleichmäßigkeit der Besteuerung nicht zu vereinbaren, weil die als ex post-Überraschungen eintretenden Kapitalgewinne und -verluste in den Planungsrechnungen des Ertragswertkonzeptes keinen Niederschlag finden. Ein gesellschaftspolitisch akzeptables Maß zur Wahrung einer gleichmäßigen Besteuerung verlangt demgegenüber, den gesamten Reinvermögenszugang in das Einkommen einzubeziehen, also auch Kapitalgewinne und Kapitalverluste.[132]

B.2.2.2. Konsumorientierte „Einkommensermittlung"

B.2.2.2.1. Konzept der realen Cash-flow-Besteuerung mit Spar- bzw. Zinsbereinigung

Aufgrund der Schwierigkeiten im Hinblick auf die Rechtssicherheit des Konzeptes der Ertragswerterhaltung könnte nach einem Ermittlungskonzept gesucht

[129] Vgl. Schneider (1995), S. 211. Zu beachten ist, dass die aus der Ertragswertänderung resultierenden Periodisierungsbeträge auch negativ werden können und insoweit als „Ertragswertzuschreibung" gewinnerhöhend wirken. Vgl. hierzu Schneider (1997), S. 41 f.

[130] Vgl. Sigloch (1995), S. 680.

[131] Zutreffend Wissel (1997), S. 77 f.

[132] Vgl. Schneider (1999), S. 106; Schneider (1997), S. 269 f.

werden, bei dem jegliche Bewertungsprobleme entfallen. Ein solches Einkommensermittlungsmodell könnte im „Kassenvermögensvergleich" gesehen werden. Hierbei wird das der Besteuerung zugrunde liegende Einkommen als Differenz zwischen den in einer Periode zu- und abgeflossenen Ein- und Auszahlungen ermittelt.[133] Man spricht dann von einer „Cash-flow-Besteuerung". Als zunächst unübersehbarer Vorteil dieser Konzeption erweist sich, dass Erfolgsrealisation und Zahlungszeitpunkte zusammenfallen.[134] Eine Umperiodisierung der Zahlungsströme ist damit nicht erforderlich.[135]

Für die hier im Vordergrund stehende Untersuchung der Ermittlungskonzepte im Hinblick auf die Zielgrößen Entscheidungsneutralität, Gleichmäßigkeit und Einfachheit ist es hilfreich, zwei verschiedene Varianten der Cash-flow-Besteuerung zu unterscheiden:[136]

- Ein erweiterter Kassenvermögensvergleich liegt vor, wenn neben den realwirtschaftlichen Transaktionen auch Zinszahlungen erfolgswirksam behandelt werden, während die Kreditaufnahme- und Kredittilgungszahlungen erfolgsunwirksam bleiben.
- Ein beschränkter Kassenvermögensvergleich bildet nur realwirtschaftliche Sachverhalte erfolgswirksam ab. Sämtliche Finanzzahlungen (Kreditaufnahme, -tilgung und Zinsen) werden aus der Bemessungsgrundlage ausgegrenzt.

Der beschränkte Kassenvermögensvergleich findet auch im Rahmen einer Konsumbesteuerung Verwendung, um auf indirektem Wege die Steuerbemessungsgrundlage „Konsumausgaben" zu ermitteln.[137] Als Äquivalent dieser eher unternehmensbezogenen, realen Cash-flow-Steuer auf der Haushaltsebene gilt das Konzept der sparbereinigten Einkommensteuer. Das damit verfolgte intertemporale Ziel, den Lebenskonsum eines Bürgers einer nur einmaligen steuerlichen Belastung zu unterwerfen, wird dadurch erreicht, dass nur der Teil des Einkommens versteuert wird, der nach Abzug der Ersparnis für Konsumzwecke ausgegeben werden soll. Entsprechend ist dann die zu einem späteren Zeitpunkt erfolgende Auflösung der Ersparnisse für Konsumzwecke durch eine nachgelagerte Besteuerung zu erfassen.[138]

---

133 Die in der Regel eher unbedeutenden Kassenbestände (als Vermögensbestand) werden dabei vernachlässigt.

134 Vgl. Sigloch (1995), S. 682.

135 Dadurch ergibt sich zugleich eine Übereinstimmung mit den bei dynamischen Investitionsrechenverfahren ebenfalls verwendeten zahlungsorientierten Größen. Vgl. Perridon/ Steiner (1997), S. 58 ff.

136 Vgl. Sigloch (1995), S. 682; eine weitere Variante ist der reine Kassenvermögensvergleich, bei dem sämtliche Kreditzahlungen erfolgswirksam berücksichtigt werden.

137 Vgl. Schwinger (1992), S. 192 ff; Wissel (1997), S. 65 f.

138 Vgl. Rose (1997a), S. 29.

Aufgrund administrativer Vorteile einer Besteuerung am Ort der Einkommensentstehung wird als Alternative zur an der Einkommensverwendung anknüpfenden Sparbereinigung das Konzept der Zinsbereinigung vorgeschlagen. Dabei wird zunächst auch der zur Ersparnis verwendete Teil des Einkommens besteuert, während die nachfolgend erwirtschafteten Sparzinsen steuerfrei bleiben.[139]

Beiden Konzepten ist gemeinsam, dass sie im Grundsatz Einkünfte aus Kapitalvermögen von der Steuer freistellen und insofern mit der nur realwirtschaftlichen Transaktionen erfassenden Cash-flow-Besteuerung übereinstimmen.[140] Demgegenüber wurde bereits in den Ausführungen zur Entscheidungsneutralität und Gleichmäßigkeit der Besteuerung dargelegt, warum in der vorliegenden Arbeit einer Maßgröße „gesamtes Einkommen" der Vorzug gegenüber einer Besteuerung der Konsumausgaben (und des Vermögensbestandes) gewährt wird.[141] Obwohl also einer konsumorientierten Besteuerung bereits eine Absage erteilt wurde, sollen die Konsequenzen einer zinsbereinigten Einkommensteuer bzw. realen Cash-flow-Besteuerung für eine gleichmäßige Besteuerung an dieser Stelle nochmals aufgegriffen werden. Schließlich erweckt die Bezeichnung zinsbereinigte (bzw. sparbereinigte) Einkommensteuer den Eindruck, es handle sich hier lediglich um eine Variante der „klassischen Einkommensteuer".

B.2.2.2.2. Beurteilung am Maßstab einer gleichmäßigen Besteuerung

Sieht man einmal von den engen Prämissen ab, unter denen eine zinsbereinigte Einkommensteuer bzw. eine realwirtschaftliche Cash-flow-Steuer eine (intertemporale) Entscheidungsneutralität gewährleistet,[142] sind Modelle zur (teilweisen) Steuerbefreiung von Kapitaleinkünften bzw. Unternehmensgewinnen an der

139 Vgl. Rose (1996), S. 79 ff. Ein Überblick über die grundsätzliche Äquivalenz beider Formen und den Unterschied zu traditionellen Einkommensteuer findet sich bei Rose/Mühl-Schimmele (1997), S. 156 f.

140 Die Vorschläge sehen im Wesentlichen eine völlige Freistellung von privat gehaltenem Finanzvermögen bzw. Berücksichtigung standardisierter Zinskosten in Abhängigkeit von der „Gewinnermittlungsmethode" vor. Vgl. Rose (1996), S. 80 ff.

141 Die wesentlichen Aussagen hierzu finden sich auch bei Schneider (1997a), S. 661 - 685.

142 Hierzu gehören insbesondere die in der Besteuerungspraxis i.d.R. nicht anzutreffenden Prämissen eines vollkommenen Kapitalmarkts und konstanter Grenzsteuersätze. Vgl. Schneider (1997a), S. 670 ff, insbes. S. 674 ff. Daneben sollte auch nicht vergessen werden, dass infolge des notwendigen Rückgriffs auf finanziell messbare Bezugsgrößen zwangsläufig nicht alle Zielgrößen in den persönlichen Planungsmodellen erfasst werden. Entsprechend sind Verstöße gegen Allokationseffizienz ohnehin unausweichlich. Hierzu Schneider (1997a), S. 682.

Norm einer Gleichmäßigkeit der Besteuerung zu prüfen. In Anlehnung an die Konkretisierung einer gleichmäßigen Besteuerung über die Definition steuerlicher Leistungsfähigkeit als Maßgröße für horizontale Gerechtigkeit ist eine Antwort auf folgende Frage zu finden: Welche wirtschaftlichen Sachverhalte schaffen gleiche steuerliche Leistungsfähigkeit?[143]

Zwar ist man hierbei auf Basiswerturteile zur Gerechtigkeit angewiesen, über die sich nur schwer Einigkeit erzielen lässt. Dennoch sollte es auch mit Hilfe einer ökonomischen Analyse des Steuerrechts möglich sein, „mehr Gerechtigkeit" durch den Abbau offensichtlicher Ungleichbehandlung zu erzielen.[144] Daran anknüpfend verkennt die aus nutzentheoretischen Überlegungen abgeleitete Behauptung, die traditionelle Einkommensteuer führe zu einer Doppelbelastung des Sparens, dass ein in jeder Periode vorhandener Vermögensbestand ein Sicherheits- und Besitzbedürfnis erfüllt. Insbesondere in der Nichtberücksichtigung des Sicherheitsbedürfnisses kann eine Ungleichbehandlung zugunsten der Vermögenden gesehen werden, „denn sie werden so besteuert, als hätten sie kein gegen Einkommensunsicherheiten teilweise abschirmendes Vermögen."[145]

Da die Frage, welche Maßgröße steuerlicher Leistungsfähigkeit zu einer „gerechten Steuerbelastung" führt, durch die jeweiligen Entscheidungsträger vor der Verwirklichung wirtschaftlicher und damit besteuerungsfähiger Sachverhalte geklärt sein sollte, könnte ein Modell von *Rawls* und die damit verbundenen Gerechtigkeitsvorstellungen hilfreiche Erklärungsansätze liefern. Als wichtigster Ausgangspunkt des Modells sind sämtliche Staatsbürger im Zustand völliger Unsicherheit über ihre zukünftige gesellschaftliche Stellung, wenn sie die Regeln für ein gemeinsames Zusammenleben aufstellen.[146] Für diesen Urzustand der Unsicherheit ist dann nach einer Maßgröße steuerlicher Leistungsfähigkeit zu suchen, die möglichst jedermann als fair empfindet.[147]

Zwar kann die Annahme vom Anfangszustand völliger Unsicherheit nicht für alle Ewigkeit gelten, da die im Laufe der Zeit gewonnenen Erfahrungen und neuen Erkenntnisse geänderte gesellschaftliche Wertungen nach sich ziehen. Dann könnten einzelne Bürger aufgrund ihrer größeren Fähigkeit und einer besseren Kenntnis über zukünftige wirtschaftliche Gegebenheiten die Verteilungsregeln zu Lasten der weniger Begabten oder weniger Vermögenden ändern wollen, während Letztere auf eine ex post-Nivellierung, z.B. durch eine hohe

---

143 Vgl. Schneider (1994), S. 147.
144 So Schneider (1994), S. 48.
145 Schneider (1997a), S. 677.
146 Ausführlich Rawls (1971), S. 75 ff.
147 Vgl. Schneider (1997a), S. 682. Für die Verwirklichung „vertikaler Gerechtigkeit" ist gleichzeitig nach einem fairen Tarifverlauf zu forschen.

Steuerprogression, drängen würden.[148] Doch wird immer ein mehr oder weniger stark ausgeprägter „Schleier des Nichtwissens“ über der Zukunft liegen, so dass die Entscheidungsträger eines vernünftigen Steuersystems stets zu bedenken haben, dass auch sie ohne eigenes Verschulden zu den sozial und finanziell am schlechtesten gestellten Bürgern gehören könnten. Umgekehrt müssten sie im Falle des finanziellen Erfolges mit einer entsprechenden Besteuerung einverstanden sein. In dieser Situation erscheint es plausibel, dass die „Verfassungsgeber“ für ein Verdienst- und Bedürfnisprinzip plädieren.[149]

Dabei kann das Verdienstprinzip dahingehend interpretiert werden, dass das „verdiente“ (Markt-) Einkommen grundsätzlich keiner Umverteilung unterliegt. Für eine Norm Gleichmäßigkeit der Besteuerung besteht insoweit Einklang mit der Forderung nach horizontaler Gerechtigkeit, als Personen mit demselben Einkommen gleich zu besteuern sind.[150] Aussagen über eine anzustrebende Änderung der Verteilung des verdienten Einkommens (z.B. über einen progressiven Steuertarif, oder besser: Transferzahlungen) zu Gunsten der finanziell schlechter Gestellten lassen sich mit dem Verdienstprinzip nicht begründen. Derartige Umverteilungsbestrebungen leiten sich allein aus dem Bedürfnisprinzip ab. Entsprechend dem Gerechtigkeitskonzept von *Rawls* sollten dann die am schlechtesten mit Einkommen ausgestatteten Personen so gut wie möglich gestellt werden.[151]

Eine vielfach aus dem Sozialstaatsprinzip in Art. 20 GG abgeleitete, möglichst gleichmäßige Verteilung des Einkommens ist damit jedoch nicht gemeint, „da in einer freiheitlichen pluralistischen Ordnung an erster Stelle die Leistung des einzelnen stehen muß, der auch die Früchte seiner Leistung ernten darf.“[152] Denn ohne diese Anreize würden z.B. die kraft Begabung Bessergestellten durch teilweises Nichtstun alle schlechter stellen.[153] Unabhängig von der Gefahr infolge der Ungewissheit über die Zukunft selbst einmal auf die Unterstützung anderer angewiesen zu sein, kann auch ein Gegenwartsinteresse finanziell besser gestellter Personen an einem gewissen Maß an Umverteilung unterstellt werden.

---

148 Vgl. Schneider (1997a), S. 683.

149 Vgl. hierzu die Abwandlung der Rawlschen Gerechtigkeitstheorie bei Sterba (1974), S. 101.

150 Vgl. Bareis (1996), S. 35.

151 Infolge der Beschränkung auf finanziell messbare Bezugsgrößen ist auf eine Umverteilung von nicht messbaren Eigenschaften (z.B. Macht) nicht weiter einzugehen.

152 Bareis (1996), S. 35.

153 Zutreffend Schneider (1997a), S. 682; vgl. hierzu auch Tipke (1987), S. 42, der in Verbindung mit überzogenen Umverteilungsbestrebungen auf den möglichen Rückgang des Willens zur Leistung, zur Investition und zum Sparen, sowie der Förderung der Schattenwirtschaft hinweist.

Umverteilung kann hier als Sicherheitsprämie gegen Sozialneid oder soziale Unruhen gesehen werden.[154]

Hält man derartige Gerechtigkeitsvorstellungen für konsensfähig, dann können die Folgen einer generellen Freistellung von Zinserträgen wohl kaum als fair gelten.[155] Gerade wirtschaftlich schlechter gestellte Personen werden selten über hohe Kapitalerträge verfügen, um dann in den Genuss steuerfreier Einkünfte zu kommen. Die bei gleich hohen Staatsausgaben zwangsläufig stärker zu besteuernden Arbeitseinkünfte würden insbesondere auch wirtschaftlich Schwache treffen.[156] Zudem ist unklar, ob dem behaupteten Effizienzgewinn bei Abschaffung einer Kapitaleinkommensteuer infolge der höheren Besteuerung der restlichen Arbeitseinkommen nicht eine Verzerrung an anderer Stelle gegenübersteht und somit insgesamt eine Effizienzverschlechterung zu verzeichnen ist.[157] Eine die Ersparnis steuerfrei stellende, konsumorientierte Einkommensteuer mit dem Wunsch, über die lebenslangen Konsumabgaben (einschließlich eines nicht verwirklichten „Endkonsums") eine intertemporale Allokationseffizienz zu erzielen, entpuppt sich damit als „ideologisches Stützkorsett für Vermögensmillionäre gegen Gleichmäßigkeit der Besteuerung."[158] Allenfalls aus Praktikabilitätsüberlegungen könnte, in Verbindung mit der Norm Einfachheit der Besteuerung, eine Begrenzung der Steuerbelastung von Kapitaleinkünften sinnvoll sein. Vorstellbar wäre hier etwa eine relative Abgeltungssteuer für Zinseinkünfte, die eine entsprechende Behandlung der Eigenkapitalverzinsung erforderlich macht.[159]

---

154 So Bareis (1996), S. 36.

155 Zutreffend Bareis (2002), S. 137 f u. 140.

156 Zwar könnte dem durch eine stärkere Progression bei den Beziehern hoher (Arbeits-) Einkommen begegnet werden. Dies wäre aber wiederum nicht ohne Auswirkungen auf die an konstante Grenzsteuersätze anknüpfende Allokationseffizienz und die mit dem Verdienstprinzip verbundenen Anreizwirkungen. Vgl. hierzu auch Hundsdoerfer (2002), S. 66 f.

157 Vgl. Homburg (2000), S. 188 f.

158 Schneider (1998), S. 1287. Vgl. auch Schneider (1997a), S. 684 und Schneider (2002), S. 273 f.

159 Eine derartige Vorgehensweise empfiehlt die Einkommensteuer-Kommission (1995), S. 11.

B.2.2.3. Reinvermögensorientierte Einkommensermittlung

B.2.2.3.1. Grundlagen

Charakteristisch für die reinvermögensorientierte Einkommensermittlung ist die vollständige Erfassung sämtlicher Einkommensbestandteile, einschließlich Veräußerungsgewinne und anfallender Kapitaleinkünfte.[160] Mit der Entscheidung, was als Vermögen (bzw. Schulden) anzusetzen ist und wie dessen Bewertung erfolgt, wird zugleich der Zeitpunkt determiniert, an dem Einkommensmehrungen oder Einkommensminderungen als realisiert gelten.

Wird Vermögen im Sinne sämtlicher zukünftiger Ein- und Auszahlungen interpretiert, spricht man von einem Gesamtvermögensvergleich. Bilanziert werden hier die Barwerte aller künftigen Einzahlungserwartungen (positives Vermögen) und Auszahlungserwartungen (negatives Vermögen). Das periodische Einkommen wird als Differenz der Ertragswerte am Ende und zu Beginn der Periode ermittelt. Die Realisierung des Einkommens infolge einer Vermögensänderung erfolgt somit bereits bei der bloßen Erkennbarkeit einer zukünftigen Ein- und Auszahlung (Bsp. Erteilung eines Auftrags, geplante Anschaffung einer Maschine).[161] Analog den Ausführungen zum Konzept der Ertragswerterhaltung sind die aus subjektiven Schätzungen abgeleiteten Ertragswerte für eine in der Steuerrechtspraxis erforderliche Überprüfbarkeit ungeeignet. Im Hinblick auf eine aus der Norm einer gleichmäßigen Besteuerung abgeleiteten Erfassung sämtlicher Einkommensbestandteile bestehen dagegen insofern keine Bedenken, als hier auch die Kapitalwerte im Einkommen berücksichtigt sind.

Für eine an Objektivierungserfordernisse gebundene Besteuerung muss das zur Einkommensmessung herangezogene Vermögen entsprechend konkretisiert werden. Dies geschieht in einem Einzelvermögensvergleich durch den Ansatz einzelner Vermögensgegenstände und Schulden. Was dabei konkret als Vermögensgegenstand oder Schuld anzusehen ist, kann nur durch Konventionen festgelegt werden.[162] Die Schwierigkeit besteht darin, infolge der Unsicherheit über die Zukunft sachlich gebotene Kompromisse zu finden, die dennoch eine ten-

---

160 Ohne die zu einem späteren Zeitpunkt behandelte Konkretisierung durch eine Messtheorie des Markteinkommens wären allerdings auch Geschenke, Erbschaften, Lotteriegewinne oder die Wertschöpfung im Haushaltsbereich als Reinvermögenszugang zu erfassen. Stellvertretend hierzu Hundsdoerfer (2002), S. 73 f; Bareis (2001), S. 271; Wassermeyer (2001), S. 921 f.

161 Vgl. Sigloch (1995), S. 681.

162 Zutreffend Sigloch (1995), S. 681.

denzielle Verwirklichung der Zielgrößen Entscheidungsneutralität, Gleichmäßigkeit und Einfachheit ermöglichen.

Je nach Abgrenzung des Bilanzinhalts und dessen Bewertung kommt es zu unterschiedlichen Zeitpunkten der Erfolgsrealisation, weil auch hier das periodische Einkommen aus der Differenz aufeinanderfolgender, unterschiedlich ermittelter Vermögensbestände resultiert. Denkbar ist hier beispielsweise eine konsequente Stichtagsbetrachtung mit einer Bewertung zu aktuellen Werten. In einer solchen Tageswertbilanz müssten wiederum künftige Mehr- oder Minderzahlungen antizipiert werden, z.B. in Form von Zuschreibungen, Abschreibungen oder der Bildung von Rückstellungen.[163] Entsprechend würden unrealisierte Gewinne bzw. unrealisierte Verluste die Höhe des Periodeneinkommens beeinflussen.[164] Auch hier wären also Prognosen über künftige Entwicklungen erforderlich, die den gebotenen Objektivierungserfordernissen entgegenstehen.

Im Interesse einer Reduzierung von Bewertungsunsicherheiten kann sich die Bewertung an den Anschaffungswerten orientieren. Der Ansatz der Vermögensgegenstände und Schulden erfolgt dann zu den historischen Aus- und Einzahlungen. Die Erfolgswirkung der erfolgten Zahlungen wird dabei grundsätzlich durch Aktivierung bzw. Passivierung temporär neutralisiert.[165] Bei dieser reinen Form des Realisationsprinzips ist der Gewinn im Prinzip für jeden einzelnen Geschäftsvorfall gesondert zu ermitteln. Die Verwirklichung des Gewinns setzt dabei den Vollzug eines realen Tauschaktes voraus. In Anlehnung an den rechtlichen Zeitpunkt des Gefahrenübergangs kann auch vom Zeitpunkt der Marktleistungsabgabe gesprochen werden.[166] Als Folge einer strikten Befolgung des Realisationsprinzips verbietet sich eine planmäßige Abschreibung während der Nutzungsdauer. Denn solange Aufwand und Ertrag erst beim Abgang eines Vermögensgegenstandes als realisiert gelten, müssen sämtliche Anlagegegenstände bis zu ihrem Ausscheiden mit den Anschaffungs- oder Herstellungskosten bewertet werden. „Das nach dem Realisationsprinzip einzig zulässige Abschreibungsverfahren ist die „Endabschreibung“ beim Ausscheiden.“[167]

Als weitere rechtssichere Alternative der Einkommensermittlung könnte auf den Zahlungssaldengewinn abgestellt werden. Wie bereits in den Ausführungen zu einer konsumorientierten Einkommensermittlung dargestellt,[168] erweist sich eine

---

163 Vgl. Sigloch (1995), S. 681.
164 Zur dabei auftretenden Problematik vgl. Schneider (1997), S. 246 ff.
165 Vgl. Sigloch (1995), S. 681.
166 So Schneider (1997), S. 37 f.
167 Schneider (1974), S. 366. Inwieweit dennoch eine Periodisierung der Anschaffungs- und Herstellungskosten sinnvoll sein kann, wird noch zu erläutern sein.
168 Vgl. B.2.2.2.

derartige Cash-flow-Besteuerung deshalb als besonders einfach, weil die Erfolgsrealisation mit den Zahlungszeitpunkten zusammenfällt. Somit entfallen Bewertungsprobleme. Innerhalb einer reinvermögensorientierten Einkommensermittlung, in der sämtliche Einkommensbestandteile (einschließlich Kapitaleinkünfte) zu erfassen sind, kommt die Variante des erweiterten Kassenvermögensvergleichs als Ermittlungskonzept in Betracht. Im Vergleich zu dem auf den Vorstellungen einer Konsumbesteuerung basierenden beschränkten Kassenvermögensvergleich werden dann neben den realwirtschaftlichen Transaktionen auch die Zinszahlungen erfolgswirksam behandelt.[169] Im Hinblick auf das Erfordernis einer Gleichmäßigkeit der Besteuerung bestehen aufgrund der Berücksichtigung der Ersparnisse bei der Einkommensermittlung keine Bedenken gegen den erweiterten Kassenvermögensvergleich.

B.2.2.3.2. Zeitpunkt des Gewinnausweises

Den vorgestellten Ermittlungsmodellen ist gemeinsam, dass sie bei Abwesenheit von gewinnabhängigen Zahlungen zu einem identischen Totalerfolg führen,[170] da die Periodengewinne lediglich buchtechnische Umperiodisierungen der zugrundeliegenden Zahlungsvorgänge sind. Die Periodengewinne weisen demgegenüber z.T. erhebliche Unterschiede auf, was auf unterschiedliche „Vermögensaktivierungen und Schuldenpassivierungen" zurückzuführen ist.[171] Als Folge der unterschiedlichen Periodeneinkommen kommt es je nach Ermittlungsmethode zu unterschiedlichen Vermögensständen (gemessen im Eigenkapital) im Zeitablauf. Schematisch lässt sich das Verhältnis zwischen Total- und Periodeneinkommen wie folgt darstellen:[172]

---

169 Vgl. Sigloch (1995), S. 682. Auf das Modell des reinen Kassenvermögensvergleichs, bei dem sämtliche Kreditzahlungen erfolgswirksam berücksichtigt werden, soll hier nicht weiter eingegangen werden.

170 Kritisch zur Eignung des Totalerfolges, Schneider (1997), S. 39 ff.

171 Vgl. Sigloch (1995), S. 685.

172 Vgl. Sigloch (1995), S. 685 f. Ausführlich hierzu Henselmann (1994), S. 48 (FN 26) und S. 153 ff.

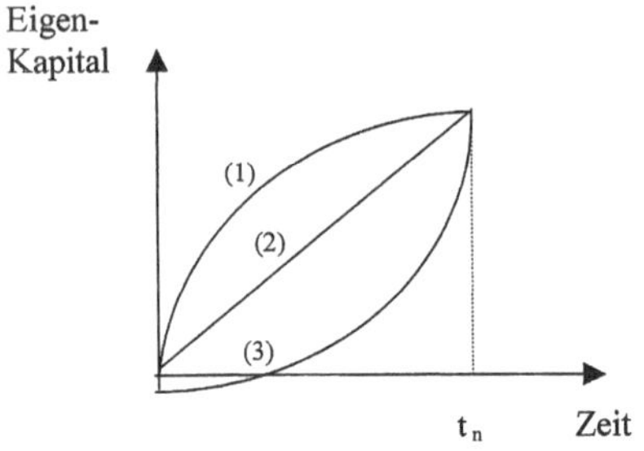

Abb.: Typisierte Eigenkapitalentwicklung alternativer Einkommensmodelle ohne gewinnabhängige Auszahlungen

Die Grafik soll verdeutlichen, dass bei ausgewählten Ermittlungsmodellen am Ende der Totalperiode (t_n) dasselbe Endvermögen ausgewiesen wird. Die Entwicklung vom gemeinsamen Anfangspunkt aus ist allerdings verschieden. Beim Gesamtvermögensvergleich (1) erfolgt der Einkommensausweis grundsätzlich früher als bei den anderen Modellen, da bereits die im Anfangszeitpunkt erwarteten Einzahlungsüberschüsse als Einkommen interpretiert werden. Demgegenüber wird ein mittels Kassenvermögensvergleich (3) ermitteltes Einkommen tendenziell später ausgewiesen, da hier erst mit der erfolgten Zahlung eine Erfolgsrealisation einsetzt. Zwischen diesen beiden Extremen liegt i.d.R. die Einkommensermittlung bei Einzelvermögensvergleichen (2), denen etwa die auf dem Realisationsprinzip basierende Anschaffungswertbilanz oder eine Tageswertbilanz zuzuordnen sind.

Die Tatsache, dass die verschiedenen Ermittlungsmodelle trotz unterschiedlicher Periodengewinne zum identischen Endvermögensstand führen, ist jedoch zu modifizieren, sofern an die Periodengewinne gewinnabhängige Auszahlungen (z.B. Steuern) anknüpfen. Sieht man einmal von der für die Praxis ohnehin unrealistischen Annahme eines vollkommenen Kapitalmarktes ab, mindert sich die erreichbare Vermögensposition aufgrund der erforderlichen Vorfinanzierung der Steuerzahlungen, je früher der Erfolg ausgewiesen wird.[173] Neben den unter der Annahme eines konstanten Steuersatzes resultierenden Zinsnachteilen eines frühzeitigen Einkommensausweises beeinflusst der im gegenwärtigen Steuerrecht verwirklichte progressive Tarif das erreichbare Endvermögen. Besonders ungünstig wären hier Ermittlungsmodelle, die den Totalerfolg innerhalb nur weniger Perioden bei entsprechend hohem Steuersatz ausweisen.[174]

173 Vgl. Sigloch (1995), S. 686 f.

174 Diese Problematik wird im Zusammenhang mit den Ausführungen zur Bemessungsgrundlage noch entsprechend gewürdigt.

B.2.2.3.3. Beurteilung von Gesamtvermögensvergleich und Cash-flow-Besteuerung

Infolge der bereits angesprochenen mangelnden Objektivierbarkeit des auf subjektiven Schätzungen basierenden Gesamtvermögensvergleichs kann dessen Bedeutung nicht in einer unmittelbaren Umsetzung in die Besteuerungspraxis gesehen werden. Das Konzept kann aber als Orientierungspunkt „bei der Beurteilung von Regelungen und der Ausgestaltung notwendiger Kompromisslösungen dienen."[175]

Für die praktische Umsetzbarkeit scheint eine an Zahlungssalden orientierte Einkommensermittlung besonders geeignet. Der Periodengewinn gleicht hier dem Einnahmenüberschuss am Ende einer jeden Abrechnungsperiode. Im Falle eines Ausgabenüberschusses läge entsprechend ein Verlust vor. Mit einer Verteilung der Anschaffungsausgabe verbundene „Buchgewinne" in den ersten Jahren würden vermieden. Aus der Sicht eines investierenden Steuerpflichtigen kommt es erst dann zu Steuerbelastungen, wenn die laufenden Einzahlungsüberschüsse die ursprüngliche Anschaffungsauszahlung übersteigen und somit bereits eine Erhöhung des Bankguthabens oder des Kassenbestandes bzw. ein Abbau von Bankverbindlichkeiten vorliegt. Der notwendige (Fremd-) Finanzierungsbedarf durch die mit den Buchgewinnen ausgelösten Steuerzahlungen nimmt ab.[176] Dies soll anhand einer Investition mit nachfolgender Zahlungsreihe verdeutlicht werden:

Anschaffungsanzahlung in t_0		EUR 100.000
Einnahmenüberschüsse in t_1 und t_2 (vor Zinsen)	je	EUR 50.000
Einnahmenüberschüsse in t_3 und t_4 (vor Zinsen)	je	EUR 30.000

Es wird unterstellt, die Investition würde vollständig über den Kreditspielraum eines Kontokorrentkontos (Sollzins = 10%, Habenzins = 2%) finanziert.[177] Der einheitliche Steuersatz betrage 50%. Ausgangspunkt ist eine vom Einnahmenüberschuss losgelöste Gewinnermittlung, wobei das maßgebliche Steuerrecht für die entsprechende Investition eine angenommene lineare Abschreibung über 4 Jahre vorsieht.

175 Sigloch (1995), S. 689.

176 In der Besteuerungspraxis ist häufig der Fall anzutreffen, dass Investitionen mit Eigenmitteln finanziert werden und die aus der nicht vollständigen Aufwandsverrechnung resultierenden Steuerzahlungen über die Inanspruchnahme eines Kontokorrentkredites teuer finanziert werden.

177 Da hier die Finanzierungskomponente anhand der Kontokorrentstände im Vordergrund steht, sollen die (endfälligen) Kontokorrentzinsen während einer Periode vereinfacht vom Stand des Girokontos der Vorperiode berechnet werden.

	t_0	t_1	t_2	t_3	t_4
$E_t - A_t$	- 100.000	40.000	43.250	26.663	29.246
AfA_t		25.000	25.000	25.000	25.000
$G_t = E_t - A_t - AfA_t$		15.000	18.250	1.663	4.246
S_t		7.500	9.125	832	2.123
$Z_t = E_t - A_t - S_t$	- 100.000	32.500	34.125	25.831	27.123
Stand Girokonto	- 100.000	- 67.500	- 33.375	- 7.544	19.579

Im Beispiel wird die Möglichkeit zur Rückführung des Kontokorrentkredites durch die frühzeitigen Steuerzahlungen aufgrund der nicht vollständigen Aufwandsverrechnung beschränkt. Entsprechend kann der Kontokorrentkredit erst in der Periode 4 vollständig zurückgeführt werden. Dagegen stellt sich die Situation im Falle einer Cash-flow-Besteuerung (Sofortabschreibung in t_1 mit sofortigem Verlustausgleich) wie folgt dar:

	t_0	t_1	t_2	t_3	t_4
$E_t - A_t$	- 100.000	40.000	47.000	29.350	30.164
AfA_t (= A_0)		100.000			
$G_t = E_t - A_t - AfA_t$		- 60.000	47.000	29.350	30.164
S_t		- 30.000	23.500	14.675	15.082
$Z_t = E_t - A_t - S_t$	- 100.000	70.000	23.500	14.675	15.082
Stand Girokonto	- 100.000	- 30.000	- 6.500	8.175	23.257

Infolge des sofortigen Verlustausgleiches und der damit verbundenen Steuererstattung ist der erkennbare Finanzierungsbedarf und folglich auch der Zinsaufwand deutlich geringer als im Modell der Aufwandsverteilung. Diese Tendenz bleibt erhalten, wenn die steuerliche Bemessungsgrundlage (SBG_t^{ESt}) zwar weiterhin an die Einnahmenüberschüsse (nach Zinsen) anknüpft, ein sofortiger Verlustausgleich aber nicht zulässig ist und z.B. durch einen Verlustvortrag (VV) ersetzt wird:

	t_0	t_1	t_2	t_3	t_4
$E_t - A_t$	- 100.000	40.000	44.000	28.400	30.124
AfA_t (= A_0)		100.000			
$G_t = E_t - A_t - AfA_t$		- 60.000	44.000	28.400	30.124
VV_t		- 60.000	44.000	16.000	
$SBG_t^{ESt} = G_t - VV_t$		0	0	12.400	
S_t		0	0	6.200	15.062
$Z_t = E_t - A_t - S_t$	- 100.000	40.000	44.000	22.200	15.062
Stand Girokonto	- 100.000	- 60.000	- 16.000	6.200	21.262

Auch hier wird bereits in der Periode 3 der Kontokorrentkredit auf Null zurückgefahren (bei zuvor höherer Inanspruchnahme im Vergleich zur unmittelbaren Steuererstattung). Zwar verzögert sich der Abbau des Kredites und auch der positive Endbestand ist nun geringer, doch ist die finanzielle Situation immer noch besser als im Fall der linearen Abschreibung.

Trotz dieser auf den ersten Blick weitreichenden Vorteile einer Cash-flow-Besteuerung im Hinblick auf die Ausschaltung von Bewertungsproblemen und die weitgehende Übereinstimmung von Liquiditätssituation und Zeitpunkt der Steuerzahlung ist die Cash-flow-Besteuerung in ihrer reinen Form ungeeignet. Denn wenn Zahlungen bei der Berechnung des Gewinns (= Einnahmenüberschuss) uneingeschränkt saldiert werden dürfen, lässt sich durch Investitionsausgaben der Gewinn immer auf Null bringen.[178] Somit könnten alle gewinnabhängigen Ausgaben bis zu einem ungewissen Zeitpunkt in der Zukunft verschoben werden. Die theoretisch bestehende Verpflichtung zur Gewinnsteuerzahlung wäre praktisch beseitigt.[179]

Zur Verdeutlichung des Sachverhalts soll das folgende Beispiel dienen: Ein Steuerpflichtiger erzielt aus einer selbständigen Tätigkeit einen jährlichen Gewinn (= Einnahmenüberschuss) von EUR 100.000. Ohne die Vornahme weiterer Investitionen müsste er bei einem einheitlichen Steuersatz von 50% jährlich EUR 50.000 an Steuern bezahlen. Um dies zu verhindern, erwirbt er jeweils am Jahresende (31.12.) „risikolose“ Wertpapiere (FI_t), die er zu Beginn des Folgejahres (01.01.) wieder veräußert (VK_t). Es ergibt sich somit folgende verein-

178 Selbst Befürworter der Cash-flow-Besteuerung können dieses Problem nicht leugnen. Vgl. hierzu Wissel (1997), S. 79.

179 Vgl. Schneider (1997), S. 38 f. Ebenso könnten vertraglich vereinbarte Gewinnbeteiligungen mit Arbeitnehmern oder „lästigen“ Gesellschaftern unterlaufen werden, sofern daran gedacht würde, eine solche Ermittlungsrechnung auch außerhalb des Steuerrechts anzuwenden.

fachte Darstellung ohne Berücksichtigung von Zinsen und Wertänderungen der Wertpapiere sowie mit einer unterstellten Schlussbesteuerung in t_n:

	t_1	t_2	t_3	...	t_n
E_t - A_t	100.000	100.000	100.000	...	100.000
VK_t (01.01.)		100.000	200.000	...	(n-1) · 100.000
FI_t (31.12.)	- 100.000	- 200.000	- 300.000	...	
G_t	0	0	0	...	n · 100.000
S_t	0	0	0	...	n · 0,5 · 100.000

Unter theoretischen Gesichtspunkten ist gegen eine derartige Besteuerungskonzeption noch nichts einzuwenden, führt sie doch zum gleichen Totalgewinn, hier in Form eines einmaligen Endeinnahmenüberschusses. Das Problem liegt wie so oft in der Unvereinbarkeit mit den praktischen Erfordernissen eines funktionierenden Steuersystems. Nicht nur, dass über mehrere Jahre bzw. Jahrzehnte keine Konstanz des Maßgutes Geld unterstellt werden kann.[180] Die Annahme, bei einem identischen Totalgewinn sei dessen Verteilung auf einzelne Perioden ohne Bedeutung, kann für ein praxistaugliches Besteuerungssystem im Kontext einer Wettbewerbsordnung nicht aufrechterhalten werden. Beispielsweise kommt es aufgrund des progressiven Tarifes zu abweichenden Steuerzahlungen bei unterschiedlichen Periodeneinkommen. Verstärkt wird diese Problematik durch die immer wieder auftretenden und auch in einem systematischen Steuerrecht für die Zukunft nicht auszuschließenden Tarifänderungen. Auch werden in einer realen Welt, in der die Unsicherheit nicht durch Modellannahmen beseitigt werden kann, die zu unterschiedlichen Zeitpunkten anfallenden Steuerzahlungen nicht ohne Einfluss auf Entscheidungen sein, und zwar über die Berücksichtigung von Zinsen hinaus.[181]

Schließlich fordert auch der staatliche Ausgabenbedarf möglichst kontinuierliche, jährliche Einnahmen und nicht erst eine einmalige Endeinnahme in n Jahren. Nur unter der unrealistischen Annahme eines vollkommenen Kapitalmarktes spielt es für die staatliche Haushaltspolitik keine Rolle, ob die Steuereinnahmen nun jährlich oder erst am Lebenszeitende der Bevölkerung erzielt werden.[182] Auch die grundsätzlich denkbare Möglichkeit, über Steuervorauszahlungen für gleichmäßige Einnahmen des Staates zu sorgen, bringt hier keine Fort-

180 Schneider (1997), S. 40, verweist hier auf Kaufkraftänderungen innerhalb der Totalperiode und führt zwei Währungsreformen als dies bekräftigende Beispiele an.

181 Vgl. Schneider (1997), S. 65 f.

182 Geht man jedoch von einem „regelmäßig anfallenden Lebenszeitende" aus (d.h. eine in etwa statistisch gleichmäßig verteilte Sterberate in den jeweiligen Besteuerungsperioden), müsste aus heutiger Sicht „lediglich" die Zeit bis dahin vorfinanziert werden.

schritte. Denn dann muss ebenfalls eine Maßgröße definiert werden, an welche die Steuervorauszahlung anknüpft. Unter systematischen Gesichtspunkten kann dies nur der periodische Einnahmenüberschuss sein, der aber wie im Beispiel ersichtlich keine Steuer(voraus-)zahlungen auslöst.

Es bleibt insoweit festzuhalten, dass die Cash-flow-Besteuerung in ihrer reinen Form für die Besteuerungspraxis ungeeignet ist, weil es mit ihr nicht gelingt, die grundsätzlich sinnvolle Belastung des Lebenseinkommens mit einem einheitlichen Steuersatz auf einzelne der Besteuerung zugrunde liegende Perioden zu transformieren. Deshalb bleibt nur die Möglichkeit, den Grundsatz der vollständigen Saldierung von Investitionsausgaben im Einnahmenüberschuss einzuschränken. Zu denken wäre hier z.B. an eine vergleichbare Regelung zu § 4 Abs. 3 EStG, die neben der grundsätzlichen Geltung des Zahlungsprinzips in bestimmten Fällen eine Verteilung der Anschaffungsausgaben auf die Nutzungsdauer oder eine Berücksichtigung erst im Zeitpunkt der Veräußerung vorsieht.[183]

Wenn also eine verlässliche Finanzpolitik des Staates jährliche Einnahmen erfordert und die Steuerpflichtigen am Ende einer Periode diese Zahlungen in Abhängigkeit von ihrem jährlich ausgewiesenen Einkommen entrichten müssen, dann ist es die Aufgabe einer „gerechten" Besteuerungskonzeption, eben dieses Periodeneinkommen zu bestimmen.[184] Nach den vorgestellten Schwächen im Hinblick auf die mangelnde Nachprüfbarkeit der erforderlichen Prognosen beim Gesamtvermögensvergleich und dem möglichen Besteuerungsaufschub bis weit in die Zukunft im Falle der Cash-flow-Besteuerung soll im Folgenden deshalb ein alternatives Ermittlungsmodell vorgestellt werden. Eine Analyse dessen Lösungspotentials in Bezug auf die ausgewählten Kernprobleme des geltenden Einkommensteuerrechts erfolgt dann in Teil E.

---

183 Analog § 4 Abs. 3 Satz 3 bzw. Satz 4 EStG.

184 Zutreffend Schneider (1997), S. 40 f und S. 43 f.

B.2.3. Referenzpunkte einer rechtssicheren und periodengerechten Einkommensermittlungskonzeption

B.2.3.1. Periodenbezogene Systematik des Einzelvermögensvergleichs

Um Schätzungen bezüglich des Ertragswertes einer Unternehmung[185] als Ganzes zu vermeiden und damit die Nachprüfbarkeit der Einkommensermittlung zu sichern, ist die Einzelerfassung von Wirtschaftsgütern notwendig. Bei den dies berücksichtigenden Einzelvermögensvergleichen wird das zur Gewinn- bzw. Einkommensmessung herangezogene Vermögen eingeschränkt auf diejenigen Vermögens- und Schuldposten, die als einzeln inventarisierbare positive und negative Vermögensgegenstände erfasst werden können. Was dabei als Vermögens- und Schuldposten anzusehen ist, wird durch Konventionen festgelegt.[186] Der Zeitpunkt der Erfolgsrealisation im Vermögensvergleich hängt somit von den zu bilanzierenden positiven und negativen Vermögensgegenständen und deren Bewertung ab. „Über die Einkommensrealisation entscheiden somit - abweichend von den Zahlungen - die Abgrenzung des Bilanzinhalts und dessen Bewertung."[187]

Wesentlich für einen Vermögensvergleich ist, dass sich das periodische Einkommen als Differenz zwischen dem Vermögensbestand am Ende und am Anfang der Periode (korrigiert um Entnahmen und Einlagen) ermittelt. Damit erfordert diese Form der periodenbezogenen Einkommensmessung die Erhaltung eines Anfangsvermögens und unterscheidet sich diesbezüglich von einer Zahlungsrechnung, in der selbst den Vermögensbestand erhöhende Investitionsausgaben (z.B. für Vorräte) in voller Höhe vom Einnahmenüberschuss saldiert werden. Zwar könnte dem dadurch begegnet werden, dass die Einnahmenüberschussrechnung um die Nebenbedingung einer Anfangsinventarerhaltung ergänzt würde. Dann würden jedoch sämtliche Zahlungen, die zugleich das Inventar verändern, wieder rückgängig gemacht. Nicht nur, dass in diesem Fall der mit einer zahlungsorientierten Einkommensermittlung erhoffte Vereinfachungseffekt stark beeinträchtigt würde. Auch dürfte die Klärung der Frage, wann Ersatzbeschaffungen und wann Erweiterungsinvestitionen vorliegen, Schwierigkeiten bereiten.[188]

---

185 Unter Unternehmung ist z.B. auch die Anschaffung und Vermietung eines Gebäudes zu verstehen.

186 Vgl. hierzu die Ausführungen unter B.2.2.3.1.

187 Sigloch (1995), S. 681.

188 Ausführlich hierzu Schneider (1997), S. 273 ff.

B.2.3.2. Das erweiterte Realisationsprinzip als Fundament eines rechtssicheren Vermögensvergleichs

Wenn im Folgenden die Begriffe Gewinn- bzw. Einkommensermittlung verwendet werden, ist dies tendenziell so zu verstehen, dass der Gewinn das ökonomische Ergebnis einer bestimmten erwerbswirtschaftlichen Tätigkeit wiedergibt,[189] während unter Einkommen die Summe aller erwerbswirtschaftlichen Aktivitäten einer natürlichen Person zu verstehen ist.[190]

Auf dieser Definition aufbauend, besagt der schon aus dem geltenden Bilanzrecht bekannte Grundsatz des Realisationsprinzips:[191] Gewinn - und daraus abgeleitet Einkommen - entsteht durch eine Marktleistungsabgabe. Für den klassischen Fall der verkaufenden Unternehmung stellt der „Umsatzakt im Absatzmarkt" den Vollzug der früheren Einigung mit dem Käufer in einem Marktprozess dar. „Leistungsabgabe in einem Absatzmarkt mit Zugang eines Verfügungsrechts (rechtlich: „Gefahrenübergang") ist Voraussetzung für das Verwirklichen von Ertrag und Aufwand beim Realisationsprinzip."[192]

Diese eher güter- bzw. leistungsbezogene Betrachtungsweise hilft bei anders gelagerten Bilanzierungsproblemen jedoch nur begrenzt weiter. Deshalb empfiehlt es sich, einer erweiterten Fassung des Realisationsprinzips als Grundsatz der Ertrags- und Aufwandsrealisierung bei Marktleistungsabgaben in einem Absatzmarkt oder (Kapital-) Beschaffungsmarkt zu folgen.[193] Eine Aufgabe eines so verstandenen umfassenden Realisationsprinzips ist die Fixierung des Zeitpunktes der Aufwandsverwirklichung gegenüber dem der Ausgabe und des Zeitpunkts der Ertragsverwirklichung gegenüber dem der Einnahme. Daneben lassen sich mit dem Realisationsprinzip auch Fragen zur Höhe des verwirklichten Gewinnes oder Verlustes beantworten.[194]

---

[189] Hierunter fällt der durch Vermögensvergleich ermittelte Gewinn eines selbständigen Steuerberaters ebenso wie der durch Vermögensvergleich ermittelte Gewinn aus einer Wohnungsvermietung.

[190] Ebenso Schneider (2002), S. 43 und Wissel (1997), S. 56 (FN 4).

[191] Zu den einzelnen Zeitpunkten der Gewinnrealisierung vgl. Adler/Düring/Schmaltz, § 252 HGB, Rz 82 ff.

[192] Schneider (1997), S. 119. Zweifel an der Kopplung von Gewinnrealisierung und Marktleistungsabgabe können nicht nur im Fall eines Zielverkaufs (Abgang der Ware und Zugang einer Forderung), sondern selbst im Musterfall des Barverkaufs entstehen; vgl. Schneider (1997), S. 119 f.

[193] Schneider (1997), S. 120, spricht dann vom Grundsatz der Gewinnverwirklichung.

[194] Vgl. Schneider (1997), S. 120.

Mit der Orientierung der Ertrags- und Aufwandsverwirklichung an einer Marktleistungsabgabe werden die Voraussetzungen für eine rechtssichere Gewinn- bzw. Einkommensermittlung geschaffen. Als Messkonzept dient ein (Einzel-) Vermögensvergleich. Für die Bilanzierung dem Grunde nach bedeutet dies, dass nur als Vermögensgegenstand aktivierbar ist, was auch einzeln abgehen und somit realisiert werden kann. Entsprechend sind die zu aktivierenden Vermögensgegenstände / Wirtschaftsgüter auf die selbständig veräußerbaren Sachen, Rechte und wirtschaftlichen Vorteile beschränkt.[195] Gleiches gilt für die Schulden.[196] Dabei spielt es keine Rolle, ob z.B. ein Vermögensgegenstand des Anlagevermögens oder einer des Umlaufvermögens zu erfassen ist. Ertrag und Aufwand entstehen nach dem erweiterten Realisationsprinzip mit der Marktleistungsabgabe: Dem Ausscheiden des Vermögensgegenstandes. Und dies gilt selbstverständlich nicht nur für den Warenverkauf. Auch Anlagegegenstände (z.B. Grundstücke) scheiden irgendwann aus.

Dieser Ansatz schafft die Voraussetzung für eine objektivierbare Rechnungslegung und sorgt somit für die gebotene Rechtssicherheit. Daraus folgt: *„Jeder Güterabgang, also auch jede Ausgabe, führt grundsätzlich zu Aufwand; es sei denn, daß durch die Ausgabe ein „inventarfähiger" (bilanzfähiger) Vermögensgegenstand geschaffen wird.* Die Ausgaben für Sachen und jene Rechte, die durch Urkunden zu belegen sind, lassen sich deshalb als erfolgsneutral verbuchen, weil ein greifbarer, von Außenstehenden in seiner Existenz nachprüfbarer Posten des Inventars erworben wurde. Ob dieser Inventarposten am Bilanzstichtag noch mit dem Betrage der Anschaffungsausgaben anzusetzen ist oder nicht: Das ist eine Frage der Bewertung, kein Problem der Bilanzierung dem Grunde nach."[197]

Als logische Fortsetzung des Realisationsprinzips hat die Bewertung zugegangener „Gegenstände" zu Anschaffungs- bzw. Herstellungskosten zu erfolgen. Somit sind alle Geschäftsvorfälle bis zum Abgang des inventarfähigen Vermögensgegenstandes (z.B. dessen Zugang und Bearbeitung) erfolgsneutral zu verbuchen. Ferner würde sich eine planmäßige Abschreibung während der Nutzungsdauer eines Vermögensgegenstandes grundsätzlich verbieten, denn die einzig zulässige Abschreibungsmethode ist die der Endabschreibung beim Ausscheiden.[198] Konsequenterweise führt die Umsetzung des Realisationsprinzips

---

195 Vgl. Schneider (1974), S. 365. Zur Rechtfertigung dieses Standpunktes Schneider (1997), S. 123.

196 Zu den sich hieraus ergebenden wesentlichen aktiven und passiven Vermögensgegenständen, vgl. Schneider (1997), S. 121.

197 Schneider (1997), S. 124. Die Ausführungen lassen sich auf der Passivseite entsprechend anwenden, vgl. Schneider (1997), S. 125 ff.

198 So bereits Schneider (1974), S. 365 f. Etwaige Periodisierungsprobleme sind erst in einem zweiten Schritt zu erörtern; vgl. hierzu Schneider (1999), S. 106.

dazu, dass die Bewertung der einzelnen, inventarisierten positiven und negativen Vermögensgegenstände zu den historischen Ein- und Auszahlungen erfolgt. Zahlungen, die einem bilanzierten Gegenstand einzeln zuzurechnen sind,[199] sind bis zu dessen Abgang erfolgsneutral zu behandeln.[200]

Natürlich kann eine derart auf die Objektivierung der Einkommensmessung ausgerichtete Rechnungslegung nicht jeden Sachverhalt „ökonomisch richtig" abbilden. Hierzu wäre ein sogenannter Gesamtvermögensvergleich erforderlich, in dem die Barwerte aller zukünftigen Einzahlungen den Barwerten aller zukünftigen Auszahlungen gegenübergestellt würden. Für Besteuerungszwecke scheidet diese Form der Rechnungslegung jedoch aus, weil sie kein rechtssicheres Messkonzept darstellt.

Es wäre allerdings zu untersuchen, ob nicht dort, wo zukünftige Ein- oder Auszahlungen nachprüfbar ermittelt werden könnten, eine Durchbrechung eines strengen Realisationsprinzips geboten ist.

B.2.3.3. Anschaffungswertbilanz contra partieller Zeitwertbilanzierung

Eine Durchbrechung des vorgestellten Realisationsprinzips könnte z.B. durch eine Bewertung zu Tageswerten erfolgen. Auf diese Weise ließen sich zu erwartende Zahlungen aus den jeweiligen Gegenständen und Rechten dort periodengerecht bewerten, wo ein Marktpreis existiert. Als typisches Beispiel wäre hier der Börsenkurs eines Wertpapiers zu nennen. Warum sollte also nicht ein über (oder unter) den Anschaffungskosten liegender Börsenpreis eines Wertpapiers Eingang in einen steuerlichen Vermögensvergleich finden? Maßgeblicher Realisierungszeitpunkt wäre demnach nicht die Marktleistungsabgabe (Verkauf bzw. Kauf mit entsprechendem Zahlungsvorgang), sondern ein „objektiv" ermittelbarer Marktpreis. Als methodischer Vorteil eines Zeitwertansatzes könnte z.B. die Aufdeckung der stillen Reserven (oder stillen Lasten) angesehen werden.[201]

Was jedoch für eine handelsrechtliche Rechnungslegung zur Erfüllung ihrer Informationsfunktion als sinnvoll angesehen werden kann, ist für die steuerrechtliche Aufgabe der Einkommensmessung anders zu beurteilen. Nicht nur, dass

[199] Vgl. hierzu E.3.2.2.
[200] Vgl. Schneider (1997), S. 120 f.
[201] So z.B. Siegel (1998), S. 595, dessen Untersuchung sich jedoch auf das deutsche (Handels-) Bilanzrecht bezieht.

Marktwerte lediglich in einer Minderzahl der Fälle objektiv feststellbar sind und Anschaffungs- und Herstellungskosten hinsichtlich der Objektivierungserfordernisse nun einmal überlegen sind.[202] Vor allen Dingen soll das hier gesuchte Einkommensermittlungskonzept doch eine Gleichbehandlung möglichst aller erwerbswirtschaftlicher Aktivitäten gewährleisten. Wie soll es da zu rechtfertigen sein, dass bei Teilen des Erwerbsvermögens (z.B. eben Wertpapiere) ermittelbare höhere oder niedrigere Zeitwerte erfolgswirksam berücksichtigt werden,[203] während dies für andere Erwerbsgüter nicht möglich ist, weil deren Zeitwerte nicht objektiv messbar sind. Zu denken wäre hier an die Wertentwicklung einer Maschine in der Produktion eines Unternehmens, aber auch an den Wertzuwachs oder -verlust einer fremdvermieteten Wohnung.

Da die Einkommensmessung für steuerliche Zwecke als Theorie beladene nachträgliche Tatsachenfeststellung zu qualifizieren ist und somit (Zukunfts-) Prognosen außer Acht zu lassen hat,[204] ist eine partielle Durchbrechung des Realisationsprinzips abzulehnen. Sie dürfte dort, wo tatsächlich Marktwerte vorhanden sind, auch keine allzu große praktische Bedeutung haben. Schließlich ist es ja möglich, durch eine entsprechende Markttransaktion den entsprechenden Zeitwert in Anschaffungskosten zu überführen.[205] Dass infolge dieser Möglichkeit de facto ohnehin ein Wahlrecht zur Zeitwertbilanzierung vorliegt, ist m.E. nicht zu befürchten, da derartige Marktbeziehungen immer mit Transaktionskosten verbunden sind.[206] Dies gilt insbesondere dort, wo besonders deutliche Abweichungen zwischen den ursprünglichen Anschaffungs- oder Herstellungskosten und den Zeitwerten zu beobachten sind, z.B. bei Grundstücken.[207]

Des Weiteren ist zu bedenken, dass sich die Zeitwerte i.d.R. nicht nur in eine Richtung entwickeln, sondern durchaus Schwankungen unterliegen können. Dass ein damit möglicherweise verbundener diskontinuierlicher Erfolgsausweis aufgrund der Abschnittsbesteuerung und der progressiven Tarifstruktur zu Un-

---

202 Zutreffend Siegel (1998), S. 598.

203 Dabei würde es natürlich keine Rolle mehr spielen, ob diese zu einem „Unternehmen“ gehören, also nach ursprünglicher Nomenklatur „Betriebsvermögen“ wären oder ob sie „privat“ gehalten werden und demnach nach geltender Rechtslage als privates Kapitalvermögen qualifiziert würden.

204 Vgl. Schneider (1997), S. 239.

205 Eine Aktie wurde zu EUR 100 angeschafft. Ihr Zeitwert beträgt EUR 150. Die Aktie wird an der Börse verkauft und kurz darauf wieder erworben.

206 Deshalb sind auch die Möglichkeiten, innerhalb eines Unternehmensverbundes (z.B. Konzern) die „gewünschten“ Zeitwerte anzusetzen, begrenzt, aber dennoch vorhanden.

207 Zu nennen sind hier die Grunderwerbsteuer, Notarkosten und die Kosten für Änderungen des Grundbuchs.

gleichbehandlungen führen kann, sollte bedacht werden.[208] Ob eine partielle Zeitwertbilanzierung im Hinblick auf die Annäherung an ein entscheidungsneutrales und gleichmäßiges Steuersystems also Vorteile aufweist, ist bereits unter diesem Aspekt fraglich. Zudem sieht sich ein reinvermögenszuwachsorientiertes Konzept der Unmöglichkeit ausgesetzt, Zeitwerte für alle Erwerbsgüter objektiv festzustellen.

Um der Forderung nach einem für alle Erwerbsarten nachprüfbaren Ermittlungskonzept Rechnung zu tragen, sollten Erfassung und Bewertung über einen Vermögensvergleich erfolgen, dessen einzeln inventarisierte positive und negative Vermögensgegenstände grundsätzlich mit den historischen Ein- oder Auszahlungen anzusetzen sind. Frühere Zahlungen, die einem Vermögensgegenstand einzeln zuzurechnen sind, sind bis zu dessen Abgang erfolgsneutral zu behandeln. Ertrag und Aufwand entstehen erst beim Abgang eines Vermögensgegenstandes.[209] Der so gewählte Zeitpunkt der Erfolgsrealisation sorgt für die gebotene Rechtssicherheit und verhindert Bewertungsunsicherheiten bei der Bestimmung von Barwerten oder Tageswerten. Inwieweit darüber hinaus Einschränkungen aus der notwendigen Periodisierung des Einkommens geboten sind, gilt es im Folgenden zu klären.

B.2.3.4. Grundsatz der Periodisierung

Nachdem auf die Bedeutung einer periodenbezogenen Einkommensermittlung im Hinblick auf die Erfordernisse der staatlichen Finanzpolitik und die gebotene endgültige Abgeltungswirkung für den belasteten Steuerzahler hingewiesen wurde, bleibt zu fragen, ob dadurch Anpassungen der bis zum Ausscheiden eines (positiven oder negativen) Vermögensgegenstandes grundsätzlich erfolgsneutralen Behandlung erforderlich werden. Denn die konsequente Anwendung des Realisationsprinzips - Verzicht auf laufende Abschreibungen zugunsten einer Abschreibung bei Ausscheiden des betreffenden Vermögensgegenstandes -[210] steht möglicherweise im Konflikt mit einer abschnittsweisen Erfolgsermittlung.

---

[208] Dies wird im nachfolgenden Abschnitt zur Bedeutung eines Grundsatzes der Periodisierung deutlich.

[209] Vgl. Schneider (1997), S. 120 f.

[210] In einem Modellfall mit einheitlichem Steuersatz und bei Ausklammerung von Zinseffekten bestehen gegen diese Form der Abschreibung keine Bedenken.

Wenn demgegenüber mit dem Periodisierungsprinzip Anschaffungs- oder Herstellungsausgaben auf die Nutzungsjahre zu verteilen sind, entsteht Aufwand bereits vor Abgang des Vermögensgegenstandes. Das Periodisierungsprinzip verlagert aber nur den Zeitpunkt der Aufwandsentstehung von Zahlungen für bestimmte Vermögensgegenstände nach vorne.[211] Es gilt jedoch weiterhin, dass nur einzeln veräußerbare Sachen, Rechte und wirtschaftliche Vorteile zu aktivieren sind und dass die einzeln aufgewendeten Anschaffungs- oder Herstellungskosten die Bewertungsgrundlage bilden.

Bevor jedoch die Wirkung einer Periodisierung von Anschaffungs- und Herstellungskosten dargestellt wird, sollen zunächst die Schwierigkeiten einer ökonomischen Begründung dieser Verteilung diskutiert werden.

B.2.3.4.1. Probleme bei der Begründung von Abschreibungsursachen

Wie nun eine Verteilung der planmäßigen Abschreibung erfolgen könnte, wenn das theoretische Ideal der Ertragswertabschreibung nicht in ein anwendungsbezogenes Steuergesetz transferiert werden kann,[212] soll im Folgenden erläutert werden. Dabei stellt sich die Frage, ob sich typische Abschreibungsursachen herauskristallisieren lassen. Hierzu bietet es sich an, zunächst einen Blick auf die Begründungsversuche zu den geltenden Abschreibungsregeln zu werfen.

Die gesetzlich geregelten Abschreibungsverfahren sehen ihre Aufgabe zum einen in der Berücksichtigung eingetretener Wertminderungen der Anlagengegenstände. Diese auf technische Abnutzung oder wirtschaftliche Entwertung zurückzuführenden Wertminderungen sollen mittels Abschreibung zu einer richtigen Darstellung der Vermögenslage führen. Zum anderen soll die Abschreibung zur Ermittlung des periodengerechten Gewinnes beitragen und die Ergebnisse aufeinanderfolgender Geschäftsjahre vergleichbar machen, um so auch die Ertragslage richtig wiederzugeben.[213]

Die richtige Gewinnverteilung innerhalb der einzelnen Jahre ist auch nach Ansicht des BFH eine wichtige Funktion von § 7 EStG. Entsprechend sind Anschaffungs- und Herstellungskosten von Wirtschaftsgütern, die dem Betrieb

---

211 Zu einem denkbaren erweiterten Verständnis des Periodisierungsgrundsatzes, vgl. die Ausführungen zu den Rechnungsabgrenzungsposten (Disagio) in E.3.7.

212 Vgl. auch B.1.4.4.

213 Stellvertretend Adler/Düring/Schmaltz, § 253 HGB, Rz 342 f sowie Herrmann/Heuer/Raupach, § 7 EStG, Anm. 1 ff.

mehrere Jahre lang zugute kommen, auf deren Nutzungsdauer zu verteilen (Aufwandsverteilungsthese). Ein konkreter Ausgleich des eingetretenen Wertverlustes bzw. Substanzverzehrs soll nicht erreicht werden.[214] Dies hindert den BFH jedoch nicht daran, gelegentlich den Wertverzehrcharakter der Absetzung für Abnutzung zu betonen.[215] Spätestens bei der für die Abschreibungshöhe entscheidenden Bestimmung der Nutzungsdauer spielt der „Verschleiß" in der Rechtsprechung des BFH eine gewichtige Rolle (Wertverzehrthese).[216] Andererseits lässt der BFH eine Absetzung für Abnutzung auch dann zu, wenn ein Wertverzehr wirtschaftlich nicht eintritt bzw. in manchen Fällen sogar mit einer Werterhöhung zu rechnen ist. Typische Beispiele hierfür sind antike Möbelstükke[217] oder eine alte Meistergeige.[218] Einem allzu großen Abweichen zwischen wirtschaftlichem Wert und technischem Verschleiß begegnet die Rechtsprechung in diesen Fällen dadurch, dass sie von sehr langen typisierten Nutzungsdauern ausgeht.[219]

Ob nun Aufwandsverteilungsthese und Wertverzehrthese ein grundsätzlich gegensätzliches Begriffspaar darstellen oder nicht,[220] kann hier dahingestellt bleiben. Anstatt wie üblich Abschreibungsverfahren aus Hypothesen über den Restverkaufserlös, erfolgten Leistungsabgaben oder dem Verlauf der Abschreibungsursachen abzuleiten,[221] dient ein Abschreibungsverfahren im hier verstandenen Sinne dem Grundsatz der Periodisierung. Ziel ist es also, mit der Abschreibung nicht etwa die konkrete Wertminderung eines (Anlage-) Gegenstandes zu erfassen, sondern das Problem zu lösen, ob und wie bestimmte einmalige Zahlungen zu periodisieren sind, damit das rechtssichere Messkonzept der Anschaffungswertbilanz auch im Kontext eines progressiven Steuertarifs einer entscheidungsneutralen, gleichmäßigen und einfachen Besteuerung am nächsten kommt.

---

214 BFH v. 23.6.1977, BStBl II 1977, S. 825.

215 BFH v. 27.6.1978, BStBl II 1978, S. 674.

216 BFH v. 19.11.1997, DStR 1998, S. 198 (S. 199): „Die zu schätzende Nutzungsdauer wird bestimmt durch den technischen Verschleiß, die wirtschaftliche Entwertung sowie rechtliche Gegebenheiten, welche die Nutzungsdauer eines Gegenstandes begrenzen können. Auszugehen ist von der technischen Nutzungsdauer, also dem Zeitraum, in dem sich das Wirtschaftsgut technisch abnutzt." Dass abweichend hiervon eine kürzere wirtschaftliche Nutzungsdauer nur in Ausnahmefällen Anwendung finden soll, nahm das BMF (Schr. v. 15.6.1999, DStR 1999, S. 1427) zum Anlass, eine grundlegende Überarbeitung der amtlichen AfA-Tabellen anzukündigen und umzusetzen.

217 BFH v. 31.1.1986, BStBl II 1986, S. 355.

218 BFH v. 26.1.2001, BStBl II 2001, S. 194.

219 Diese liegen zwischen 50 und 100 Jahren. Vgl. auch Bornhaupt (2001), S. 11635.

220 Vgl. hierzu Schmidt/Drenseck, EStG, § 7 Rz 2 f; Herrmann/Heuer/Raupach, § 7 EStG, Anm. 9.

221 Zur Kritik hieran vgl. Schneider (1974), S. 369 ff.

Interpretiert man die Abschreibung in diesem Sinne, stellt sich zunächst die Frage, über wie viele Perioden ein Vermögensgegenstand seine Leistungsbereitschaft abgibt, oder in anderen Worten: Wie lange ist seine Nutzungsdauer? Eine ökonomische Sichtweise knüpft nun nicht an die technisch mögliche Nutzungsdauer an, sondern an die wirtschaftliche. Diese ist bekanntlich ein Problem der Investitionsrechnung.[222] Bei einem vollkommenen Kapitalmarkt als Referenzpunkt wird der End- bzw. Ersatzzeitpunkt eines Investitionsobjektes so gewählt, dass der Kapitalwert im Entscheidungszeitpunkt maximiert wird. Dabei werden die bei jeder Verlängerung der Nutzungsdauer entstehenden zusätzlichen Ein- und Auszahlungen dem erzielbaren Restwert aus dem Verkauf des Objekts gegenübergestellt. Nutzt man das Investitionsobjekt weiter, erhält man für die betreffende Zeitspanne zwar (i.d.R.) laufende Einzahlungsüberschüsse, aber der Restwert des Anlageobjektes sinkt. Alternativ könnte der höhere Restwert zu Beginn der Zeitspanne am Kapitalmarkt angelegt werden, so dass dieser am Ende der Zeitspanne um die Zinsen angewachsen wäre. Da durch die Annahme des vollkommenen Kapitalmarkts die Problematik unterschiedlicher Zinsen für Geldanlagen und Kreditaufnahmen nicht existiert, ist das Ende der wirtschaftlichen Nutzungsdauer (bei einmaliger Investition) dann erreicht, „wenn der Einnahmenüberschuß einer Anlage am Ende einer Periode gerade gleich dem aufgezinsten Restverkaufserlös am Ende der Vorperiode abzüglich dem Restverkaufserlös am Ende dieser Periode ist. Dabei müssen die Einnahmenüberschüsse in den Vorperioden über, in den späteren Perioden unter dieser Differenz liegen.“[223] Für die typischerweise zu betrachtende Zeitspanne eines Jahres würde sich somit folgende Gleichung zur Ermittlung der kritischen Periode ergeben:[224]

(6.1.) $E_t - A_t + R_t = R_{t-1} (1 + i)$

Nun beeinflussen jedoch alle möglichen Umweltbedingungen die Ein- und Auszahlungen und die Entwicklung des Restwertes. Der in der Literatur unternommene Versuch, diese Umwelteinflüsse in Abschreibungsursachen zu kategorisieren, blieb jedoch einseitig Ausgaben orientiert und unvollständig.[225] Doch nicht

222 Zum Problem der optimalen Nutzungsdauer und des optimalen Ersatzzeitpunktes, stellvertretend Schmidt (1986), S. 93 ff.

223 Schneider (1974), S. 371.

224 Vgl. Schmidt (1986), S. 96; wobei ergänzend zu B.1.2.4.3., Gleichung (2.2.), die neuen Symbole für folgende Größen stehen: R_t = Restwert am Ende der Periode, R_{t-1} = Restwert am Anfang der Periode.

225 Vgl. Schneider (1974), S. 371. Die Ausgabenorientierung lässt sich z.B. an der Argumentation für eine degressive Abschreibung nach § 7 Abs. 2 EStG verdeutlichen. Hierbei wird behauptet, mit einer degressiven Abschreibung ließe sich eine etwa gleichmäßige Aufwandsverteilung in den einzelnen Jahren erzielen. Maßgebend hierfür ist die Unterstellung, dass zu Beginn einer (Real-) Investition die wirtschaftliche Entwertung, z.B. aufgrund des technischen Fortschritts, höher ist als zu einem späteren Zeitpunkt, während

allein die Quantifizierung von Abschreibungsursachen stößt auf Schwierigkeiten. Scheint diese bei Ausgaben (-änderungen) durch geeignete Schätzungen noch annähernd lösbar, ist eine Verbindung von Abschreibungsursachen und Änderungen der Einnahmen nur ausnahmsweise identifizierbar.[226] Gerade wirtschaftliche Verbesserungen (z.B. durch Investitionen in neue Maschinen) führen jedoch i.d.R. zu entsprechenden Änderungen des Einnahmenverlaufs. Aber selbst wenn es gelingen würde, Einnahmen einem einzelnen Investitionsobjekt zuzurechnen, so hängt die Einnahmenhöhe immer noch von vielfältigen Wahlmöglichkeiten ab. Zu nennen sind hier etwa die Bestimmung des Produktionsprogramms und der Preispolitik. „Solange nur die Ausgaben (oder gar nur ein Teil der Ausgaben) erfaßt werden können, die mit dem Anlagegegenstand verbunden sind, sind nicht alle Abschreibungsursachen quantifizierbar. In diesem Fall ist schon die wirtschaftliche Nutzungsdauer nur unter Vereinfachungen zu berechnen."[227]

Wer dagegen ein Abschreibungsverfahren begründen will, welches sämtliche Abschreibungsursachen berücksichtigt, muss Ein- und Auszahlungen der Anlage im Zeitablauf ebenso ermitteln können wie die Höhe des Restverkaufserlöses und des anzuwendenden Kalkulationszinsfußes. Damit sieht man sich aber den gleichen Schwierigkeiten gegenüber, die bereits bei den auf Ertragswerten basierenden Einkommensermittlungskonzepten entsprechende Korrekturen und Vereinfachungen erforderlich machten.[228]

Zudem hilft die Ertragswertabschreibung für das hier verfolgte Anliegen eines Periodisierungsgrundsatzes nicht weiter. Mit ihm sollen Anschaffungs- und Herstellungskosten auf die Nutzungsjahre verteilt werden, um so Aufwand bereits vor dem Abgang des Vermögensgegenstandes entstehen zu lassen. Das Ziel eines so verstandenen Periodisierungsgrundsatzes ist es, mit dem Instrument der

---

die laufenden Aufwendungen (z.B. Reparatur) einer Anlage mit zunehmenden Alter steigen; so etwa Wöhe (1986), S. 204. Als klassisches Beispiel eines derartigen Aufwandsverlaufes soll zumeist die Wertentwicklung einer Maschine dienen. Diese Form der Begründung verkennt jedoch den Einfluss der Investitionsrückflüsse auf die „Wertentwicklung" einer Investition. Denn im kapitaltheoretischen Modell führen erst deutlich fallende Einnahmenüberschüsse zu einer im Zeitablauf schwächer fallenden Ertragswertabschreibung. Zudem trifft kaum jemals zu, dass die bei einer (geometrisch) degressiven Abschreibung fallende Periodenbelastung durch eine vergleichbare Zunahme der Reparaturausgaben kompensiert wird und somit eine gleichmäßige Periodenbelastung erreicht würde. Vgl. Schneider (1997), S. 133 f.

226 Wie sich aus Gleichung (6.1.) ergibt, hat eine Einzahlungskürzung um z.B. EUR 1.000 jedoch den gleichen Einfluss auf die wirtschaftliche Nutzungsdauer wie eine Auszahlungserhöhung um EUR 1.000.

227 Schneider (1974), S. 372.

228 Vgl. z.B. B.2.2.1.

Abschreibungen den Gewinn bzw. das Einkommen „besser“ zu ermitteln, als bei ausschließlicher Geltung des Realisationsprinzips. Demgegenüber steht dieser (ökonomische) „Gewinn“ in der Ertragswertrechnung bereits fest. Die Höhe der (Ertragswert-) Abschreibung richtet sich dort nach dem im voraus festgelegten Gewinn und nicht umgekehrt.[229]

B.2.3.4.2. Normierung und Wirkungsweise einer planmäßigen Abschreibung

„Wenn aber die Gründe versagen, an denen die Planmäßigkeit der Abschreibungen ausgerichtet werden soll, dann bleibt keine andere Wahl, als nach dem Prinzip vom mangelnden Grunde den „statistischen Durchschnitt“ zu wählen.“[230] Folglich sind die Anschaffungsausgaben gleichmäßig auf die voraussichtliche Nutzungsdauer zu verteilen,[231] denn es wird sich nur in Einzelfällen eine stichhaltige Begründung für einen von einer gleichbleibenden (linearen) Abschreibung abweichenden Verlauf finden lassen.[232] An die Stelle einer entscheidungsneutralen Ermittlung einer definierten Maßgröße tritt dann zumindest eine gestaltungsunabhängige Variante als „second-best-Lösung“ und verhindert so Willkür und Komplizierung durch die Wahl zwischen verschiedenen Abschreibungsverläufen.

Ob nun eine gleichmäßige Verteilung der Anschaffungs- und Herstellungskosten eines Vermögensgegenstandes auf alle Perioden seiner voraussichtlichen Leistungsbereitschaft als zulässige Ausnahme eines strengen Realisationsprinzips zu akzeptieren wäre, ist anhand der damit verbundenen Wirkungen zu beurteilen und soll im Folgenden beispielhaft aufgezeigt werden.

---

229 Vgl. Schneider (1974), S. 375. Ferner wäre bei einem positiven Kapitalwert der Ertragswert und damit auch die Summe aller Ertragswertabschreibungen bereits größer als die mit der Investition verbundene Anschaffungsausgabe. Bei einer Beschränkung der Abschreibungen auf die Höhe der Anschaffungskosten bliebe somit der Kapitalwert zu versteuern. Wird nun nicht durch eine entsprechende Vorverlagerung der Abschreibungen (Zinseffekt) die geringere Abschreibungsmasse ausgeglichen, ist Entscheidungsneutralität in ihrer reinen Form nicht gewährleistet. Vgl. hierzu die Ausführungen bei Wagner/ Dirrigl (1980), S. 36 ff.

230 Schneider (1974), S. 375.

231 Vgl. Schneider (1974), S. 376. Zwar ließe sich nach dem Prinzip vom mangelnden Grunde auch ein anderes Abschreibungsverfahren begründen, jedoch erscheint ein gleichmäßiger Verlauf nicht nur m.E. als plausibelste Vermutung einer Periodisierungskonvention. Vgl. hierzu Bareis (2002), S. 140 f. Dieser Ansatz findet sich ebenfalls in § 7 Abs. 1 KE, allerdings wird dort in Abs. 4 auch noch eine Absetzung für außergewöhnliche technische Abnutzung zugelassen. Vgl. Kirchhof u.a. (2001), S. 34.

232 Ebenso Schneider (1997), S. 131.

Ein Steuerpflichtiger investiert EUR 60.000 in eine Maschine; laufende Kosten fallen nicht an. Aus der damit verbundenen Produktion erzielt der Investor in den folgenden drei Jahren Einnahmenüberschüsse von jeweils EUR 50.000. Am Ende der dritten Periode wird die Maschine verschrottet (= Abgang mit 0). Bei Anwendung einer konsequenten Realisationsrechnung ergibt sich bei einem einheitlichen Steuersatz von 50% und vorläufiger Vernachlässigung von Zinsen folgende Rechnung:

	t_0	t_1	t_2	t_3
A_0	- 60.000			
$E_t - A_t$		50.000	50.000	50.000
AfA_t		0	0	60.000
$G_t = E_t - A_t - AfA_t$		50.000	50.000	- 10.000
S_t		25.000	25.000	- 5.000
$Z_t = A_0 + E_t - A_t - S_t$	- 60.000	25.000	25.000	55.000

Wird stattdessen eine gleichmäßige Verteilung der Anschaffungsausgabe auf den Zeitraum der Nutzung der Maschine gefordert, ändert sich das Beispiel wie folgt:

	t_0	t_1	t_2	t_3
A_0	- 60.000			
$E_t - A_t$		50.000	50.000	50.000
AfA_t		20.000	20.000	20.000
$G_t = E_t - A_t - AfA_t$		30.000	30.000	30.000
S_t		15.000	15.000	15.000
$Z_t = A_0 + E_t - A_t - S_t$	- 60.000	35.000	35.000	35.000

Beide Vorgehensweisen führen innerhalb des betrachteten Zeitraums zu einem identischen Zahlungsüberschuss von EUR 45.000. Im Modell mit strikter Anwendung des Realisationsprinzips findet der Gewinnausweis infolge der erst beim Abgang (= Marktleistungsabgabe) erfolgenden „Abschreibung" jedoch tendenziell früher statt, was neben Liquiditätsnachteilen aus dem Abfluss der Steuerzahlungen zu entsprechenden Zinsnachteilen führt. Dies lässt sich anhand eines Vergleichs der Kapitalwerte beider Zahlungsreihen aufzeigen. Bei einem unterstellten Kalkulationszinsfuß vor Steuern (i) von 10% und einem Steuersatz von 50% ergibt sich ein Kalkulationszinsfuß nach Steuern (i_s) von 5%.[233] Auf

[233] $i_s = i\,(1-s)$; zu den damit verbundenen Annahmen vgl. Wagner/Dirrigl (1980), S. 30 ff.

der Grundlage der Endabschreibung bei Realisationsrechnung beträgt der Kapitalwert der Zahlungsreihe EUR 33.996, bei gleichmäßiger Verteilung der Anschaffungsausgaben dagegen EUR 35.314. Im Beispiel zeigt sich, dass infolge des grundsätzlich früheren Gewinnausweises bei konsequenter Anwendung der Endabschreibung Zins- und Liquiditätsnachteile im Vergleich zu einer vorgezogenen Berücksichtigung der Anschaffungsausgaben resultieren.

Abgesehen davon legt jedoch bereits ein erster Blick auf die (bei gleichem „Totalgewinn“) unterschiedlichen Periodengewinne des Beispiels die Vermutung nahe, dass bei Aufhebung der für die Besteuerungspraxis unrealistischen Annahme eines einheitlichen Steuersatzes[234] ein weiterer Nachteil für den Steuerpflichtigen mit der Verwirklichung eines strengen Realisationsprinzips verbunden sein kann. Bei der im geltenden Einkommensteuerrecht verwirklichten Tarifstruktur führt der im Beispiel auf nur zwei Perioden beschränkte Gewinnausweis (mit einem Verlustjahr) zu Progressionsnachteilen im Vergleich zum auf drei Perioden ausgedehnten Erfolgsausweis bei gleichmäßiger Verteilung der Anschaffungsausgaben. Inwieweit hier ein Ausgleich über die Möglichkeit eines Verlustausgleichs geschaffen werden kann, ist noch zu erläutern.

Zuvor ist jedoch die Frage zu beantworten, wie die Steuererstattung bei Geltung eines sofortigen Verlustausgleichs überhaupt zu berechnen ist. Während nämlich im Falle eines einheitlichen Steuersatzes dieser auch auf die gesamte Höhe des erlittenen Verlustes anzuwenden ist,[235] stellt sich die Frage, wie eine Subvention des negativen Einkommens erfolgen soll, wenn positives Einkommen zuvor progressiv besteuert wurde. Ein Modell mit entsprechender progressiver Struktur für negatives Einkommen wäre wohl kaum geeignet. Statt dessen muss wohl ein einheitlicher Steuersatz festgelegt werden. Sinnvoll erscheint es m.E., diesen einheitlichen Steuersatz insofern an die individuellen Gegebenheiten anzupassen, als hier ein Mittelwert aus den Durchschnittssteuersätzen z.B. der letzten drei Jahre ermittelt werden könnte. Ob eine hiernach bemessene Steuersubvention aber zur „richtigen“ Entlastung führt, ist dennoch fraglich, weil dies eben nur bei konstanten Grenzsteuersätzen gewährleistet ist. Als Näherungslösung kann auch ein verzinslicher, zeitlich und in der Höhe unbeschränkter Verlustrücktrag in frühere Gewinnjahre dienen, der durch einen verzinslichen unbeschränkten Verlustvortrag für den Fall zu ergänzen wäre, dass keine Gewinnjahre vorausgegangen sind.[236]

---

234 Lediglich wenn sich der Steuerpflichtige aufgrund anderer Einkunftsquellen bereits im Spitzensteuersatzbereich bewegt, kann für die Beurteilung einer (Erweiterungs-) Investition von einem konstanten (Grenz-) Steuersatz ausgegangen werden.

235 Vgl. hierzu auch B.2.3.5.

236 Dazu Schneider (1997), S. 130 und S. 248. Nicht zuletzt infolge des verbleibenden Liquiditätsentzugs und dem bei Unternehmensgründungen dann nur möglichen Verlustvortrag,

Bei dieser praktikablen Lösung ist jedoch zu bedenken, dass ein verzinster Verlustrücktrag zwar den Nachteil der früheren, aus Sicht des Verlustjahres zu hohen Einkommensteuerzahlungen umso stärker ausgleicht, je weiter in die Vergangenheit der Rücktrag reicht. Jedoch werden diese Zinsvorteile möglicherweise durch Progressionsnachteile erkauft.

Die geschilderten Zusammenhänge sollen nun am vorausgegangenen Beispiel dargestellt werden, mit der Modifikation, dass die Annahme eines konstanten Grenzsteuersatzes zugunsten eines realen Einkommensteuertarifs aufgegeben wird.[237] Für den Vermögensvergleich mit strikter Anwendung des Realisationsprinzips ergibt sich dann folgendes Bild:

	t_0	t_1	t_2	t_3
A_0	- 60.000			
$E_t - A_t$		50.000	50.000	50.000
AfA_t		0	0	60.000
$G_t = E_t - A_t - AfA_t$		50.000	50.000	- 10.000
VR_t		10.000		- 10.000
$SBG_t^{ESt} = G_t - VR_t$		40.000	50.000	0
S_t		10.158	14.440	0
$Z_t = A_0 + E_t - A_t - S_t$	- 60.000	39.842	35.560	50.000
K	53.391			

Für den Fall der Verteilung der Anschaffungsausgabe lässt sich folgende Zahlungsreihe ermitteln:

	t_0	t_1	t_2	t_3
A_0	- 60.000			
$E_t - A_t$		50.000	50.000	50.000
AfA_t		20.000	20.000	20.000
$G_t = SBG_t^{ESt}$		30.000	30.000	30.000
S_t		6.418	6.418	6.418
$Z_t = A_0 + E_t - A_t - S_t$	- 60.000	43.582	43.582	43.582
K	58.685			

sollte der sofortige Verlustausgleich aber angestrebt werden, weil dann unsicherheitsbeladene Investitionen gegenüber risikoarmen Finanzanlagen durch die Gewinnbesteuerung nicht benachteiligt werden. Hierzu Schneider (1999), S. 106.

237 Vgl. ESt-Grundtabelle 2002/2003, BMF v. 27.9.2001, BStBl I 2001, S. 635 und BMF v. 29.11.2002, BStBl I 2002, S. 1352.

Selbst nach einer gewissen Glättung des Ergebnisausweises im Wege des Verlustrücktrages und ohne Berücksichtigung von Zinsen aufgrund der unterschiedlichen zeitlichen Struktur der Ergebnisse resultiert aus der Gewinnermittlung mit Endabschreibung ein Steuernachteil in Höhe von EUR 5.344.

Bei den in den Beispielen berechneten Kapitalwerten wurde nach wie vor ein Kalkulationszinsfuß nach Steuern von 5% unterstellt. Die Berücksichtigung von Zinsen im Kapitalwertmodell führt zu keinen nennenswerten Veränderungen des Nachteils beim Realisationsprinzip (EUR 5.294). Entscheidend ist vielmehr der mit der unterschiedlichen Periodisierung des „Totalgewinns" verbundene Progressionseffekt. Deshalb soll als weitere Variante statt eines möglichst weit zurück reichenden Verlustrücktrags (Zinsvorteil!) die Wirkung einer gleichmäßigen Kürzung der vorausgegangenen Gewinnjahre untersucht werden (Progressionsvorteil!). Aus der Anwendung der Endabschreibung und des modifizierten Verlustrücktrags würde dann folgendes Bild resultieren:

	t_0	t_1	t_2	t_3
A_0	- 60.000			
$E_t - A_t$		50.000	50.000	50.000
AfA_t		0	0	60.000
$G_t = E_t - A_t - AfA_t$		50.000	50.000	- 10.000
VR_t		5.000	5.000	- 10.000
$SBG_t^{ESt} = G_t - VR_t$		45.000	45.000	0
S_t		12.238	12.238	0
$Z_t = A_0 + E_t - A_t - S_t$	- 60.000	37.762	37.762	50.000
K	53.407			

Im Falle einer gleichmäßigen Verteilung des Verlustrücktrags in die Jahre t_1 und t_2 liegen die Steuerzahlungen um EUR 122 unter denen des ausschließlichen Rücktrags nach t_1. Im Kapitalwertmodell unter Berücksichtigung von Steuern bleibt davon noch eine Differenz von EUR 16. Ursächlich für das annähernd identische Ergebnis ist die geringe Progressionswirkung bei den Einkommensunterschieden des Realisations-Beispiels von EUR 5.000 (t_1: 40.000/45.000 bzw. t_2: 50.000/45.000). Aber auch bei deutlicheren Unterschieden in der zeitlichen Struktur der Periodeneinkommen bleibt die Wirkung einer gleichmäßigen Verteilung des Verlustes eher unbedeutend.[238]

[238] So ändert sich das Bild, wenn unter sonst gleichen Bedingungen die Anschaffungsausgabe nun EUR 80.000 beträgt und sich dadurch der Verlustrücktrag entsprechend erhöht:

Entscheidend ist vielmehr, dass auch bei der Variante einer Endabschreibung mit gleichmäßiger Verteilung des Verlustrücktrags der Nachteil des auf zwei Perioden beschränkten Gewinnausweises gegenüber der Alternative einer gleichmäßigen Verteilung der Anschaffungsausgaben bestehen bleibt.[239] Entsprechend wird nicht nur das niedrigere Progressionsniveau bei der Verteilung auf drei Perioden nicht erreicht, sondern insbesondere bleibt auch der in den Einkommensteuertarif integrierte Grundfreibetrag in der Verlustperiode (t_3) ohne Auswirkung.[240] Dieser Effekt könnte nur dann beseitigt werden, wenn im Verlustjahr über den Ausgleich bis 0 hinaus ein positiver Betrag ausgewiesen würde (z.B. zumindest bis zur Höhe des Grundfreibetrags) und die „Verlust"-Rücktragsmöglichkeit dadurch höher ausfällt.[241]

	t_0	t_1	t_2	t_3
A_0	- 80.000			
$E_t - A_t$		50.000	50.000	50.000
AfA_t		0	0	80.000
$G_t = E_t - A_t - AfA_t$		50.000	50.000	- 30.000
(1) VR_t		30.000		- 30.000
$SBG_t^{ESt} = G_t - VR_t$		20.000	50.000	0
S_t		3.235	14.440	0
$Z_t = A_0 + E_t - A_t - S_t$	- 80.000	46.765	35.560	50.000
K	39.984			

(2) VR_t		15.000	15.000	- 30.000
$SBG_t^{ESt} = G_t - VR_t$		35.000	35.000	0
S_t		8.218	8.218	0
$Z_t = A_0 + E_t - A_t - S_t$	- 80.000	41.782	41.782	50.000
K	40.882			

239 Vgl. Schneider (1997), S. 130.

240 Dieser beträgt lt. § 32a Abs. 1 Nr. 1 EStG im zugrundeliegenden ESt-Tarif 2002/2003 EUR 7.235.

241 Bei einem Grundfreibetrag von EUR 10.000 würde sich somit folgende Verteilung ergeben:

	t_0	t_1	t_2	t_3
A_0	- 80.000			
$E_t - A_t$		50.000	50.000	50.000
AfA_t		0	0	80.000
$G_t = E_t - A_t - AfA_t$		50.000	50.000	- 30.000
VR_t		20.000	20.000	- 40.000
$SBG_t^{ESt} = G_t - VR_t$		30.000	30.000	10.000

Eine vollständige Gleichstellung wäre allerdings erst bei einem „Verlust"-Rücktrag von EUR 53.333 erreicht:

Um diesen Nachteil zu beseitigen, sollte in Übereinstimmung mit den Ausführungen zur Entscheidungsneutralität und Einfachheit der Besteuerung[242] ein Vermögensvergleich auf Basis des Realisationsprinzips um eine gleichbleibende (lineare) Verteilung der Anschaffungsausgaben solcher Vermögensgegenstände ergänzt werden, deren Leistungsbereitschaft über eine Abrechnungsperiode hinausreicht. Dadurch würde gewährleistet, dass neben der Finanzierungsfunktion infolge der vorgezogenen Aufwandsverrechnung auch die im Beispiel geschilderten Progressionseffekte eingeschränkt würden. Dabei geht es wohlgemerkt nicht darum, die durch den Tarif gewollte relativ höhere Belastung höherer Einkommen zu beseitigen. Vielmehr soll sich das Maß der Progression statt an zufällig schwankenden Teilergebnissen an einem jahresübergreifenden „Durchschnittseinkommen" orientieren. Zur Vermeidung der im geltenden Steuerrecht vorhandenen Willkür bei der Wahl zwischen verschiedenen Abschreibungsverläufen ist allerdings eine Begrenzung auf die gleichbleibende Abschreibung selbst dann zu empfehlen,[243] wenn die lineare Abschreibung nicht zur (erhofften) Beseitigung der Progressionsnachteile führt.[244] Zu einer wahlweisen Progressionsglättung im Sinne einer Steuerbilanzpolitik kann und darf es folglich nicht kommen.

B.2.3.5. Kritik an einem Grundsatz der Verlustvorwegnahme und die rechtssichere Alternative

Die Ausführungen zum Zusammenspiel zwischen Periodisierungserfordernis und progressivem Tarif haben gezeigt, dass die unterschiedlichen Wirkungen zwischen gleichmäßigem und ungleichmäßigem Erfolgsausweis bei einer anzustrebenden Systembereinigung zu beachten sind.[245] Dies legt die Überlegung

G_t		50.000	50.000	- 30.000
VR_t		26.666	26.667	- 53.333
$SBG_t^{ESt} = G_t - VR_t$		23.334	23.333	23.333

[242] Vgl. B.1.4.4.

[243] So auch Schneider (1997), S. 129 ff.

[244] Etwa im Falle diskontinuierlicher Zahlungsüberschüsse vor Abzug der Abschreibungen oder im Zeitablauf sinkender Zahlungsüberschüsse mit einer ausschließlich unter Progressionsaspekten dann vorteilhaften degressiven Abschreibung.

[245] Einen gleichmäßigen Erfolgsausweis werden auch die Steuerzahler häufig vorziehen. Anders liegt der Sachverhalt allerdings, wenn selbst das niedrigste Periodeneinkommen bereits die höchste Tarifstufe überschreitet, weil dann den mit einer Ergebnisverlagerung in die Zukunft realisierten Zinsvorteilen keine Progressionsnachteile mehr gegenüberstehen.

nahe, ob nicht auch im Falle noch nicht eingetretener, aber zu erwartender negativer Ergebniseinflüsse eine Verlustvorwegnahme als weitere Ausnahme vom erweiterten Realisationsprinzip zugelassen werden sollte.

Existieren in einem Steuersystem (wie im geltenden deutschen Einkommensteuerrecht) verschiedene Einkommensermittlungskonzepte, sind Verstöße gegen die Gleichmäßigkeit der Besteuerung vorprogrammiert, wenn die Vorwegnahme zu erwartender Verluste nicht für alle Ermittlungsarten vorgesehen ist.[246] Es bleibt aber die Frage, ob ein Grundsatz der Verlustvorwegnahme nicht Bestandteil einer einheitlichen Einkommensermittlung sein sollte. Demzufolge wären noch nicht realisierte Verluste, z.B. aus Wertminderungen einzelner, der Einkommenserzielung dienender Vermögensgegenstände oder aus absehbaren zukünftigen Risiken, bei allen erwerbswirtschaftlichen „Einkunftsarten" zu berücksichtigen. Neben der Abschreibung eines Wertpapiers (bisher i.d.R. dem „Privatvermögen" zugeordnet) aufgrund einer außerplanmäßigen Wertminderung[247] wäre dann auch die Bildung einer Aufwands- oder Verlustrückstellung, z.B. bei den derzeit als Einkünfte aus Vermietung und Verpachtung bezeichneten Einkommensbestandteilen, möglich.[248]

Während nun aber bei der Durchbrechung des Realisationsprinzips durch das Vorziehen von laufenden, planmäßigen Abschreibungen lediglich eine andere Periodisierung einer der Höhe nach durch Zahlungsvorgang objektivierten Anschaffungsausgabe erfolgt,[249] liegen derartige objektivierbare Kriterien bei der Vorwegnahme eines Verlustes nur selten vor.[250] Denn dabei steht das Vorziehen außerplanmäßiger Aufwendungen bei aktivierten Vermögensgegenständen oder zukünftiger Lasten bei (Verlust-) Rückstellungen im Vordergrund. Bei dem Versuch der Konkretisierung dieser außerplanmäßigen Aufwendungen und zukünftigen Lasten wird dann schnell deutlich, dass ohne die Orientierung an einem Zahlungsvorgang die Verlustantizipation durch subjektive Bewertungseindrücke

---

246 Vgl. hierzu das Beispiel bei Schneider (1997), S. 282 f.

247 Bei einem umfassenden Einkommensbegriff und dem Gebot einer gleichmäßigen Besteuerung darf das zur Einkommenserzielung eingesetzte „Privatvermögen" nicht anders behandelt werden als das sog. „betriebliche Vermögen", so dass auch Wertänderungen dieses Vermögens zu berücksichtigen wären. Entsprechend wird dann auch einheitlich vom erwerbswirtschaftlichen Vermögen gesprochen.

248 Z.B. für wirtschaftlich bereits verursachte Sanierungsarbeiten, die jedoch erst in den Folgejahren durchgeführt werden.

249 Dies gilt grundsätzlich auch für die Herstellung von Anlagegütern, da für dabei anfallende Material- und Lohnkosten ebenfalls bereits Zahlungen erfolgt sind. Die insoweit erfolgsneutral gebuchten Zahlungen (d.h. inventarisierten Vermögensgegenstände) werden nur planmäßig verteilt.

250 Ausnahmen bestehen z.B., wenn Marktpreise in Form von Börsenwerten existieren.

geprägt wird. Beispielhaft sei auf die Unsicherheiten bei der Bestimmung von Zeitpunkt und/oder Höhe einer Rückstellung für Umweltlasten hingewiesen.

Setzt man demgegenüber voraus, dass das Steuerrecht als Eingriffsrecht auf möglichst objektivierte Werte als Vorbedingung einer gleichmäßigen Besteuerung zurückgreifen sollte, scheidet eine generelle Einführung eines Grundsatzes der Verlustvorwegnahme aus. Die Übertragung der hinlänglich bekannten Quantifizierungsprobleme z.B. bei Verlustrückstellungen oder außerplanmäßigen Wertminderungen auf alle „Einkunftsarten" würde dem angestrebten Vereinfachungsgedanken zuwiderlaufen. Die Verwirklichung eines möglichst gestaltungsunabhängigen Steuerrechts fordert statt dessen eine generelle Streichung des Grundsatzes der Verlustvorwegnahme.

Entscheidende Voraussetzung eines Verzichts auf die Antizipation von Verlusten für steuerliche Zwecke ist allerdings die Bedingung eines möglichst sofortigen Verlustausgleichs bzw. eines zeitlich unbeschränkten Verlustrück- und -vortrages (mit Verzinsung).[251] Diese innerhalb einer Abschnittsbesteuerung eigentlich selbstverständliche Forderung soll das folgende Beispiel auch deshalb nochmals verdeutlichen, weil der Gesetzgeber diese Zusammenhänge in den letzten Jahren bewusst oder unbewusst vernachlässigt hat. Hierauf wird dann in Teil E noch näher einzugehen sein.

Ein Unternehmer erwirtschaftet die in der Zahlungsreihe angegebenen jährlichen Einnahmenüberschüsse. Im Jahr t_1 wird bekannt, dass der Unternehmer möglicherweise aus Schadensersatzverpflichtungen in Anspruch genommen wird. Die mögliche Schadenshöhe wird auf EUR 50.000 geschätzt. In t_3 stellt sich dann heraus, dass der tatsächlich zu leistende Schadensersatz (A_t^*) EUR 30.000 beträgt. Nach gewohnter, vom Vorsichtsprinzip beeinflusster Gewinnermittlung, ist bereits in t_1 eine Rückstellung (Rs) zu bilden. Bei einem unterstellten Kalkulationszinsfuß vor Steuern (i) von 10% und einem Steuersatz (s) von 50% ergeben sich somit die folgenden auf t_0 abgezinsten Werte.[252]

---

251 Vgl. Schneider (1997), S. 282 f.

252 $i_s = i\ (1\text{-}s)$; zu den damit verbundenen Annahmen vgl. Wagner/Dirrigl (1980), S. 30 ff.

	t_0	t_1	t_2	t_3
$E_t - A_t$		50.000	50.000	0
A_t^*				30.000
Rs_t		50.000		- 50.000
$G_t = E_t - A_t - A_t^* - Rs_t$		0	50.000	20.000
S_t		0	25.000	10.000
$Z_t = E_t - A_t - A_t^* - S_t$		50.000	25.000	- 40.000
K	35.741			

Ohne die Bildung einer Rückstellung ergibt sich dagegen folgende Rechnung:

	t_0	t_1	t_2	t_3
$E_t - A_t$		50.000	50.000	0
A_t^*				30.000
$G_t = E_t - A_t - A_t^*$		50.000	50.000	- 30.000
S_t		25.000	25.000	- 15.000
$Z_t = E_t - A_t - A_t^* - S_t$		25.000	25.000	- 15.000
K	33.528			

Aus beiden Vergleichsrechnungen resultiert ein insgesamt zu versteuernder Gewinn von EUR 70.000. Dies führt bei einem konstanten Steuersatz[253] und dem in t_3 unterstellten „automatischen Verlustausgleich" zwangsläufig auch zu denselben Steuerzahlungen von EUR 35.000, was wohl nur als richtig bezeichnet werden kann. Die dennoch verbleibenden Entscheidungswirkungen resultieren aus der, im Fall der (zu hohen) Rückstellungsbildung, in die Zukunft verschobenen Steuerlast.[254] Würde dagegen die Höhe der Rückstellung richtig bemessen oder ein verzinslicher Verlustrücktrag gewährt, kommt es zu einer Annäherung beider Ermittlungsvarianten.[255]

253 Zu Näherungslösungen bei unterschiedlichen Steuersätzen vgl. auch B.2.3.4.2.

254 Die unterschiedlichen Steuerzahlungszeitpunkte liegen in der Periode t_1 und t_3 mit einer Differenz von jeweils EUR 25.000. Deren abgezinste Werte betragen EUR 23.809 (t_1) bzw. EUR 21.596 (t_3).

255 Im gewählten Beispiel führen beide Methoden zu einem identischen Ergebnis. Wichtig ist in diesem Zusammenhang die zum Ausdruck kommende Wirkungsweise einer (verzinslichen) Verlustverrechnungsmöglichkeit als Ersatz für eine Verlustvorwegnahme. Dabei ist zu beachten, dass nach Maßgabe des Realisationsprinzips ein Verlust unter Umständen auch erst in t_3 als realisiert gelten kann und die Vorverlagerung (= Verlustvorwegnahme) mittels (verzinslichem) Verlustrücktrag nach t_1 insoweit eine Begünstigung darstellen würde.

Entscheidender Vorteil der Variante ohne Verlustvorwegnahme aber mit umfassender Verlustverrechnungsmöglichkeit ist, dass es sich dabei um eine rechtssichere Alternative handelt. Mit ihr ist es nicht möglich, aufgrund schwerlich überprüfbarer Prognosen Steuerlasten bis weit in die Zukunft zu verschieben. Typische Streitfälle zwischen Steuerpflichtigem und Finanzamt werden somit vermieden.

Auch für den Steuergesetzgeber selbst ist ein Grundsatz der Verlustvorwegnahme überhaupt nicht notwendig. Denn der Fiskus hat keinen Grund, Informationen über künftige Zahlungen bzw. künftige Erträge und Aufwendungen zu gewinnen, weil er keine Entscheidungen zu treffen hat, für die er derartige Informationen benötigt.[256] Ist es dem Gesetzgeber gelungen, die Zielgröße eines Steuerpflichtigen als Maßstab für Besteuerungszwecke zu definieren, kann er

Variante mit Rs	t_0	t_1	t_2	t_3
$E_t - A_t$		50.000	50.000	0
A_t^*				30.000
Rs_t		30.000		- 30.000
$G_t = E_t - A_t - A_t^* - Rs_t$		20.000	50.000	0
S_t		10.000	25.000	0
$Z_t = E_t - A_t - A_t^* - S_t$		40.000	25.000	- 30.000
K	34.856			

Variante mit VR	t_0	t_1	t_2	t_3
$E_t - A_t$		50.000	50.000	0
A_t^*				30.000
$G_t = E_t - A_t - A_t^*$		50.000	50.000	- 30.000
VR_t		30.000		- 30.000
$SBG_t^{ESt} = G_t - VR_t$		20.000	50.000	0
S_t		10.000	25.000	0
$Z_t = E_t - A_t - A_t^* - S_t$		40.000	25.000	- 30.000
K	34.856			

[256] Vgl. Wagner (1998), S. 2076; Wagner (2002), S. 1888. Allerdings sind aus fiskalpolitischer Sicht für Inanspruchnahmen aus dem sofortigen Verlustausgleich oder dem Verlustrücktrag „Rücklagen“ zu bilden. Bei der Bildung von Rückstellungen für künftige Verluste macht ein Unternehmen den Aufwand bereits in einer früheren Periode geltend. Verausgabt das Unternehmen die damit verbundene Steuergutschrift vor Verlusteintritt, fehlt die notwendige Liquidität möglicherweise, wenn der Aufwand tatsächlich finanziell belastend wird. Vgl. hierzu Doralt (1998), S. 1358. Nichts anderes gilt aber für einen Staat, der vereinnahmte Steuern bereits verausgabt hat, so dass die im Falle einer breiten Rezession auftretenden Steuerrückzahlungen z.B. infolge von Verlustrückträgen zu finanziellen Engpässen führen können. Wie die Steuerpolitik in den letzten Jahren gezeigt hat, besteht gerade dann eine Tendenz systematische Verlustausgleichsmöglichkeiten zu beschränken.

sich auf die Erfassung der bereits realisierten Erträge und Aufwendungen beschränken.[257]

Die im Zusammenhang mit dem Grundsatz der Periodisierung geschilderten, auch im Falle eines sofortigen Verlustausgleichs verbleibenden Nachteile bei einer progressiven Tarifstruktur sind angesichts der Unwägbarkeiten bei der Bildung von Verlustrückstellungen oder außerplanmäßigen Abschreibungen in Kauf zu nehmen. Auch der dadurch verlorengegangene Finanzierungseffekt ändert an dieser Betrachtungsweise nichts, weil die Verwendung der (z.T. langfristig) gestundeten Steuern völlig offen ist. Insbesondere muss kein Zusammenhang mit einer gewünschten Investitionsförderung bestehen, während diese im Falle der gleichmäßigen Verteilung einer Anschaffungsausgabe in der Regel gegeben sein dürfte.[258]

Wie absurd dagegen eine Beschränkung der Verlustverrechnung bei gleichzeitiger Abschaffung der Möglichkeiten zur Verlustvorwegnahme wirkt, soll das abschließende Beispiel aufzeigen, in dem weder die Bildung einer Rückstellung noch die Durchführung eines Verlustausgleiches ermöglicht werden.

	t_0	t_1	t_2	t_3
$E_t - A_t$		50.000	50.000	0
A_t^*				30.000
$G_t = E_t - A_t - A_t^*$		50.000	50.000	- 30.000
SBG_t^{ESt}		50.000	50.000	0
S_t		25.000	25.000	0
$Z_t = E_t - A_t - A_t^* - S_t$		25.000	25.000	- 30.000
K	20.570			

Warum sollen innerhalb eines Zeitraumes von drei Perioden EUR 100.000 versteuert werden, obwohl doch nur ein „Totalgewinn“ von EUR 70.000 erzielt wurde? Selbst wenn das Gesetz eine Verlustvortragsmöglichkeit vorsehen würde, liefe diese ins Leere, wenn in den Folgeperioden keine positiven Einkommen mehr erzielt werden.[259] Man kann m.E. Zinsvor- oder -nachteile aus geringfügigen Periodendifferenzen hinnehmen, wenn in der Praxis hieraus nur selten echte Entscheidungswirkungen resultieren. Nicht akzeptierbar sind aber absolute Dif-

---

257 Lt. Schneider (1997), S. 239, geht es beim Zweck „Einkommensmessung“ nicht um Zukunftsprognosen, sondern um eine Theorie beladene nachträgliche Tatsachenfeststellung.

258 Vgl. Wagner (2002), S. 1890 ff. Freilich könnte eine wirtschaftspolitisch gewünschte Finanzierungsfunktion durch Investitionszulagen noch zielgenauer gesteuert werden.

259 Vgl. B.2.3.4.2. FN 236.

ferenzen in den Steuerbelastungen durch Beschränkungen der Verlustverrechnungsmöglichkeiten. Diese widersprechen einer gleichmäßigen Besteuerung und den später dargestellten Grundsätzen einer Markteinkommensbesteuerung.

B.2.3.6. Erweiterung um einen Grundsatz der Barrealisation bei Forderungen?

Es wurde bereits ausgeführt, dass nach dem Realisationsprinzip ein Gewinn mit der Marktleistungsabgabe (Umsatzakt im Absatzmarkt) entsteht.[260] Doch selbst im einfachen Fall des Barverkaufs ist diese Definition nicht zweifelsfrei, wenn der Gewinn (= Umsatz abzgl. angefallener Aufwand) noch durch nachträgliche Garantiearbeiten belastet werden könnte.[261] Ein weiteres Problem entsteht in den Fällen des Zielverkaufs, wenn die abgehende Ware durch den Zugang des Verfügungsrechts Forderung ersetzt wird. Hier stellt sich die Frage, ob gewinnabhängige Ausgaben (Steuern, Ausschüttungen) infolge der im Nennwert der Forderung zusätzlich enthaltenen Erfolgsbestandteile[262] bereits vor dem Geldzufluss entstehen sollten. Aufgrund der dadurch möglichen Entscheidungswirkungen fordert *Schneider* eine Ergänzung des vorgestellten Realisationsprinzips um eine partielle Barrealisation.[263]

„Das Prinzip "Barrealisation" legt den Wertsprung, der nach geltendem Recht bei bilanzieller Entstehung der Forderung im Zeitpunkt des Übergangs der wirtschaftlichen Verfügungsmacht eintritt, auf den Zahlungseingang fest.“[264] Dies darf jedoch nicht mit einer reinen Zahlungsrechnung verwechselt werden, bei der zunächst der Anschaffungs- oder Herstellungsaufwand z.B. für eine Ware in voller Höhe die Bemessungsgrundlage kürzt, statt erfolgsneutral einem Vermögensgegenstand zugerechnet zu werden. Demzufolge ist die spätere Einnahme der „Forderung“ dort in voller Höhe erfolgswirksam, während im Konzept der Barrealisation unter „Wertsprung“ nur die Differenz zwischen bilanzierter Ware und entstandener Forderung bzw. Geldeingang verstanden wird.

Die Rechtfertigung für einen Grundsatz der Barrealisation könnte darin gesehen werden, dass gewinnabhängige (bzw. einkommensabhängige) Zwangsausgaben ein Liquiditätsproblem darstellen. Um dies zu vermeiden, soll der Wertsprung

---

260 Vgl. B.2.3.2.

261 Hier handelt es sich m.E. um ein Problem der Verlustvorwegnahme.

262 Im Unterschied zu der mit den Einzelkosten erfolgsneutral bilanzierten Ware beinhaltet die Forderung auch die kalkulierten Gemeinkosten und einen Gewinnaufschlag.

263 So z.B. in Schneider (1997), S. 248 f und in Schneider (2002), S. 284 ff.

264 Sigloch (1995), S. 684.

bei Forderungen eben nicht auf den Zeitpunkt ihrer Entstehung gelegt werden, sondern erst an deren Zahlungseingang anknüpfen.[265] Damit würde verhindert, dass aufgrund des mit dem bloßen Verfügungsrecht „Forderung" entstandenen Gewinns die daraus resultierende Steuer zu einem Zeitpunkt abfließt, zu dem die entsprechenden finanziellen Mittel noch gar nicht vorhanden sind.[266] Im Hinblick auf eine Annäherung an eine Entscheidungsneutralität der Besteuerung wäre ansonsten eine Liquiditätshilfe zu gewähren, mit der die Steuerzahlungen auf die insoweit unrealisierten Gewinne (Einkommen) beglichen werden könnten.[267] Einfacher erscheint es folglich, gewinn- bzw. einkommensabhängige Zwangsausgaben erst dann entstehen zu lassen, wenn der Einnahmenzufluss erfolgt ist. Doch stellt sich dann unmittelbar die Frage, ob dies mit den Grundsätzen einer Reinvermögenszugangstheorie vereinbar ist.

Systematisch stellt eine Forderung einen inventarfähigen Vermögensgegenstand dar, ebenso wie z.B. ein fertiges Erzeugnis oder eine Ware. Und grundsätzlich sind nach dem erweiterten Realisationsprinzip alle zu bilanzierenden Vermögensgegenstände mit dem für ihren Erwerb oder ihr Entstehen geleisteten Zahlungen, also den Anschaffungs- oder Herstellungskosten, zu bewerten. Dies gilt z.B. auch bei Forderungen aus Warenlieferungen, deren Nennwert aber gerade nicht dem von der verkaufenden Unternehmung geleisteten Anschaffungs- oder Herstellungsaufwand entspricht.[268] Die Forderung unterscheidet sich nämlich dadurch vom erfolgsneutral bilanzierten Inventar (z.B. den Vorräten), dass nicht nur die Einzelkosten dem Vermögensgegenstand (= Ware) zugerechnet wurden, sondern nunmehr auch die kalkulierten Gemeinkosten und ein Gewinnaufschlag (= Forderung).

Nun ließe sich sicherlich trefflich darüber streiten, ob der aus weiterberechneten Gemeinkosten und Gewinnaufschlag resultierende Unterschiedsbetrag im Nennwert der Forderung bereits als realisiert gilt und somit Steuerzahlungen auslösen darf. Dagegen spricht, dass die Beschränkung auf den einzeln zurechenbaren Anschaffungs- oder Herstellungsaufwand durchbrochen wird.[269] Dafür spricht, dass die Marktleistungsabgabe (z.B. Warenlieferung) bereits erfolgt ist.

---

265 Vgl. Sigloch (1995), S. 684. Neben Geldeinnahmen gehören hierzu aber auch eingetauschte Sachen oder Dienste.

266 Im Modell des vollkommen Kapitalmarkts wäre dieses Problem irrelevant, nicht aber in der Besteuerungsrealität. Vgl. Schneider (1997), S. 272.

267 So Schneider (1997), S. 248 f und 272 f. Neben einer Liquiditätshilfe fordert Schneider auch eine Verzinsung der „zeitweillig zuviel" entrichteten Steuer. Die Notwendigkeit eines sofortigen Verlustausgleichs bzw. einer Annäherung an diesen wurde bereits dargelegt.

268 Vgl. dazu Schneider (2002), S. 285.

269 Allerdings nur im Hinblick auf die abgegangene Ware.

In dieser Arbeit wird der Umsetzung theoretischer Anforderungen in ein praktikables Besteuerungsrecht besondere Bedeutung zugemessen. Unter diesem Blickwinkel ist m.E. eine Erfolgsrealisierung bei Entstehung der Forderung vorzuziehen. Die dem Verfügungsrecht „Forderung" zugrunde liegende Lieferung oder sonstige Leistung ist erbracht. Der bislang erfolgsneutral erfasste Vermögensgegenstand „Ware" ist ausgeschieden, an seiner Stelle ist ein neuer Vermögensgegenstand „Forderung" zugegangen. Im Sinne der Reinvermögenszugangstheorie besteht ein Anspruch in Höhe der gesamten Forderung.[270] Durch den i.d.R. erfolgenden Umsatzakt mit einem Dritten liegt der Forderung zudem ein objektivierter Wert zugrunde. Auch wird sich die zum Nennwert bilanzierte Forderung schneller in eine Einnahme verwandeln, als etwa die zwingend zu Einzelkosten bewerteten Vorräte.[271] Geht man weiterhin von einer einjährigen Besteuerungsperiode aus, beschränkt sich die Problematik im ersten Jahr auf die im Forderungsbestand zum Jahresende enthaltenen Gemeinkosten- und Gewinnaufschläge und in den Folgejahren nur noch auf deren Veränderung.[272]

---

270 Zutreffend rechnet Schneider (1997), S. 121, die Verfügungsrechte zu den aktiven Vermögensgegenständen an den Schnittstellen zweier Einkommensperioden.

271 Diese haben die Wandlung in das Verfügungsrecht Forderung noch vor sich.

272 Ein stark vereinfachtes Beispiel soll dies verdeutlichen: Ein Unternehmen handelt ausschließlich mit einer Ware. Auf die Einzelkosten der Ware von EUR 80 erfolgt ein Gewinnzuschlag von EUR 20. Der Nettoverkaufspreis beträgt also EUR 100. Zum 31.12.01 liegen 100 Stück der Ware auf Lager und weitere 100 wurden auf Ziel verkauft. Nach dem hier vertretenen Verständnis der Reinvermögenszugangstheorie führt dies zu folgendem Ausweis:

Vermögensvergleich 01 (in EUR)

Ware	8.000	Reinvermögen	18.000
Forderungen	10.000		

Demgegenüber ergibt sich bei Beachtung des Barrealisationsprinzips folgende Bilanzierung:

Vermögensvergleich 01 (in EUR)

Ware	8.000	Reinvermögen	16.000
„Forderungen"	8.000		

Die bereits verkauften 100 Stück werden bis zum Eingang der Forderung weiterhin mit EUR 80 erfolgsneutral angesetzt.
Zum 31.12.02 liegen wiederum 100 Stück auf Lager, während nun 110 auf Ziel verkauft wurden. Daraus ergibt sich folgendes Bild:

Vermögensvergleich 02 (in EUR)

Ware	8.000	Reinvermögen	19.000
Forderungen	11.000		

Demgegenüber ergibt sich bei Beachtung des Barrealisationsprinzips folgende Bilanzierung:

Vermögensvergleich 02 (in EUR)

Ware	8.000	Reinvermögen	16.800
„Forderungen"	8.800		

Angesichts dessen ist es m.E. gerechtfertigt, die denkbaren Entscheidungswirkungen einer Steuerzahlung bereits vor dem Einnahmenzufluss zu vernachlässigen.[273] Einer besonderen Liquiditätshilfe bedarf es insoweit nicht.[274] Wichtiger ist dagegen die Möglichkeit, eine Forderung ausbuchen zu können, wenn endgültig feststeht, dass diese wertlos geworden ist.[275] Denn dann geht es materiell nicht nur um Gemeinkosten und Gewinnaufschlag, sondern auch um die noch nicht erfolgsmindernd berücksichtigten Einzelkosten. Neben rechtlichen Anknüpfungspunkten wie der Insolvenz eines Kunden, sollten sich hier auch praktikable zeitliche Kriterien finden lassen.[276]

Neben dem Hinweis auf eine positive Beeinflussung der Entscheidungsneutralität der Besteuerung, begründet *Schneider* die Notwendigkeit eines Grundsatzes der Barrealisierung mit einer damit verbundenen Annäherung von Vermögensvergleich und Einnahmenüberschussrechnung (unter Nebenbedingungen) und sieht darin einen weiteren Schritt in Richtung Gleichmäßigkeit der Besteuerung.[277] Dieser Dualismus bei der Ermittlung der Steuerbemessungsgrundlage ist bei der hier verfolgten Systembereinigung aber nicht mehr existent, wenn ein Vermögensvergleich bei alleiniger Anwendung des Realisationsprinzips als einziges rechtssicheres Messkonzept zugelassen wird.[278] Aufgrund dieser Einheitlichkeit der Ermittlungsmethode ist ein Barrealisierungsprinzip im Hinblick auf eine gleichmäßige Besteuerung entbehrlich.

Die nunmehr verkauften 110 Stück werden bis zum Eingang der Forderung mit EUR 80 bewertet. Die Unterschiede in der Reinvermögensänderung und damit im Gewinn der Besteuerungsperiode 02 reduzieren sich auf nur noch EUR 200; einer Änderung von EUR 1.000 ohne (EUR 19.000 abzgl. EUR 18.000) und EUR 800 (EUR 16.800 abzgl. EUR 16.000) mit Barrealisation.

273 Zudem besteht die Möglichkeit, durch Anzahlungen den Einnahmenzufluss zu steuern, was angesichts zunehmender Zahlungsausfälle zukünftig auch immer bedeutsamer werden dürfte.

274 M.E. würde es ausreichen, die Möglichkeiten zur Stundung zu verbessern. Denn auch darin kann letztlich eine Liquiditätshilfe gesehen werden.

275 Dasselbe gilt auch für Beteiligungen. Vgl. Scheffler (2001), S. 908 (FN 20). Bareis (2002), S. 141, stimmt dem zu, „sofern diese Posten wirtschaftlich nicht mehr existent sind".

276 So könnte eine ein Jahr alte Forderung, die bereits alle Mahnstufen durchlaufen hat, zu 50% „ausgebucht" werden und nach zwei Jahren zu 100%. Um jedoch nicht ein teilweises Wiederaufleben der Teilwertabschreibung in Gang zu setzen, sollten tatsächlich nur pauschalierte Regelungen zugelassen werden.

277 Vgl. Schneider (1997), S. 273 ff, S. 284 f, S. 316 f, S. 324 f und S. 336. Übertragen auf den heutigen Rechtszustand wäre eine Annäherung der § 4 Abs. 1 (i.V.m. § 5), § 4 Abs. 3 sowie § 8 und § 9 des EStG die Folge. Vgl. hierzu Schneider (1987), S. 698.

278 Auch Schneider (1999), S. 106, sieht den Vermögensvergleich bei alleiniger Anwendung des Realisationsprinzips letztlich als gleichwertiges rechtssicheres Messkonzept an, wenn man von den Abweichungen zwischen Barrealisation und Realisation bei Forderungsentstehung absieht.

Konsequenterweise führt also die Forderung aus Lieferung und Leistung des „Unternehmers“ zu einer Erhöhung des maßgeblichen Reinvermögens in der Periode ihrer Entstehung. Nichts anderes gilt dann aber für das erst im Januar des Folgejahres ausbezahlte 13. Gehalt des „Arbeitnehmers“, den Anspruch des „Vermieters“ aus rückständigen Mieten oder die Zinsforderung des „Kapitalanlegers“. Denn in allen Fällen ist die Marktleistungsabgabe (Warenlieferung, Arbeitsleistung, Überlassung eines Gegenstandes oder Kapitalüberlassung) bereits erfolgt. Die Voraussetzungen für eine gleichmäßige Besteuerung werden somit durch eine Übernahme der Grundsätze eines Vermögensvergleichs auf alle erwerbswirtschaftlichen Einkommen gewährleistet und nicht durch eine Annäherung dieses Vermögensvergleichs an eine parallel geltende Einnahmenüberschussrechnung.

B.2.3.7. Ergebnis

Das aufgrund der Probleme beim Gesamtvermögensvergleich oder der Cashflow-Besteuerung vorgestellte alternative Ermittlungsmodell der sog. Anschaffungswertbilanz, ergänzt um einen Periodisierungsgrundsatz für das langfristig genutzte Erwerbsvermögen, ist ein geeignetes Messkonzept zur Konkretisierung der aus den übergeordneten Zielen eines Steuersystems abgeleiteten, reinvermögensorientierten Einkommensermittlung.

Dabei bildet ein Vermögensvergleich auf Basis des erweiterten Realisationsprinzips das Fundament für eine rechtssichere Annäherung an Entscheidungsneutralität und Gleichmäßigkeit der Besteuerung.[279] Ein mit der Abschnittsbesteuerung verbundenes Periodisierungsproblem erfordert jedoch Modifikationen dieser reinen Form. Deshalb übernimmt die gleichbleibende (lineare) Verteilung der Anschaffungsausgaben derjenigen Vermögensgegenstände, deren Nutzungspotential über eine Besteuerungsperiode hinausreicht, zwei bedeutende Aufgaben. Zum einen dient sie als pauschalierter Ersatz einer im Modell abgeleiteten Ertragswertabschreibung, zum anderen sorgt sie in der Regel für eine Begrenzung des Progressionseffekts durch Nivellierung der ansonsten zufällig schwankenden Periodenergebnisse.

Eine weitere Abweichung vom Realisationsprinzip durch die Einführung eines Grundsatzes der Verlustvorwegnahme ist nicht erforderlich. Es genügt hier die

---

[279] Ebenso Schneider (1999), S. 106, der daneben jedoch noch von einer Einnahmenüberschussrechnung unter Nebenbedingungen spricht.

steuerliche Zusatzbedingung des sofortigen Verlustausgleichs bzw. die ersatzweise greifende Regelung eines verzinslichen Verlustrücktrages/-vortrages.

Auch die Verknüpfung von Einkommensentstehung und Zahlungseingang einer Forderung (Barrealisation!) ist nicht notwendig. Die Akzeptanz des Konzeptes im Hinblick auf eine gleichmäßige Besteuerung wird vielmehr dadurch gewährleistet, dass der vorgestellte Vermögensvergleich bei allen Erwerbseinkünften als Ermittlungsmethode dient.[280]

B.2.4. Probleme und Grundsätze bei der Bestimmung eines Markteinkommens

B.2.4.1. Grundlagen

Bei den Ausführungen zur geeigneten Ermittlungsmethode wurde bislang vernachlässigt, dass die Abgrenzung der einkommensteuerlich relevanten Sachverhalte von denen ohne steuerliche Bedeutung möglicherweise Probleme aufwirft. Während zuvor die Frage nach der „richtigen“ Periodisierung von Ausgaben/ Aufwendungen im Mittelpunkt stand, geht es nun um deren Abziehbarkeit dem Grunde nach. Dabei soll an dieser Stelle zunächst die grundsätzliche Problematik der Abgrenzung der erforderlichen Einkommensbestandteile aufgezeigt werden, ehe in den Teilen C und E verstärkt auf die Besteuerungspraxis einzugehen sein wird.

Nach der Wahl für eine reinvermögensorientierte Einkommensermittlung als Maßgröße zur Annäherung an Entscheidungsneutralität und Gleichmäßigkeit der Besteuerung bleibt zu klären, welche Sachverhalte zu einer Veränderung des steuerlich relevanten Reinvermögens führen.[281] Denn auch mit Anschaffungswertbilanz und Periodisierungsgrundsatz als den hier favorisierten Konventionen zur rechtssicheren Erfassung der (erwerbswirtschaftlichen) Erträge und Aufwendungen (bzw. Vermögen und Schulden), bleibt die Schwierigkeit, eine Abgrenzung zu den nicht einkommensteuerrelevanten Vorgängen, insbesondere denen der privaten Lebensführung vorzunehmen. Hierfür ist eine strikte Tren-

[280] Einer Annäherung an eine daneben bestehende Ermittlungsmethode nach dem Einnahmenüberschuss bedarf es demzufolge nicht.

[281] Ohne eine weitergehende Konkretisierung (z.B. durch die sog. Markteinkommenstheorie) sind auch Geschenke, Erbschaften, Lotteriegewinne oder die Wertschöpfung im Haushaltsbereich als Reinvermögensänderungen anzusehen. Stellvertretend hierzu Hundsdoerfer (2002), S. 73 f; Bareis (2001), S. 271; Wassermeyer (2001), S. 921 f.

nung zwischen Entstehung und konsumtiver Verwendung des Einkommens erforderlich, die sich in dieser eindeutigen Form jedoch nicht verwirklichen lässt. Deshalb erscheinen weitere Konventionen geboten.

Im Gegensatz zu den zahlreichen Differenzierungen des geltenden Einkommensteuerrechts, können (und müssen) zunächst alle zur Einkommenserzielung veranlassten Tätigkeiten systematisch zusammengefasst werden. „Die Einkommen erwirtschaftende Person hat dann nur einen erwerbswirtschaftlichen Bereich, der alle derartigen Aktivitäten umfasst, und bestreitet hieraus ihren Konsum in der Periode.“[282] Entsprechend sind alle im erwerbswirtschaftlichen Bereich eingesetzten Vermögensgegenstände und Schulden Bestandteil des steuerlich relevanten Reinvermögens.[283]

Zur weiteren Konkretisierung des erwerbswirtschaftlichen Bereiches und zur Abgrenzung der einkommensteuerlich nicht relevanten Tatbestände wird dann auf die Messtheorie der Markteinkommens-Bemessungsgrundlage zurückgegriffen.[284] Dabei ist zu beachten, dass die Markteinkommenstheorie allein kein theoretisches Besteuerungsideal darstellt.[285] Im Kontext dieser Arbeit ermöglicht die Markteinkommenstheorie allerdings eine praxistaugliche Annäherung an einen theoretischen Einkommensbegriff. Denn eine Vermögensänderung, die ein Steuerpflichtiger durch (nachhaltige) erwerbswirtschaftliche Aktivitäten auf Märkten (= Steuerobjekt) erwirtschaftet hat, findet ihren Niederschlag im Markteinkommen (= Bemessungsgrundlage). Da Marktaustauschvorgänge jedoch sowohl der Einkommenserzielung als auch der konsumtiven Einkommensverwendung dienen können, ist ein weiteres Tatbestandsmerkmal für die Konkretisierung des einkommensteuerlich relevanten Sachverhalts erforderlich. Wie in Teil C noch zu zeigen sein wird, ist hierfür auf das Kriterium der nachhaltigen Einnahmenerzielung abzustellen.[286] Damit scheiden rein konsumtiv ausgeübte Tätigkeiten ebenso aus der Besteuerung aus wie die Haushaltsproduktion.[287]

---

282 Bareis (1997a), S. 215.

283 Hierzu gehören auch Teile der bislang noch als „Privatvermögen“ bezeichneten Gegenstände, wie z.B. ein vermietetes Wohnhaus oder ein Wertpapierdepot. In der herkömmlichen Terminologie des Einkommensteuerrechts erlangen diese somit „Betriebsvermögensstatus“.

284 Zur Begriffswahl vgl. Hundsdoerfer (2002), S. 73 f. Im Folgenden wird jedoch mit der herrschenden betriebswirtschaftlichen Literatur vom „objektiven“ Markteinkommen gesprochen. Stellvertretend hierzu Schneider (1984), S. 367; Bareis (1991), S. 42 f; Schneider/Siegel (1994), S. 603 f.

285 Vgl. Hundsdoerfer (2002), S. 80. Zur Kritik an der Markteinkommenstheorie vgl. Hundsdoerfer (2002), S. 74 ff.

286 Einer Gewinn- bzw. Überschusserzielungsabsicht bedarf es nicht. Allerdings wurde die Einkunftserzielungsabsicht bislang als weiteres Tatbestandsmerkmal zur Abgrenzung der Einkommenserzielung von der -verwendung gefordert. Vgl. hierzu Hundsdoerfer (2002),

Aufbauend auf den bisherigen Ausführungen zur Einkommensermittlung wird Markteinkommen somit als Differenz zwischen dem Erwerbsvermögen am Ende der Periode (V_t) und dem (Erwerbs-) Vermögensbestand am Anfang der Periode (bzw. am Ende der Vorperiode = V_{t-1}) definiert. Um die Trennung zwischen Entstehungs- und Verwendungsseite zu gewährleisten, muss noch eine Korrektur um den Wert der Entnahmen (EN_t) aus dem erwerbswirtschaftlichen Bereich erfolgen. Für die hier zu diskutierende Problematik kann auf die grundsätzlich erforderliche Einbeziehung von Einlagen aus Vereinfachungsgründen verzichtet werden. Die Gleichung lautet dann:

(2.3.) $EK_t = V_t - V_{t-1} + EN_t.$

Für die Praxistauglichkeit eines derart umfassenden Systems der reinvermögensorientierten Einkommensermittlung müssen nun Regeln gefunden werden, nach denen eine möglichst exakte Abgrenzung zwischen den erwerbswirtschaftlich bedingten Ausgaben und den Konsumausgaben vorgenommen werden kann. Im System der doppelten Buchführung lässt sich der Rein(erwerbs-)vermögenszugang dann auch durch Gegenüberstellung der Erträge (ER_t) mit den erwerbswirtschaftlich veranlassten Aufwendungen (AU_t) berechnen:

(2.4.) $EK_t = ER_t - AU_t.$

Soweit also erwerbswirtschaftliche Aufwendungen den Vermögensendwert nicht auch positiv beeinflusst haben,[288] müssen sie bei der Ermittlung des Einkommens abziehbar sein. Andernfalls würden investiv eingesetzte Mittel behandelt wie Konsumausgaben. Der kontinuierliche Verzehr des (Anfangs-) Vermögens wäre die Folge. Eine Einkommensteuer muss also stets auf einem „Nettoprinzip" gegründet sein.[289] Dies folgt bereits daraus, dass die Einkommensteuer nicht die Funktion einer Roheinnahmen- oder Umsatzsteuer hat.[290]

S. 67 f. Durch die Notwendigkeit nachhaltiger Einnahmen sind einmalige Veräußerungen von z.B. privatem Schmuck, Briefmarken oder Antiquitäten nicht dem Erwerbsvermögen zuzurechnen. Vgl. hierzu auch die Anmerkungen zum Karlsruher Entwurf durch Wassermeyer (2001), S. 922.

287 Die Markteinkommensbesteuerung verzichtet also auf das Erfassen bestimmter Sachverhalte, die durchaus als Einkommen besteuert werden könnten, aber nicht ausreichend über den Markt objektiviert sind. Vgl. Hundsdoerfer (2002), S. 79 f. Ebenso Bareis (2001), S. 271. Die mit der Vermeidung einer intensiven Steuerermittlung in der Privatsphäre des Steuerpflichtigen einher gehende Verwaltungsvereinfachung macht den Einkommensbegriff m.E. erst besteuerungspraktikabel.

288 Wie etwa im Falle der Investition in Vermögensgegenstände, deren Nutzung über eine Abrechnungsperiode hinausreicht. Zur Frage der zeitlichen Zuordnung der Aufwendungen wurde bereits im vorhergehenden Abschnitt Stellung bezogen.

289 Vgl. Bareis (1997a), S. 216.

290 Zutreffend Siegel/Schneider (1994), S. 602.

B.2.4.2. Zur Behandlung von Privatausgaben

Was für die erwerbswirtschaftlichen Aufwendungen als Bestandteil der Einkommenserzielung zwingend ist, gilt jedoch gerade nicht für die der Einkommensverwendungsseite zurechenbaren Privatausgaben. Ökonomisch betrachtet handelt es sich dabei um Entnahmen bzw. Konsumausgaben, die keine zwangsläufige Verbindung zu einem marktwirtschaftlich interpretierten Einkommensbegriff haben. Dies gilt auch für die sog. unvermeidbaren Privatausgaben, die allerdings im juristischen Schrifttum als Teil einer am Leistungsfähigkeitsprinzip orientierten einkommensteuerlichen Bemessungsgrundlage gesehen werden.[291]

Bei der Ermittlung einer Steuer, die an ein erzieltes Einkommen anknüpft, können daraus zu bestreitende Privatausgaben niemals abziehbar sein, selbst wenn diese „unvermeidbar" sind. Das bedeutet jedoch noch nicht, dass derartige Ausgaben überhaupt nicht berücksichtigt werden können. Ihr Abzug von der Bemessungsgrundlage ist jedoch logisch nicht haltbar. Selbst bei einem einheitlichen Steuersatz treten bereits erste Probleme auf. Wenn sich z.B. aufgrund eines Einkommens von EUR 0 und notwendigen Privatausgaben von EUR 5.000 eine Ausgabenlücke ergibt, kann auch eine Steuer von Null diese nicht beseitigen. Während der Bedürftige somit aus rein steuerlicher Betrachtung keinen Beitrag zur Finanzierung seiner unvermeidbaren Privatausgaben erhält, wird der Gutverdienende noch unterstützt. Bei einem einheitlichen Steuersatz von 30% und einem Einkommen von z.B. EUR 50.000 sowie identischen, begünstigten Privatausgaben erhält er einen Finanzierungsbeitrag von EUR 1.500 durch den Abzug von der Bemessungsgrundlage.[292]

Was also bei der Unterstellung eines einheitlichen Steuersatzes bereits Anlass zu ernsten Zweifeln geben sollte, gerät ins Absurde, wenn man sich in einer progressiven Tarifstruktur befindet. „Denn durch den Abzug der Privatausgaben von der Bemessungsgrundlage hat ausgerechnet derjenige mit dem höheren Einkommen bzw. Grenzsteuersatz zusätzlich eine absolut höhere Entlastung bei der Einkommensteuer als derjenige mit einem niedrigeren Einkommen bzw. Grenzsteuersatz."[293] Warum aber sollte ein Spitzenmanager oder ein Verfassungsrichter, z.B. für die Erziehung eines Kindes oder anderer als berücksichtigungswürdig eingestufter Einkommensverwendungen (Sonderausgaben etc.), eine höhere finanzielle Entlastung durch die Gemeinschaft erhalten als etwa ein Hilfsarbeiter

---

291 Als engagiertester Vertreter dieses „subjektiven Nettoprinzip" gilt *Klaus Tipke*. Vgl. hierzu Tipke (1987), S. 61.

292 Statt EUR 50.000 sind nur EUR 45.000 mit 30% zu versteuern.

293 Bareis (1997a), S. 217.

oder eine Krankenschwester.[294] Wäre dies wirklich gewollt, stünde dahinter etwa die Philosophie, dass z.B. die Kosten einer teuren Privatschule für das Kind eines „Besserverdienenden" einen höheren gesellschaftlichen Nutzen bringen, so dass man hier eine relativ höhere Entlastung von der Steuer einräumen sollte als im Falle eines „Geringverdienenden". Letztlich wird hierdurch nur ein Teil der mit der Entscheidung für eine progressive Einkommensteuer verbundenen Umverteilung wieder zurückgenommen. Die Transparenz für den Bürger geht dabei verloren.

Daher verbietet sich der Abzug jeglicher Art von Privatausgaben von der Bemessungsgrundlage. Eine Berücksichtigung sog. notwendiger Privatausgaben kommt allenfalls als Abzug von der Steuerschuld in Betracht. Besser erscheint jedoch eine Trennung vom Besteuerungsbereich und die Berücksichtigung in einem eigenständigen Transfersystem.[295] Folglich stellt nur das unverkürzte, über Markthandlungen erzielte Einkommen die geeignete Bemessungsgrundlage bei einem progressiven Tarif dar.[296] Eine Gleichstellung zwischen den erwerbswirtschaftlichen Aufwendungen, die das erzielte Markteinkommen erst festlegen und eines Teils der Ausgaben zur Verwendung dieses Markteinkommens wäre falsch.[297]

„Das Markteinkommen ist der bestmögliche Maßstab zur Sicherung der Gleichmäßigkeit der Besteuerung,"[298] weil es am ehesten eine vergleichbare Maßgröße steuerlicher Leistungsfähigkeit darstellt.[299] Insbesondere sollten an der besseren Eignung als Zielgröße im Vergleich zu einem „disponiblen Einkommen" keine Zweifel bestehen, denn nur wer über ein hohes Markteinkommen verfügt, kann entsprechend hohe Privatausgaben tätigen. Mit der Entscheidung für eine derart objektivierte steuerliche Leistungsfähigkeit besteht die Hoffnung, dass Steuerwirkungen durch die Wahl der Bemessungsgrundlage minimiert werden.[300]

Auch wenn es mit dieser grundsätzlichen Orientierung am Markteinkommen, ergänzt um ein Tatbestandsmerkmal „nachhaltige Einnahmenerzielung", gelingt,

---

294 Vgl. Siegel/Schneider (1994), S. 601.
295 Vgl. hierzu Bareis (1991), S. 48 ff; Siegel/Schneider (1994), S. 603.
296 Dies dürfte auch angesichts der hierfür eintretenden betriebswirtschaftlichen Autoren außer Frage stehen. Vgl. hierzu in zeitlicher Reihenfolge, Schneider (1984), S. 367; Elschen (1991), S. 113 f; Bareis (1991), S. 50; Siegel/Schneider (1994), S. 601 u. S. 603.
297 Vgl. Schneider (1994), S. 147.
298 Bareis (1991), S. 42.
299 Oder wie sollte ein Maß für den persönlichen Umstand der Kindererziehung bei höherem Einkommen als Äquivalent zu einem niedrigeren Einkommen eines kinderlosen Steuerpflichtigen gefunden werden.
300 Vgl. Schneider (1984), S. 366 f; Bareis (1991), S. 42.

den systematischen Ausgangspunkt für das Problem der Abgrenzung von Erwerbsaufwendungen und Privatausgaben zu definieren, bleiben doch die praktischen Schwierigkeiten bestehen. Für einen Kritiker dieses Ansatzes stellt sich beispielsweise die Frage, wie denn Privatausgaben überhaupt erkennbar sein sollen. So könnte man durchaus die Meinung vertreten, eine Urlaubsreise (oder ein Kuraufenthalt) gehöre nicht zu den Privatausgaben, weil der Steuerbürger infolge des Erholungseffektes oder den dabei entstehenden, besonders kreativen Ideen im Anschluss in der Lage ist, mehr Markteinkommen zu erwirtschaften. Man wird dem auch nicht entgegenhalten können, die Auswirkungen der „Investition Urlaub" auf das Markteinkommen seien nicht messbar, denn dies gilt genauso wenig für die Anschaffung einer neuen Maschine oder anderer Produktionsfaktoren.

Analog den Versuchen einer Bestimmung von Basiswerturteilen zur Gerechtigkeit sollte es jedoch möglich sein, „unter dem Schleier des Nichtwissens über die Zukunft" gesellschaftspolitisch akzeptierte Konventionen zu finden, welche z.B. die Urlaubsreise den Privatausgaben und die Anschaffung einer Maschine den Erwerbsaufwendungen zuordnen. Entsprechend liegt die Bedeutung des hier vertretenen Markteinkommensprinzips darin, einen systematischen Orientierungspunkt für die Bestimmung dieser Konventionen zu bieten. Dabei ist nicht nur eine Antwort auf die Frage Konsumausgabe oder Erwerbsaufwand zu finden, sondern es ist insbesondere auch ein Konsens für die zahlreichen Fälle sog. gemischter Aufwendungen anzustreben.

B.2.4.3. Zur Behandlung von gemischten Aufwendungen

Wenn also erwerbswirtschaftliche Aufwendungen bei der Ermittlung der Bemessungsgrundlage stets abziehbar sein müssen, während sich ein Abzug von – durch Konventionen fixierte – Privatausgaben verbietet, bleibt noch zu klären, wie bei gemischten Aufwendungen zu verfahren ist. Diese teils erwerbswirtschaftlichen, teils Konsumzwecken dienenden Aufwendungen lassen sich in der Regel nur schwer in ihre Komponenten zerlegen. Als typische Beispiele können hier die hinlänglich bekannten Streitfälle im Zusammenhang mit den Aufwendungen für ein Arbeitszimmer oder für die doppelte Haushaltsführung sowie den Kontokorrentzinsen eines gemischten Kontos genannt werden.[301] Zwar ließe sich in Einzelfällen eine Trennung der gemischten Aufwendungen, gegebenenfalls im Wege der Schätzung, durchaus vornehmen. Doch besteht aufgrund der

[301] BFH v. 21.11.1997, DStR 1998, S. 287; BFH v. 5.12.1997, DStR 1998, S. 375; GrS des BFH v. 4.7.1990, BStBl II 1990, S. 817.

aus der Mischform resultierenden Gestaltungsmöglichkeiten stets die Gefahr, diese zur Steuervermeidung zu nutzen. Legt der Gesetzgeber dementsprechend die Priorität auf die Vermeidung möglicher Manipulationen, empfiehlt sich eine im Grundsatz strenge gesetzliche Regelung.[302]

Eine solche gesetzliche Grundlage findet sich bereits in § 12 Nr. 1 Satz 2 EStG. Der Große Senat des BFH kommt in seiner Auslegung dieses Paragrafen in den Beschlüssen von 1970 und 1978 zu dem Ergebnis,[303] dass gemischt veranlasste Aufwendungen, also solche, die den Beruf oder die Tätigkeit des Steuerpflichtigen fördern, aber zugleich der privaten Lebensführung dienen, überhaupt nicht – also auch nicht teilweise – als Betriebsausgaben oder Werbungskosten abziehbar sind. Ausnahmsweise wird eine Aufteilung jedoch für zulässig erachtet, wenn objektive Merkmale und Unterlagen eine zutreffende und nachprüfbare Trennung der Aufwendungen ermöglichen und der berufliche bzw. betriebliche Nutzungsanteil nicht von untergeordneter Bedeutung ist. Typische Beispiele für eine zulässige Aufteilung sind Kfz-Kosten, Telefonkosten und Zinsen eines gemischten Kontokorrentkontos.[304]

Dieses grundsätzliche Aufteilungsverbot ist in der Literatur auf eine nachhaltige Kritik gestoßen.[305] Kernpunkt dieser Kritik ist das über den Wortlaut des § 12 Nr. 1 Satz 2 EStG hinausgehende generelle Aufteilungs- und Abzugsverbot. Demgegenüber entnehmen die Gegner dieser strikten Rechtsprechung der Vorschrift nur ein Abzugsverbot für sogenannte Repräsentationsaufwendungen. Zwar ist der Große Senat des BFH den Wünschen aus der Literatur nach einer Abkehr von dieser Rechtsprechung nicht gefolgt, sondern hat diesen Grundsatz auch in der Folgezeit immer wieder betont.[306] Allerdings darf nicht übersehen werden, „daß auch in den von der Rechtsprechung zugelassenen Ausnahmen (Kfz-Kosten, Telefongebühren, Verpflegungsmehraufwendungen) eine nach objektiven Merkmalen und Unterlagen zutreffende und leicht nachprüfbare Trennung gar nicht möglich ist. Sowohl bei Fahrtenbüchern als auch bei Aufzeichnungen über Telefongespräche ist man auf die Angaben des Steuerpflichtigen angewiesen, ohne daß eine verläßliche Nachprüfungsmöglichkeit besteht."[307]

---

302 Vgl. Bareis (1997a), S. 216.

303 GrS des BFH v. 19.10.1970, BStBl II 1971, S. 17; GrS des BFH v. 27.11.1978, BStBl II 1979, S. 213.

304 Weitere Beispiele finden sich in Schmidt/Drenseck, EStG, § 12 Rz 13.

305 Stellvertretend Söhn (1980), S. 49; Ruppe (1980), S. 141.

306 GrS des BFH v. 4.7.1990, BStBl II 1990, S. 817.

307 Schmidt/Drenseck, EStG, § 12 Rz 14.

Während die oben zitierte Literatur aufgrund dieser Abgrenzungsprobleme jedoch den Schluss zieht, das generelle Abzugsverbot gemischter Aufwendungen zugunsten einer stärkeren Einzelfallbetrachtung aufzugeben, wird hier in Anlehnung an die Ausführungen zu den Besteuerungszielen Gleichmäßigkeit und Einfachheit der Besteuerung eine stärkere Betonung des Aufteilungsverbotes befürwortet. Statt den Einzelfall mit allen seinen Besonderheiten regeln zu wollen, sollte die Vielzahl der Lebenssachverhalte stärker pauschaliert und typisiert werden.[308] Das dadurch angestrebte Ziel einer einheitlichen Rechtsanwendung wird aber nur erreicht werden, wenn Pauschalierung und Typisierung konsequent durchgehalten und zwangsläufig auftretende Härten in Kauf genommen werden. Denn Steuerpflichtige werden als hart empfundene Entscheidungen leichter akzeptieren, wenn sie wissen, dass eine ausnahmslose Gleichbehandlung erfolgt.[309]

Wie derartige Pauschalierungen und Typisierungen aussehen könnten, wird in Teil E anhand ausgewählter Beispiele dargestellt. An dieser Stelle sollen zunächst die ökonomischen Folgen einer Entscheidung für oder gegen den Abzug privater oder privat mitveranlasster Ausgaben verdeutlicht werden.

B.2.4.4. Fiskalzweck, Markteinkommen und Abzug von Privatausgaben

Unabhängig davon, ob es sich nun um „reine" Privatausgaben handelt, die aufgrund einer gesetzgeberischen Entscheidung als Sonderausgaben oder außergewöhnliche Belastungen von einer einkommensteuerlichen Bemessungsgrundlage abgezogen werden dürfen oder ob bei der Berücksichtigung gemischter Aufwendungen der Steuerpflichtige durch Sachverhaltsgestaltungen private Ausgaben steuerwirksam deklarieren kann, die Folge sind in beiden Fällen geringere Steuerzahlungen der insoweit Begünstigten. Ob dies, abgesehen vom jeweiligen Einzelfall, gerechtfertigt erscheint, soll im Folgenden an einem einfachen Beispiel analysiert werden.[310]

Gehen wir zunächst davon aus, dass in einem Staat ausschließlich eine homogene Gruppe von Steuerpflichtigen leben würde. Das gesamte Markteinkommen beträgt 2.000 Mio. (der Landeswährung) und es existiert ein einheitlicher Steuersatz von 35%. Das somit erzielte Steueraufkommen von 700 Mio. benötigt der

---

308 Zutreffend Meyding (1998), S. 225.

309 Vgl. Völlmeke (1995), S. 752.

310 Eine detailliertere Darstellung des Sachverhalts findet sich bei Bareis (1991), S. 38 ff, insbes. S. 43 ff.

Staat, um seine Aufgaben zu erfüllen (z.B. Schulen, Polizei, Straßenbau), die annahmegemäß allen Bürgern in gleichem Maße zugute kommen sollen.

Gruppe	Markteinkommen	Privatausgaben	Steuerliche BMG	Steuersatz in %	Steueraufkommen
Gesamt	2.000	-	2.000	35,00	700

Nun wird der Abzug von privat (mit-) veranlassten Ausgaben von der steuerlichen Bemessungsgrundlage zugelassen. Diese sollen insgesamt 200 Mio. betragen. Um das ursprüngliche Steueraufkommen von 700 Mio. zu erreichen, ist eine Erhöhung des Steuersatzes auf 38,89% erforderlich, weil das steuerpflichtige Einkommen nunmehr nur noch 1.800 Mio. beträgt.[311]

Gruppe	Markteinkommen	Privatausgaben	Steuerliche BMG	Steuersatz in %	Steueraufkommen
Gesamt	2.000	200	1.800	38,89	700

Sind die berücksichtigten Privatausgaben innerhalb der homogenen Gruppe gleichmäßig verteilt, ergeben sich letztlich keine materiellen Konsequenzen. Ändert man diese realitätsferne Annahme allerdings dahingehend ab, dass die entsprechenden 200 Mio. privater Ausgabenbestandteile lediglich bei der Hälfte der Steuerpflichtigen angefallen seien (Gruppe A), ergeben sich erste nennenswerte Folgen.

Gruppe	Markteinkommen	Privatausgaben	Steuerliche BMG	Steuersatz in %	Steueraufkommen
A	1.000	200	800	38,89	311
B	1.000	0	1.000	38,89	389

[311] Es wird unterstellt, dass der Staat keine Kreditaufnahmen tätigt und keine anderen Einkunftsquellen hat.

Das Beispiel zeigt, dass die Möglichkeit, privat (mit-) veranlasste Ausgaben bei der Ermittlung der steuerlichen Bemessungsgrundlage abzuziehen, zu Lasten derjenigen Steuerpflichtigen geht, die diese Ausgaben nicht geltend machen können (Gruppe B). Im Vergleich zur Ausgangssituation mit einem einheitlichen Steuersatz von 35% bezogen auf das Markteinkommen stellt sich die Situation nun anders dar. Sieht man im Markteinkommen die richtige Bemessungsgrundlage für Steuerzahlungen, so beträgt der effektive Steuersatz für die Gruppe A nur noch 31,1%, während er für Gruppe B auf 38,9% angestiegen ist.

Die Zweifel über die Berücksichtigung derartiger Ausgaben nehmen zu, wenn man die Annahme eines einheitlichen Steuersatzes aufgibt. Hierzu sei unterstellt, dass ein geringer Teil der Steuerpflichtigen hohe Markteinkommen erzielt, die insgesamt die Hälfte des gesamten Markteinkommens ergeben. Diese hohen Einkommen sollen einem Steuersatz von 50% unterliegen. Der weitaus größere Teil der Steuerpflichtigen erzielt nur geringe Einkommen, die einheitlich mit 20% zu versteuern sind. Dies führt zu folgendem Ausgangsfall:

Gruppe	Markteinkommen	Privatausgaben	Steuerliche BMG	Steuersatz in %	Steueraufkommen
A	1.000	-	1.000	50,00	500
B	1.000	-	1.000	20,00	200

Dem Staat steht also wiederum ein Steueraufkommen von 700 Mio. zur Verfügung. Um den Steuersatzeffekt zu verdeutlichen, sei nun wieder unterstellt, dass die privat (mit-) veranlassten Ausgaben auf beide Gruppen gleichmäßig verteilt sind. Da die notwendigen staatlichen Einnahmen nach wie vor 700 Mio. betragen sollen, wird der Rückgang der steuerlichen Bemessungsgrundlage um 10% durch eine entsprechende Erhöhung des Steuersatzes kompensiert.

Gruppe	Markteinkommen	Privatausgaben	Steuerliche BMG	Steuersatz in %	Steueraufkommen
A	1.000	100	900	55,55	500
B	1.000	100	900	22,22	200

Die Beispiele verdeutlichen, dass bei gegebenem Steueraufkommen die Kürzung von privat (mit-) veranlassten Ausgaben bei der Ermittlung der steuerlichen Bemessungsgrundlage zu einer Erhöhung des Steuersatzes führen muss. Davon sind besonders die Steuerpflichtigen betroffen, die entsprechende Ausgaben nicht geltend machen können.

Da der Entlastungseffekt aus dem Abzug infolge des ansteigenden Steuersatzes bei Beziehern hoher Einkommen deutlich höher ist, müsste deren Steuersatz entsprechend stärker steigen als bei Beziehern geringer Einkommen. Zum einen lassen die in der Öffentlichkeit geführte Diskussion um die Attraktivität des Steuerstandortes Deutschland und wirtschaftliche Anreizgründe allerdings nur eine begrenzte Erhöhung des Grenzsteuersatzes zu. Zum anderen hat die vieldiskutierte Entscheidung des Bundesverfassungsgerichts zum sog. Halbteilungsgrundsatz[312] einen ersten Hinweis auf eine verfassungsrechtlich vorgegebene Begrenzung der steuerlichen Gesamtbelastung gegeben.

Übertragen auf das zuvor gezeigte Beispiel wäre etwa die Erhöhung des Steuersatzes der Bezieher hoher Einkommen auf über 50% verfassungsrechtlich bedenklich bzw. unter Leistungsaspekten abzulehnen. Demzufolge müssten die Konsequenzen aus dem Abzug von Privatausgaben ausschließlich von den unteren Einkommensklassen getragen werden.

Gruppe	Markteinkommen	Privatausgaben	Steuerliche BMG	Steuersatz in %	Steueraufkommen
A	1.000	100	900	50,00	450
B	1.000	100	900	27,78	250

Die damit verbundene Problematik würde ihren Höhepunkt für den Fall finden, dass die entsprechenden Ausgaben alleine bei den Beziehern hoher Einkommen anfallen würden:

312 BVerfG v. 22.6.1995, BStBl II 1995, S. 655; vgl. auch Seeger (2000), S. 14 f.

Gruppe	Markteinkommen	Privatausgaben	Steuerliche BMG	Steuersatz in %	Steueraufkommen
A	1.000	200	800	50,00	400
B	1.000	0	1.000	30,00	300

Zwar mag gerade diese letzte Beispielsvariante auf den ersten Blick mit dem Makel des typischen Modellfalles behaftet sein. Jedoch lässt sich m.E. die damit aufgezeigte Tendenz in der Besteuerungspraxis durchaus beobachten. Denn die Möglichkeiten von einigen Selbständigen oder leitenden Angestellten, als typische Vertreter der hier angesprochenen oberen Einkommensklassen, privat (mit-) veranlasste Ausgaben in besonderem Maße steuerlich geltend zu machen, erscheinen im geltenden Einkommensteuerrecht durchaus gegeben. Erwähnt sei hier z.B. die Anschaffung von „Arbeitsmitteln" mit Privatnutzungscharakter wie PC, antike Möbel und Gemälde, oder die steuerliche Berücksichtigung eines PKW's der Luxusklasse, mit dem man zum „Geschäftsessen"[313] ins Restaurant fährt.

B.2.4.5. Ergebnis

Natürlich wäre eine Wertung des Gesetzgebers denkbar und für die Schaffung von Leistungsanreizen wohl auch geboten, in der er sich dazu bekennt, dass eine (Grenz-) Steuerbelastung von 50% und mehr zu hoch ist. Eine stichhaltige ökonomische Begründung, warum gerade der Abzug von privat (mit-) veranlassten Ausgaben von der Bemessungsgrundlage die zu hohe Steuerlast korrigieren soll, ist allerdings nicht ersichtlich.[314] Anstatt den Umstand zu verschleiern, dass aufgrund vielfältiger Beeinflussungsmöglichkeiten der Bemessungsgrundlage Steuersätze z.T. nur noch Richtwerte sind, wäre es die Aufgabe des Gesetzgebers, transparente und damit nachvollziehbare Regelungen zu treffen.

Würde ein Rückgang des Steueraufkommens aufgrund prall gefüllter Staatskassen keine anderweitigen Zugriffe des Staates auslösen, wäre eine Berücksichtigung nicht eindeutig betrieblich veranlasster Ausgaben wohlwollender zu beur-

313 Zufälligerweise am Hochzeitstag. Dafür werden inzwischen aber auch „nur noch" 70% anerkannt; § 4 Abs. 5 Nr. 2 EStG.

314 Vgl. Bareis (1991), S. 49.

teilen. Untragbar wird diese Besteuerungspraxis aber dann, wenn angesichts leerer Staatskassen Mindereinnahmen aufgrund der um privat (mit-) veranlasste Ausgaben gekürzten Bemessungsgrundlage zu Steuerstrafeffekten an anderer Stelle führen. Besonders kritisch sind Eingriffe bei der Bestimmung des Markteinkommens zu beurteilen, etwa wenn tatsächlich entstandene Verluste[315] nicht mit im Besteuerungszeitraum angefallenen Gewinnen verrechnet werden dürfen.[316] Letztlich trägt dann die Allgemeinheit die Begünstigung einzelner Steuerpflichtiger mit.

Daraus abgeleitet wird nachfolgend eine grundsätzlich strenge Haltung bei der Festlegung der Konventionen zur Abgrenzung der Erwerbsaufwendungen von den Konsumausgaben befürwortet, von der auch die gemischten Aufwendungen betroffen sind, die ja beide Komponenten in sich vereinigen. Als Instrument für die Umsetzung dieses nicht zu umgehenden Abgrenzungsproblems bietet sich eine stärkere Tendenz zur Typisierung und Pauschalierung an.[317] Dies gilt insbesondere für die gemischten Aufwendungen, die bei der Ermittlung der Bemessungsgrundlage allenfalls beschränkt abgezogen werden sollten.[318] Entsprechende Beispiele und Lösungsansätze werden in Teil E diskutiert.

In der Praxis spielt die Feststellung des für die Besteuerung maßgeblichen Lebenssachverhaltes eine ebenso große Rolle wie diejenige der Ermittlung und Auslegung des Gesetzes. Die häufig alleinige Kenntnis des Steuerpflichtigen über den steuerrelevanten Sachverhalt und die Schwierigkeiten der Sachverhaltsaufklärung durch die Finanzämter oder Finanzgerichte lässt aber nur eine pauschale Überprüfung der massenhaften Steuerfälle zu. Da sich ohnehin keine verlässlichen Feststellungen z.B. darüber treffen lassen, ob ein Steuerpflichtiger für Fahrten zwischen Wohnung und Arbeitsstätte tatsächlich ein Kraftfahrzeug benutzt oder Mitglied einer Fahrgemeinschaft ist, steht einer stärkeren Typisierung nicht notwendigerweise ein Verlust an materieller Gerechtigkeit gegenüber.[319] Selbst im geltenden Recht wird deshalb ein tatsächlicher Aufwand gar nicht mehr gefordert, sondern nur noch eine Entfernungspauschale gewährt.

Gerade das Beispiel der Fahrten zwischen Wohnung und Arbeitsstätte macht deutlich, dass die für uns selbstverständlich erscheinende „deutsche Sicht“ eines

---

[315] Diese sind insbesondere von den Buchverlusten aus den bekannten Verlustzuweisungsmodellen zu unterscheiden.

[316] Vgl. hierzu Herzig/Briesemeister (1999), S. 1381 ff; FG Münster v. 15.11.2000, DStRE 2001, S. 281; BFH v. 9.5.2001, BStBl II 2001, S. 552; Kohlhaas (2001), S. 1665 f; BFH v. 15.12.2000, DStR 2001, S. 250.

[317] Vgl. Völlmeke (1995), S. 751 f.

[318] Diese Reformgedanken finden sich auch bei der Einkommensteuer-Kommission (1995), These 8.

[319] Vgl. Seeger (2000), S. 11 f.

anscheinend erwerbssichernden Aufwandes zu überdenken ist. Vorstellbar wäre durchaus eine Annäherung an die Sichtweise des amerikanischen Steuerrechts, wonach die Arbeit erst am Fabriktor beginnt. Nicht nur, dass die Fahrten zwischen Wohnung und Arbeitsstätte durch die privat mitveranlasste Wahl der Wohnung („Wohnen im Grünen“) beeinflusst werden. Ökonomisch ist auch die für den Abzug dieser Fahrten vorgebrachte Begründung der ansonsten vorliegenden Benachteiligung vieler Menschen, die fern ihrer Arbeitsstätte wohnen, fraglich. Dem Nachteil höherer Fahrtkosten steht nämlich der Vorteil verbilligter Grundstückspreise und verbilligter Mieten gegenüber.[320]

In der Beschaffenheit der realen Welt gibt es nun einmal häufig keine modellhaften Abgrenzungsmöglichkeiten. Was sich aber in der Realität nicht exakt abgrenzen lässt, das kann auch für die Bestimmung steuerlicher Tatbestände nicht praktikabel und gerecht definiert werden. Folglich führt der Versuch, einmal erkannte Steuerschlupflöcher zu flicken, letztlich in eine Art Wettrüsten zwischen Gesetzgeber und Finanzverwaltung einerseits und den Steuerpflichtigen und ihren Beratern andererseits. An die Stelle einer sich selbst in den Mittelpunkt stellenden (Steuer-) Rechtswissenschaft, welche die Gerechtigkeit gesetzlicher wie richterlicher Entscheidungen überhöht interpretiert, müssen deshalb wieder die Probleme der Gesellschaft treten. Ansonsten laufen wir Gefahr, die im Steuerwesen bereits weit fortgeschrittene praktische Unbrauchbarkeit des anzuwendenden Rechts durch weitere Einzelvorschriften, Verwaltungsanweisungen oder Gerichtsentscheidungen voranzutreiben.[321]

Realistisch betrachtet kann die allseits geforderte und notwendige Steuervereinfachung gerade im Bereich der Abgrenzung von Erwerbs- und Privatsphäre[322] ohne eine stärkere und konsequente Typisierung bzw. Pauschalierung nicht verwirklicht werden.[323] Für die Besteuerungspraxis ist es nämlich unsinnig, „die theoretische Treffsicherheit eines Merkmals unabhängig von dem erforderlichen Feststellungsaufwand und den dafür verfügbaren Ressourcen zu sehen. Keine lebenskluge Großmutter würde ihren Enkeln Kuchen anders als nach „Köpfen“ zuteilen. Der Familienfriede wäre gestört, wenn sie „Alter, Präferenzen, aktuellen Nahrungsbedarf, Über- und Untergewicht“ berücksichtigen würde.“[324] Dar-

---

320 Vgl. Einkommensteuer-Kommission (1995), These 8; ebenso Kirchhof (1998a), S. 68.

321 So Helsper (1995), S. 21 f.

322 Analog § 12 Nr. 1 EStG.

323 Sofern dann eine nähere Grenzziehung erforderlich wäre, könnte diese einer anpassungsfähigeren Rechtsverordnung überlassen werden, die aktuelle Entwicklungen und gruppenspezifische Besonderheiten berücksichtigen könnte. Eine derartige Möglichkeit findet sich bereits im geltenden Einkommensteuergesetz (vgl. § 51 Abs. 1 Nr. 1c EStG), allerdings beschränkt auf die Gewinnermittlung nach § 4 Abs. 3 EStG. Vgl. hierzu auch Kirchhof (2001), S. 915.

324 Helsper (1995), S. 22.

aus abgeleitet sollte in Zweifelsfällen auch zu Lasten der Steuerpflichtigen ein pauschaliertes Abzugsverbot privat mitveranlasster Ausgaben erlassen werden. Dies ist zugleich ein Schritt in die oft zitierte Verbreiterung der Bemessungsgrundlage, die dem Gesetzgeber die Möglichkeit schafft, bei gegebenen Rahmenbedingungen die Steuersätze zu senken.[325]

B.3. Zusammenfassung der theoretischen Anforderungen

- Die geeignete Bezugsgröße für eine Annäherung an die Ziele Entscheidungsneutralität und Gleichmäßigkeit der Besteuerung in einer Wettbewerbsordnung ist der verwirklichte Mittelerwerb. Denn in einer unsicheren Welt genügt es nicht, nur für den heutigen Konsum zu arbeiten. Der nicht konsumierte Teil des Einkommens erhöht vielmehr die finanzielle Unabhängigkeit in der Zukunft und erfüllt damit ein Sicherheitsbedürfnis. Dem trägt ein ausschließlich an der (gegenwärtig) verwirklichten Bedürfnisbefriedigung anknüpfendes Steuerkonzept (Konsumausgabenbesteuerung) keine Rechnung. Als Zielgröße der Besteuerung und Maßstab steuerlicher Leistungsfähigkeit ist deshalb das Einkommen zu wählen.

- Die Ermittlung dieses Einkommens muss einheitlich und rechtssicher erfolgen. Eine rechtssichere Erfassung ermöglicht z.B. eine an Zahlungssalden orientierte Einkommensermittlung (Cash-flow-Besteuerung). Jedoch scheitert diese reine Form der einnahmen-/ausgabenorientierten Ermittlung an den praktischen Erfordernissen eines funktionierenden Steuersystems, weil es mit ihr nicht gelingt, die grundsätzlich sinnvolle Belastung des Lebenseinkommens auf einzelne der Besteuerung zugrunde liegende Perioden zu transformieren. An die Stelle einer vollständigen Saldierung von Investitionsausgaben muss innerhalb einer Abschnittsbesteuerung die Nebenbedingung der Anfangsinventarerhaltung treten. Damit wird jedoch die Rechtssicherheit einer reinen Zahlungsrechnung aufgegeben.

- Wenn mit der Notwendigkeit einer Anfangsinventarerhaltung das systemtragende Prinzip „Einnahmen abzüglich Ausgaben“ durchbrochen wird und somit Grundgedanken eines Vermögensvergleichs Eingang in die Einnahmenüberschussrechnung halten, so ist es m.E. nur konsequent, grundsätzlich auf

[325] Die Steuerpflichtigen werden es leichter ertragen können, dass ihr konkreter Fall nicht bis ins letzte Detail steuerlich differenziert behandelt wird, als dass andere sich ein Stück vom gemeinsamen Kuchen nehmen, worauf sie nach den Regeln gar keinen Anspruch hätten. Vgl. Helsper (1995), S. 22.

einen Vermögensvergleich als Ermittlungsmethode zurückzugreifen. Abweichend von den Zahlungen erfolgt die Einkommensrealisation dann durch Gegenüberstellung von „Erträgen und Aufwendungen".

- Als rechtssicherer Lösungsansatz zur Ermittlung eines Periodeneinkommens bietet sich ein Vermögensvergleich auf der Basis eines erweiterten Realisationsprinzips an. Zur Erfassung und Bewertung der einzeln inventarisierten positiven und negativen Vermögensgegenstände wird auf die historischen Ein- und Auszahlungen zurückgegriffen. Frühere Zahlungen, die einem Vermögensgegenstand einzeln zuzurechnen sind, sind bis zu dessen Abgang erfolgsneutral zu behandeln. Ertrag und Aufwand entstehen grundsätzlich erst beim Abgang eines Vermögensgegenstandes. Abweichend von diesem strengen Realisationsprinzip und der damit korrespondierenden „Endabschreibung" ist eine gleichbleibende (lineare) Verteilung der Anschaffungsausgaben für diejenigen Vermögensgegenstände einzuführen, deren Leistungsbereitschaft über eine Abrechnungsperiode hinausreicht. Dadurch wird gewährleistet, dass die negativen Einflüsse aus zufällig schwankenden Ergebnissen, innerhalb einer Abschnittsbesteuerung bei progressivem Steuertarif, begrenzt werden. Zudem sorgt die vorgezogene Aufwandsverrechnung i.d.R. für einen Finanzierungseffekt. Eine weitere Abweichung vom Realisationsprinzip durch die Einführung eines Grundsatzes der Verlustvorwegnahme ist nicht erforderlich. Es genügt hier die steuerliche Zusatzbedingung des sofortigen Verlustausgleichs bzw. die ersatzweise greifende Regelung eines verzinslichen Verlustrücktrages/-vortrages.

- Nach der Entscheidung für einen Vermögensvergleich auf der Basis eines erweiterten Realisationsprinzips bleibt zu klären, welche Sachverhalte zu einer Veränderung des steuerlich relevanten Reinvermögens führen. Hierzu sind alle der Einkommenserzielung dienenden (erwerbswirtschaftlichen) Tätigkeiten einheitlich zu behandeln, statt diese in einzelne Einkunftsarten zu differenzieren. Entsprechend sind die im erwerbswirtschaftlichen Bereich eingesetzten Vermögensgegenstände und Schulden Bestandteil des steuerlich relevanten Reinvermögens. Zur weiteren Konkretisierung des erwerbswirtschaftlichen Bereiches und zur Abgrenzung der einkommensteuerlich nicht relevanten Tatbestände wird auf die Markteinkommenstheorie zurückgegriffen. Diese ist Orientierungspunkt für eine praxistaugliche Annäherung an einen theoretischen Einkommensbegriff und wird ergänzt um das weitere Tatbestandsmerkmal der nachhaltigen Einnahmenerzielung. Damit kann eine weitgehend objektivierte Abgrenzung der erwerbswirtschaftlichen Sachverhalte von den nicht einkommensteuerrelevanten Vorgängen erfolgen. Für die dennoch verbleibenden Schwierigkeiten der Identifizierung privat (mit-) veranlasster Ausgaben ist eine stärkere und konsequente Typisierung bzw. Pauschalierung unausweichlich.

B.4. Überleitung der theoretischen Anforderungen in ein materielles Steuergesetz und weitere Vorgehensweise

B.4.1. Stufenaufbau

Stellt man sich die Frage, was alles geregelt sein muss, damit ein materielles Steuergesetz inhaltlich vollständig ist, dann ist ein Rückgriff auf den sog. Stufenaufbau des Steuertatbestandes grundsätzlich hilfreich.[326] Danach lassen sich die in verschiedenen Steuergesetzen kodifizierten Steuertatbestände in die Elemente

Steuersubjekt,
Steuergegenstand (-objekt),
Steuermaßstab (-bemessungsgrundlage) und
Steuersatz (-tarif) zerlegen.

Die beiden ersten Stufen dienen der Klärung der Frage, ob ein Steueranspruch dem Grunde nach besteht, während die Merkmale drei und vier dazu dienen, den Steueranspruch der Höhe nach zu bestimmen.[327] Übertragen auf die Einkommensteuer lässt sich das Besteuerungsgebot in seiner einfachsten Form wie folgt formulieren: „Ein Steuersubjekt übt bestimmte Tätigkeiten (Steuerobjekte) aus, die zu finanziellen Ergebnissen (Einkünften) führen, deren Gesamtbetrag – ggf. nach bestimmten Abzügen – die Bemessungsgrundlage (zu versteuerndes Einkommen) ergibt, auf welche der Tarif (Einkommensteuerfunktion beziehungsweise -tabelle) angewendet wird. Dabei sind auf allen Stufen Ausnahmeregelungen (Befreiungen, Ermäßigungen) denkbar. Der ermittelte Steuerbetrag soll dann von dieser Person entrichtet werden.“[328]

Verknüpft man die vorausgegangenen Ausführungen mit den Merkmalen des Stufenaufbaus, lassen sich folgende Thesen aufstellen:

---

[326] Zur Lehre vom Stufenaufbau des Steuertatbestandes, grundlegend Bayer/Müller (1978), S. 1 ff.

[327] Vgl. Bayer/Müller (1978), S. 4.

[328] Bareis (1996), S. 39.

- Steuersubjekt ist grundsätzlich die natürliche Person, denn nur der Einzelne disponiert über seine Tätigkeiten zum Zwecke der Erzielung von Einkommen.[329]

- Steuerobjekt ist jede Tätigkeit zur Erzielung von Einkommen. Dabei ist es für eine gleichmäßige Besteuerung grundlegend, dass alle erwerbswirtschaftlichen Tätigkeiten in gleicher Weise behandelt werden.[330] Doch auch wenn damit bestehende Differenzierungen zwischen Einkunftsarten verhindert werden, bleibt die Schwierigkeit, die steuerrelevanten Handlungen von den nicht steuerrelevanten Tätigkeiten abzugrenzen.[331]

- Steuerbemessungsgrundlage ist das Markteinkommen, das für alle erwerbswirtschaftlichen Tätigkeiten aus den Grundsätzen eines auf dem Realisationsprinzip basierenden Vermögensvergleichs abgeleitet wird.[332]

- Auf die so ermittelte Maßgröße ist der Steuertarif anzuwenden. Dabei wird die Frage des „richtigen" Steuersatzes[333] im Themenkomplex dieser Arbeit nicht eigenständig diskutiert.[334] Vielmehr wird ein mit zunehmendem Einkommen ansteigender Tarifverlauf[335] als gesellschaftspolitisches Datum betrachtet.

Wie noch zu zeigen sein wird, können die vier Elemente auch nach einer Systembereinigung nicht isoliert voneinander betrachtet werden.[336] Eine Analyse muss also stets das Gesamtsystem im Auge behalten. Besonders augenscheinlich wird dies im geltenden Einkommensteuerrecht, wenn beispielsweise an die sich in verschiedenen Einkunftsarten niederschlagenden Betätigungen unterschiedliche Methoden der Ermittlung der Bemessungsgrundlage anknüpfen. Oder wenn je nach Einkunftsart unterschiedliche Freibeträge gewährt werden. Diese sog.

---

329 Vgl. hierzu B.1.2.4.2.

330 Vgl. hierzu B.1.3.3.

331 Vgl. hierzu B.2.4.

332 Vgl. hierzu B.2.3.

333 Schneider (1994), S. 27, bezeichnet Aussagen über einen gerechten Steuersatzverlauf als „Glaubensbekenntnisse".

334 Vgl. hierzu bereits A.3. Bei der ökonomischen Analyse relevanter Steuerrechtsregeln kommt dem Tarifverlauf aber dennoch eine bedeutende Funktion zu, wie bereits die vorausgegangenen Ausführungen gezeigt haben.

335 Dies könnte sowohl der derzeit geltende progressive Tarifverlauf des § 32a EStG als auch die sog. Stufentarife sein. Vgl. hierzu Bareis (1996a), S. 1466 ff.

336 Dies gilt insbesondere für die Frage, ob Tätigkeiten insgesamt dem steuerrelevanten bzw. dem nicht steuerrelevanten Bereich zuzuordnen sind oder ob nicht z.B. erwerbswirtschaftliche Handlungen auch nicht steuerrelevante Elemente enthalten können. Vgl. hierzu die Ausführungen in Teil C und E.4.

Schedulenbesteuerung und dadurch typischerweise hervorgerufene Gestaltungen sollen nun kurz erläutert werden, weil sie für die weitere Vorgehensweise, die auch eine Analyse des geltenden Einkommensteuerrechts beinhaltet, von Bedeutung sind.

B.4.2. Eckpunkte der Schedulenbesteuerung und daraus resultierende Gestaltungen

B.4.2.1. Gesetzliche Ausgangslage

Steuerobjekte bei der Einkommensteuer sind nach bestimmten Tätigkeiten, die mit Einkunftserzielungsabsicht ausgeübt werden, differenziert. § 2 Abs. 1 EStG bildet diese Tätigkeiten in sieben verschiedenen Einkunftsarten ab. Diese Aufzählung dient nun nicht etwa nur dazu, den Einkommensbegriff zu illustrieren,[337] sondern ist Ausgangspunkt eines zerklüfteten Einkunftsartenrechts. Dies beginnt mit der in § 2 Abs. 2 EStG kodifizierten Trennung in Gewinneinkunftsarten, deren Höhe sich nach dem realisierten Reinvermögenszugang richtet, und den Überschusseinkünften, bei denen Vermögenswertänderungen steuerlich nicht berücksichtigt werden. Während nun zumindest innerhalb der Überschusseinkünfte die Ermittlung der Bemessungsgrundlage grundsätzlich einheitlich nach dem Überschuss der Einnahmen über die Werbungskosten erfolgt,[338] wird innerhalb der Gewinneinkunftsarten nochmals differenziert. Zu erwähnen sind hier insbesondere die Betriebsvermögensvergleiche nach den § 4 Abs. 1 EStG und § 5 EStG sowie die Überschussrechnung nach § 4 Abs. 3 EStG.[339]

Als weitere Besonderheit knüpft an die sich in den Einkünften aus Gewerbebetrieb niederschlagenden Tätigkeiten eine Zusatzsteuer an, die Gewerbesteuer.[340] Mit Einfügung des § 35 in das EStG[341] sind die dadurch in der Vergangenheit aufgetretenen Probleme zwar deutlich entschärft.[342] Allerdings wäre einer Ab-

---

[337] Tipke (1987), S. 177, nennt dies den ursprünglichen Gedanken der Enumeration.

[338] § 2 Abs. 2 Nr. 2 EStG.

[339] Daneben existieren noch Besonderheiten für die Einkünfte aus Land- und Forstwirtschaft. Vgl. insbesondere §§ 13 und 13a EStG.

[340] Vgl. §§ 2 Abs. 1 und 7 GewStG.

[341] Erstmals für Wirtschaftsjahre, die nach dem 31.12.2000 beginnen, vgl. § 50 Abs. 50a EStG.

[342] Zur Wirkungsweise des § 35 EStG, vgl. Korezkij (2001), S. 333 ff und S. 389 ff.

schaffung der Gewerbesteuer unter systematischen Gesichtspunkten und im Hinblick auf eine Vereinfachung des Steuerrechts der Vorzug zu geben.[343]

Die Unterschiede bei den einzelnen Einkunftsarten setzen sich fort, indem unterschiedliche Freibeträge und Freigrenzen gewährt,[344] Verlustausgleichsmöglichkeiten eingeschränkt[345] und einzelne Steuervergünstigungen gegeben werden.[346]

B.4.2.2. Typische Gestaltungen zur Nutzung der Schedulenbesteuerung

Wenn der Gesetzgeber für einzelne Tätigkeiten Sonderbestimmungen erlässt, überrascht es wenig, dass die damit verbundenen Differenzierungen von den Steuerpflichtigen durch entsprechende Gestaltungen genutzt werden. Dies soll im Folgenden an vier in der Besteuerungspraxis häufig zu beobachtenden Sachverhalten beispielhaft skizziert werden.

B.4.2.2.1. Reduzierung der Gewerbesteuer[347]

Übt ein Steuerpflichtiger eine gewerbliche Tätigkeit aus, kann er durch die Schaffung vertraglicher Beziehungen Teile der Einkünfte aus Gewerbebetrieb bzw. des daran anknüpfenden Gewerbeertrags an der Gewerbesteuer vorbei auf andere Einkunftsarten verlagern. Zu nennen ist hier z.B. das Ehegattenarbeitsverhältnis, das beim Unternehmerehegatten zu einer Ersparnis der Gewerbesteuer führt und beim Arbeitnehmerehegatten zur Inanspruchnahme des Arbeitnehmer-Pauschbetrages nach § 9a Nr. 1 EStG.[348] Ferner werden insbesondere noch Miet- oder Darlehensverhältnisse mit dem Ehegatten praktiziert, aber auch zahlreiche andere Varianten sind möglich.

---

343 Vgl. Siegel (2001), S. 701 ff; Korezkij (2001), S. 394.

344 Vgl. § 9a, § 13 Abs. 3, § 14a, § 16 Abs. 4, § 17 Abs. 3, § 18 Abs. 3, § 19 Abs. 2, § 20 Abs. 4, § 23 Abs. 3 des Einkommensteuergesetzes.

345 Vgl. § 2 Abs. 3 (bis Veranlagungszeitraum 2003), § 2a, § 2b, § 15 Abs. 4, § 15a, § 22 Nr. 3, § 23 Abs. 3 des Einkommensteuergesetzes.

346 § 3, § 3b, § 34 des Einkommensteuergesetzes.

347 Durch die Einführung des § 35 EStG dürften diese Gestaltungen unter steuerlichen Aspekten (bei Zusammenveranlagung) zukünftig eine untergeordnete Rolle spielen. Sie werden hier trotzdem erwähnt, weil sie eine typische Reaktion auf die einkunftsartenbezogene Sichtweise darstellen und für die Praxis geradezu typisch sind.

348 Durch den gewährten Freibetrag (vgl. B.4.2.2.3.) wird ein zusätzlicher Vorteil erzielt.

B.4.2.2.2. Umgehung einer Vermögensgewinnbesteuerung

Trifft ein Unternehmer die Entscheidung für den Kauf einer Immobilie, die er betrieblich nutzt, gilt diese als Betriebsvermögen. Infolge der Zuordnung zu den Gewinneinkunftsarten würden evtl. Vermögenswertänderungen steuerlich erfasst. Ist mit einer Wertsteigerung der Immobilie zu rechnen, bietet es sich an, dass die Ehefrau die Immobilie erwirbt und gemäß § 21 EStG an den Unternehmer-Ehemann vermietet. Aufgrund der Zuordnung des § 21 EStG zu den Überschusseinkünften bleiben erzielte Vermögensgewinne somit grundsätzlich außerhalb der Besteuerung.[349] Bei einem Rückblick auf die Wertsteigerungen von Immobilien - speziell in guten Lagen - in den letzten fünfzig Jahren waren die dadurch erzielten Steuerwirkungen z.T. mehr als deutlich.[350]

Durch die für Immobilien zwischenzeitlich erfolgte Verlängerung der „Spekulationsabsicht" von zwei auf zehn Jahre[351] wurden diese Besteuerungsunterschiede aufgrund der divergierenden Ermittlungsmethoden zumindest partiell verringert.

B.4.2.2.3. Ausnutzung von Freibeträgen

Ein Unternehmer benötigt eine neue Maschine zum Preis von EUR 54.800. Er und seine Ehefrau verfügen über die entsprechenden Mittel im Privatbereich und könnten diese in den Betrieb einlegen. Statt dessen gewährt die Ehefrau ihrem Unternehmer-Ehemann ein Darlehen in Höhe von EUR 54.800 zu 5%. Die Zinsen von EUR 2.740 kürzen zwar den Gewinn des Ehegatten nach § 15 EStG, sind aber nicht korrespondierend bei § 20 EStG zu versteuern, weil hier für Ehegatten ein sog. Sparerfreibetrag von EUR 2.740 gewährt wird.[352]

---

349 Dabei ist nicht nur an Wertsteigerungen über die Anschaffungs- oder Herstellungskosten zu denken, sondern auch an die nicht erwünschte Rückgängigmachung von Abschreibungen, die in den Vorjahren zu einem Sinken des Buchwertes geführt haben und im Falle der Zugehörigkeit zu einem Betriebsvermögen nachträglich neutralisiert würden.

350 Bsp.: Die Anschaffungskosten betrugen 1950 umgerechnet EUR 100.000. Die Abschreibung von 2% gilt sowohl bei § 21 EStG als auch bei § 15 EStG (unterstellt). Im Jahr 2000 beträgt der Buchwert somit EUR 0. Bei einem realisierten Verkaufspreis von EUR 1 Mio. wäre im Falle der Zugehörigkeit zu § 15 EStG eine Steuer auf den Gewinn von EUR 1 Mio. zu entrichten, während der Vorgang bei einer Zuordnung zu § 21 EStG steuerfrei geblieben wäre.

351 § 23 Abs. 1 Nr. 1 EStG.

352 § 20 Abs. 4 EStG. Mit Wirkung ab dem 1.1.2004 wurde der Sparerfreibetrag von EUR 1.550 bzw. EUR 3.100 auf nunmehr EUR 1.370 bzw. EUR 2.740 gekürzt.

B.4.2.2.4. Verschiebung der Steuerlast in die Zukunft

Aufgrund unterschiedlicher Zeitpunkte der steuerlichen Erfassung von Einnahmen und Ausgaben[353] gegenüber Erträgen und Aufwendungen[354] besteht für Steuerpflichtige die Möglichkeit, Steuerzahlungen in die Zukunft zu verlagern.[355] Neben Differenzierungen zum Zeitpunkt der Verwirklichung des Steuertatbestandes in Abhängigkeit von der Einkunftsart,[356] erzielen gerade diejenigen Gestaltungen steuerliche Vorteile, bei denen keine korrespondierende Behandlung zwischen den betroffenen Einkunftsarten besteht. Als klassisches Beispiel dient hier die Bildung von Pensionsrückstellungen. Dabei steht dem Aufwand (der Betriebsausgabe) beim Unternehmer kein entsprechender Ertrag beim Begünstigten gegenüber, weil dieser erst den Zufluss in der Zukunft als Einnahme zu versteuern hat.[357] Unabhängig von den damit verbundenen Wirkungen bei Fremdarbeitnehmern, eröffnet sich einem „Unternehmer-Ehepaar" so die Möglichkeit, über die Gestaltung eines Arbeitsverhältnisses Steuerzahlungen in die Zukunft zu verlagern. Da eine Einzelperson nur über den Umweg einer Kapitalgesellschaft Arbeitsverträge mit steuerlicher Anerkennung abschließen kann,[358] bleibt dem Unternehmer (bzw. der Unternehmerin) somit der Abschluss eines Arbeitsvertrages mit einer nahestehenden Person, i.d.R. der Ehefrau (bzw. dem Ehemann).

B.4.2.3. Zwischenergebnis

Schon diese wenigen ausgewählten Gestaltungen, die ausschließlich auf Differenzierungen bei der Abgrenzung des Steuerobjektes und der Ermittlung der Steuerbemessungsgrundlage zurückzuführen sind, haben gezeigt, dass selbst oh-

---

353 Vgl. § 11 EStG.

354 §§ 4 Abs. 1, 5 EStG i.V.m. §§ 238 ff, insbes. 252 Abs. 1 Nr. 5 HGB.

355 Eine ausführliche Darstellung der Begriffsunterschiede findet sich bei Wöhe (1987), S. 11 ff.

356 Zu denken wäre hier an die anteilige Erfassung von Zinserträgen bei Zero-Bonds, die unter § 15 EStG fallen, gegenüber der Berücksichtigung erst im Zuflusszeitpunkt, sofern Einkünfte nach § 20 EStG unterstellt werden. Vgl. Schmidt/Heinicke, EStG, § 5 Rz 270 „Finanzprodukte" und § 20 Rz 31.

357 Zur ökonomischen Analyse der damit verbundenen Steuereffekte, vgl. Schneider (1989a), S. 889 ff; Franke/Hax (1989), S. 1881 f; Schneider (1989b), S. 1883 ff.

358 Typisches Beispiel ist die Einmann-GmbH, in welcher der Unternehmer sowohl Gesellschafter als auch Geschäftsführer ist. Vgl. Bareis (1997b), S. 28, S. 32 u. S. 38.

ne eine Problematisierung der Wahl des geeigneten Steuersubjektes,[359] speziell unter Angehörigen[360] Möglichkeiten zur Kürzung von Steuerlasten bestehen. Selbst wenn man nun vom Ideal einer Besteuerung des Individuums abweichen und z.B. eine Zusammenveranlagung von Ehegatten als Veranlagungsform wählen würde,[361] können mit einer Verschiebung von Einkommensbestandteilen zwischen den Eheleuten dennoch Steuereffekte erzielt werden. Ursächlich hierfür sind die unterschiedlichen Einkunftsarten mit ihren divergierenden Ermittlungsmethoden.[362]

B.4.3. Begründung der weiteren Vorgehensweise

Wenn es im Folgenden gilt, die konkreten Wirkungen des vorgestellten Steuerkonzeptes für zentrale Einzelregelungen des zerklüfteten Einkunftsartenrechts de lege lata zu überprüfen, könnte in Anlehnung an den Stufenaufbau des Steuertatbestandes und der zu Beginn des EStG geregelten persönlichen Steuerpflicht mit der Problematisierung des Steuersubjektes begonnen werden. Doch stellt die Frage nach dem Steuersubjekt innerhalb des hier verfolgten Zielsystems kein wirkliches Problem dar, wenn man einem personenbezogenen Unternehmensbegriff folgt.[363] Denn danach trifft das Individuum seine Entscheidungen im Hinblick auf den Einkommenserwerb grundsätzlich selbständig, sei es auch nach Rücksprache mit dem Lebenspartner oder Freunden. Verfolgt eine natürliche Person ihre eigenen finanziellen Ziele, dann muss eine entscheidungsneutrale Besteuerung auch an eben dieser Einzelperson anknüpfen.

Praktische Probleme mit der Umsetzung einer anzustrebenden Individualbesteuerung entstehen jedoch dann, wenn es möglich und ökonomisch sinnvoll ist,[364] Einkommen und die daraus resultierenden Steuerlasten auf mehrere Personen zu verteilen. So kann z.B. ein Arbeitsvertrag zwischen einem Unternehmer und dessen Ehegatten als Arbeitnehmer nicht aufgrund eigenständiger finanzieller Ziele des Ehegatten abgeschlossen werden, sondern lediglich, weil

---

[359] In Betracht kommen die Individualbesteuerung ebenso wie die Zusammenveranlagung von Ehegatten oder der ganzen Familie.

[360] Vgl. § 15 AO.

[361] Eine Verschiebung von Bestandteilen der jeweiligen Bemessungsgrundlagen zur Ausnutzung verschiedener Tarifstufen zwischen den Eheleuten ist somit überflüssig.

[362] Das geltende Einkommensteuerrecht ist insbesondere bei den Tatbestandselementen Steuerobjekt und Steuerbemessungsgrundlage durch nur noch rudimentär vorhandene Systembestandteile gekennzeichnet. Vgl. Bareis (1996), S. 31.

[363] Vgl. hierzu nochmals B.1.2.4.1. und B.1.2.4.2. sowie Schneider (1995), S. 31 und S. 98.

[364] Z.B. aufgrund eines so erreichbaren, geringeren Progressionsniveaus.

dadurch die Steuerlast für das Ehepaar insgesamt geringer ausfällt. Gleiches gilt für Gestaltungsmöglichkeiten, die Einkommensbestandteile auf Kinder übertragen. Denn beim achtjährigen Kommanditisten einer (ertragreichen) Familienpersonengesellschaft wird man im Hinblick auf eine entscheidungsneutrale Besteuerung nicht ernsthaft von eigenständigen finanziellen Zielen sprechen können.

Wie die vorausgegangenen Beispiele gezeigt haben, führen die Gestaltungen letztlich zu einer Beeinflussung der Höhe der Bemessungsgrundlage des einzelnen Steuerpflichtigen. Da hierfür typische Marktkriterien (Leistung und Gegenleistung) i.d.R. bewusst missachtet werden, treten diese steuerlich motivierten Gestaltungen insbesondere unter Angehörigen auf. Insoweit verlagert sich das Problem aber von der Frage „Wer ist Steuersubjekt?“,[365] hin zu den Fragen „Welche steuerlichen Auswirkungen haben bewusste Gestaltungen bei der Bestimmung der Bemessungsgrundlage?“[366] und „Wie können diese gegebenenfalls verhindert oder zumindest eingeschränkt werden?“.

Würde die somit im Mittelpunkt stehende Zurechnung von Einkommen zu einem Steuersubjekt bereits zu Beginn der Untersuchung ansetzen, wäre jedoch eine Vielzahl zusätzlicher Sachverhaltsgestaltungen zu analysieren,[367] wenn nicht die Annahme getroffen wird, ein systematisches Einkommensteuerrecht läge bereits vor. Deshalb erscheint es m.E. folgerichtig, die für diese Annahme erforderlichen Voraussetzungen zuerst zu behandeln. Denn im Anschluss an die gebotene Zusammenfassung aller ewerbswirtschaftlichen Tätigkeiten zu einer Einkunftsart (Systematisierung des Steuerobjektes) und einer Normierung der Einkommensermittlungsmethode (Systematisierung der Steuerbemessungsgrundlage) erübrigen sich die dadurch bedingten Gestaltungen.

Dennoch wäre die Problematik der Zurechnung von Einkünften zu verschiedenen Steuersubjekten damit noch nicht vollständig beseitigt.[368] Ursächlich für mögliche Gestaltungen sind dann aber nicht mehr die Nutzbarmachung unterschiedlicher Einkunftsermittlungstechniken, Freibeträge und andere Ausnahmeregelungen, sondern der verbleibende Kern der Zurechnungsproblematik: Das

---

365 Durch den Abschluss eines Arbeitsvertrages mit ihrem Unternehmer-Ehegatten nach den Kriterien von Leistung und Gegenleistung, wäre die Ehefrau selbstverständlich ein eigenständiges Steuersubjekt im Sinne der Einkommensteuer.

366 Gemeint ist sowohl die rein steuerlich motivierte Entstehung einer eigenen erwerbswirtschaftlichen Tätigkeit als auch die steuerlich motivierten Einflüsse auf die Höhe der Vergütung einer erwerbswirtschaftlichen Tätigkeit.

367 Wie die Gestaltungen unter B.4.2.2. bereits angedeutet haben.

368 Vgl. A.3.

Ausnutzen von Tarifvorteilen.[369] Nur wenn in einem systembereinigten Einkommensteuerrecht ein einheitlicher Steuersatz existieren würde, bestünde keine Notwendigkeit, die Zurechnung von Einkommen aus steuerlichen Gründen zu gestalten.[370]

Für die Übertragung des befürworteten Steuerkonzeptes in ein konkretes Steuergesetz und die hierfür gewählte Auseinandersetzung mit den Kernproblemen des aktuellen Einkommensteuerrechts wird deshalb von einer strikten Befolgung des Vierfragenschemas zum Steuertatbestand abgesehen. Die statt dessen gewählte Rangfolge kann durchaus auch als Dringlichkeit der einzelnen Schritte einer Systembereinigung verstanden werden.

Erst nachdem in den folgenden Kapiteln die theoretischen Anforderungen an ein Steuerrecht bei der Abgrenzung der steuerbaren von den nicht steuerbaren Tätigkeiten, der einheitlichen Bestimmung des Steuerobjektes (= erwerbswirtschaftliche Tätigkeit) sowie der zugehörigen Bemessungsgrundlage (= Markteinkommen) praxistauglich berücksichtigt wurden, werden in Teil F Probleme und Lösungsversuche einer Zurechnung von Einkommen auf verschiedene Steuersubjekte diskutiert. Denn die Analyse einer Zurechnung von Einkommen zu einem Steuersubjekt setzt m.E. zunächst einen einheitlichen Maßstab für die Ermittlung dieses Einkommens voraus. Dies gilt insbesondere deshalb, weil die geschilderte Zurechnungsproblematik in der Besteuerungspraxis ohnehin mit der Frage nach der Ermittlung der Bemessungsgrundlage eng verbunden sein wird.[371]

---

369 Derartige Tarifvorteile lassen sich z.B. über eine sog. Familienpersonengesellschaft realisieren, indem aufgrund der Verteilung der Einkünfte auf mehrere Beteiligte Grundfreibeträge mehrfach genutzt werden und eine Abflachung der Progression erfolgt. Vgl. dazu Bordewin (1996), S. 1359.

370 Sieht man einmal von der Nutzung nicht ausgeschöpfter persönlicher Grundfreibeträge ab.

371 Deutlich wird dies etwa beim sog. Drittvergleich, der im geltenden Einkommensteuerrecht dazu dienen soll, Betriebsausgaben (§ 4 Abs. 4 EStG) bzw. Werbungskosten (§ 9 EStG) von den nicht abzugsfähigen Ausgaben nach § 12 EStG abzugrenzen und somit Einkommensverschiebungen zwischen Nahestehenden verhindern soll. Vgl. hierzu Schmidt/Heinicke, EStG, § 5 Rz 520 „Angehörige“; Bilsdorfer (1998), S. 6925 ff; Spindler (1997), S. 643 ff.

C Von der Trennung einkommensteuerbarer und nicht einkommensteuerbarer Gesamtaktivitäten zur Abgrenzung von Einkommenserzielung und Konsum bei einzelnen Aufwendungen

C.1. Problemstellung

Nachdem im vorausgehenden theoretischen Teil dargelegt wurde, dass ein wirtschaftlich verstandener Einkommensbegriff als geeignete Maßgröße für die Verwirklichung der Leitbilder Entscheidungsneutralität, Gleichmäßigkeit und Einfachheit der Besteuerung angesehen werden kann und daran anknüpfend grundsätzliche Ausführungen zur Ermittlung dieser Maßgröße aufgezeigt wurden, gilt es nun, daraus praktikable Normen für die zahlreichen ökonomischen Sachverhalte abzuleiten. Dabei steht die Eignung des gewählten Steuerkonzepts gleich zu Beginn auf dem Prüfstand, wenn es darum geht, ob die mit einer Betätigung zusammenhängenden Aufwendungen und Erträge unter die gewählte Einkommensdefinition zu subsumieren sind und damit steuerlich wirksam werden oder ob die Vorgänge der privaten Lebensführung zuzuordnen sind.

Wie bereits bei ersten Überlegungen zur Ermittlung des Markteinkommens ausgeführt,[1] liegt die Schwierigkeit darin, eine systematische Trennungslinie zwischen der steuerrelevanten Entstehung des Einkommens und dessen unbeachtlicher konsumtiver Verwendung zu skizzieren. Während bei den vorausgehenden Ausführungen zum Markteinkommen die grundsätzliche Steuerrelevanz durch die Annahme eines erwerbswirtschaftlichen Vorgangs unterstellt und die Problematik der Abzugsfähigkeit von privaten oder privat mitveranlassten Ausgaben in den Mittelpunkt der Betrachtung gestellt wurde, geht es hier zunächst um die Frage, ob die erwerbswirtschaftliche Motivation anhand einer Gesamtaktivität beurteilt werden kann oder ob hier nicht auf die Qualifikation einzelner Aufwendungen abzustellen ist.

Innerhalb des geltenden Steuerrechts wird die „erwerbswirtschaftliche Motivation“ (= Einkunftserzielungsabsicht) anhand der Gesamtaktivität beurteilt. Wird diese verneint, wird der gesamte Vorgang (einschließlich der Einnahmen) steuerlich ignoriert und als „Nullsumme“ behandelt. Anderenfalls bestünde für den Steuerpflichtigen die Möglichkeit, durch Kreation einer vordergründig auf Einkommenserzielung ausgerichteten Betätigung Konsumausgaben steuerlich geltend zu machen. Zu denken wäre hier z.B. an den Versuch, die Ausgaben (An-

---

[1] Vgl. B.2.4.

schaffung, Unterhalt) eines Segelbootes, eines Wohnmobiles oder einer Ferienwohnung durch eine (gelegentliche) Vermietung steuerlich geltend zu machen, indem die daraus i.d.R. zu erwartenden Verluste mit anderen positiven Einkommensbestandteilen verrechnet würden.[2] Bevor nun aber Lösungsversuche für eine mögliche Trennung zwischen Erwerbstätigkeiten, deren Ergebnis sich im Markteinkommen niederschlägt und den einkommensteuerlich unbeachtlichen sog. Liebhabereibetätigungen aufgezeigt werden, soll zunächst der Status Quo der Einkunftserzielungsabsicht im geltenden Einkommensteuerrecht analysiert werden.

C.2. Einkunftserzielungsabsicht oder Liebhaberei – Ein Überblick zur aktuellen Rechtslage

C.2.1. Die wesentlichen Grundsätze

Von grundlegender Bedeutung für die Trennung der einkommensteuerbaren von den steuerlich irrelevanten Tätigkeiten ist der Beschluss des Großen Senats des BFH zum Liebhaberei-Begriff.[3] Ausgehend von der gemäß dem Sachverhalt zu diskutierenden Frage der Gewinnerzielungsabsicht bei Verlustzuweisungsgesellschaften, versuchte der Große Senat ein Tatbestandsmerkmal der Einkünfteerzielungsabsicht zu definieren, das für alle Einkunftsarten Gültigkeit besitzen sollte.[4] Dementsprechend soll die Einkunftserzielungsabsicht im Folgenden als Oberbegriff der Gewinn- bzw. Überschusserzielungsabsicht verwendet werden. Sie hat die Funktion, einkommensteuerrechtlich relevante Tätigkeiten von einkommensteuerrechtlich irrelevanten Betätigungen abzugrenzen.[5]

Ganz im Sinne des Wortes ist die auf Gewinn bzw. Überschuss gerichtete „Absicht“ als subjektives Tatbestandsmerkmal zu werten. Maßgebend wäre demnach der Wille des Steuerpflichtigen. Dieses subjektive Wollen soll nun aber nicht anhand von Erklärungen des Steuerpflichtigen beurteilt werden, sondern aus objektiv vorhandenen und äußerlich erkennbaren Sachverhaltsmerkmalen.[6]

---

2 Ein Überblick über weitere Problemfälle findet sich bei Schmidt, EStG, § 15 Rz 40-41 und Schmidt/Drenseck, EStG, § 21 Rz 10-13.

3 GrS des BFH v. 25.6.1984, BStBl II 1984, S. 751.

4 Vgl. Wissel (1997), S. 146.

5 GrS des BFH v. 25.6.1984, BStBl II 1984, S. 766.

6 Vgl. Weber-Grellet (1998), S. 873. Vgl. hierzu auch BFH v. 21.8.1990, BStBl II 1991, S. 564.

Für die im Beschluss zu diskutierende Frage der Gewinnerzielungsabsicht liefert der Periodengewinn nach Auffassung des Großen Senats ein lediglich abschnittsbezogenes und somit nur begrenzt aussagefähiges Ergebnis. Deshalb soll die Gewinnerzielungsabsicht anhand des (betrieblichen) Totalerfolges beurteilt werden.[7] Darunter ist das Gesamtergebnis von der Gründung bis zur Veräußerung, Aufgabe oder Liquidation des Betriebes zu verstehen.[8] Als Maßgröße dient eine Mehrung des Betriebsvermögens, wobei steuerbare Veräußerungsgewinne einzubeziehen sind.[9]

Der im Sinne der Gewinnerzielungsabsicht geforderte Totalerfolg im betrieblichen Bereich lässt sich als Gleichung wie folgt darstellen:[10]

$$(3.1.)\ TE = TG = \sum_{t=1}^{n} G_t = \sum_{t=1}^{n} SBG_t^{ESt} > 0$$

Wird zur Ermittlung des Periodengewinns ein Vermögensvergleich nach § 4 Abs. 1 oder § 5 EStG durchgeführt gilt:

$$(3.2.)\ TE = TG = \sum_{t=1}^{n} G_t = \sum_{t=1}^{n} V_t - V_{t-1} + VG_n > 0$$

---

7 Während die Begriffe Totalgewinn und Totalüberschuss bereits eine Zuordnung zu den existierenden Einkünfteermittlungsmethoden erkennen lassen, kann der Totalerfolg als übergeordnetes Kriterium verstanden werden. Zur berechtigten Kritik am Totalerfolg im Vergleich zum Kapitalwert als ökonomisch vorzuziehendem Maßstab, vgl. Hundsdoerfer (2002), S. 360 ff.

8 GrS des BFH v. 25.6.1984, BStBl II 1984, S. 765 f.

9 Dies gilt für den Bereich der „Gewinneinkünfte", vgl. BFH v. 18.9.1996, BFH/NV 1997, S. 410.

10 Die Symbole haben folgende Bedeutung:

TE:	Totalerfolg
TG:	Totalgewinn
G_t:	Periodengewinn
SBG_t^{ESt}:	Einkommensteuerbemessungsgrundlage
V_t:	Rein(betriebs-)vermögen
E_t:	(Betriebs-) Einnahme
A_t:	(Betriebs-) Ausgabe
AfA_t:	Absetzung für Abnutzung
VE_n:	Veräußerungserlös
VG_n:	Veräußerungsgewinn
t:	Periodenindex (mit t = 0,..., n)

Im Falle der Gewinnermittlung nach § 4 Abs. 3 EStG gilt dagegen:

$$(3.3.)\ TE = TG = \sum_{t=1}^{n} G_t = \sum_{t=1}^{n} E_t - A_t - AfA_t + VG_n > 0$$

Nun sind die betrieblichen Einkünfte aber nur ein Teil der in § 2 EStG kodifizierten Einkunftsarten. Und da der Liebhabereitest seit dem Beschluss des Großen Senats vom 25.6.1984 unabhängig von den Einkunftsarten zu beachten ist, gilt grundsätzlich auch für die Überschusseinkunftsarten, dass eine steuerlich relevante Betätigung nur dann vorliegt, wenn bezogen auf die Einkunftsquelle ein Überschuss der (steuerpflichtigen) Einnahmen über die (abzugsfähigen) Aufwendungen zu erwarten ist.[11]

Zur Erfüllung der Überschusserzielungsabsicht muss der Steuerpflichtige somit folgende vereinfachte Gleichung erfüllen:[12]

$$(3.4.)\ TE = T\ddot{U} = \sum_{t=1}^{n} \ddot{U}_t = \sum_{t=1}^{n} E_t - A_t - AfA_t > 0$$

Analog zur Prüfung der Gewinnerzielungsabsicht ist nicht auf das Ergebnis eines oder weniger Jahre abzustellen, „sondern auf das positive Gesamtergebnis der voraussichtlichen Vermögensnutzung, wobei allerdings steuerfreie Veräußerungsgewinne nicht in diese Betrachtung einzubeziehen sind.“[13] Als zentraler Unterschied zwischen Gewinnerzielungsabsicht und Überschusserzielungsabsicht erweist sich somit die nur teilweise Berücksichtigung von Veräußerungsgewinnen.

---

11 Vgl. Meyer-Scharenberg (2000), S. 673.

12 Ergänzend zu den bereits genannten Symbolen bedeuten:

TÜ: Totalüberschuss

$\ddot{U}_t$: Überschuss der Einnahmen über die Werbungskosten

13 GrS des BFH v. 25.6.1984, BStBl II 1984, S. 766.

C.2.2. Auswirkungen der geltenden Grundsätze zur Einkunftserzielungsabsicht am Beispiel der Einkünfte aus Vermietung und Verpachtung[14]

C.2.2.1. Der Standardfall

Im Hinblick auf die Besonderheiten bei den Einkünften aus Vermietung und Verpachtung von Immobilien – Werbungskostenüberschüsse zu Beginn der Nutzung und Erzielung einer Rendite erst nach sehr langen Zeiträumen – haben sowohl Finanzrechtsprechung[15] als auch Finanzverwaltung[16] die Einkunftserzielungsabsicht bei dieser Einkunftsart grundsätzlich unterstellt.[17] Dieser Beweis des ersten Anscheins für eine Einkunftserzielungsabsicht wird zunächst dadurch praktisch unangreifbar, dass als Zeitraum für die Bestimmung des Totalgewinns (besser: Totalüberschuss) bis zu 100 Jahre unterstellt werden.[18]

Auch wenn nach dieser Auffassung nur in wenigen Fällen an der Einkunftserzielungsabsicht zu zweifeln ist,[19] wird Liebhaberei bei Einkünften aus Vermietung und Verpachtung jedoch nicht generell ausgeschlossen. Eine andere Qualifizierung ergibt sich dann, wenn besondere Umstände für das Vorliegen von Liebhaberei sprechen. Als Merkmale hierfür werden zum Beispiel die Entscheidung des Steuerpflichtigen gegen eine langfristige Vermietung[20] oder eine besondere Art der Nutzung[21] gesehen. In diesen Ausnahmefällen ist dann eine Prognoserechung zu erstellen, anhand der ersichtlich sein soll, dass sich langfri-

---

14 Zwar besteht bei allen Einkunftsarten die Problematik der Bestimmung der Einkunftserzielungsabsicht. Die zahlreichen Finanzgerichtsentscheidungen zu den Einkünften aus Vermietung und Verpachtung zeigen aber deren besondere Relevanz für die Besteuerungspraxis. Ebenso Hundsdoerfer (2002), S. 375 ff. Entsprechend groß ist auch das Augenmerk der Literatur auf dieses Thema. Stellvertretend Söffing/Fleischmann (1984), S. 2433; Obermaier (1991), S. 1613; Spindler (1996), S. 9597; Voos (1999), S. 877.

15 BFH v. 30.9.1997, DStR 1997, S. 2013.

16 BMF v. 23.7.1992, BStBl I 1992, S. 434.

17 Zur Notwendigkeit einer Totalüberschussprognose im Falle einer verbilligten Wohnungsvermietung (75%-Grenze), vgl. BFH v. 5.11.2002, BStBl II 2003, S. 646; BMF v. 29.7.2003, BStBl I 2003, S. 405.

18 BMF v. 23.7.1992, BStBl I 1992, S. 434.

19 Vgl. z.B. BFH v. 21.10.1980, BStBl II 1981, S. 452, wonach es schwer vorstellbar ist, dass jemand Gebäude oder Räume lediglich aus persönlicher Neigung ohne Überschusserzielungsabsicht an Fremde vermietet.

20 So z.B. bei der Beteiligung an einem Mietkaufmodell, BFH v. 9.2.1993, BStBl II 1993, S. 658 oder bei Vorliegen einer Wiederverkaufsgarantie, BFH v. 14.9.1999, BStBl II 2000, S. 67 sowie BFH v. 9.7.2002, LX-Nr. 813266.

21 Eine denkbare private Veranlassung kann bei einer Ferienwohnung vorliegen. Vgl. hierzu BFH v. 13.8.1996, BStBl II 1997, S. 42.

stig ein (Total-) Überschuss der Einnahmen über die Werbungskosten ergibt.[22] Eine derartige Totalüberschussprognose soll im Folgenden anhand eines einfachen Beispiels analysiert werden.

	t_0	t_1	t_2	t_3	t_4
A_0	- 250.000				
$E_t - A_t$		2.500	2.500	2.500	2.500
AfA_t		5.000	5.000	5.000	5.000
$Ü_t = E_t - A_t - AfA_t$		- 2.500	- 2.500	- 2.500	- 2.500
VE_n					300.000
$Z_t = A_0 + E_t - A_t + VE_n$	- 250.000	2.500	2.500	2.500	302.500
$TÜ = \sum Ü_t$	- 10.000				

Das Beispiel unterstellt eine vierjährige Haltedauer der Immobilie und eine Wertsteigerung, die im Veräußerungserlös in t_4 zum Ausdruck kommt. Des Weiteren wurde ein jährlicher Überschuss der Einzahlungen (Mieteinnahmen) über die Auszahlungen (z.B. Fremdkapitalzinsen, Erhaltungsaufwendungen, Grundsteuer usw.) unterstellt.[23] Die steuerlichen Verluste von jährlich EUR 2.500 sind im Beispiel also lediglich auf die gesetzlich vorgeschriebene Berücksichtigung der Absetzung für Abnutzung nach § 7 Abs. 4 S. 1 Nr. 2a EStG zurückzuführen. Für den Steuerpflichtigen besteht auch keine Wahl, die Abschreibungen nicht anzusetzen. Dies gilt selbst dann, wenn die Immobilie, wie im Beispiel unterstellt, im Wert steigt. Denn die Absetzung für Abnutzung wird in der Besteuerungspraxis nicht wirtschaftlich interpretiert,[24] sondern regelmäßig als technische Abnutzung.[25]

Für die hier im Vordergrund stehende Frage einer Konkretisierung der Einkunftserzielungsabsicht sind zwei Größen des Beispiels von zentraler Bedeutung: die Summe der Zahlungsüberschüsse (Z_t) und die Summe der Periodenüberschüsse der Einnahmen über die Werbungskosten ($Ü_t$).

---

22 Vgl. Voos (1999), S. 879.

23 Infolge des typischerweise hohen Fremdfinanzierungsanteils bei der Immobilienvermietung und den daraus resultierenden Schuldzinsen wäre auch ein schon hier vorhandener negativer Zahlungsüberschuss als realistisch zu betrachten. Bei einer Jahresmiete von EUR 12.000 (z.B. 133 qm x 7,50 EUR/qm monatlicher Miete) und einem Fremdfinanzierungsvolumen von EUR 200.000 wäre dies bereits bei einem Zinssatz von größer 6% auch ohne sonstige Aufwendungen der Fall.

24 Vgl. B.2.3.4.1.

25 BFH v. 19.11.1997, DStR 1998, S. 199; BMF v. 15.6.1999, DStR 1999, S. 1427.

Im Einklang mit der (Un-) Systematik des geltenden Einkommensteuerrechts behält die Rechtsprechung bei der Bestimmung der Einkunftserzielungsabsicht die Zweiteilung des Gesetzes in Gewinn- und Überschusseinkünfte bei.[26] Für den Nachweis der Überschusserzielungsabsicht bei den Einkünften aus Vermietung und Verpachtung bedeutet dies, dass steuerfreie Veräußerungsgewinne nicht in die Berechnung einer Totalüberschussprognose einzubeziehen sind.[27] Wertsteigerungen in der Vermögenssubstanz bleiben damit ausgeklammert.

Die Totalüberschussprognose des Beispiels führt zu einem negativen Wert (TÜ = EUR -10.000) und damit zur Annahme fehlender Einkunftserzielungsabsicht, m.a.W. zur Liebhaberei. Dieses Ergebnis überrascht insoweit, als die hier gezeigte Immobilieninvestition infolge der unterstellten Wertsteigerung offensichtlich durch eine finanzielle Vorteilhaftigkeit gekennzeichnet ist. Anknüpfend an die Ausführungen zur Entscheidungsneutralität der Besteuerung[28] lässt sich diese Vorteilhaftigkeit der Investition anhand des Entscheidungskriteriums Kapitalwert messen. Bei den vorhandenen Zahlungsüberschüssen (Z_t) und einem unterstellten Kalkulationszins von 5%[29] ergibt sich ein positiver Kapitalwert von EUR 5.676. Somit kommen wir zu dem absurden Ergebnis, dass selbst bei der Annahme sicherer Erwartungen[30] und der im Beispiel somit zweifelsfrei vorhandenen „Absicht“[31], ökonomische Überschüsse zu erzielen, die Einkunftserzielungsabsicht verneint wird.

Nun ist die Grundhaltung der Rechtsprechung, steuerfreie Veräußerungsgewinne bei der Bestimmung der Überschusserzielungsabsicht nicht zu berücksichtigen, basierend auf der gegenwärtigen Gesetzeslage nachvollziehbar. Ansonsten wür-

---

26 § 2 Abs. 2 EStG.

27 GrS des BFH v. 25.6.1984, BStBl II 1984, S. 766; BFH v. 30.9.1997, DStR 1997, S. 2014.

28 Das Entscheidungsverhalten eines rational handelnden Steuerpflichtigen sollte der theoretische Ausgangspunkt für die Abbildung ökonomischer Sachverhalte in steuerliche Rechtsnormen sein. Hierbei dient der Kapitalwert als Entscheidungskriterium. Dabei darf der Kapitalwert nicht mit dem Begriff des Totalerfolgs verwechselt werden. Denn der Kapitalwert zeigt nur die relative Vorteilhaftigkeit einer Investition im Vergleich zu einer Alternativanlage. Diese Alternativanlage wird aber ihrerseits einen positiven Totalerfolg aufweisen, weil deren Verzinsung gem. den Ausführungen zur Bestimmung des Einkommens ebenfalls als Einkommensbestandteil zu berücksichtigen ist.

29 $i = 0{,}05$; Steuern finden keine Berücksichtigung.

30 Aus besteuerungspraktischer Sicht wäre eine Annäherung an diese sicheren Erwartungen durch eine Wiederverkaufsgarantie (eines bonitätsmäßig zweifelsfreien Käufers) denkbar.

31 Obwohl immer wieder die „Absicht“ als subjektives Tatbestandsmerkmal oder innere Tatsache hervorgehoben wird, zieht die Praxis der Rechtsprechung entgegen dem Sinn des Wortes naturgemäß objektiv vorhandene und äußerlich erkennbare Merkmale zur Beurteilung heran. Vgl. hierzu GrS des BFH v. 25.6.1984, BStBl II 1984, S. 766; Weber-Grellet (1998), S. 873; Seeger (1993), S. 37.

de im vorliegenden Beispiel die Einkunftserzielungsabsicht bejaht, womit der Steuerpflichtige die Möglichkeit hätte, den steuerlichen Verlust (EUR 10.000) mit anderen Einkünften zu verrechnen. Zu dem eigentlich korrespondierenden Ansatz des Veräußerungsgewinns[32] käme es dagegen nicht, weil bei den Überschusseinkunftsarten des § 2 Abs. 2 Nr. 2 EStG Wertsteigerungen der Vermögenssubstanz steuerlich grundsätzlich unbeachtlich bleiben. Damit könnte man die Urteile des BFH bei den hier getroffenen Annahmen als „kleineres Übel" bezeichnen. Denn es wäre nach den in Teil B dieser Arbeit bemühten Besteuerungsprinzipien immer noch besser ein steuerliches Ergebnis von Null (= Liebhaberei) zu unterstellen, als aus einem ökonomischen Vorteil einen steuerlichen Verlust zu generieren.

Dies ändert jedoch nichts an der Tatsache, dass die Überschuss- bzw. Gewinnerzielungsabsicht als subjektives Tatbestandsmerkmal offensichtlich ein wenig taugliches Kriterium ist.[33] Warum sonst würde die Rechtsprechung letztlich auf die steuerlich kodifizierten Ergebnisse abstellen.[34] Die vom Großen Senat geforderte Prognose der Ertragsentwicklung verwandelt sich so zu einer Rückschau.[35] Nun mag man zwar bedauern, dass es in der Besteuerungspraxis zu Schwierigkeiten bei der Umsetzung des subjektiven Tatbestandmerkmals Einkunftserzielungsabsicht kommt. Nach den bereits zuvor gemachten Ausführungen zur Notwendigkeit objektiver Kriterien im Steuerrecht braucht eine Umsetzung derartiger subjektiver Kriterien in steuerliche Normen m.E. aber nicht ernstlich diskutiert werden. Die Kritik richtet sich deshalb gegen das „fast schon verzweifelte" formale Festhalten am subjektiven Tatbestandsmerkmal oder (noch besser:) an der inneren Tatsache.[36]

Bedenklich erscheint dagegen, dass infolge der Zweiteilung des Einkünftebegriffs gem. § 2 Abs. 2 EStG auch die Beurteilung der Einkunftserzielungsabsicht z.T. zu unterschiedlichen Ergebnissen gelangen muss, je nach dem ob es sich nun um Gewinn- oder Überschusseinkünfte handelt. Damit können sich für gleiche wirtschaftliche Tätigkeiten unterschiedliche Maßstäbe für die Totalgewinn-

---

32 A_0 (- 250.000) + $\sum AfA_t$ (20.000) + VE_n (300.000) = EUR 70.000.

33 Vgl. Seeger (1993), S. 38 ff; Wissel (1997), S. 197.

34 So etwa GrS des BFH v. 25.6.1984, BStBl II 1984, S. 767, wonach die Verhältnisse eines bereits abgelaufenen Zeitraums wichtige Anhaltspunkte für eine in die Zukunft gerichtete langfristige Beurteilung ermöglichen. Vgl. hierzu die Kritik von Seeger (1993), S. 45 ff.

35 Vgl. Seeger (1993), S. 48.

36 Seeger (1993), S. 50, plädiert dementsprechend für eine Streichung des Tatbestandsmerkmals Gewinnerzielungsabsicht. Vgl. hierzu auch Vinzenz (1993), S. 551 ff. Weber-Grellet (1992), S. 561 ff, befürwortet dagegen eine subjektive Betrachtungsweise und kommt durch den Einbezug objektiver Merkmale zur wohlklingenden Formulierung der „objektivierten subjektiven Auffassung".

prognose ergeben. Ein Umstand, der mit einer gleichmäßigen Besteuerung nicht zu vereinbaren ist.[37]

Typische Beispiele für eine unterschiedliche Artzurechnung gleicher wirtschaftlicher Sachverhalte finden sich speziell bei der Abgrenzung der Einkünfte aus Vermietung und Verpachtung von den Einkünften aus Gewerbebetrieb.[38] Würde die Gebäudeinvestition des vorausgegangenen Zahlenbeispiels als gewerblich qualifiziert,[39] führt die erforderliche Totalgewinnprognose zur Bejahung der Einkunftserzielungsabsicht. Denn infolge der Zuordnung zu den Gewinneinkunftsarten wäre „plötzlich" auch der Veräußerungsgewinn aus dem Grundstücksverkauf zu berücksichtigen. Die Totalgewinnprognose hätte somit folgendes Bild:[40]

	t_0	t_1	t_2	t_3	t_4
A_0	- 250.000				
$E_t - A_t$		2.500	2.500	2.500	2.500
AfA_t		5.000	5.000	5.000	5.000
VE_n					300.000
$VG_n = A_0 + \sum AfA_t + VE_n$					70.000
$G_t = E_t - A_t - AfA_t + VG_n$		- 2.500	- 2.500	- 2.500	67.500
$Z_t = A_0 + E_t - A_t + VE_n$	- 250.000	2.500	2.500	2.500	302.500
$TG = \sum G_t$	60.000				

Damit ergibt sich also nur aus der unterschiedlichen steuerlichen Qualifizierung gleicher wirtschaftlicher Sachverhalte im einen Fall eine Steuerpflicht,[41] im anderen Fall eine nicht der Steuer unterliegende Tätigkeit.

Neben dem Verstoß gegen die Gleichmäßigkeit der Besteuerung hat diese unterschiedliche Behandlung natürlich auch Einfluss auf das Entscheidungsverhalten der Steuerpflichtigen. Für den Fall der „gewerblichen Vermietung" würde sich die finanzielle Vorteilhaftigkeit der Immobilieninvestition um die Steuerzahlung

---

37 Zutreffend Seeger (1993), S. 44.

38 Vgl. § 21 Abs. 3 EStG.

39 In Betracht kämen hier insbesondere die Fälle des gewerblichen Grundstückshandels, der Betriebsaufspaltung oder der gewerblich geprägten Gesellschaft.

40 Abweichend von der Summe der $Ü_t$ ist in der Periode t_4 auch der Veräußerungsgewinn zu berücksichtigen, vgl. FN 32. Zur besseren Vergleichbarkeit soll von einem Vermögensvergleich abgesehen werden und die Gewinnermittlung nach § 4 Abs. 3 EStG erfolgen.

41 Bei einem einheitlichen Steuersatz von z.B. 40% wären Steuern von EUR 24.000 zu zahlen.

von insgesamt EUR 24.000 (ohne Berücksichtigung von Zinsen) reduzieren.[42] Steuerpflichtige mit „gewerblicher Vermietung“ sollten somit, zumindest bei erwarteten Veräußerungsgewinnen, eine Qualifizierung als nicht gewerblich anstreben.[43] Die dadurch erforderlichen Abgrenzungen[44] tragen zudem erheblich zur Komplizierung des Steuerrechts bei und wirken einer Verwirklichung der Zielgröße Einfachheit der Besteuerung entgegen.

Im Vergleich zur häufig isolierten Diskussion einzelner Teilbereiche des Steuerrechts soll das Beispiel verdeutlichen, dass vor der Festlegung der Kriterien zur Beurteilung der Einkunftserzielungsabsicht die Ermittlung der Einkünfte zu vereinheitlichen ist. Andernfalls sind zwar für sich betrachtet einzelne Regelungen logisch konsistent,[45] beim „Blick über den Tellerrand“ kommt es dann aber zu Verstößen gegen die angestrebten Besteuerungsprinzipien. Folglich sollte der Gesetzgeber ein einheitliches System zur Ermittlung der Steuerbemessungsgrundlage schaffen, zu deren elementaren Bestandteilen selbstverständlich auch Veräußerungserlöse zu rechnen sind.

---

42 Davon zu unterscheiden ist der Umstand, dass der Kapitalwert nach Steuern auch bei Geltung der Gewinnermittlungsvorschriften noch positiv ist.

	t_0	t_1	t_2	t_3	t_4
$Z_t = A_0 + E_t - A_t + VE_n$	- 250.000	2.500	2.500	2.500	302.500
$G_t = E_t - A_t - AfA_t + VG_n$		- 2.500	- 2.500	- 2.500	67.500
S_t (40%)		- 1.000	- 1.000	- 1.000	27.000
$Z_t - S_t$	- 250.000	3.500	3.500	3.500	275.500
K (mit i_s = 0,03)	4.678				

Dies liegt daran, dass im Kapitalwertmodell ein Vergleich mit einer „Alternativanlage“ erfolgt, bei der nunmehr auch eine regelmäßige Besteuerung unterstellt wird. Würde dagegen der KZF zum Vergleich mit dem Fall des Liebhabereibeispiels vor Steuern gewählt (i = 0,05), würde der Kapitalwert negativ (EUR -13.814). Dieser unterscheidet sich vom Kapitalwert des Liebhabereibeispiels (EUR + 5.676) um die mit i abgezinsten Steuerzahlungen (EUR 19.490).

43 Ist diese „Umqualifizierung“ aus Sicht des Steuerpflichtigen wenig bzw. nicht erfolgsversprechend, wird er bei rationalem Verhalten auf eine weniger vorteilhafte, aber dafür von steuerlichen Belastungen befreite Anlage ausweichen, was unter Allokationsaspekten bedenklich ist.

44 Vgl. Nickel (1998), S. 166 ff.

45 Etwa die Nichtberücksichtigung von Veräußerungsgewinnen bei Überschusseinkünften („Rechtsprechung als kleineres Übel“).

C.2.2.2. Änderungen durch die Ausweitung von „Spekulationsgeschäften"

Ein erster kleiner, wenn auch unbewusster Schritt in Richtung einheitliche Ermittlung der Steuerbemessungsgrundlage wurde für die Einkünfte aus Vermietung und Verpachtung durch die mit dem sog. Steuersenkungsgesetz verwirklichte Verlängerung der „Spekulationsfrist" gem. § 23 Nr. 1 EStG auf zehn Jahre gemacht.[46] Man könnte demnach davon ausgehen, dass wenigstens innerhalb dieses begrenzten Zeitraums Einigkeit über die bei einer Totalergebnisprognose zu berücksichtigenden Bestandteile zu erzielen wäre.[47] Denn wenn der Veräußerungsvorgang gem. § 23 Abs. 1 Nr. 1 EStG i.V.m. § 22 Nr. 2 EStG als steuerpflichtiger Vorgang behandelt wird, sollten eigentlich keine Zweifel daran bestehen, dass eine solche steuerbare Vermögensmehrung auch bei der Ermittlung des Totalerfolgs zu berücksichtigen ist.[48]

Losgelöst von dieser, im Rahmen des geltenden Rechts ökonomisch sinnvollen Sichtweise, versucht die Finanzverwaltung aber eine einkunftsartenbezogene Lösung.[49] Befürworter dieser Interpretation kommen zu dem Ergebnis, dass sich § 21 EStG und § 23 EStG wechselseitig ausschließen und ein innerer Zusammenhang nicht gegeben sei. Entsprechend wäre jede Einkunftsart für sich getrennt zu betrachten.[50] Für das gewählte Beispiel ergäbe sich damit folgende erstaunliche Konsequenz: Gem. § 23 EStG hätte der Steuerpflichtige einen Spekulationsgewinn (besser: eine Vermögensmehrung) von EUR 70.000 zu versteuern.[51] Eine entsprechende Gegenrechnung der Verluste aus § 21 EStG in Höhe von EUR 10.000[52] erfolgt jedoch nicht, da die isolierte Betrachtung dieser Einkunftsart zur Annahme der Liebhaberei zwingt.

Damit liegen bereits drei verschiedene steuerliche Interpretationen eines wirtschaftlich einheitlichen Vorgangs vor. Wird die Immobilieninvestition dem Pri-

46 Gesetz vom 24.3.1999, BGBl I, S. 402. Zur Umsetzung einer später im Entwurf zum Steuervergünstigungsabbaugesetz beabsichtigten pauschalen Besteuerung von Veräußerungsvorgängen im Privatvermögen kam es dagegen vorerst nicht.

47 Womit jedoch nicht allzu viel gewonnen wäre, wenn wie bisher die unterschiedlichsten Zeiträume für die Beurteilung der Einkunftserzielungsabsicht im Bereich der Einkünfte aus Vermietung und Verpachtung herangezogen werden, aber alle Varianten über 10 Jahre liegen. Vgl. hierzu die genannten Beispiele in FG Niedersachsen v. 27.2.1997, EFG 1997, S. 962.

48 Vgl. Voos (1999), S. 878; Schmidt/Drenseck, EStG, § 21 Rz 10.

49 OFD Frankfurt v. 17.5.2000, DB 2000, S. 1641; OFD Rostock v. 2.5.2000, DStR 2000, S. 927.

50 So etwa Stein (2001), S. 11771 f.

51 A_0 (250.000) - AfA (20.000) + VG_n (300.000).

52 $\sum Ü_t$.

vatbereich zugeordnet und fällt der Veräußerungsgewinn nicht in die Steuerpflicht, wird der gesamte Vorgang nicht erfasst.[53] Bei der zuvor dargestellten fiskalischen Variante der Vermietung im Privatbereich wird das negative Ergebnis aus der laufenden Vermietung steuerlich nicht beachtet, um dann einseitig den Veräußerungsgewinn als Spekulationsgewinn zu besteuern. Diese schon mit dem „gesunden Menschenverstand" nicht nachvollziehbare Ansicht kann m.E. auch nicht durch die im (Un-) System des EStG angelegte, unterschiedliche Beurteilung der einzelnen Einkunftsarten gerechtfertigt werden.[54] Schließlich bleibt noch die Variante, bei der sämtliche Vermögensänderungen Berücksichtigung im steuerlichen Ergebnis finden. Diese Lösung wird zum einen im Fall der gewerblichen Vermietung und der dadurch bedingten Ergebnisermittlung in Form eines Betriebsvermögensvergleichs erreicht. Zum anderen gelangt man auch bei einer Immobilienvermietung im Privatvermögen letztlich zu diesem Ergebnis, wenn die Veräußerung innerhalb der Spekulationsfrist von zehn Jahren erfolgt und die Einkunftsarten der § 21 EStG und § 23 EStG i.V.m. § 22 Nr. 2 EStG zur Beurteilung der Einkunftserzielungsabsicht als zusammengehörend betrachtet werden.[55]

Die Erläuterung der gegebenen Beurteilungsvielfalt zum Thema Einkunftserzielungsabsicht am Beispiel der Vermietung und Verpachtung ließe sich noch beliebig fortsetzen. Zu denken wäre hier insbesondere an die Frage, ob Sonderabschreibungen in eine Prognoserechnung einzubeziehen sind. Da die Diskussion hierzu wiederum zeigt, dass es gerade der Finanzverwaltung tatsächlich nicht um die „Absicht erwerbswirtschaftliche Einkünfte erzielen zu wollen" geht,

---

53 Für das Beispiel im Bereich „Privatvermögen" existierte diese Regelung bis zur Verlängerung der Spekulationsfrist (vormals ab dem dritten Jahr). Ansonsten gilt diese Interpretation bei Überschreiten der neuen Grenze nach 10 Jahren.

54 So zitiert Stein (2001), S. 11772, zur Rechtfertigung seiner Sichtweise einen Aufsatz von Hellwig (1984), S. 325 ff, aus einer Zeit, in der die Bezeichnung Spekulationsgewinn bei einer Immobilie infolge der kürzeren Frist noch gerechtfertigt war. Bei den heutigen dynamischen Veränderungsprozessen dürfte die Ausweitung der Frist auf 10 Jahre unter dem Deckmantel der Spekulationsabsicht aber eher als erster zaghafter Versuch des Gesetzgebers zu einer partiellen Veräußerungsgewinnbesteuerung im Privatbereich zu interpretieren sein. Im Übrigen ist darauf hinzuweisen, dass die Befürworter dieser fiskalischen Sicht klarstellen sollten, dass in diesem Falle eine Kürzung der Anschaffung- oder Herstellungskosten gem. § 23 Abs. 3 S. 4 EStG nicht erfolgen darf. Oder will man etwa die Abschreibungen bei § 21 EStG durch die Qualifizierung als Liebhaberei neutralisieren, um den entsprechenden Betrag an anderer Stelle dennoch der Steuer zu unterwerfen?

55 Diese grundsätzliche Gleichbehandlung zwischen gewerblicher Vermietung und Vermietung im Privatbereich mit Veräußerung innerhalb der Spekulationsfrist, gilt im Falle eines Veräußerungsverlustes aber nur eingeschränkt, weil dieser gem. § 23 Abs. 3 S. 8 u. 9 EStG nur begrenzt verrechnet werden darf.

sondern um die steuertechnisch verwirklichten einkunftsartenabhängigen Ergebnisse, soll an dieser Stelle ein Hinweis auf diese weitere Problematik genügen.[56]

C.2.3. Fazit zur geltenden Rechtslage und notwendige gesetzliche Änderungen

Die vorstehenden Ausführungen sollten verdeutlichen, dass die durch die Rechtsprechung subjektiv interpretierte Einkunftserzielungsabsicht für die Besteuerungspraxis keine brauchbaren Anhaltspunkte liefert. Den Zustand charakterisiert treffend das Fazit eines Finanzrichters zu den Inflationstendenzen bei der Liebhaberei:[57] „Der Verfasser dieser Zeilen befasst sich richterlich seit nunmehr gut sechzehn Jahren u.a. mit der „Liebhaberei" und hat in dieser Zeit schon so manche Obersätze des BFH aneinander gereiht, ohne durch diese in die Lage versetzt worden zu sein, systematisch subsumieren zu können. Die theoretischen Ansätze der Rechtsprechung führten dabei den Rechtsanwender oft im Kreise herum. Als Ausweg blieb stets nur die intensive Aufklärung des Sachverhalts im Einzelfall. Die von der BFH-Rechtsprechung geforderte betriebswirtschaftliche Analyse der Verlustursachen und der weiteren Erfolgschancen verursachte häufig ein Verarbeiten der vollständigen Unterlagen des streitbefangenen Betriebes. Eine Ansammlung von Kisten mit Ordnern und Belegen im Dienstzimmer des Berichterstatters war die Folge. In der mündlichen Verhandlung bot sich abschließend die Gelegenheit, nach den Motiven des erfolglosen Betriebsinhabers zu forschen. Im Ergebnis vermochte man so zu einem Urteil zu kommen, bei dem man wenigstens den Eindruck gewinnen konnte, dem Einzelfall gerecht geworden zu sein. Sehr sehr selten hat sich ein Finanzamt im Zuständigkeitsbereich des Verfassers dieser Mühe in einem Liebhaberei-Fall unterzogen. Die Wertungen waren dort immer vom Ergebnis geprägt: wer tatsächlich Verluste macht, kann keine Gewinnerzielungsabsicht gehabt haben."

Nun wäre es durchaus möglich, dass die Rechtsprechung bereits de lege lata zur Beurteilung der Einkunftserzielungsabsicht nicht mehr auf das nach steuerrechtlichen Vorschriften ermittelte Ergebnis abstellt, sondern in die Beurteilung alle

---

56 Während gem. BFH v. 30.9.1997, DStR 1997, S. 2015 und der überwiegenden Literaturmeinung (vgl. Schwarz (1991), S. 402; Pezzer (1995), S. 1856; Voos (1999), S. 883) negative Einkünfte aus steuerlichen Subventions- und Lenkungsnormen bei der Totalüberschussprognose außer Ansatz zu lassen sind, geht die Finanzverwaltung (vgl. BMF v. 4.11.1998, BStBl I 1998, S. 1444) von einer Einbeziehungspflicht dieser Abschreibungen aus. Zur Rechtfertigung dieser Sichtweise vgl. wiederum Stein (1999), S. 454 ff. Diese Problematik würde bei einer allgemeinen Veräußerungsgewinnbesteuerung keine Rolle spielen.

57 Honisch (2000), S. 546.

wirtschaftlichen Vorteile einbezieht, gleichgültig ob diese Größen der Besteuerung unterliegen oder nicht.[58] Die praktizierte Vorgehensweise ist ohnehin rechtssystematisch bedenklich. Stellt man bei der Frage nach dem Steuergrundtatbestand auf die daran anknüpfenden Ermittlungsvorschriften ab, unterliegt man einem Zirkelschluss. Bei der Frage, ob die steuerlichen Ermittlungsvorschriften anwendbar sind, greift man auf eben diese zurück. Damit wird die Rechtsfolge zu ihrer eigenen Voraussetzung.[59]

M.E. wäre mit dieser ökonomisch grundsätzlich vorzuziehenden Sichtweise für die hier angestrebten Besteuerungsprinzipien jedoch nichts gewonnen. Denn es kann im Sinne einer Gleichmäßigkeit bzw. Entscheidungsneutralität der Besteuerung nicht sein, dass bei der Frage, ob eine steuerpflichtige Tätigkeit vorliegt, alle wirtschaftlichen Vor- und Nachteile berücksichtigt werden, während bei der Festsetzung der konkreten Steuerlast Teile hiervon ausgeklammert bleiben. Als notwendige Voraussetzung für die Systematisierung der Liebhabereiproblematik ist deshalb zunächst die Zweiteilung des Gesetzes in Gewinn- und Überschusseinkünfte zu beseitigen, so dass in Analogie zu den Ausführungen über die Festlegung eines wirtschaftlich verstandenen Einkommensbegriffs, realisierte Vermögensänderungen und damit auch Veräußerungsgewinne und -verluste in die Betrachtung einzubeziehen sind. Denn diese erhöhen bzw. verringern zweifelsfrei das Reinvermögen einer Periode.[60] Die einheitliche Ermittlung der Einkommensteuerbemessungsgrundlage für alle steuerbaren (erwerbswirtschaftlichen) Tätigkeiten ist im Hinblick auf praxisgerechte Lösungsansätze insoweit von grundlegender Bedeutung, als unter dem Gesichtspunkt der gebotenen Objektivität steuerrechtlicher Regelungen gerade auf verwirklichte Ergebnisse zurückzugreifen sein wird.

---

58 So etwa Seeger (1993), S. 43 f.

59 Vgl. Wissel (1997), S. 170.

60 Das Problem unvollständiger Bemessungsgrundlagen besteht dann nicht mehr, gerade weil sich die steuerliche Bemessungsgrundlage an die Einkommensziele des Steuerpflichtigen annähert. Vgl. hierzu Hundsdoerfer (2002), S. 392.

C.3. Theoretische Vorgaben für eine Lösung der Liebhabereiproblematik

C.3.1. Ökonomische Grundlagen

C.3.1.1. Annahme sicherer Erwartungen

Rational handelnde Steuerpflichtige werden bei unterstellter finanzieller Zielsetzung nur dann eine Aktivität aufnehmen, wenn diese finanziell vorteilhaft ist. Unter der Annahme sicherer Erwartungen bedeutet dies, dass eine Investition nur dann getätigt wird, wenn sie einen positiven Kapitalwert verspricht. Da in diesem Modellfall auch die Finanzverwaltung über eine vollkommene Voraussicht verfügt, wird sie die Investition genauso beurteilen wie der Steuerpflichtige selbst. Das einkommensteuerliche Problem der Liebhaberei existiert in diesem Kontext nicht, denn der rational handelnde Steuerpflichtige wird keine Investition verwirklichen, die einen negativen Kapitalwert aufweist.[61]

C.3.1.2. Annahme unsicherer Erwartungen

Ergänzt man den Modellfall um die in der Realität nun einmal vorhandene Unsicherheit über zukünftige Entwicklungen, geht man aber weiterhin vom rational handelnden Steuerpflichtigen aus, der ausschließlich finanzielle Ziele verfolgt, ändert sich an der grundsätzlichen Irrelevanz des Liebhabereiproblems nichts. Zwar besteht für den Investor nun die Schwierigkeit, mögliche negative Entwicklungen im Entscheidungsmodell zu berücksichtigen. Doch als homo oeconomicus wird er denkbare Verluste mit subjektiven Wahrscheinlichkeiten gewichten, seine Risikoaversion bzw. Risikofreudigkeit entsprechend quantifizieren und nur bei positiven Nutzenerwartungswerten aktiv werden.[62]

Treten dann entgegen den Erwartungen dennoch Verluste auf, sind diese steuerlich zwingend zu berücksichtigen. Da der rational handelnde Steuerpflichtige (positive) finanzielle Ziele anstrebt, sind die durch sein Engagement entstehenden Ausgaben bzw. Aufwendungen erwerbswirtschaftlich veranlasst. Wenn anknüpfend an die Ausführungen zur Markteinkommensbesteuerung[63] erwerbs-

---

[61] Vgl. Wissel (1997), S. 94.
[62] Vgl. Wissel (1997), S. 94.
[63] Vgl. B.2.4.

wirtschaftliche Ausgaben bei einer Einkommensteuer stets abziehbar sein müssen,[64] dann muss dies auch gelten, wenn die Ausgaben aufgrund nicht vorhersehbarer Marktentwicklungen über den Einnahmen liegen. Dies ergibt sich schon daraus, dass ein gerechtes Steuersystem grundsätzlich das Lebenseinkommen erfassen sollte und hier ist es eben durchaus möglich, dass ein Steuerpflichtiger sich in einem Bereich selbständig macht, in dem er letztlich nur Verluste erzielt, um dann (mit den gemachten Erfahrungen) in einem anderen Tätigkeitsbereich hohe Gewinne zu erwirtschaften.[65]

C.3.1.3. Ökonomische Begründung einer steuerlichen Anerkennung von Verlusten

In den in Teil B dargestellten Anforderungen an ein Steuersystem wurde bereits auf die Bedeutung einer Verlustverrechnung hingewiesen.[66] Während dort jedoch die Funktion einer objektivierten,[67] periodenübergreifenden Ermittlung der maßgeblichen Bemessungsgrundlage im Mittelpunkt stand,[68] soll hier die Notwendigkeit einer steuerlichen Berücksichtigung von (Gesamt-) Verlusten im Kontext einer Wettbewerbsordnung erläutert werden.

Die Unsicherheit über zukünftige Umweltbedingungen bringt es mit sich, dass eine Betätigung zur Erzielung von Einkommen grundsätzlich mit einem Verlustrisiko behaftet ist. Dieses Verlustrisiko variiert allerdings sehr stark in Abhängigkeit von der jeweiligen Investition. So mag der Kauf einer Maschine zur Produktion von Kunststoffteilen aufgrund zurückliegender Erfahrungswerte zwar eine höhere finanzielle Vorteilhaftigkeit versprechen, das damit verbundene Verlustrisiko infolge von Änderungen der Absatzmengen oder des Rück-

---

64 Vgl. Bareis (1997a), S. 216.

65 Dazu folgendes Bsp.: Unternehmer A erleidet mit der Produktion von Kunststoffteilen im Zeitraum von 1991-1995 Verluste von insgesamt EUR 1 Mio. Daraufhin beendet er dieses Engagement und berät von 1996-2000 Kunststoff produzierende Firmen. Der Gesamtgewinn aus dieser Zeit beträgt EUR 2 Mio. Im Vergleich dazu erhält der Angestellte B im selben Zeitraum ein jährliches Gehalt von EUR 100.000. Unterstellt, A hat den Verlust auch selbst getragen, dürften unter Vernachlässigung von Zinseffekten keine Zweifel daran bestehen, dass im betrachteten Zeitraum beide die gleiche „Leistungsfähigkeit" aufweisen.

66 Vgl. B.2.3.5.

67 Im Gegensatz zu den stark subjektiv beeinflussten Verlustvorwegnahmen.

68 Man kann insoweit von einer Verrechnungsfunktion zwischen mehreren Perioden, mit positiven und negativen steuerlichen Ergebnissen, sprechen.

gangs von Absatzpreisen ist aber „relativ höher" als etwa beim Kauf eines festverzinslichen Wertpapiers in gleicher Höhe.

Ein rational handelnder Steuerpflichtiger wird die Möglichkeit oder den Ausschluss, einen Verlust steuerlich geltend zu machen, natürlich in sein Entscheidungsmodell einbeziehen, weil dadurch die Erwartungen über die Höhe und den Zeitpunkt der Steuerzahlungen unmittelbar beeinflusst werden. Durch die Gewährung eines Verlustausgleichs wird das finanzielle Risiko riskanter Investitionen verringert. Wird z.B. ein Verlustrücktrag gewährt, belastet ein erwarteter Verlust nur mit dem Faktor (1 - Grenzsteuersatz). Beträgt bei einem Grenzsteuersatz von 50% sowie einem im Erwartungswert berücksichtigten möglichen Verlust von EUR 500.000 die tatsächliche Belastung nach Steuern also nur EUR 250.000 und würde diese Investition infolge hoher Ertragschancen immer noch als vorteilhaft gelten, kann eine fehlende Verlustverrechnung bewirken, dass die Investition unterlassen wird, weil nun die risikoärmere Anlagevariante vorgezogen wird.[69]

Die durch Gewährung eines vollständigen - im Idealfall sofortigen - Verlustausgleichs bestehende Risikobeteiligung des Fiskus führt dazu, dass die Streuungsbreite des erwarteten Vermögensendbestandes aus einer riskanteren Realinvestition in Relation zu einer als risikolos unterstellten alternativen Finanzanlage abnimmt. Entsprechend wird ein risikoscheuer Investor, der seine Investitionsentscheidung unter Unsicherheit am Erwartungswert und dessen Varianz ausrichtet,[70] bei Vorhandensein von Verlustverrechnungsmöglichkeiten eher riskante Investitionen tätigen.[71] Hat der Staat aus gesellschafts- und wirtschaftspolitischen Gründen[72] ein Interesse an der Förderung zwar riskanter, aber auch renditeträchtiger Investitionen, kann es „nicht in seinem Interesse liegen, durch das Versagen von Verlustverrechnungsmöglichkeiten und die Beschränkung auf eine Besteuerung der positiven Ergebnisse die Risikobereitschaft der Steuer-

69 Vgl. Schneider (1994), S. 57.

70 Ein risikoscheuer Investor schätzt eine Alternative mit einer kleinen Streuung der möglichen Zielwerte um den Erwartungswert günstiger ein. Dies ist gleichbedeutend damit, dass er bei gleichem Erwartungswert der Alternative mit den kleinsten Verlustrisiken (allerdings dann auch mit den kleinsten Gewinnchancen) den Vorzug gibt. Es kann unterstellt werden, dass Risikoscheu die in der Praxis vorherrschende Einstellung gegenüber dem Risiko ist. Ausführlich Schmidt (1986), S. 122 ff, insbes. S. 129 ff.

71 Vgl. Wissel (1997), S. 137, und dessen Hinweis auf Neus/von Hinten (1992), S. 236 ff.

72 Zu denken wäre z.B. an die internationale Wettbewerbsfähigkeit der heimischen Wirtschaft oder die Schaffung von Arbeitsplätzen durch die Erschließung neuer Technologien und Märkte. Vgl. auch Vinzenz (1993), S. 555 f.

pflichtigen so zu hemmen, daß diese weitgehend auf riskante Investitionen verzichten."[73]

Allerdings ist, auch wenn aus gesamtwirtschaftlicher Sicht eine Einschränkung der Anerkennung von Verlusten zu nachteiligen Allokationswirkungen führen kann, dennoch dafür Sorge zu tragen, dass eine steuerlich wirksame Verrechnung von Verlusten letztlich nicht doch nur zur Subventionierung von Konsumausgaben beiträgt.[74] Ob nun der Förderung von Investitionen (notfalls verbunden mit der Subventionierung von Privatausgaben) oder der Ausgrenzung von Konsumausgaben (im Zweifel zu Lasten der Investitionstätigkeit) bei der Umsetzung in steuerliche Regeln der Vorzug zu geben ist, lässt sich nicht mehr theoretisch exakt ableiten, sondern nur hinsichtlich ihrer Zweckmäßigkeit beurteilen. Wichtig ist jedoch, dass zunächst diejenigen Verluste ausgeklammert werden, die nur scheinbar eine wirtschaftliche Belastung darstellen.

C.3.2. Das Scheinproblem der „Buchverluste"

Bei der Verfolgung der finanziellen Zielgröße Einkommen kann es das Problem der Liebhaberei nicht geben, denn kein Steuerpflichtiger hat ein Interesse daran, „echte", aus Markttransaktionen resultierende Verluste zu erzielen.[75] Solange die Grenzsteuersätze kleiner als 100% sind, wird ein echter Verlust auch nach der Berücksichtigung von Steuern nachteilig bleiben.[76]

Davon zu unterscheiden ist die einkommensteuerliche Berücksichtigung sog. „Buchverluste", bei denen ökonomisch betrachtet überhaupt kein negatives Ergebnis vorliegt. Diese Verluste resultieren überwiegend aus zahlreichen Sonder-

[73] Wissel (1997), S. 137. Daneben kann der Staat auch eine eigene fiskalische Zielsetzung mit der Förderung derartiger Investitionen verbinden. Schließlich käme es bei einer späteren Realisierung der höheren Ertragschancen auch zur Steigerung der Steuereinnahmen.

[74] Die von Hellwig (1984), S. 327, getroffene Aussage, dass bei der Prüfung der Gewinnerzielungsabsicht kein allzu strenger Maßstab anzuwenden ist, um an sich wünschenswerte, aber stark risikobehaftete unternehmerische Initiativen nicht abzublocken, hilft für die Besteuerungspraxis leider nicht weiter, wenn die unternehmerische Initiative eben nicht relativ eindeutig identifizierbar ist.

[75] Zutreffend Sigloch (1983), S. 241 ff.

[76] So Hellwig (1984), S. 287. „Ein durch Fehlplanung erwirtschafteter Verlust bleibt Verlust, selbst wenn man den Staat daran mit 65 v.H. beteiligen kann. Interessant für den „Steuersparer" kann mithin nur der sog. Buchverlust, d.h. ein sich infolge der allgemeinen Grundsätze ordnungsmäßiger Buchführung und/oder der steuerrechtlichen Vorschriften ergebender Verlust sein."

abschreibungsvarianten, deren Eingang ins Steuergesetz auf wirtschaftspolitische Subventionierungsabsichten des Gesetzgebers zurückzuführen sind.[77] Durch die Vorverlagerung von Abschreibungen und daraus resultierenden Zinsvorteilen sollen vom Gesetzgeber als gesamtwirtschaftlich vorteilhaft eingestufte Investitionen begünstigt werden. Investitionstheoretisch soll damit der Kapitalwert nach Steuern einer subventionierten Investition derart verbessert werden, dass diese und nicht die marktwirtschaftlich vorteilhafteste Anlage vom Steuerpflichtigen getätigt wird.[78] Treffen Sonderabschreibungen während der laufenden Vermietungsphase und steuerfreie Veräußerungsgewinne zusammen, können plötzlich Investitionen vorteilhaft sein, die in einem alle Anlagealternativen gleich behandelnden Steuersystem nicht getätigt würden.[79]

Wie zuvor ausgeführt, versuchen nun Rechtsprechung und Finanzverwaltung, den damit einhergehenden Steuerausfällen mit dem „Damoklesschwert" der Liebhaberei zu begegnen und verkennen dabei, dass dieser Teil der Liebhabereiproblematik ein „hausgemachtes"[80] Problem darstellt. Denn wenn es nicht gerade um eine Vermietung an Angehörige[81] oder die gelegentliche Vermietung einer überwiegend eigengenutzten Ferienwohnung[82] geht, wird der Steuerpflichtige selbstverständlich eine finanziell vorteilhafte Anlageinvestition anstreben.

Statt sich also auf die ohnehin nicht zufriedenstellend lösbare Prognose des Totalgewinns zu konzentrieren, sollte die entscheidende Frage nach der erwerbswirtschaftlichen Veranlassung oder der persönlichen Neigung gestellt werden. Unter der Voraussetzung einer aus den Besteuerungsprinzipien abgeleiteten einheitlichen Einkommensermittlung, mit der weitgehenden Beseitigung von Buchverlusten (z.B. durch Verzicht auf Verlustvorwegnahmen) und der Berücksichtigung steuerbarer Veräußerungsgewinne als verwirklichter Mittelerwerb, lässt sich die Liebhabereiproblematik zumindest auf die - immer noch problematische - Differenzierung in Einkommensentstehung oder Einkommensverwendung, Investition oder Konsum reduzieren.

---

77 Vgl. z.B. §§ 7b, 7c, 7d, 7f, 7g, 7h, 7i, 7k EStG sowie § 4 FördergebietsG.

78 Vgl. Sigloch (1983), S. 221.

79 Dieses steuerlichen „Schlupfloches" bedient sich auch die Abschreibungs- und Verlustzuweisungsbranche. In der Besteuerungspraxis vergessen die Steuerpflichtigen aufgrund des versprochenen Steuersegens nur allzu oft, das (steuer-) rechtliche Risiko der Nichtanerkennung der Gesellschaft oder die Möglichkeit der Insolvenz im Entscheidungskalkül zu berücksichtigen.

80 Weil vom Gesetzgeber so offensichtlich gewollt.

81 Und selbst da kann bei Beachtung des Fremdvergleichs eine Einkunftserzielungsabsicht durchaus vorliegen. Vgl. BFH v. 30.9.1997, DStR 1997, S. 2015.

82 Vgl. z.B. BFH v. 13.8.1996, BStBl II 1997, S. 42.

C.3.3. Ungleiche Informationsverteilung zwischen Finanzverwaltung und Steuerpflichtigem

Nach einer Beseitigung der künstlichen Verluste tritt das Problem der Liebhaberei erst auf, wenn die Betrachtung auf nicht finanzielle Ziele des Steuerpflichtigen erweitert wird. Dann stellt sich die Frage, ob z.B. die Anschaffung eines Wirtschaftsguts im Hinblick auf die Erzielung von Einkommen oder bereits aufgrund dessen Verwendung erfolgt. Während in einigen Fällen eine Zuordnung in Einkommensentstehung[83] oder Einkommensverwendung[84] durch an Erfahrungswerten orientierte Konventionen relativ eindeutig gelingen mag,[85] bereitet diese Differenzierung in anderen Fällen große Probleme.[86] Diese Abgrenzungsprobleme existieren gerade dann, wenn der Steuerpflichtige sein Hobby als erwerbswirtschaftliche Tätigkeit deklarieren möchte. So könnte er versuchen, durch Generierung geringfügiger Einnahmen einen diese deutlich übersteigenden Ausgabenblock steuerlich geltend zu machen. Da diese Ausgaben auch in unmittelbarer Beziehung mit den Einnahmen stehen, fällt es schwer, diese als nicht erwerbswirtschaftlich, d.h. nicht auf die Erzielung von Einnahmen gerichtet, zu qualifizieren. Auf diese Weise könnten dann etwa die Kosten aus der Unterhaltung einer Segelyacht[87] oder eines Wohnmobils[88] steuerliche Berücksichtigung finden. Damit ist jedoch noch keinesfalls gesagt, dass diese Wirtschaftsgüter nicht tatsächlich (teilweise) zur Einnahmenerzielung eingesetzt werden sollen.[89]

Da die wirkliche Absicht zur Einkunftserzielung eine „innere Tatsache" darstellt, die nur der Steuerpflichtige selbst kennt, existiert eine Informationsasymmetrie zwischen Finanzverwaltung und Steuerpflichtigem. Das Steuerrecht als Eingriffsrecht ist (für die Beurteilung steuerrelevanter Sachverhalte) aber zwingend auf objektivierte Merkmale angewiesen. In Analogie zur Frage der Abgrenzung der erwerbswirtschaftlichen Ausgaben von den privat (mit-) veran-

---

83 Z.B. Kauf einer Maschine für die Produktion und den Verkauf von Kunststoffteilen.

84 Z.B. Kauf einer Segelyacht für die Freizeitgestaltung.

85 Vgl. hierzu die Ausführungen unter B.2.4.2., wonach es analog der Bestimmung von Basiswerturteilen zur Gerechtigkeit möglich sein sollte, „unter dem Schleier des Nichtwissens über die Zukunft" gesellschaftspolitisch akzeptierte Konventionen zu fixieren.

86 So etwa im Falle einer Sprachreise ins Ausland, die evtl. mittelbar zu einer Verbesserung der Karrieremöglichkeiten führt und damit auch höhere Einnahmen ermöglicht.

87 BFH v. 11.4.1990, BFH/NV 1990, S. 768.

88 FG Baden-Württemberg v. 6.11.1997, Haufe-Index 424599.

89 FG Niedersachsen v. 13.2.1997, EFG 1997, S. 661.

lassten müssen Finanzverwaltung und Finanzgerichte deshalb auf (widerlegbare) Vermutungen und Pauschalannahmen zurückgreifen.[90]

C.4. Pragmatische Lösungsansätze zur Problematik konsumtiv motivierter Aufwendungen bzw. Handlungen

C.4.1. Alternative Anknüpfungspunkte

Die Ausführungen zum Problem der Einkunftserzielungsabsicht innerhalb der geltenden Rechtslage haben gezeigt, dass eine konsistente Lösung im Hinblick auf die hier verfolgten Ziele einer Besteuerung nur de lege ferenda erfolgen kann. Für eine anzustrebende rechtssichere Lösung scheidet dabei die Berücksichtigung einer (subjektiven) Motivation für eine Tätigkeit aus, weil die Frage des Nachweises nicht annähernd befriedigend gelöst werden kann. „Hier ist der Fiskus auf Angaben des Steuerpflichtigen angewiesen, die dieser bewusst und ohne die Gefahr einer Sanktion verzerren könnte."[91]

Damit bleiben für die Abgrenzung von Tätigkeiten zur Einkommenserzielung und zum Konsum zwei Ebenen zur Wahl. Entweder wird versucht, gesamte Aktivitäten eines Steuerpflichtigen aufgrund realisierter Ergebnisse und vorliegender Erfahrungswerte insgesamt der Einkommenserzielungs- oder der Konsumsphäre zuzuordnen oder es werden einzelne Aufwendungen im Hinblick auf ihren Charakter untersucht.[92] Während im ersten Fall die Fragestellung als „objektorientiert" bezeichnet werden kann,[93] ist der zweite Fall „bemessungsgrund-

---

90 Vgl. Wissel (1997), S. 96. Auch hier bildet die Unterscheidung zwischen investiv und konsumtiv motivierten Auszahlungen den neuralgischen Punkt des Steuersystems. Ebenso Wagner (1991), S. 82.

91 Hundsdoerfer (2002), S. 345. Allenfalls beim Versuch konsumtive Handlungen bzw. Aufwendungen für die Erfassung in einer RVO zu identifizieren, könnten Motive des Steuerpflichtigen beachtlich sein.

92 Vgl. Hundsdoerfer (2002), S. 331. Dementsprechend bilden diese zwei Gliederungspunkte (Teil 4: Zuordnung einzelner Aufwendungen zur Erwerbs- und Konsumsphäre; Teil 5: Qualifikation gesamter Aktivitäten) auch den Mittelpunkt der Untersuchung von *Hundsdoerfer*.

93 Analog dem Schwerpunkt nach geltendem Recht ist zu prüfen, ob ein Steuerobjekt bzw. Steuergegenstand überhaupt vorliegt. Vgl. Hundsdoerfer (2002), S. 339. Für die teilweise Vermietung eines Segelbootes käme man z.B. zu dem Ergebnis, dass keine erwerbswirtschaftliche Betätigung vorliegt.

lagenorientiert".[94] Im Folgenden soll dargestellt werden, welche Möglichkeiten denkbar sind, um diese Varianten zu konkretisieren und ob damit eine objektivierbare Lösung für die Besteuerungspraxis erreicht werden kann.

C.4.2. Bildung typisierter Fallgruppen für Gesamtaktivitäten

Wenn man sich die Diskussion um die Liebhabereiproblematik noch einmal vergegenwärtigt, kann nach geltender Rechtslage zwischen vier Fallgruppen unterschieden werden.[95]

Bewegt sich die Tätigkeit auf dem Gebiet der klassischen Einkunftserzielungsabsicht (z.B. typische Gewerbebetriebe und langfristige Vermietungen), so werden sich am Markt bereits Beispiele finden lassen, bei denen in gleicher oder ähnlicher Weise ein (Total-) Erfolg erzielt wurde. Hier wird es regelmäßig keine Schwierigkeiten bereiten, die Betätigung auch dann steuerrechtlich anzuerkennen, wenn über bloße Anlaufverluste hinaus, mehrere Perioden mit negativem Ergebnis abschließen.

Der nächsten Gruppe wären die Fälle zuzuordnen, in denen der Steuerpflichtige sehr wohl eine Einkunftserzielungsabsicht verfolgt, diese sich aber steuertechnisch nicht niederschlägt, weil die damit zusammenhängenden Einkommensbestandteile nur unvollständig erfasst werden, was de lege lata insbesondere für Veräußerungsgewinne gilt.

Dieser lückenhaften Erfassung wirtschaftlicher Einkommen bedient sich auch die dritte Gruppe der sog. Verlustzuweisungsgesellschaften, bei denen zusätzlich noch wirtschaftspolitische Subventionsvorschriften zu einer Verstärkung der Buchverluste führen.

Schließlich können in der vierten Fallgruppe alle diejenigen Betätigungen zusammengefasst werden, die sich mehr oder weniger im typischen Hobby- und

---

94 Als Konsequenz der geänderten Betrachtungsweise würde nicht bereits die Anfangsinvestition (der Kauf eines z.T. vermieteten Segelbootes) eine Konsumausgabe darstellen, sondern nur der Teil, der idealerweise als privat (mit-) veranlasster Ausgabenüberschuss identifiziert werden kann. Eine erwerbswirtschaftliche Tätigkeit läge infolge der nachhaltigen Einnahmenerzielung aber vor. Vgl. hierzu Wissel (1997), S. 130 f sowie S. 96 (FN 166).

95 Vgl. hierzu Harenberg (1997), S. 10188, der im Bereich der Abgrenzung gewerblicher Tätigkeiten von drei Fallgruppen ausgeht, weil hier das Problem der „steuertechnischen" Liebhaberei (keine Berücksichtigung von Veräußerungsgewinnen) nicht besteht.

Freizeitbereich abspielen (z.B. Segelbootvermietung, Pferdezucht, Ferienhausvermietung).

Nach einer Systembereinigung der Einkommensbesteuerung anhand der in Teil B ausgeführten Maßstäbe werden die den Gruppen 2 und 3 zugeordneten Problemfälle überflüssig sein. Aufgrund der dann gebotenen Erfassung sämtlicher Einkommensbestandteile kann es eine lediglich steuertechnisch bedingte Verneinung der Einkunftserzielungsabsicht nicht mehr geben. Die bisher dieser Gruppe zugeordneten Sachverhalte werden dann den klassischen erwerbswirtschaftlichen Betätigungen der Gruppe 1 zuzurechnen sein. Die ebenfalls mit einer derartigen Reform einhergehende Beseitigung von Subventionsvorschriften, insbesondere verbunden mit einem Abbau der Abschreibungsvielfalt, wird ferner zu einem Aussterben der Verlustzuweisungsgesellschaften führen.[96]

Als Problembereich bleibt dann die nicht an wirtschaftlichen Gesichtspunkten ausgerichtete, sondern persönlichen Neigungen folgende Betätigung. Doch selbst bei einer Konzentration auf diese, dem Hobby- bzw. Privatbereich nahestehenden Aktivitäten des Steuerpflichtigen, kann (wenn überhaupt) nur im Einzelfall eine „gerechte" Zuordnung getroffen werden. Diese erfordert jedoch umfangreiche Untersuchungen über Marktchancen, Wirtschaftlichkeitsanalysen und dergleichen,[97] ohne letztlich eine objektivierbare Aussage über die tatsächliche Motivation des Steuerpflichtigen machen zu können. Da diese Einzelfallregelungen in erheblichem Maße zur Komplizierung des Steuerrechts beitragen und die mit dieser Arbeit verfolgten Reformüberlegungen ein einfaches Steuerrecht als notwendige Voraussetzung für eine gerechte Besteuerung ansehen, sind an dieser Stelle Pauschalierungen und Typisierungen einer in der Besteuerungspraxis ohnehin nicht zu verwirklichenden Einzelfallgerechtigkeit vorzuziehen.

Diese Vereinfachungen müssten nun aber sehr grob ausfallen, weil sie eine Zuordnung der gesamten Aktivität erforderlich machen. Eine derart typisierende Zuordnung mag zwar bei einigen Varianten gerechtfertigt sein,[98] wird aber gerade in Grenzfällen erhebliche Schwierigkeiten bereiten.[99] Der entscheidende Fehler bei der Gesamtbetrachtung liegt darin, dass es damit nicht gelingt, die eigentliche Aufgabe zu erfüllen: Die Trennung zwischen Einkommenserzielung und dessen konsumtiver Verwendung. Denn innerhalb der gesamten Aktivität können einzelne Erträge und die dadurch bedingten Aufwendungen sehr wohl

[96] Dies sollte auch positive Effekte auf die Allokationsfunktion des Kapitalmarktes haben. Vgl. Bareis (1997), S. 246.

[97] Vgl. Harenberg (1997), S. 10188.

[98] Eine Luxusyacht wird 1 bis 2 Monate im Jahr auch vermietet.

[99] Eine Ferienwohnung wird an 200 Tagen im Jahr vermietet. Die jährlichen Gesamtaufwendungen übersteigen die Mieteinnahmen.

erwerbswirtschaftlich veranlasst sein, während andere Aufwendungen als konsumtive Einkommensverwendung zu qualifizieren sind.[100]

Zur Verdeutlichung soll das folgende Beispiel dienen: Aus der Vermietung einer Ferienwohnung an 183 Tagen p.a. werden Erträge von EUR 10.000 erzielt. In den restlichen Tagen wird die Wohnung privat genutzt. Die gesamten jährlichen Aufwendungen betragen EUR 15.000. Wird nun der konsumtive Teil der Nutzung z.B. über den Aufteilungsschlüssel der zeitlichen Nutzungsanteile herausgerechnet, so stehen den Erträgen nunmehr Aufwendungen (50%) von EUR 7.500 gegenüber. Aus dem erwerbswirtschaftlichen Teil der Betätigung resultiert somit ein Einkommen von EUR 2.500.[101] Würde demgegenüber die gesamte Aktivität als Einheit beurteilt, läge eine Qualifikation als Liebhaberei nahe (EUR - 5.000). Zwar wäre der Verlust in Höhe von EUR 5.000 steuerlich nicht nutzbar, jedoch bliebe der tatsächlich erzielte erwerbswirtschaftliche Gewinnanteil von EUR 2.500 unberücksichtigt. Durch eine geschickte Zusammenfassung von konsumorientierten und erwerbswirtschaftlichen Handlungen zu einer Aktivität, wäre die Steuerlast gestaltbar. Die erforderliche Ausgrenzung einer konsumtiven Einkommensverwendung kann anhand der Beurteilung der Gesamtaktivität somit nicht rechtssicher in die Besteuerungspraxis übertragen werden.

C.4.3. Wahlmöglichkeit als Alternative?

Wäre sowohl der Steuerpflichtige als auch der Fiskus zum Zeitpunkt der Aufnahme einer Betätigung in vollkommener Unkenntnis über die damit erzielbaren Einnahmen und die anfallenden Ausgaben, könnte daran gedacht werden, dem Steuerpflichtigen die Entscheidung zu überlassen, ob die gewählte Tätigkeit insgesamt dem erwerbswirtschaftlichen und damit steuerpflichtigen Bereich oder dem steuerlich irrelevanten Privatbereich zugeordnet wird. Da der Entscheidungsträger zu diesem Zeitpunkt keinerlei Kenntnis über die Gewinnchance oder das Verlustrisiko hat, kann die getroffene Wahl als fair betrachtet werden.[102] Gerade der risikoscheue Investor würde in dieser „50:50"-Entschei-

[100] Zutreffend bezeichnet Hundsdoerfer (2002), S. 386, die Prüfung der gesamten Aktivität dann auch als kaum begründbaren Ansatz und als Rückfall in quellentheoretisches Gedankengut.

[101] Es ist nicht ersichtlich, warum diese Erträge nicht der Einkommensteuer unterliegen sollen. Vgl. Hundsdoerfer (2002), S. 386.

[102] Bei Rawls (1971) dient dieser „Schleier der Unwissenheit" der Sicherung der Unparteilichkeit in der Verfassungskonferenz. Diese Entscheidungssituation ist z.B. vergleichbar mit einer Variante der Regelung von Abfindungsansprüchen ausscheidender Gesell-

dungssituation der Steuerpflicht den Vorzug geben, weil infolge der Verlustausgleichsmöglichkeit die zu tragenden Verlustrisiken geringer sind.[103]

Nun ist der Zustand völliger Unkenntnis über zu erwartende Einkommenssituationen aber eher theoretischer Natur. In der Praxis wird der Steuerpflichtige die Wahrscheinlichkeit eines zukünftigen Erfolges zumindest erahnen können. So dürfte z.B. die überwiegende Mehrheit der Steuerberater von der finanziellen Vorteilhaftigkeit ihrer Betätigung ausgehen.[104] Deshalb wäre in diesen Fällen eine Entscheidung gegen den erwerbswirtschaftlichen Bereich zu erwarten, weil dann die zukünftig prognostizierten Überschüsse nicht mit dem Fiskus geteilt werden müssten. Umgekehrt läge der Sachverhalt bei einer potentiell verlustbringenden Betätigung, wie z.B. einer nur gelegentlichen Vermietung eines Segelbootes.[105]

Um dem allgegenwärtigen Problem der unterschiedlichen Informationsverteilung zu begegnen, bleibt auch hier nur der Weg über vereinfachende Annahmen und Pauschalierungen. Aufbauend auf der Entscheidungssituation unter vollkommener Unkenntnis könnte die getroffene Wahl z.B. auf 3 Jahre beschränkt werden. Dies würde bedeuten, dass ein (erfolgreicher) Steuerberater, der aufgrund der vorhergehenden Überlegungen die Wahl für den nichtsteuerbaren Privatbereich getroffen hat, spätestens nach 3 Jahren in den erwerbswirtschaftlichen Bereich fällt. Da zudem gerade innerhalb der Startphase (ca. 2 - 4 Jahre) auch in derzeit noch relativ lukrativen Tätigkeitsfeldern die Gefahr von Anlaufverlusten nicht auszuschließen ist, wird der Gestaltungsspielraum der Steuerpflichtigen schon deutlich eingeschränkt. Andererseits würden Verlustausgleichsmöglichkeiten aus möglicherweise dem Hobby- und Freizeitbereich entstammenden Betätigungen auf 3 Jahre beschränkt. Zwar ist ein derart „gleichgewichtiger" Lösungsansatz grundsätzlich denkbar, weil er „auf dem Papier" eine sonst übliche Annahme zugunsten des Fiskus oder des Steuerpflichtigen

---

schafter in Gesellschaftsverträgen. Wird bereits bei Abschluss des Gesellschaftsvertrages der Unternehmenswert der Gesellschaft festgelegt und z.B. zu Beginn eines jeden Jahres angepasst, ist eine Einigung der Gesellschafter auf einen Wert insofern wahrscheinlich, als zu diesem Zeitpunkt keiner der Beteiligten Kenntnis darüber hat, ob sie von einem hohen Wert (ausscheidende Gesellschafter) oder von einem geringen Wert (verbleibende Gesellschafter) profitieren. Zum Zeitpunkt des Austritts wird die Einigung auf einen gemeinsamen Wert angesichts der unterschiedlichen Interessenlage (Parteilichkeit!) dagegen nur selten gelingen.

103 Vgl. C.3.1.3., FN 69 - 71.

104 Vgl. aber BFH v. 31.5.2001, BFH/NV 2001, S. 1331, nach der die verlustbringende Tätigkeit eines Steuerberaters aufgrund zusätzlicher persönlicher Motive als Liebhaberei qualifiziert wurde.

105 Übereinstimmend Hundsdoerfer (2002), S. 341 f.

vermeidet. Er ist m.E. für die Besteuerungspraxis jedoch nicht die geeignete Lösung.

Das Problem besteht zum einen darin, dass ein Steuerpflichtiger 3 Jahre lang erwerbswirtschaftliches Einkommen erzielen könnte, ohne darauf Steuern bezahlen zu müssen. Für zahlreiche Fälle, in denen der Übergang in die Selbständigkeit z.B. in der Form eines freien Mitarbeiters nebenberuflich beginnt, wird der Steuerpflichtige häufig nicht weniger Einkommen erwirtschaften als sein Kollege im Angestelltenverhältnis.[106] Nicht nur, dass hier ein Verstoß gegen die Gleichmäßigkeit der Besteuerung zu befürchten wäre. Eine dies möglicherweise rechtfertigende Einfachheit der Besteuerung würde wohl schon bald ins Gegenteil umschlagen, da entsprechende Gestaltungen der Steuerpflichtigen vorprogrammiert wären.[107] Auf der anderen Seite würde die Zusicherung einer vollständigen Verrechnungsmöglichkeit der in den ersten 3 Jahren erlittenen Verluste quasi eine Garantie für die zumindest teilweise steuerliche Berücksichtigung von Konsumausgaben bieten.[108] Mag eine derartige Vorgehensweise in Grenzfällen geeignet sein, so ist sie allerdings für das gesamte Steuerrecht als typischem Massenverfahren nur bedingt anwendbar.

C.4.4. Blick über die Landesgrenzen

Unter der treffenden Bezeichnung „hobby losses" wird im US-amerikanischen Steuerrecht das Liebhabereiproblem diskutiert. Im Gegensatz zum deutschen Einkommensteuerrecht ist dieser Bereich gesetzlich kodifiziert.[109] Nach den Ausführungen zur Abgrenzungsproblematik im deutschen Steuerrecht überrascht es wenig, dass auch das amerikanische Recht zusätzlich auf Verwaltungsanweisungen angewiesen ist, um die liebhabereiverdächtigen Tätigkeiten als solche zu identifizieren.[110] Für die notwendige Vereinfachung in denjenigen

---

[106] Diesem soll ja wohl nicht die Möglichkeit eingeräumt werden, auf die erwerbswirtschaftliche Zuordnung zu verzichten.

[107] Die Folge wäre vermutlich ein „Run" in die freie Mitarbeit, der wohl ähnliche Abwehrreaktionen des Steuergesetzgebers folgen würden, wie sie unter dem Begriff der „Scheinselbständigkeit" im Sozialversicherungsrecht bekannt sind.

[108] Aufgrund der Beobachtungen in der Vergangenheit fällt es m.E. nicht schwer, damit verbundene „Auswüchse" zu erahnen. Zu denken wäre etwa an den Versuch, ein Segelboot zu vermieten, bei gleichzeitiger Finanzierung desselben über sehr hohe Leasingraten in den ersten 3 Jahren, um es anschließend zu einem günstigen Restwert zu übernehmen.

[109] Sec. 183 des Internal Revenue Code (IRC).

[110] Vgl. hierzu die Ausführungen bei Wissel (1997), S. 107 ff und dessen Hinweis auf Kramer/Phillips (1991).

Fällen, in denen weder eine Einkunftserzielungsabsicht noch das Gegenteil zweifelsfrei erkennbar ist, sieht das US-amerikanische Einkommensteuerrecht aber zwei vereinfachende Elemente vor.

Zunächst wird es dem Steuerpflichtigen ermöglicht, auch bei liebhabereiverdächtigen Tätigkeiten die Erwerbstätigkeit durch entsprechend positive Ergebnisse in der Vergangenheit zu dokumentieren.[111] Darüber hinaus zieht eine Verneinung der „profit motivation“ jedoch nicht die einkommensteuerliche Irrelevanz der Betätigung nach sich. Vielmehr werden die Einnahmen aus einer solchen Tätigkeit auch der Einkommensteuer unterworfen. Allerdings wird dann der Betriebsausgabenabzug bis zur Höhe dieser Einnahmen beschränkt. Der übersteigende Teil der Ausgaben wird als „hobby losses“ qualifiziert. Praktisch wird dadurch die Möglichkeit einer Verlustverrechnung mit anderen Einkünften oder ein interperiodischer Verlustabzug ausgeschlossen.[112]

Grundsätzlich könnte bei dieser Vorgehensweise ein materieller Unterschied entstehen, wenn in späteren Jahren (unerwartet) ein Einnahmenüberschuss entstehen sollte. Denn bei der amerikanischen Variante wären nun Einkünfte zu versteuern, während diese aufgrund der ursprünglich negativen Totalerfolgsprognose nach geltender deutscher Rechtslage steuerlich unbeachtlich sein müssten. Aus Sicht der Besteuerungspraxis wird ab dem Zeitpunkt des Einnahmenüberschusses jedoch von einer positiven Totalerfolgsprognose auszugehen sein, so dass auch diese Einnahmen steuerlich zu berücksichtigen wären.[113]

Der entscheidende Vorteil der amerikanischen Lösung des Liebhabereiproblems liegt im Verzicht auf die prognostischen Elemente und garantiert so die für ein gerechtes Steuersystem zwingende Minimierung von Vollzugsdefiziten. Zu ähnlich praktikablen Lösungsansätzen greift auch der kroatische Steuergesetzgeber, wenn er in § 6 des Gewinnsteuergesetzes einen Katalog nicht abziehbarer Aufwendungen fixiert, bei denen eine private (Mit-) Veranlassung in Betracht kommt.[114] In beiden Fällen verlagert sich die Liebhabereiproblematik damit tendenziell auf die Ebene der Bemessungsgrundlagenbestimmung.[115] An die Stelle

---

[111] Interessant ist dabei weniger die konkrete Ausgestaltung (z.B. drei positive Ergebnisse in fünf zurückliegenden Jahren, vgl. Wissel (1997), S. 110 f), als vielmehr die Tatsache, dass auf eine objektivierbare nachträgliche Größe zurückgegriffen wird.

[112] Vgl. Wissel (1997), S. 111.

[113] Hundsdoerfer (2002), S. 375, spricht hier vom Rest-Totalgewinn in jeder Periode. Zur Situation de lege lata, vgl. Schmidt/Weber-Grellet, EStG, § 15 Rz 37 sowie jüngst BFH v. 26.2.2004, LX-Nr. 817377.

[114] Seit 1. Januar 1994 hat Kroatien sowohl ein Einkommensteuer- als auch ein Gewinnsteuergesetz. Vgl. hierzu Wissel (1997), S. 231 ff; Wagner/Wenger (1996), S. 381 ff.

[115] So spricht Wissel (1997), S. 109, davon, dass die US-amerikanische Liebhabereirechtsprechung an den Werbungskostenbegriff anknüpft.

einer zum Entscheidungszeitpunkt ohnehin nicht verifizierbaren Totalerfolgsprognose tritt dann eine kontinuierliche Überprüfung der Notwendigkeit bzw. Angemessenheit der Erwerbsaufwendungen. Eine sich daraus ergebende zusätzliche Komplizierung des Steuerrechts ist m.E. nicht zu erkennen, weil eine derartige Klassifizierung in konsumtive und investive Ausgaben auch im Bereich von zweifelsfrei mit Erwerbsabsicht vorgenommenen Tätigkeiten notwendig ist.[116]

C.4.5. Nachhaltige Einnahmenerzielung statt Einkünfteerzielungsabsicht

C.4.5.1. Zuordnung zum erwerbswirtschaftlichen Bereich und Korrektur der Privatnutzung

In Fortsetzung des US-amerikanischen Lösungsansatzes zum Liebhabereiproblem und in Analogie zum Umsatzsteuerrecht, könnte eine bereits das Merkmal „nachhaltige Einnahmenerzielung" erfüllende Tätigkeit auch grundsätzlich dem erwerbswirtschaftlichen Bereich zugeordnet werden. Vorbild ist etwa § 2 Abs. 1 UStG, der in Satz 3 von jeder nachhaltigen Tätigkeit zur Erzielung von Einnahmen spricht, auch wenn die Absicht zur Gewinnerzielung fehlt.[117] Selbst im geltenden Einkommensteuerrecht kann die Gewinnerzielungsabsicht gem. § 15 Abs. 2 S. 3 EStG nur Nebenzweck sein, weshalb die Bedeutung, welche die Rechtsprechung dem Kriterium der Totalerfolgsprognose beimisst, bereits de lege lata zumindest überdenkenswert ist.[118]

Als Konsequenz einer damit verbundenen umfassenden Zuordnung zum steuerrelevanten Bereich sind auf einer zweiten Stufe diejenigen Aufwendungen herauszurechnen, deren Veranlassung als konsumtive Einkommensverwendung identifiziert werden kann. Ob dies nun analog dem UStG über eine Eigenverbrauchs- bzw. Entnahmebesteuerung geschieht[119] oder ob nach amerikanischem Vorbild der steuerrelevante Abzug kritischer Aufwendungen unter dem Ge-

---

[116] Zu denken wäre hier etwa an die private Mitbenutzung von Erwerbsgegenständen (z.B. PKW, PC, etc.).

[117] Vgl. Hundsdoerfer (2002), S. 391.

[118] Vgl. Vinzenz (1993), S. 552. Zu den Voraussetzungen bei der Umsatzsteuer vgl. Völkel/ Karg (1994), S. 209 und BFH v. 18.7.1991, BStBl II 1991, S. 776.

[119] Die sog. Entnahmebesteuerung stellt die Korrektur zum umfassenden Begriff des Unternehmensvermögens dar. Seit dem 1.4.1999 ist diese in § 3 Abs. 1b i.V.m. § 15 Abs. 1a UStG geregelt. Die Beschränkung des Vorsteuerabzugs für Fahrzeuge auf 50% (§ 15 Abs. 1b UStG) ist inzwischen aufgehoben.

sichtspunkt der „profit motivation“ oder der Notwendigkeit bzw. Angemessenheit eingeschränkt wird, ist lediglich eine technische Frage.[120]

Im Übrigen bedienen sich verschiedene Urteile des BFH im Zusammenhang mit der Beurteilung liebhabereiverdächtiger Tätigkeitsfelder speziell bei Gesellschaften genau dieser Techniken, weil es ansonsten offenbar nicht gelingt, dem Liebhabereiproblem Herr zu werden. Zum einen wird in einer Entscheidung zur sog. Segmentierung einer einheitlichen gewerblichen Tätigkeit einer Personengesellschaft die Vermietung von Hubschraubern als selbständiger Tätigkeitsbereich qualifiziert, um die Verrechnung der dabei erzielten Verluste mit anderen Gewinnen zu verhindern.[121] Für die hier interessierende Problematik geht es dabei weniger um den konkreten Inhalt des Urteils.[122] Bedeutsam erscheint vielmehr der Versuch, Aufwendungen, die einen unmittelbaren Bezug zur persönlichen Lebensführung haben, nach den Maßstäben der Notwendigkeit bzw. Angemessenheit zu überprüfen.[123] Zwar wird dieser Umstand nicht als solcher benannt, sondern durch die künstliche Schaffung eines eigenständigen Segments der Einkunftserzielung verschleiert.[124] De facto sollen aber „unnötige“ Aufwendungen die steuerliche Bezugsgröße nicht schmälern dürfen. Dann befindet man sich aber bereits auf der Ebene der Bestimmung der Bemessungsgrundlage und nicht mehr bei der Überprüfung der Einkunftserzielungsabsicht.

Zum anderen sieht die Rechtsprechung im Bereich der Kapitalgesellschaften offenbar keinen Bedarf für ein eigenständiges Liebhaberei-Institut. Hier werden überhöhte Aufwendungen, die durch Gesellschafterkonsum motiviert sind, als verdeckte Gewinnausschüttung behandelt.[125] Dies entspricht materiell einer Entnahmelösung. Abgesehen von dem hier nicht näher zu untersuchenden Problemkreis der Behandlung einer verdeckten Gewinnausschüttung auf Seiten des Gesellschafters hätte eine Übertragung der Regelungen des Körperschaftsteuerrechts auf das Einkommensteuerrecht die Abwicklung der Liebhaberei-Fälle nach den Entnahme- und Einlageregeln zur Folge.[126] Nach den vorgenannten

---

120 Vgl. hierzu Hundsdoerfer (2002), S. 191 ff.

121 BFH v. 25.6.1996, BStBl II 1997, S. 202.

122 Zur Kritik hieran vgl. Berz (1997), S. 358 ff.

123 Hundsdoerfer (2002), S. 264 f, hält die Kriterien der Üblichkeit und der Angemessenheit für wenig leistungsfähig, ohne allerdings aus der vorgelegten umfangreichen Darstellung von Zuordnungs- und Aufteilungsgrundsätzen ein alternatives, zugleich praktikables Kriterium benennen zu können.

124 Wie wollte man etwa, in Fortführung der Gedanken zur Segmentierung, einzelne Verlustsparten in diversifizierten Großunternehmen behandeln. Vgl. hierzu Berz (1997), S. 358.

125 BFH v. 4.12.1996, DStR 1997, S. 492, sowie Weber-Grellet (1998), S. 877.

126 Vgl. Weber-Grellet (1998), S. 877, der allerdings für eine Einkunftserzielungsabsicht auch im Körperschaftsteuerrecht plädiert.

Ausführungen bleibt m.E. nur noch die grundsätzliche Feststellung: Warum nicht![127]

Aufgrund der in dieser Arbeit bevorzugten rechtssicheren Lösungswege, sollte eine Bewertung der „auszubuchenden" privaten Aufwendungen allerdings unmittelbar an die Aufwendungen selbst anknüpfen und nicht an Nutzen orientierte „(Entnahme-) Teilwerte".[128] Denn einerseits wird sich eine annähernd rechtssichere Bewertung einer Entnahme in der Besteuerungspraxis ohnehin an tatsächlichen Aufwendungen orientieren müssen.[129] Andererseits sollten Basiswerturteile über die im Hinblick auf ein einfaches Steuerrecht erforderlichen pauschalen Kürzungen privat (mit-) veranlasster Aufwendungen leichter möglich sein als bezüglich einer eigenständigen Typisierung einer Entnahme.[130]

Unabhängig von der technischen Ausgestaltung liegt der entscheidende Vorteil dieses Lösungsweges darin, dass mit der Anknüpfung an nachhaltige Einnahmen ein relativ leicht überprüfbares Kriterium gegeben ist.[131] Die voreilige Beurteilung gesamter Aktivitäten wird somit überflüssig. Durch den Rückgriff auf die Nachhaltigkeit fallen zudem einmalige, durchaus marktähnliche Vorgänge, wie

[127] Zutreffend weist Hundsdoerfer (2002), S. 391, darauf hin, dass auch die Fälle der verdeckten Gewinnausschüttung identifiziert und bewertet werden müssen, und diese Probleme einer Lösung offenbar zugänglich sind.

[128] Zwar hält etwa Hundsdoerfer (2002), S. 387 f, für die Beurteilung gesamter Aktivitäten den Ansatz von Entnahmen für praktikabler, was letztlich auch mit dem von ihm theoretisch bevorzugten Minimum-Ansatz korrespondieren würde; zur Theorie des Minimum-Ansatzes, vgl. Hundsdoerfer (2002), S. 137 ff; zu dessen mangelnder Eignung in der Besteuerungspraxis, vgl. Hundsdoerfer (2002), S. 241 ff und S. 431. Doch sollte eben diese Gesamtbeurteilung gar nicht mehr erfolgen.

[129] Nichts anderes geschieht etwa bei der Konkretisierung einer verdeckten Gewinnausschüttung, wenn unangemessen hohe Aufwendungen an den Gesellschafter korrigiert werden. Auch im Einkommensteuerrecht wird zur Bestimmung des Teilwertes nach § 6 Abs. 1 Nr. 4 EStG für entnommene Nutzungen und Leistungen auf die tatsächlichen Selbstkosten zurückgegriffen. Stellvertretend Schmidt/Glanegger, EStG, § 6 Rz 416; BFH v. 24.3.1983, BStBl II 1983, S. 598; BFH v. 24.5.1989, BStBl II 1990, S. 8.

[130] Nicht zuletzt die Probleme mit der von der Aufwandsseite losgelösten 1%-Entnahmeregelung für Kraftfahrzeuge verdeutlichen die hier bestehende Problematik. Vgl. hierzu die Ausführungen unter E.4.3.3.2.

[131] Der scheinbare Nachteil, dass bei dieser Vorgehensweise trotz möglicher „Liebhaberei" nun dennoch Einnahmen zu erfassen sind (so Weber-Grellet (1992), S. 562), dürfte nur von untergeordneter Bedeutung sein. So sind Einnahmen ohnehin für den Sozialversicherungsbereich sowie für andere Steuergesetze zu erfassen; z.B. sind gem. § 19 UStG die Umsätze zu ermitteln, selbst wenn es wegen Unterschreitens der Grenzen zu keiner Erhebung der Steuer kommt. Zudem könnte einem erhöhten Erfassungsaufwand bei Kleinbeträgen mit einer Freigrenze begegnet werden. Andererseits ist auch die Nichterfassung von Einnahmen beim Vorliegen von „Liebhaberei" ggf. zeitlich beschränkt. Vgl. hierzu FN 113.

der Verkauf von privat genutzten Gegenständen (z.B. Schmuck oder PKW), nicht in den steuerrelevanten Bereich.[132] Dies ist im Sinne der Praktikabilität der Steuererhebung zu begrüßen, denn der Fiskus muss zunächst über die notwendigen Informationen verfügen, um Steuertatbestände überhaupt ermitteln zu können.[133] Hierzu wäre aber „ein sehr weitgehendes Eindringen in die persönlichen Verhältnisse des Steuerpflichtigen erforderlich."[134] Der Konflikt mit einem einfachen und im tatsächlichen Vollzug gleichmäßigen Steuerrecht läge auf der Hand.

Die frühzeitige Zuordnung zum erwerbswirtschaftlichen Bereich wird ergänzt durch Abgrenzungsinstrumente (Pauschalen, Typisierungen, etc.) auf der Ebene einzelner Aufwendungen.[135] Vorstellbar ist hier eine Rechtsverordnung,[136] die entsprechende Angaben über nicht abziehbare Aufwendungen ebenso enthält, wie pauschale Zuordnungen und Typisierungen.[137] Natürlich werden auch diese Abgrenzungsinstrumente vielfach nur einen Kompromiss darstellen können. Doch sind diese rechtssystematisch deutlich einfacher und besser gestaltungsunabhängig zu regeln, als über ein Kriterium der Einkunftserzielungsabsicht.[138] Hinzu kommt, dass der Idee der Reinvermögenszugangstheorie eher entsprochen wird, wenn eine Aktivität „in einen Teil, der als Einkommenserzielung zu qualifizieren ist und einen Teil, der Konsum darstellt",[139] aufgeteilt wird. Ein subjektives Tatbestandsmerkmal ist hier entbehrlich.[140]

---

132 Auch § 2 Abs. 1 KE knüpft das erwerbswirtschaftliche Handeln an ein nachhaltiges Verhalten, verlangt allerdings zusätzlich die Eignung, Überschüsse oder Gewinne zu erzielen. § 2 Abs. 2 KE erweitert den Anwendungsbereich für (einmalige) Veräußerungen von Grundstücken und grundstücksgleichen Rechten, soweit nicht der Zeitraum der Eigennutzung betroffen ist.

133 Zu den damit verbundenen Erhebungskosten, stellvertretend Hundsdoerfer (2002), S. 34 f. Diese Vorgänge wären ohnehin nur selten ergiebig.

134 BFH v. 6.5.1959, BStBl III 1959, S. 292.

135 Vgl. Hundsdoerfer (2002), S. 430.

136 Ähnlich § 5 Abs. 2 KE. Vgl. hierzu auch Kirchhof (2001), S. 915.

137 Vgl. hierzu die Ausführungen unter E.4.3. Auch das kroatische Gewinnsteuergesetz benützt einen umfangreichen Katalog an nicht abziehbaren Aufwendungen. Vgl. hierzu Wissel (1997), S. 246.

138 Zutreffend bezeichnet Hundsdoerfer (2002), S. 430, das Kriterium der Einkunftserzielungsabsicht im Hinblick auf die Ausgrenzung von Konsumaufwendungen abschließend als „nur sehr ungenau und recht willkürlich".

139 Hundsdoerfer (2002), S. 389.

140 Ebenso Wissel (1997), S. 222 und S.107 mit dem Gliederungspunkt 3.3.3.2., der zum Ausdruck bringt, dass die ebenfalls in diese Richtung gehende US-amerikanische Lösung der Reinvermögenszugangstheorie entspricht.

C.4.5.2. Berücksichtigung der besonderen Bedeutung von Verlusten

Auch wenn es gelingt, durch den Verzicht auf eine Totalerfolgsprognose gesamter Aktivitäten und die statt dessen erfolgende Überprüfung einzelner Aufwendungen auf ihre konsumtive Motivation, das Liebhabereiproblem zu entschärfen, kann ein Missbrauch in einzelnen Fällen nicht ausgeschlossen werden. Können beispielsweise einzelne konsumtive Aufwendungen innerhalb einer Betätigung nicht identifiziert oder über einen Aufteilungsschlüssel zugeordnet werden,[141] stellt sich die Frage, wie Verluste aus dieser Aktivität zu behandeln sind. Denn im Zweifel wird es keine objektiven Hinweise geben, ob der Verlust nun erwerbswirtschaftlich verursacht wurde oder vielleicht gerade aufgrund zusätzlicher, privat motivierter Aufwendungen entstanden ist,[142] die als solche nur nicht identifiziert werden konnten.[143]

Folglich muss eine Entscheidung darüber getroffen werden, ob ein möglicherweise konsumtiv (mit-) veranlasster Verlust mit positiven Einkommen aus anderen Aktivitäten verrechnet werden kann[144] oder nicht.[145] Dabei besteht die Schwierigkeit darin, zwischen einer, für die Fixierung der Messgröße Markteinkommen geforderten, möglichst strengen Haltung gegenüber nicht eindeutig erwerbswirtschaftlichen Ausgaben und den Erfordernissen einer Wettbewerbsordnung, mit typischerweise auch zu Verlusten führenden Unternehmerinitiativen, abzuwägen.

Wenn es nun nicht gelingt, alle privat (mit-) veranlassten Aufwendungen auf der Ebene der Ermittlung der Bemessungsgrundlage hinreichend sicher zu eliminie-

---

[141] Dies gilt selbstverständlich auch im Hinblick auf die Höhe der einzelnen Aufwendungen. Hier wird die Frage nach der Angemessenheit, Notwendigkeit oder Üblichkeit im Mittelpunkt stehen.

[142] Ändert man das Beispiel unter C.4.2. dahingehend ab, dass die jährlichen Aufwendungen einer Ferienwohnung nunmehr EUR 25.000 bei unveränderten Erträgen von EUR 10.000 betragen, bleibt es selbst nach einer zeitanteiligen Kürzung der Aufwendungen um 50% bei einem Aufwandsüberhang von EUR 2.500. Ursächlich für die höheren Aufwendungen kann z.B. eine im Hinblick auf die zusätzliche Eigennutzung besonders luxuriöse Ausstattung der Wohnung sein (Swimmingpool, Marmorboden, Kunstgegenstände usw.).

[143] Zutreffend weist Wissel (1997), S. 245, darauf hin, dass auch ein umfangreicher Katalog an nicht abziehbaren Aufwendungen, nicht alle denkbaren Möglichkeiten der Konsumverlagerung kodifizieren kann.

[144] Sind genügend positive Einkünfte vorhanden, würde das theoretische Ideal des sofortigen Verlustausgleichs realisiert.

[145] So befürchtet z.B. Wissel (1997), S. 222, die Einführung zahlreicher neuer Verlustausgleichsbeschränkungen, sofern eine Revitalisierung eines reinvermögenstheoretisch fundierten Einkommensbegriffes erfolgt.

ren, wäre eine tätigkeitsbezogene Regelung für die Verrechnung von Verlusten überlegenswert.[146] Wohlgemerkt geht es hier nicht mehr um die Frage der Liebhaberei und damit der steuerlichen Relevanz der entsprechenden Aktivität. Denn diese wurde mit der nachhaltigen Erzielung von Einnahmen bereits verwirklicht. Vielmehr ist dabei an die Funktion eines Auffangtatbestandes zu denken, mit dessen Hilfe verhindert werden soll, dass ein Teil des ursprünglichen Liebhabereiproblems aufgrund der theoretisch anzustrebenden umfangreichen Verlustausgleichsmöglichkeiten bestehen bleibt bzw. über entsprechende Gestaltungen zukünftig vielleicht zu neuem Leben erweckt wird.[147]

In Ergänzung zu den in einer Rechtsverordnung enthaltenen Angaben über nicht abziehbare Aufwendungen, pauschale Zuordnungen und Typisierungen, könnten deshalb Aktivitäten fixiert werden, bei denen privat motivierte Aufwendungen besonders häufig anzunehmen sind.[148] Für diese wären dann Einschränkungen im Hinblick auf ihre Verlustausgleichsmöglichkeiten vorzunehmen. Da es auch hierfür „die Lösung" nicht gibt, sollen im Folgenden mögliche Alternativen vorgestellt werden.

(1) Betätigungen mit typischerweise auch konsumtiver Motivation

Als einfach und damit rechtssicher zu handhabende Möglichkeit bietet sich ein Ausschluss von einem Verlustausgleich mit Gewinnen aus einer anderen Betätigung an, sofern eine Aktivität aufgrund ihrer typischerweise auch konsumtiven Motivation in der maßgeblichen Rechtsverordnung aufgeführt wird. Hier würde der Gesetzgeber der Idee folgen, steuerliche Verluste in Zweifelsfällen von einer Verrechnung mit anderen Erwerbsgrundlagen auszuklammern.

Ermittlungstechnisch könnte in diesen Fällen der Abzug von Aufwendungen auf die Höhe der jeweiligen Erträge beschränkt werden. Im Ergebnis würde dann lediglich ein Aufwandsüberhang (= Verlust) nicht verrechnet, sondern innerhalb derselben Erwerbsgrundlage vor- oder zurückgetragen. Somit kommt es zwar zu einer grundsätzlichen Anerkennung der Verluste, diese können jedoch von An-

---

[146] Nur wenn alle konsumtiv motivierten Aufwendungen eliminiert wären, bestünden keine Bedenken, Verluste ohne Beschränkung mit anderen „Gewinnaktivitäten" zu verrechnen.

[147] Ohne die Existenz einer Verlustausgleichsmöglichkeit wäre die Liebhabereiproblematik materiell dagegen kaum von Bedeutung. Ebenso Wissel (1997), S. 242.

[148] Zwar wird man neben Erfahrungswerten wiederum auf Basiswerturteile angewiesen sein. Doch sollte eine Einigung hinsichtlich zahlreicher Betätigungen auch ohne einen „Schleier des Nichtwissens" möglich sein. Stellvertretend seien hier die Unterhaltung eines Pferdegestüts, der nebenberufliche Betrieb eines kleinen Weinguts oder die Vermietung eines Segelbootes genannt. Weitere Beispiele finden sich bei Schmidt/Weber-Grellet, EStG, § 15 Rz 40.

fang an nur mit später (oder evtl. früher)[149] erzielten Erfolgen aus derselben Betätigung ausgeglichen werden.[150] Gelingt es dem Steuerpflichtigen (vorerst) nicht in die Gewinnzone zu kommen, wird das gesammelte Verlustverrechnungspotential auf unbestimmte Zeit konserviert. Durch diese Technik eines (ggf. verzinslichen)[151] begrenzten Verlustvortrages wird gewährleistet, dass die erfahrungsgemäß durch einen hohen konsumtiven Aufwandsteil beeinflussten Verluste nur verrechnet werden können, wenn die Tätigkeit auch einmal zu Gewinnen führt. Dies hat der Steuerpflichtige aber selbst in der Hand, in dem er z.B. auf eine besonders hochwertige Ausstattung seiner Ferienwohnung verzichtet oder dafür Sorge trägt, dass sich diese in den Mieteinnahmen entsprechend niederschlägt.

Zusätzlich ist aber auch hier dafür Sorge zu tragen, dass der (ggf. mittelbar) identifizierbare Teil der konsumtiv veranlassten Aufwendungen bei der Ermittlung der Bemessungsgrundlage bereits ausgeschlossen wurde. Anderenfalls blieben tatsächlich erwirtschaftete Erträge unbesteuert, weil sie von den Konsumaufwendungen überkompensiert würden.[152]

Zur Verdeutlichung der Idee und Wirkungsweise einer derartigen Regelung wird das bereits bekannte Beispiel zur Vermietung einer Ferienwohnung abgewandelt. Mit einer jährlich an 92 Tagen vermieteten Ferienwohnung werden Erträge von EUR 5.000 erzielt. Inwieweit in den restlichen Tagen eine private Nutzung erfolgt oder die Immobilie leer steht, kann nicht objektiv nachvollzogen werden. Die gesamten jährlichen Aufwendungen betragen EUR 25.000. Davon entfallen EUR 5.000 auf die Betriebskosten eines Swimmingpools.

---

149 Da hier i.d.R. keine vorausgegangenen Gewinnjahre existieren, hilft ein möglicher Verlustrücktrag nicht weiter.

150 Dieser Technik bedient sich bereits § 15a EStG oder § 23 EStG. Auch der Vorschlag zur Reform des Ertragsteuerrechts von Kirchhof (2003), S. 12, beschränkt den Verlustvortrag auf die Erwerbsgrundlage, in der der Verlust entstanden ist. Im Gegensatz zur hier diskutierten Lösung, soll dies nach *Kirchhof* aber auch für Verluste aus typischen erwerbswirtschaftlichen Betätigungen gelten. M.E. dürfte es wohl einfacher sein, sich hinsichtlich den in einer RVO zu erfassenden (kritischen) Tätigkeiten zu einigen, als sämtliche Betätigungsmöglichkeiten als eigene Erwerbsgrundlage abzugrenzen. Denn im letzteren Fall wird bei Verlusten aus einer Erwerbsgrundlage, die Verlagerung von Aufwendungen in eine andere, Gewinn erzielende Erwerbsgrundlage nicht lange auf sich warten lassen. Abgrenzungsfragen sind somit vorprogrammiert.

151 Unter bestimmten Bedingungen ist der verzinsliche Verlustvortrag dem sofortigen Verlustausgleich äquivalent. Vgl. hierzu Wissel (1997), S. 243 f. Insofern wäre diese Regelung also keinesfalls ein theoretisch unzureichender Kompromiss für die Besteuerungspraxis. Grundvoraussetzung ist aber natürlich, dass auch irgendwann einmal ausgleichsfähige Gewinne erzielt werden.

152 Vgl. hierzu auch Hundsdoerfer (2002), S. 390.

In einem „Katalog“ für nicht oder nur prozentual abziehbare Aufwendungen sei nun geregelt, dass die Aufwendungen für einen Swimmingpool grundsätzlich als steuerlich nicht abziehbar zu behandeln sind. Ferner habe eine Rechtsverordnung die typisierende Annahme getroffen, dass Leerstandszeiten einer Ferienwohnung in Höhe der nachgewiesenen vermieteten Tage p.a. ebenfalls als erwerbswirtschaftlich veranlasst zu behandeln sind.[153] Demnach ermittelt sich die Steuerbemessungsgrundlage für den erwerbswirtschaftlichen Teil der Vermietung der Ferienwohnung wie folgt: Die grundsätzlich berücksichtigungsfähigen Aufwendungen betragen infolge der Kürzung um die nicht abziehbaren Betriebskosten des Swimmingpools noch EUR 20.000. Diese sind in Höhe von EUR 10.000 steuerlich abziehbar.[154] Der Verlust aus der Vermietung der Ferienwohnung beträgt somit EUR 5.000.

Auf einer der Ermittlung dieses Verlustes nachgeordneten Ebene, stellt sich dann die Frage, ob der Aufwandsüberhang mit Ertragsüberschüssen aus anderen Aktivitäten verrechnet werden kann. Unterstellt, durch die Kürzung der anteiligen Aufwendungen des Swimmingpools und die typisierende Zuordnung der Leerstandszeiten sei es gelungen, alle konsumtiv verursachten Aufwendungen auszuklammern, so besteht für eine zusätzliche Verlustverrechnungsbeschränkung keine Notwendigkeit. Doch dürfte dies gerade bei Aktivitäten, die dem Hobby- bzw. Freizeitbereich nahe stehen, nur selten gelingen. Für den Beispielsfall stellt sich etwa die Frage, ob nicht auch in den anteilig steuerwirksamen Aufwendungen von EUR 20.000 noch privat motivierte Aufwendungen „versteckt“ sind.[155] Ferner kann die Typisierung bezüglich der Leerstandszeiten „ins Leere laufen“, wenn letztlich eine deutlich höhere Eigennutzung erfolgt. Aus diesem Grunde enthalte die (noch zu schaffende) Rechtsverordnung auch Regelungen zur Verrechenbarkeit von Verlusten für bestimmte „kritische“ Aktivitäten, mit der Folge, dass etwa Verluste aus der Vermietung einer Ferienimmobilie nur mit zukünftigen Gewinnen aus derselben Erwerbsgrundlage ausgleichsfähig sind.

Mit dieser zweistufigen Vorgehensweise wird erreicht, dass der erwerbswirtschaftliche Teil einer de lege lata vermutlich als Liebhaberei zu beurteilenden Tätigkeit nicht verloren geht, sondern durch die noch am ehesten mögliche

---

[153] Aufgrund einer mindestens zu unterstellenden Eigennutzung von z.B. 35 Tagen, könnte der erwerbswirtschaftliche Anteil jedoch auf insgesamt max. 330 Tage beschränkt werden.

[154] Durch die typisierende Zuordnung der Leerstandszeiten werden 2 x 92 Tage (ca. 50%) der erwerbswirtschaftlichen Nutzung zugerechnet.

[155] Z.B. aufgrund einer infolge der Eigennutzung sehr hochwertigen Ausstattung, die sich aber nicht in höheren Mieteinnahmen niederschlägt.

Qualifikation einzelner Aufwendungen annähernd berechnet werden kann.[156] Zudem wird verhindert, dass Aufwendungen aus der konsumtiven Einkommensverwendung durch „geschickte Verpackung“ in eine scheinbar erwerbswirtschaftliche Tätigkeit mit Einnahmen aus der Einkommensentstehung verrechnet werden.

Für einige Betätigungen, die auf den ersten Blick keine eindeutige Nähe zum Hobby- und Freizeitbereich aufweisen, mag es nun schwieriger sein, diese über Erfahrungswerte und Basiswerturteile zu fixieren und deren Verlustausgleichsmöglichkeiten zu beschränken.[157] Ob für diese ggf. eine weitere Gruppe innerhalb einer Rechtsverordnung zu bilden ist, sei hier dahingestellt. Wichtig erscheint jedoch nochmals auf den Konflikt hinzuweisen, den die zunächst geschilderte Beschränkung der Verlustausgleichsmöglichkeiten im Hinblick auf ein gesamtwirtschaftlich erwünschtes Investitionsverhalten haben kann.[158] Insbesondere werden zahlreiche Startversuche in die Selbständigkeit gerade nebenberuflich erfolgen und von der Hauptbeschäftigung (meist im Angestelltenverhältnis) subventioniert werden. Weisen diese nun aber eine gewisse Nähe zu den als konsumtiv beurteilten Tätigkeiten auf, sind sie infolge der getroffenen Beschränkung der Verlustausgleichsmöglichkeiten benachteiligt. Deshalb wäre für die hier typischerweise auftretenden Anfangsverluste eine alternative Regelung möglicherweise vorzuziehen.[159]

Will der Gesetzgeber dementsprechend auch diese Investitionsvorhaben fördern oder zumindest nicht behindern, könnten daraus resultierende Verluste in der Anfangsphase mit anderen erwerbswirtschaftlichen Einkommensbestandteilen verrechnet werden, auch in Form eines Verlustrücktrags. Durch eine uneingeschränkte Verrechnung nur der Anlaufverluste würde zugleich gewährleistet, dass evtl. vorhandene - nicht bereits bei der Ermittlung der Bemessungsgrundlage identifizierbare - private Motive der Betätigung nur für einen begrenzten Zeitraum steuerlich geltend gemacht werden.

---

156 Es ist nicht ersichtlich, warum mögliche Erträge aus solchen Tätigkeiten nicht der Einkommensteuer unterliegen sollen. Vgl. C.4.2., FN 101.

157 So kann ein später erfolgreiches Unternehmen, dessen ursprüngliche Geschäftsidee dem Freizeitbereich entstammt, seine Anfänge durchaus in der „Garage nebenan“ haben; so z.B. bei Internetunternehmen oder einem Musiker, der nebenberuflich ein Tonstudio beginnt. Ein weiteres Beispiel wäre die Eröffnung einer Kunstgalerie. Nur weil diese Tätigkeiten dem Steuerpflichtigen auch Spaß bereiten, kann nicht ohne weiteres auf Konsum geschlossen werden. Vgl. Honisch (2000), S. 546.

158 Vgl. C.3.1.3.

159 Denn die erforderlichen Bedingungen für die Äquivalenz von verzinslichem Verlustvortrag und sofortigen Verlustausgleich (hier: mit anderen Erwerbsgrundlagen) sind leider nur selten gegeben. Vgl. FN 151. Insbesondere fehlt es an der notwendigen Liquidität.

Ermittlungstechnisch könnten hier die Verlustausgleichsmöglichkeiten mit Gewinnen aus anderen Betätigungen auf z.B. drei Jahre - ab Beginn der zu beurteilenden Tätigkeit - begrenzt werden.[160] Das bedeutet, dass der Steuerpflichtige weitere Verluste ab dem vierten Jahr nur mit zukünftigen Gewinnen aus dieser Betätigung verrechnen könnte. Die bereits ausgeglichenen Verluste bis zum dritten Jahr werden aber nicht nachträglich in Frage gestellt.

Für welche Variante sich der Gesetzgeber auch entscheidet, das Ergebnis stellt im „Massenverfahren Steuerrecht" selbstverständlich einen Kompromiss dar. Nimmt man für eine Förderung möglichst vieler Investitionen in Kauf, dass auch die eine oder andere privat motivierte Tätigkeit davon profitiert, kann der Steuergesetzgeber das Pendel in Richtung möglichst uneingeschränkte Verlustverrechnung ausschlagen lassen. Soll dagegen in erster Linie gewährleistet werden, dass konsumtiv motivierte Aufwendungen nicht über einen Verlustausgleich die zu zahlenden Steuern verringern, sollte es beim begrenzten Verlustvor- bzw. -rücktrag bleiben. Die vorgestellte Variante einer zeitlich auf drei Jahre beschränkten vollständigen Verlustverrechnung führt vielleicht zum „goldenen Mittelweg", kann aber selbstverständlich auch auf zwei Jahre verkürzt oder auf vier Jahre verlängert werden.

Ein weiterer Vorteil der geschilderten Varianten ist darin zu sehen, dass im Gegensatz zur rückwirkenden Streichung von Verlusten, der Steuerpflichtige nicht auch noch durch eine Steuernachzahlung „bestraft" wird.[161] Denn ein potentieller Investor benötigt für seine Planungen verlässliche (steuer-) rechtliche Rahmenbedingungen.[162] Demgegenüber erhöht eine nachträgliche Steuerzahlung aufgrund der Qualifikation als konsumtive Einkommensverwendung das Risiko der Investition.[163] Wird der Nachteil daraus zu groß, unterbleibt die Investition.

160 Vgl. hierzu auch FG Niedersachsen v. 4.6.1997, EFG 1997, S. 1231.

161 Beispielsweise führt die aktuell zu beobachtende Tendenz der Finanzverwaltung, Verluste aus bestimmten Tätigkeiten nur unter Vorbehalt anzuerkennen, zu der Gefahr, dass bei einer (nachträglichen) Qualifikation als Liebhaberei die aus der ursprünglichen Verrechnung resultierende Steuerersparnis zurückzuzahlen ist.

162 Der Wegfall der Verlustausgleichsmöglichkeiten bei Überschreiten eines typisierten Zeitraums, ist vom Steuerpflichtigen immerhin kalkulierbar, so dass hier keine ex post-Überraschung auftaucht.

163 Damit scheidet auch eine vorläufige Veranlagung aus. Vgl. Vinzenz (1993), S. 553 ff.

(2) Typische erwerbswirtschaftliche Betätigungen

Für alle nicht in einer Rechtsverordnung erfassten und somit durch Werturteil als „eindeutig" erwerbswirtschaftlich qualifizierten Tätigkeiten,[164] sollte die Anerkennung von Verlustverrechnungsmöglichkeiten außer Frage stehen.[165] Einer zeitlichen oder sonstigen Beschränkung bedarf es deshalb grundsätzlich nicht. Allerdings sind Fälle denkbar, in denen Verluste sehr lange anhalten können, so dass auch hier nach einer bestimmten längeren Zeitspanne die Frage nach der noch existierenden erwerbswirtschaftlichen Veranlassung gestellt werden könnte.[166]

Die in Einzelfällen zu einem Verstoß gegen die Prinzipien der Entscheidungsneutralität und der Gleichmäßigkeit der Besteuerung führende Begrenzung des Verlustausgleichs könnte ihre Rechtfertigung in der Zielgröße Einfachheit der Besteuerung finden. Wie schon bei den als (z.T.) konsumtiv identifizierten Aktivitäten hätte eine solche Begrenzung die Funktion, die Möglichkeiten der Verlagerung von Konsumaktivitäten in den erwerbswirtschaftlichen Bereich pauschaliert zu erschweren. Dadurch soll verhindert werden, „daß über längere Zeiträume hinweg aufgrund einer besonderen Nähe bestimmter Aufwendungen zur persönlichen Lebensführung ein so großes Verlustpotential anwächst, daß Steuerzahlungen ad infinitum hinausgeschoben werden."[167]

M.E. sollte bei der Gruppe der typisch erwerbswirtschaftlichen Betätigungen jedoch Folgendes beachtet werden: Bei der Ermittlung des Verlustes blieben die identifizierbaren privat (mit-) veranlassten Ausgaben ebenfalls unberücksichtigt.[168] Fragen der erwerbswirtschaftlichen Veranlassung, Notwendigkeit oder Angemessenheit der getätigten Aufwendungen sind bei Vorliegen eines Verlustes also schon weitgehend beantwortet. Somit verschiebt sich auch in dieser Gruppe ein wesentlicher Teil der bisher unter dem Begriff Liebhaberei disku-

---

164 Theoretischer Ausgangspunkt ist wiederum ein gesellschaftspolitisch akzeptiertes Basiswerturteil über diese Betätigungen, z.B. durch eine Legaldefinition oder praxistauglicher, als Umkehrschluss aus einer Nichtnennung unter den auch konsumtiv motivierten Betätigungen.

165 Vgl. Wissel (1997), S. 115 f.

166 Vgl. hierzu BFH v. 19.11.1985, BStBl II 1986, S. 289, für einen 30 Jahre nur mit Verlust betriebenen Getränkegroßhandel. Ein ebenfalls charakteristisches Beispiel findet sich bei Schmidt/Weber-Grellet, EStG, § 15 Rz 40, bei dem eine reich verheiratete Steuerpflichtige ein Modegeschäft nur mit Verlusten betreibt. Beide Betätigungen können wohl als „klassische" erwerbswirtschaftliche Betätigungen bezeichnet werden, bei denen sich eine privat motivierte Veranlassung nicht aus der Tätigkeit als solcher ableiten lässt.

167 Wissel (1997), S. 245.

168 Vgl. hierzu die Ausführungen zur Abgrenzung der Privatausgaben von den erwerbswirtschaftlichen Aufwendungen, B.2.4.2. ff.

tierten Probleme auf die Ebene der Bemessungsgrundlagenbestimmung.[169] Die verbleibenden Verluste sind überwiegend „echt", d.h. frei von konsumtiver Mitveranlassung. Eine Beschränkung der Verlustverrechnungsmöglichkeiten wäre nur dann notwendig, wenn es bei der Bestimmung der Bemessungsgrundlage nicht gelungen wäre, alle konsumtiv veranlassten Ausgaben zu isolieren.

Im Gegensatz zur Gruppe der auch konsumtiv geprägten Aktivitäten und etwaiger Grenzfälle, bei denen schon die „normalen" Aufwendungen privat veranlasst sein können,[170] ist diese Gefahr bei den „klassischen" erwerbswirtschaftlichen Tätigkeiten jedoch geringer. Auch lassen sich hier aus dem Gesamtbild der Aktivität i.d.R. keine zusätzlichen Anknüpfungspunkte finden, die auf private Motive schließen lassen. Das Argument, die Begrenzung der Verlustausgleichsmöglichkeiten diene als pauschalierte Korrekturgröße für eine private (Mit-) Veranlassung, greift in diesen Fällen folglich nur sehr eingeschränkt. Eine Beschränkung der Verlustausgleichsmöglichkeiten in dieser Konstellation würde vielmehr bedeuten, dass man den lange Zeit erfolglosen Unternehmer von staatlicher Seite nicht länger unterstützen möchte. Zu beachten ist dabei natürlich, dass eine materielle Subventionierung nur dann vorliegt, wenn anderweitig positive Einkommensbestandteile existieren, im Falle der Zusammenveranlagung auch beim Ehegatten.[171]

Zwar ist die Unterstellung, die Fortführung eines andauernd verlustträchtigen Unternehmens beruhe auf persönlichen Neigungen, insbesondere bei Vorhandensein anderer positiver Einkommensteile nicht in jedem Fall von der Hand zu weisen, doch werden dies i.d.R. Einzelfälle sein.[172] Auch angesichts der in der

---

169 Vgl. Wissel (1997), S. 245 f.

170 Z.B. die Abschreibung oder die Darlehenszinsen aus der Anschaffung einer besonders teuren Ferienwohnung.

171 Unter gesamtwirtschaftlichen Aspekten könnte darüber nachgedacht werden, ob eine dauerhaft finanziell erfolglose Tätigkeit durch Steueranreize (Verlustverrechnungsmöglichkeiten) subventioniert werden soll, auch wenn deren Charakter eindeutig erwerbswirtschaftlich ist. Geschieht dies nicht, liegt allerdings ein Eingriff in die freiheitliche Grundordnung vor, der einer nachvollziehbaren Rechtfertigung bedarf.

172 Zu denken wäre hier z.B. an die Aufrechterhaltung eines Betriebes in kleinerem Umfang, um laufende Aufwendungen (z.B. PKW-Kosten, Büromaterial usw.) weiterhin steuerlich geltend zu machen. Dadurch entstehende Verluste sind nur dann „ökonomisch sinnvoll", wenn es sich zumindest auch um privat motivierte Aufwendungen handelt. Anderenfalls müsste der erfolglose Betrieb stillgelegt werden. Besonders schwierig dürfte die Identifizierung derartiger Aufwendungen sein, wenn diese auf den ersten Blick „zweifelsfrei" dem Erwerbsbereich zuzurechnen sind. So käme wohl zunächst niemand auf die Idee, Personalkosten eines Betriebes als privat motiviert anzusehen. Doch was wäre, wenn bereits der Personalaufwand mehrfach nicht durch die Betriebseinnahmen gedeckt wird. Ein „homo oeconomicus" würde den Betrieb wohl kaum fortsetzen, es sei denn, die Personal-

Besteuerungspraxis häufig zu beobachtenden Einbringung privaten Vermögens, in der Hoffnung einen verlustreichen Betrieb doch noch in die Gewinnzone zu bringen,[173] kann diese Annahme nicht verallgemeinert werden und eignet sich deshalb nicht als zu typisierender Sachverhalt.

Deshalb wird es in den Fällen „typischer Erwerbsbetätigungen" systematisch vorzuziehen sein, die einzelnen Aufwendungen kritisch auf ihre Nähe zur persönlichen Lebensführung zu untersuchen.[174] Eine Beschränkung der Verrechnung ununterbrochen andauernder Verluste auf zukünftige Gewinne aus derselben Betätigung sollte nur ausnahmsweise als Auffangtatbestand in Betracht kommen.[175] In Relation zur Gruppe der Betätigungen mit typischerweise auch konsumtiver Motivation sollte der uneingeschränkt anzuerkennende Verlustverrechnungszeitraum jedoch (deutlich) länger sein. Ob dieser Zeitraum nun allerdings fünf,[176] sechs, acht oder zehn Jahre betragen sollte,[177] kann und braucht hier nicht allgemeingültig festgelegt zu werden.

C.5. Zusammenfassung

- Die Ausführungen zur Einkunftserzielungsabsicht bzw. Liebhabereiproblematik und die im Anschluss vorgestellten Lösungsvarianten haben verdeutlicht, dass es „die einzig richtige Lösung" nicht gibt. Vielmehr sollte aufgezeigt werden, dass die bisherigen Lösungsversuche der Rechtsprechung in eine Sackgasse führen. Im Hinblick auf die als wünschenswert dargestellten Besteuerungskriterien gehen von der einkunftsartenabhängigen Totalerfolgsprognose und dem Festhalten an einer subjektiven Betrachtungsweise ökonomisch nicht nachvollziehbare Wirkungen aus. Dies wird noch verstärkt durch die vielfältigen Möglichkeiten des geltenden Einkommensteuerrechts, sog. Buchverluste zu produzieren. Eine auf diese „hausgemachten Probleme" fokussierte Diskussion verschleiert den Blick auf das eigentliche Problem: Die Ausklammerung/Abgrenzung privater Aufwendungen.

---

kosten entfallen etwa ausschließlich auf die Ehefrau (oder andere Angehörige) und es sind damit evtl. außersteuerliche Vorteile verbunden, z.B. im Sozialversicherungsbereich.

173 Typisch ist hier die Hingabe privater Sicherheiten für betriebliche Kredite.

174 Vgl. FN 168.

175 Eine endgültige Beschränkung der Verlustausgleichsmöglichkeiten ist bei den klassischen erwerbswirtschaftlichen Tätigkeiten ohnehin abzulehnen.

176 Nach § 10 Abs. 2 des kroatischen Gewinnsteuergesetzes verliert der Steuerpflichtige das Recht auf den Verlustabzug, wenn er innerhalb von fünf Jahren keinen Gewinn erzielt.

177 Vgl. hierzu BFH v. 6.3.1980, BStBl II 1980, S. 718; BFH v. 15.11.1984, BStBl II 1985, S. 205; BFH v. 21.3.1985, BStBl II 1985, S. 399.

- Eine Lösung der Problematik bedarf zunächst einer Reform des Steuerrechts im Hinblick auf eine einkunftsartenübergreifende Konkretisierung des steuerlichen Wertmaßstabes. Ein gerechtes Steuerrecht erfordert auch für die Frage, ob ein steuerbarer Tatbestand vorliegt, ein Anknüpfen an eine nachvollziehbare Größe und nicht an subjektive Absichten. Eine solche kann im einheitlich ermittelten Markteinkommen (als Maßstab des verwirklichten Mittelerwerbs) gesehen werden. Ermittlungstechnisch sind dabei zunächst alle nachhaltigen Erträge und Aufwendungen zu erfassen.[178] Einer vorgelagerten Prüfung der Einkunftserzielungsabsicht bedarf es nicht.[179] In einem zweiten Schritt sind dann die als (teilweise) konsumtiv qualifizierten Aufwendungen zu korrigieren.[180] Damit liegt ein geeigneter und weitgehend rechtssicherer Lösungsansatz vor. Denn es wird sich kein stichhaltiges Argument finden lassen, warum die Identifizierung privat veranlasster Aufwendungen bei der Prüfung der Einkunftserzielungsabsicht (subjektiver Prognosemaßstab) einfacher von statten gehen soll als bei der Bestimmung der Bemessungsgrundlage (objektivierter, bereits realisierter Maßstab).

- Für die Beurteilung der danach noch mit Verlusten abschließenden Tätigkeiten kann eine Klassifizierung derselben in die Gruppen[181]
  - Betätigungen mit typischerweise auch konsumtiver Motivation und
  - typisierte erwerbswirtschaftliche Betätigungen

  unter pragmatischen Gesichtspunkten hilfreich sein.[182] In Abhängigkeit von der Gruppenzugehörigkeit und der Intention des Gesetzgebers kann das Spektrum der Verlustausgleichsvarianten vom Ausschluss der die Einnahmen übersteigenden Ausgaben mit anderen Erwerbsgrundlagen, über zeitlich be-

---

178 Dies entspricht der US-amerikanischen Regelung, nach der grundsätzlich jeglicher Zufluss steuerpflichtig ist, es sei denn, er wird vom Gesetz (IRC) zu den nicht steuerbaren Einnahmen gezählt. Vgl. Ernst & Young (2001b), S. 7.

179 Häufig wird übersehen, dass dies auch nach der aktuellen Rechtslage nicht zwingend erforderlich ist. Vgl. § 15 Abs. 2 Satz 3 EStG.

180 Z.B. mit Hilfe eines Kataloges an nicht bzw. nur pauschal abziehbaren Aufwendungen innerhalb einer anpassungsfähigeren RVO. Vgl. Kirchhof (2001), S. 915.

181 Auch wäre die Bildung einer Gruppe für Grenzfälle denkbar. Jedoch ist zu beachten, dass mit jeder weiteren Gruppe vermehrt Abgrenzungsfragen auftreten und damit die Einfachheit einer Regelung verloren geht. Mit der vorgeschlagenen Gruppenbildung könnte auch der Befürchtung von Wagner (2001), S. 357, begegnet werden, mit dem Wegfall der sieben Einkunftsarten und der von der Judikatur hierzu entwickelten Kasuistik würden die Abgrenzungsprobleme zwischen steuerbaren und nicht steuerbaren Einkünften vermutlich zunehmen. Systematisch wäre die hier vorgeschlagene Vorgehensweise schon deshalb vorzuziehen, weil die Konkretisierung auf einer untergeordneten Ebene nicht mit Abgrenzungsproblemen (durch die Einkunftsarten) auf der übergeordneten Begriffsebene erkauft werden darf. Vgl. Bareis (2002), S. 139.

182 So sieht auch Kirchhof (2001), S. 915, eine Notwendigkeit, die Tatbestände des Gesetzes in einer RVO *gegenwartsgerecht* und *gruppenbezogen* zu konkretisieren.

schränkte Verlustausgleichsmöglichkeiten mit anderen Erwerbsgrundlagen, bis hin zur grundsätzlich unbeschränkten Verlustverrechnung reichen.

- Bei der konkreten Ausgestaltung sollte sich der Gesetzgeber im Klaren sein, dass die Schaffung eines günstigen Investitionsklimas tendenziell großzügige Verlustausgleichsmöglichkeiten verlangt, während diese bei der Minimierung des Abzugs privat (mit-) veranlasster Aufwendungen eher einzuschränken sind. Durch die bereits diskutierten zeitlichen Grenzen eines Verlustausgleichs mit anderen Erwerbstätigkeiten und der anschließenden Gewährung eines tätigkeitsbezogenen (verzinslichen) Verlustvortrags hat der Gesetzgeber die Möglichkeit, Kompromisse einzugehen. Demgegenüber führen Lösungsversuche, die an die Beurteilung gesamter Aktivitäten anknüpfen oder dem Steuerpflichtigen Wahlmöglichkeiten belassen (erwerbswirtschaftliche Zuordnung oder nicht), zu keinem befriedigenden Ergebnis.

D Das Steuerobjekt und die Problematik der Abgrenzung von Einkunftsarten

D.1. Einleitung

Der im Abschnitt B.4.2. dargestellte kurze Überblick über die Eckpunkte der Schedulenbesteuerung hat bereits gezeigt, dass ein zerklüftetes Einkunftsartenrecht der Verwirklichung der Leitlinien einer entscheidungsneutralen, gleichmäßigen und einfachen Besteuerung entgegensteht. Nun ist das Einkommensteuergesetz voll von Differenzierungen hinsichtlich der Einkunftsarten, so dass mit diesem Problemkreis ganze Bücher gefüllt werden können.[1] Da die notwendige Systembereinigung im Hinblick auf die Abgrenzung der Einkunftsarten allerdings nur einen Teil der dringend erforderlichen Korrekturen des Einkommensteuergesetzes darstellt, muss an dieser Stelle eine Beschränkung des Untersuchungsfeldes erfolgen.

Als besonders problematisch erweist sich die Abgrenzung der Einkünfte aus Gewerbebetrieb von den übrigen Einkunftsarten.[2] Die Bedeutung dieser Differenzierung resultiert auf den ersten Blick aus dem Umstand, dass der Gesetzgeber an die Besteuerung gewerblicher Einkünfte eine zusätzliche Steuer anknüpfen lässt, die Gewerbesteuer.[3] Demzufolge sind Streitfälle vorprogrammiert, sofern eine eindeutige Zuordnung zu den Einkünften aus Gewerbebetrieb nicht ohne weiteres möglich ist. Dies gilt innerhalb der Gewinneinkunftsarten insbesondere für die Abgrenzung zu den Einkünften aus selbständiger Arbeit nach § 18 EStG. Bestehen daneben Konkurrenztatbestände zwischen gewerblichen Einkünften und den Überschusseinkünften,[4] kommt zu dem Problem der Zusatzsteuer noch die unterschiedliche Erfassung von Vermögenswertänderungen infolge der dualistischen Einkunftsermittlungmethoden des § 2 Abs. 2 EStG hinzu. Mit § 17 EStG und § 23 EStG bestehen für Teile der Überschusseinkünfte insoweit allerdings Auffangtatbestände.

---

1 Vgl. z.B. Nickel (1998).

2 Vgl. A.2. sowie Bareis (2002), S. 139 und dessen Hinweis auf Haegert (1991), S. 36 ff.

3 Diese stellt infolge ihrer Abzugsfähigkeit als Betriebsausgabe und der pauschalen Anrechnung in § 35 EStG im Idealfall kein materielles Problem mehr dar. Dass die Umsetzung durch den Gesetzgeber allerdings Fehler aufweist, kann inzwischen eigentlich nicht mehr überraschen. Hierzu Korezkij (2000), S. 340 ff.

4 Zu denken ist hier in erster Linie an die Einkünfte gem. § 21 EStG sowie z.T. auch an § 20 EStG.

Wie stark das geltende Einkommensteuerrecht von derartigen Konkurrenzen von Einkunftstatbeständen beeinflusst wird, zeigt sich z.B. an der Notwendigkeit seitens der Rechtsprechung, in Abgrenzungsfragen sog. Richterrecht zu kodifizieren. Zu nennen ist hier etwa die Geprägerechtsprechung,[5] die zu einem späteren Zeitpunkt wieder aufgegeben wurde,[6] um dann in § 15 Abs. 3 Nr. 2 EStG gesetzlich kodifiziert zu werden.[7] Des Weiteren die Abfärbetheorie,[8] deren Schwerpunkt im Bereich der Abgrenzung der gewerblichen Einkünfte zu den Einkünften aus selbständiger Arbeit zu sehen ist.[9] Und schließlich die Schaffung des „Rechtsinstituts“[10] der Betriebsaufspaltung, nach der eine ihrer Art nach nicht gewerbliche Betätigung, nämlich das Vermieten bzw. das Verpachten von Wirtschaftsgütern, in eine gewerbliche umqualifiziert wird.[11]

Doch auch die eben genannten Abgrenzungsprobleme, die unisono zu einer mehr oder weniger willkürlichen (Um-) Qualifizierung einer bestimmten Einkunftsart führen, finden noch eine Steigerung. „Das leidigste Thema bei der durch das dualistische Einkünftesystem geforderten Abgrenzung des Gewerbebetriebs von der Vermögensverwaltung betrifft die wirtschaftlichen Aktivitäten im Immobilienbereich.“[12] Die Brisanz dieser Differenzierung liegt darin, dass mit der Umqualifizierung von eigentlich unter § 21 EStG zu subsumierenden Einkunftstatbeständen in solche gemäß § 15 EStG zwangsläufig ein Wechsel von den Überschuss- zu den Gewinneinkünften erfolgt. Im Ergebnis werden Veräußerungsgewinne bzw. -verluste aus der Vermögenssubstanz somit steuerlich relevant. Erstaunlich ist in diesem Zusammenhang auch, dass es trotz der Tragweite dieser Zuordnung an einer gesetzlichen Grundlage fehlt. Somit ist alleine die Rechtsprechung für die Schaffung eines erweiterten Steuertatbestandes verantwortlich.

---

5 BFH v. 17.3.1966, BStBl III 1966, S. 171; BFH v. 22.11.1972, BStBl II 1973, S. 405.

6 GrS des BFH v. 25.6.1984, BStBl II 1984, S. 751.

7 Vgl. Knobbe-Keuk (1989), S. 293 ff.

8 BFH v. 11.5.1989, BStBl II 1989, S. 797; BFH v. 19.2.1998, BStBl II 1998, S. 603 sowie Bordewin (1999), S. 10703. Vgl. auch BMF v. 14.5.1997, BStBl I 1997, S. 566.

9 Vgl. H 136 und H 138 Abs. 5 EStR.

10 Zum Begriff des Rechtsinstituts vgl. Knobbe-Keuk (1989), S. 683 ff.

11 GrS des BFH v. 8.11.1971, BStBl II 1972, S. 63. Zur Annahme einer Betriebsaufspaltung inzwischen auch bei der Vermietung eines Bürogebäudes, vgl. BFH v. 2.4.1997, BStBl II 1997, S. 565 und BFH v. 23.1.2001, BFH/NV 2001, S. 894. Grundlegend zur Betriebsaufspaltung Knobbe-Keuk (1989), S. 681 ff; Söffing (1996), S. 1225 ff; Raupach (1998), S. 201 f; Söffing (2001), S. 1 ff. Ein Überblick über die neuere Literatur findet sich bei Schmidt, EStG, § 15 vor Rz 800.

12 Knobbe-Keuk (1993), S. 745. Hofer (2000), S. 1635, spricht beim gewerblichen Grundstückshandel von einem der großen Problemfelder des deutschen Steuerrechts.

Aus dem Blickwinkel eines systematisierten Einkommensteuerrechts könnte die Analyse eines auf den Dualismus des § 2 Abs. 2 EStG zurückgehenden Problemfeldes eigentlich unterbleiben. Denn nach den vorausgegangenen Ausführungen ist ein Steuerrecht, das nicht das gesamte Einkommen einheitlich erfasst,[13] abzulehnen. Deshalb könnte bereits im Voraus nur die Abschaffung der hier existierenden Differenzierung gefordert werden. Doch gilt es ja gerade aufzuzeigen, welche Probleme aus der vom Steuergesetzgeber gewählten Nichtbeachtung dieser Leitbilder resultieren.

Hierfür bildet die Rechtsfigur des gewerblichen Grundstückshandels ein geradezu klassisches Beispiel.[14] Insbesondere wird zu zeigen sein, dass auch ein noch so umfangreiches Flickwerk (z.B. durch die Drei-Objekt-Grenze der Rechtsprechung) einen Systemfehler des Gesetzes nicht reparieren kann. Die künstliche Trennung der Einkunftsarten und die daran anknüpfende unterschiedliche Ermittlung der Bemessungsgrundlage ist vielmehr die unbefriedigende Fortsetzung, der bereits bei der Frage nach der Einkunftserzielungsabsicht kritisierten, mehr oder weniger willkürlichen Ermittlung des Totalerfolges.

D.2. Die Problematik der Abgrenzung von Einkunftsarten am Beispiel des gewerblichen Grundstückshandels

D.2.1. Der Begriff des Gewerbebetriebs nach § 15 EStG und die Abgrenzung zur Vermögensverwaltung

Die Abgrenzung zwischen privater und gewerblicher Grundstücksveräußerung[15] ist letztlich eine Frage der Bestimmung und Abgrenzung von Einkünften aus Gewerbebetrieb nach § 15 EStG zu anderen Einkunftsarten. Die Probleme bei der Qualifikation des gewerblichen Grundstückshandels haben dementsprechend ihren Ursprung in der Auslegung des Begriffes Gewerbebetrieb.[16]

---

13 Jakob (1993), S. 116, spricht vom Erfordernis „Mark gleich Mark" (nunmehr Euro gleich Euro).

14 Trotz der bereits erwähnten zurückgehenden Bedeutung der Gewerbesteuer infolge der möglichen Anrechnung gem. § 35 EStG und der Verlängerung der Spekulationsfrist für Grundstücke gem. § 23 EStG, lässt sich am Beispiel des gewerblichen Grundstückshandels die Tragweite des überkommenen Einkunftsartenrechts besonders gut aufzeigen.

15 Umfassend hierzu Schmidt-Liebig (1999).

16 Vgl. Schmidt-Liebig (1997), S. 346.

§ 15 Abs. 2 Satz 1 EStG definiert den Gewerbebetrieb als selbständige nachhaltige Betätigung, die mit der Absicht Gewinn zu erzielen[17] unternommen wird und sich als Beteiligung am allgemeinen wirtschaftlichen Verkehr darstellt. Diese Definition wird ergänzt durch die Negativbedingungen in § 15 Abs. 2 Satz 2 EStG, nach denen es sich weder um Einkünfte aus Land- und Forstwirtschaft noch um Einkünfte aus selbständiger Arbeit handeln darf.

Aufgabe der Rechtsprechung ist es nun, in den ihr vorgelegten Streitfällen zu prüfen, ob der einzelne Sachverhalt unter die Merkmale des § 15 EStG zu subsumieren ist oder nicht. Nur wenn alle Kriterien des § 15 Abs. 2 EStG erfüllt sind, liegt eine gewerbliche Tätigkeit vor. Was sich in der Theorie noch als Hilfskriterien für eine Abgrenzung interpretieren lässt, ist für die praktische Zuordnung von Grenzfällen jedoch völlig ungeeignet. Denn nicht nur die drei Gewinneinkunftsarten, sondern auch die übrigen Einkunftsarten (mit Ausnahme der Einkünfte aus nichtselbständiger Arbeit) zeichnen sich durch eine selbständige, nachhaltige Betätigung mit Gewinnerzielungsabsicht unter Teilnahme am allgemeinen wirtschaftlichen Verkehr aus.[18]

Dies zeigt sich deutlich bei einem Vergleich mit den Einkünften aus Vermietung und Verpachtung. Nimmt man einmal eine Vermietung unter nahen Angehörigen aus der Betrachtung aus, so dürften kaum Zweifel daran bestehen, dass der Vermieter zumindest die Absicht hat, aus dem vermieteten Objekt Gewinne zu erzielen und sei es auch nur unter Einbezug etwaiger - steuerlich freilich unbeachtlicher - Wertsteigerungen. Auch die Selbständigkeit und Nachhaltigkeit der Betätigung dürfte kaum in Frage gestellt werden, denn umgekehrt betrachtet dürfte es schwer fallen, die Vermietungstätigkeit als weisungsgebunden oder als einmalig zu charakterisieren. Zudem zeigt die Behandlung der Vermietung im Umsatzsteuerrecht, dass unter diesem Blickwinkel beide Kriterien als erfüllt angesehen werden.[19]

Bleibt also noch die Frage der Teilnahme am allgemeinen wirtschaftlichen Verkehr. Hier sind berechtigte Zweifel beispielsweise bei einer langjährigen Vermietung einer Wohnung an denselben Mieter gegeben, so z.B. wenn sich die Wohnung in einem Zweifamilienhaus befindet und die zweite Wohnung vom Vermieter eigengenutzt wird. Eine solche Konstellation stellt allerdings auch keinen Grenzfall zum gewerblichen Grundstückshandel dar. Anders ist dagegen die Vermietung eines Zehnfamilienhauses zu beurteilen, in dem es zu häufigen Mieterwechseln kommt. Im Übrigen zeigt ein Blick in den Immobilienteil der

---

17 Die Gewinnerzielungsabsicht kann gem. § 15 Abs. 2 S. 3 EStG auch Nebenzweck sein.

18 Vgl. Schmidt-Liebig (1997), S. 346.

19 Vgl. § 2 UStG bzw. Abschn. 16 ff UStR.

regionalen Tageszeitungen, dass Vermieter sehr wohl am allgemeinen wirtschaftlichen Verkehr teilnehmen können.

Es bleibt also festzuhalten, dass sich der Anwendungsbereich des § 15 EStG bei einer Streichung der vier positiven Merkmale des Absatzes 2 kaum verändern würde.[20] Auch die beiden Negativmerkmale des § 15 Abs. 2 EStG haben nur klarstellende Bedeutung, denn es ist nach dem Aufbau des deutschen Einkunftsartenrechts selbstverständlich, dass Tätigkeiten, die unter die §§ 13 oder 18 EStG fallen, nun einmal nicht zu Einkünften aus Gewerbebetrieb führen.

Um überhaupt ein geeignetes Abgrenzungsmerkmal zur Verfügung zu haben, sah sich der Bundesfinanzhof veranlasst, das Negativmerkmal des Nichtvorliegens einer privaten Vermögensverwaltung selbst zu entwickeln.[21] Abgeleitet wurde dieses Kriterium aus § 14 AO, wonach ein wirtschaftlicher Geschäftsbetrieb nur dann vorliegt, wenn die Betätigung über den Rahmen einer Vermögensverwaltung hinausgeht. Die Grenze zum Gewerbebetrieb soll dann überschritten werden, wenn die Ausnutzung substanzieller Vermögenswerte durch Umschichtung gegenüber der Vermögensnutzung entscheidend in den Vordergrund tritt.

Bezogen auf die hier im Mittelpunkt stehende Nutzung von Grundbesitz bedeutet dies, dass die Schwelle zum Gewerbebetrieb dann überschritten wird, wenn die Miet- oder Pachteinnahmen als Früchte der zu erhaltenden Vermögenssubstanz („Streben nach höheren Erträgen“) von den Einnahmen aus der Veräußerung des Grundbesitzes („Ausnutzung von Substanzwertsteigerungen“) überlagert werden.[22] Wann nun aber eine Überlagerung gegeben ist, ist wiederum eine Auslegungsfrage und bietet für die Besteuerungspraxis wenig Orientierungsmöglichkeiten. Auch die in Zweifelsfällen gern zitierte allgemeine Verkehrsanschauung und das sog. Gesamtbild der Verhältnisse tragen nicht gerade zu einer einfacheren Abgrenzbarkeit bei, weshalb in der Praxis die Suche nach einem bereits entschiedenen Vergleichsfall im Vordergrund steht.

---

20 Vgl. Schmidt-Liebig (1997), S. 346.

21 BFH v. 25.6.1984, BStBl II 1984, S. 751.

22 Vgl. Schmidt/Weber-Grellet, EStG, § 15 Rz 51.

D.2.2. Entwicklung der Rechtsprechung zum gewerblichen Grundstückshandel

D.2.2.1. Verkaufsabsicht, zeitlicher Zusammenhang und Art der Nutzung

Ausgehend von den oben geschilderten Problemen bei der Bestimmung der Gewerblichkeit einer Tätigkeit mittels einer abstrakten Definition behalf sich die Rechtsprechung seit jeher damit, in Grenzfällen auf einzelne typische Berufsbilder gewerblicher Grundstücksveräußerung zurückzugreifen. Zu nennen sind hier typischerweise:[23]

- der Grundstückshändler (An- und Verkauf von im Wesentlichen unveränderten Grundstücken)
- das Wohnungsbauunternehmen
- der Bauunternehmer
- der Bauträger

Aus dem Vergleich mit eben diesen Berufsbildern wurden dann Kriterien entwickelt, bei deren Vorliegen es zu einer Qualifikation als gewerblicher Grundstückshandel kommen kann. Hierbei sind insbesondere folgende steuerschädliche Maßnahmen zu nennen:[24]

- Ein bebautes oder unbebautes Grundstück wird bereits mit Verkaufsabsicht erworben.[25] Dieser Fall kann als Grundstückshandel im engeren Sinne bezeichnet werden.
- Auf einem unbebauten Grundstück wird mit Verkaufsabsicht ein Gebäude errichtet.[26]
- Ein unbebautes Grundstück wird mit Verkaufsabsicht parzelliert und erschlossen.[27]
- Ein bebautes Grundstück wird mit Verkaufsabsicht durch Teilungserklärung in Eigentumswohnungen umgewandelt und vor der Veräußerung grundlegend modernisiert.[28]

Bei allen genannten Kriterien kommt der Verkaufsabsicht eine zentrale Bedeutung zu. Und obwohl es sich nach dem Wortlaut eindeutig um ein subjektives

---

23 Vgl. Schmidt-Liebig (1997), S. 348.
24 Ausführlich Biergans (1992), S. 1002 ff.
25 Vgl. z.B. BFH v. 18.9.1991, BStBl II 1992, S. 135.
26 Vgl. z.B. BFH v. 18.9.1991, BStBl II 1992, S. 135.
27 Vgl. z.B. BFH v. 8.7.1982, BStBl II 1982, S. 700.
28 Vgl. z.B. BFH v. 10.8.1983, BStBl II 1984, S. 137.

Tatbestandsmerkmal handelt, soll der Versuch unternommen werden, seine Bestimmung nach objektiven Merkmalen vorzunehmen.[29] Eine wenig erfolgversprechende Vorgehensweise, wie die Ausführungen zur Einkunftserzielungsabsicht bereits gezeigt haben.

Ausschlaggebend für die Verkaufsabsicht soll nun der zeitliche Zusammenhang zwischen der Durchführung der Maßnahme und der Veräußerung sein. Ein enger zeitlicher Zusammenhang und damit ein Indiz für die Verkaufsabsicht liegt aus Sicht der Rechtsprechung grundsätzlich dann vor, wenn die jeweilige steuerschädliche Maßnahme innerhalb von fünf Jahren vor der Veräußerung erfolgt.[30]

Liegt die Zeitspanne zwischen fünf und zehn Jahren, so hat die Prüfung, ob eine steuerschädliche Maßnahme vorliegt, unter besonderer Berücksichtigung des Einzelfalls zu erfolgen. Dabei spielt der Beruf des Veräußernden eine wichtige Rolle. Handelt es sich z.B. um einen Architekten, Bauunternehmer, Immobilienmakler oder eine andere dem Grundstücksmarkt nahestehende Person, ist tendenziell eher von einem gewerblichen Grundstückshandel auszugehen als bei Steuerpflichtigen anderer Berufe.[31]

Liegen zwischen der steuerschädlichen Maßnahme und der Veräußerung mindestens zehn Jahre, ist der enge zeitliche Zusammenhang und damit die Veräußerungsabsicht in der Regel zu verneinen, so dass diese Veräußerungsvorgänge grundsätzlich der steuerlich unbeachtlichen privaten Vermögensverwaltung zugeordnet werden.

Neben der reinen Zeitdauer wird auch die Art der Nutzung von der Durchführung der steuerschädlichen Maßnahme bis zur Veräußerung als Indiz für die Veräußerungsabsicht herangezogen. Danach spricht eine langfristige Vermietung für die Annahme privater Vermögensverwaltung, weil dadurch die Verwertbarkeit des Grundstücks beeinträchtigt wird. Schließlich sind die Motive für die Veräußerung des Grundstücks zur Beurteilung der Verkaufsabsicht ohne Bedeutung, weil nach Auffassung des Bundesfinanzhofes hieraus keine Rückschlüsse auf die Pläne des Steuerpflichtigen zum Zeitpunkt der Durchführung der steuerschädlichen Maßnahme gezogen werden können. Dies soll selbst dann gelten, wenn die Veräußerung aus finanziellen Gründen notwendig ist.[32]

Schon dieser kurze Überblick lässt erahnen, welche Fülle von Kriterien ein Steuerpflichtiger im Einzelfall zu beachten hat. So fehlt es nicht nur gerade bei

---

[29] Vgl. BFH v. 18.9.1991, BStBl II 1992, S. 135.
[30] Vgl. BFH v. 18.9.1991, BStBl II 1992, S. 135.
[31] Vgl. BFH v. 5.9.1990, BStBl II 1990, S. 1060.
[32] Vgl. BFH v. 6.4.1990, BStBl II 1990, S. 1057.

der Veräußerung von nur wenigen Objekten an objektiven Anhaltspunkten. Vielmehr ist es in zahlreichen Fällen für den Steuerpflichtigen und seinen Berater nicht möglich, eine zweifelsfreie Klassifizierung des jeweiligen Veräußerungsvorgangs vorzunehmen. Da diese Problematik auch von der Rechtsprechung erkannt wurde, unternahm der VIII. Senat des BFH den Versuch, anhand einer zahlenmäßigen Begrenzung zu einer dringend gebotenen Vereinfachung zu finden. Dies war die „Geburtsstunde" der sog. Drei-Objekt-Grenze.[33]

D.2.2.2. Konkretisierung durch die Drei-Objekt-Grenze

Nach der Drei-Objekt-Grenze wird der Bereich der privaten Vermögensverwaltung nur dann verlassen, wenn der Steuerpflichtige mehr als drei Objekte veräußert und zwischen dem Kauf bzw. der Errichtung des Objektes und der Veräußerung der schon bekannte enge zeitliche Zusammenhang von i.d.R. fünf Jahren besteht. Der erkennende Senat argumentierte, dass je geringer der Umfang von Anschaffungen und Veräußerungen ist, desto weniger davon auszugehen sei, dass die beabsichtigte Vermögensmehrung in der Ausnutzung von Substanzwertsteigerungen liege und folglich eine als gewerblich zu beurteilende Umschichtung von Vermögenswerten nicht vorliege. Unabhängig von der sicherlich nicht objektiv überprüfbaren Frage, warum die Grenze gerade bei drei Objekten liegen soll, wurde mit diesem Urteil eine Art Steuerfreigrenze installiert, die in ihrer grundsätzlichen Bedeutung sicherlich einen Schritt in Richtung Steuervereinfachung bedeutete. Unter dem Gesichtspunkt der Rechtssicherheit sollte dem Steuerpflichtigen ein Rahmen vorgegeben werden, innerhalb dessen er in der Regel nicht zur Einkommensteuer auf Veräußerungsgewinne bzw. zur Gewerbesteuer herangezogen wird.

Der dem Urteil des VIII. Senats des BFH grundsätzlich innewohnende Vereinfachungscharakter lässt sich im Wesentlichen auf drei Typisierungskriterien zurückführen.[34] Dies sind die Objektzahl, der zeitliche Zusammenhang zwischen Erwerb bzw. Errichtung und Veräußerung sowie die Objektart. Obgleich damit zunächst praktikable Abgrenzungskriterien geschaffen wurden, zeigen die in der Folgezeit auch weiterhin auftretenden Streitfälle, dass bei einer Abkehr von einer möglichst strikten Einhaltung einmal gesetzter Typisierungskriterien zugunsten einem wiedereinsetzenden Streben nach Einzelfallgerechtigkeit scheinbar noch so einfache Abgrenzungsmerkmale ihre Wirkung verlieren.

---

[33] BFH v. 9.12.1986, BStBl II 1988, S. 244.

[34] Vgl. Prinz (1996), S. 1146.

So wurde bei Anwendung der Drei-Objekt-Grenze ganz im Sinne einer Typisierung zunächst nicht zwischen Fällen des Handels mit baulich unveränderten Objekten und Fällen der Errichtung bzw. der umfangreichen Modernisierung von Gebäuden in Veräußerungsabsicht unterschieden.[35] Eine private Vermögensverwaltung wurde dementsprechend auch dann angenommen, wenn sich der Veräußernde zur schlüsselfertigen Bebauung zweier Grundstücke verpflichtet hatte.[36] Die Rechtsprechung tendierte also bei der Beurteilung der Nachhaltigkeit beim Verkauf von Wohnobjekten dazu, ausschließlich auf die Zahl der Verkäufe abzustellen.[37] Dies galt selbst dann, wenn der Veräußernde einen Beruf des Baugewerbes ausübte.[38]

In der Fortsetzung dieser Rechtsprechung betonte auch der Große Senat des BFH[39] die indizielle Bedeutung, welche die Zahl der Objekte und der zeitliche Abstand für die Beurteilung am Maßstab des § 15 EStG haben. Der Zweck dieser von der Rechtsprechung entwickelten Beweisanzeichen wird in der Gleichheit der Rechtsanwendung im Hinblick auf die Qualifikation eines Sachverhalts als Gewerbebetrieb oder private Vermögensverwaltung gesehen. Die Drei-Objekt-Grenze fördere somit die Einfachheit des Gesetzesvollzugs und die Rechtssicherheit. Entsprechend vertrat auch der Große Senat die Auffassung, dass eine nichtsteuerbare Vermögensverwaltung i.d.R. dann anzunehmen ist, wenn nicht mehr als drei Wohneinheiten angeschafft und veräußert werden. Weiterhin nicht höchstrichterlich entschieden blieb die Frage der Errichtung und Veräußerung von Wohneinheiten, zu welcher der Große Senat nicht Stellung genommen hatte.

Anders beurteilte der X. Senats im sog. „Supermarkt-Urteil“ die Errichtung von zwei gewerblichen Großobjekten (Supermarktgebäude). Danach soll jedenfalls dann eine gewerbliche Tätigkeit vorliegen, wenn im Zeitpunkt der Bebauung zumindest eine bedingte Veräußerungsabsicht bestand.[40] Da die Drei-Objekt-Grenze ihren Hauptanwendungsbereich bei Wohneinheiten hat, steht diese Entscheidung nicht direkt im Widerspruch zur bis dahin erfolgten Rechtsprechung. Hervorzuheben ist jedoch, dass der Begründung des Urteils eine gewisse Abkehr von einer an der Zahl der erfolgten Veräußerungen orientierten, typisierenden Betrachtungsweise zu entnehmen ist. So wird beispielsweise davon gesprochen, dass sich die Gewerblichkeit nicht lediglich aus der wiederholten Veräußerung

---

35 Vgl. z.B. BFH v. 3.6.1987, BStBl II 1988, S. 277; BFH v. 20.11.1990, BStBl II 1991, S. 345.
36 BFH v. 1.12.1989, BStBl II 1990, S. 1054.
37 BFH v. 11.12.1991, BFH/NV 1992, S. 464.
38 BFH v. 14.3.1989, BFH/NV 1990, S. 38.
39 GrS des BFH v. 3.7.1995, BStBl II 1995, S. 617.
40 BFH v. 24.1.1996, BStBl II 1996, S. 303.

von Wirtschaftsgütern im Sinne eines marktmäßigen Umschlags von Sachwerten ergibt, sondern dass auf die unternehmerische Wertschöpfung zum Zwecke der nachfolgenden Veräußerung abzustellen sei. Der X. Senat betont dabei das Bild des „typischen" produzierenden Unternehmers, der eigeninitiativ tätig wird und seine Arbeitsleistung, Eigen- und Fremdkapital sowie Leistungen Dritter zu einem neuen Wirtschaftsgut kombiniert und dieses auf eigenes Risiko am Markt absetzt. Als Vergleichsmaßstab dient ihm das „Urbild" eines am Grundstücksmarkt tätigen Produzenten, des Bauunternehmers. Denn dieser ist bereits dann gewerblich tätig, wenn er nur einen einzelnen Bauauftrag ausführt. Entsprechend kommt der erkennende Senat zu dem Ergebnis, dass eine Korrektur durch die Indizwirkung einer geringen Zahl von Objekten nicht mehr möglich ist, soweit sich die Zuordnung zum Bild des Gewerbebetriebs bereits infolge einer nachhaltigen und mit Gewinnerzielungsabsicht betriebenen Produktion für den Markt ergibt.

Deutete die Begründung des „Supermarkt-Urteils" eher auf eine gewisse Abkehr von einer möglichst strikten Einhaltung der Drei-Objekt-Grenze hin, so wird in anderen BFH-Urteilen nach dem Beschluss des Großen Senats vom 3.7.1995 an der Gültigkeit dieser Typisierung festgehalten und zwar selbst in den Fällen, in denen Wohnobjekte errichtet und in engem zeitlichen Zusammenhang wieder veräußert wurden und der Veräußernde einen grundstücksnahen Beruf ausübte.[41]

Einen erneuten Anlauf zur Abschaffung der Drei-Objekt-Grenze unternahm der X. Senat des BFH in seiner Entscheidung zur Frage, ob die Errichtung und der Verkauf von Eigentumswohnungen auch ohne Überschreiten der Drei-Objekt-Grenze zur Gewerblichkeit führen kann.[42] Der Senat kommt dabei zu dem Ergebnis, dass auch die Errichtung von nur drei Eigentumswohnungen (in zumindest bedingter Veräußerungsabsicht) und die anschließende zeitnahe Veräußerung dem Bild des Bauunternehmers bzw. Bauträgers entsprechen und bereits deswegen den Tatbestand des § 15 Abs. 2 EStG erfüllen. Entsprechend bliebe für die Anwendung der Drei-Objekt-Grenze kein Raum, da diese für den Fall der Errichtung und Veräußerung von Wohneinheiten keine rechtliche Bedeutung habe. Da der Große Senat in seinem Urteil vom 3.7.1995 hierzu nicht ausdrücklich Stellung genommen hatte und andere Senate des BFH zu gegenteiligen Ergebnissen kamen, wurde die Rechtsfrage dem Großen Senat zur Entscheidung vorgelegt. Dieser folgte der Interpretation des X. Senats jedoch nicht.[43] Damit gilt die Drei-Objekt-Grenze nicht nur in den Fällen des Handels, sondern grund-

---

[41] Vgl. z.B. BFH v. 25.1.1996, BFH/NV 1996, S. 678; BFH v. 9.5.1996, BStBl II 1996, S. 599.

[42] BFH v. 29.10.1997, BStBl II 1998, S. 332.

[43] GrS des BFH v. 10.12.2001, DStR 2002, S. 489.

sätzlich auch in den Fällen der Errichtung von Wohnobjekten.[44] Dies ändert jedoch nichts daran, dass in Ausnahmefällen auch beim Verkauf von weniger als vier (Wohn-) Objekten ein gewerblicher Grundstückshandel vorliegen kann.[45]

D.2.3. Grenzen der objektbezogenen Rechtsprechung

D.2.3.1. Überblick

In der Literatur wird einerseits die generelle Anwendung der Drei-Objekt-Grenze dahingehend kritisch beurteilt, als ihr Vereinfachungscharakter nicht dazu führen darf, dass „eindeutig" gewerbliche Grundstücksgeschäfte der Besteuerung entzogen werden.[46] Die gleichen Grundgedanken finden sich auch in der Kritik an einer undifferenzierten Anwendung der Drei-Objekt-Grenze seitens der Finanzverwaltung, die im Einzelfall abzulehnen sei und „einer rechtssystematischen Prüfung der Abgrenzungsfrage mit diversen Wertungsüberlegungen"[47] nachrangig sein soll.[48] Andererseits wird darauf hingewiesen, dass die steuerliche Beurteilung der Tätigkeit eines Bauträgers nicht davon abhängen kann, ob er nun ein (zuvor errichtetes) Wohngebäude oder ein Gewerbeobjekt veräußert hat.[49]

Schließlich wird von einigen Autoren die Ansicht vertreten, in Fällen der Errichtung eines Gebäudes liege Gewerblichkeit bereits bei weniger als vier Objekten vor, da hier die produktive Wertschöpfung in den Vordergrund tritt.[50] Und wiederum andere Literaturstimmen unterscheiden bei der Anwendung der

---

44 Vgl. auch die Anmerkungen zu dem Beschluss des Großen Senats von Weber-Grellet (2002), S. 492 f sowie von Kempermann (2002), S. 785 ff.

45 Vgl. hierzu die Ausführungen in BMF v. 26.3.2004, DStR 2004, S. 632 (Tz. 28 f).

46 So Bitz (1998), S. 436 f.

47 Prinz (1996), S. 1146.

48 Jedoch dürfte diese Intention freilich nur hinsichtlich einer steuerverschärfenden Anwendung bei Ausschöpfung der Vermutungsregeln seitens der Finanzverwaltung gelten (z.B. bei vier Objekten), denn die von Prinz (1996), S. 1146, geforderte Herausarbeitung des atypischen Ablaufes mit nachvollziehbaren Beweisanzeichen im Streitfall würde den Beratern und ihren Mandanten im umgekehrten Fall mehr Probleme bereiten als der typisierende Nachweis, dass nur drei Objekte veräußert wurden.

49 Vgl. Söffing (1996a), S. 457.

50 Vgl. z.B. Schmidt-Liebig (1997), S. 349.

Drei-Objekt-Grenze nicht zwischen dem Handel und der Errichtung von Wohnobjekten.[51]

So begrüßenswert der Versuch, eine typisierende Vereinfachungsregel zu finden, auch ist, zeigt sich doch, dass die Einführung der Drei-Objekt-Grenze die erhoffte Vereinfachung und die damit verbundene Rechtssicherheit nicht gebracht hat. Gäbe es im Steuerrecht nur eindeutige Sachverhalte, so sollte mit der zahlenmäßigen Begrenzung auf drei Objekte eine eindeutige Grenze geschaffen worden sein, die keine Auslegungsmöglichkeiten offen lässt und dem Steuerpflichtigen so die gewünschte Rechtssicherheit verschafft. Die steuerrechtliche Wirklichkeit ist jedoch weitaus vielschichtiger, so dass es letztlich nicht verwundern kann, dass die mathematisch eindeutige Zahl Drei im Steuerrecht einer genaueren Betrachtung bedarf.

D.2.3.2. Objektzahl und grundbesitzhaltende Personengesellschaft

D.2.3.2.1. Von der Bilanzbündeltheorie über die Einheitstheorie zur Vielheitstheorie

Als erstes Hindernis bei der Konkretisierung der Zahl Drei zeigt sich die Frage, wie die von einer grundbesitzhaltenden Personengesellschaft getätigten Grundstücksveräußerungen bei deren Gesellschaftern berücksichtigt werden sollen. Dabei spielt die Diskussion um die eigenständige Subjektfähigkeit der Personengesellschaft im Einkommensteuerrecht eine zentrale Rolle.[52]

Die seit jeher äußerst kontrovers diskutierte Subjektfähigkeit der Personengesellschaft wurde von zwei unterschiedlichen Betrachtungsweisen dominiert. Für die früher vorherrschende, bereits vom Reichsfinanzhof entwickelte Bilanzbündeltheorie wurde die Existenz der Personengesellschaft für Zwecke der Einkommensteuer praktisch geleugnet.[53] Die Anteile der Gesellschafter an der Personengesellschaft wurden als eigene Betriebe der Beteiligten gesehen. Entsprechend setzte sich die Bilanz der Personengesellschaft aus der Summe der Einzelbilanzen aller Gesellschafter zusammen.

---

51 Vgl. Schmidt/Weber-Grellet, EStG, § 15 Rz 65 ff.
52 Grundlegend Lang (1993), S. 291 ff; Schmidt, EStG, § 15 Rz 160 ff.
53 Vgl. Becker (1940), S. 94 u. S. 102 f.

Die anschließend erfolgende Abkehr von der Bilanzbündeltheorie fand mit dem Beschluss des Großen Senats vom 25.6.1984 ihren vorläufigen Abschluss.[54] Im Einklang mit der Gesamthandslehre im Gesellschaftsrecht,[55] die der Personengesellschaft eine Teilrechtsfähigkeit zuerkennt, prägte der BFH den Begriff der partiellen Steuerrechtssubjektivität und machte damit den Weg frei für die sog. Einheitstheorie. Ausgehend von der Personengesellschaft als (partiellem) Einkommensteuersubjekt, welche die Einkünfte durch Teilnahme am Marktgeschehen erwirtschaftet, werden diese erst auf einer zweiten Stufe den Gesellschaftern als Schuldnern der Einkommensteuer zugerechnet.

Dieser Wechsel in der einkommensteuerlichen Betrachtung der Personengesellschaft führte, bezogen auf den gewerblichen Grundstückshandel, jedoch nicht zu einer echten „Abschirmwirkung" der Personengesellschaft. Die Möglichkeit mittels Gründung beliebig vieler grundbesitzhaltender Personengesellschaften, die ihrerseits die Grenze des gewerblichen Grundstückshandels nicht überschreiten, der Gewerblichkeit zu entgehen, hat der Steuerpflichtige somit nicht. Der Bundesfinanzhof bestätigt lediglich die getrennte Würdigung der Grundstücksgeschäfte einer Gesellschaft und einer anderen gesellschafteridentischen Gesellschaft bzw. deren Gesellschaftern. Damit wird zwar eine Umqualifizierung auf der Ebene der Personengesellschaft verneint, sofern diese für sich betrachtet die Schwelle zum gewerblichen Grundstückshandel nicht überschreitet. Dies schützt den Gesellschafter, der an mehreren grundstücksveräußernden Personengesellschaften beteiligt ist, jedoch nicht davor, dass bei ihm gewerbliche Einkünfte vorliegen können, weil alle Objekte dieser Personengesellschaften zusammenzurechnen sind.[56]

Die Konsequenzen dieses Gesetzesverständnisses sollen an einem Beispiel verdeutlicht werden. Gesellschafter A und B sind an der grundbesitzhaltenden GbR 1 mit je 50% beteiligt. Daneben sei Gesellschafter A mit 50% an der grundbesitzhaltenden GbR 2 beteiligt; die restlichen 50% hält Gesellschafter C. Beide Gesellschaften veräußern je drei Objekte, ohne für sich betrachtet die Grenze zur Gewerblichkeit zu überschreiten. Sie erzielen hieraus jeweils einen Veräußerungsgewinn in Höhe von EUR 300.000. Damit sind beide Personengesellschaften weiterhin vermögensverwaltend tätig. Eine Umqualifizierung ihrer Einkünfte kommt nicht in Betracht.

Bei der Zurechnung der von den Gesellschaften erzielten Einkünfte auf ihre Gesellschafter trennen sich nun die Wege. Unterstellt, die Gesellschafter A, B und C verfügen selbst über keinerlei Grundbesitz, dann bedeutet dies für die Gesell-

54 GrS des BFH v. 25.6.1984, BStBl II 1984, S. 751.
55 Vgl. Flume (1972), S. 177.
56 BFH v. 20.11.1990, BStBl II 1991, S. 345.

schafter B und C, dass sich ihr Anteil am Veräußerungsgewinn von je EUR 150.000 im nichtsteuerbaren Privatbereich vollzogen hat. Lässt man die Problematik der prozentualen Beteiligung für die Frage der Objektzahl vorübergehend außer Betracht und unterstellt eine volle Anrechnung, so liegt beim Gesellschafter A ein gewerblicher Grundstückshandel vor. Denn aufgrund der geforderten Zusammenrechnung aller Objekte der Personengesellschaften, an denen er beteiligt ist, überschreitet er die Grenze zur Gewerblichkeit mit sechs Objekten deutlich. Infolge der Gewerblichkeit erlangen die Anteile an der Personengesellschaft Betriebsvermögenseigenschaft. Entsprechend ist der von A erzielte Veräußerungsgewinn in Höhe von insgesamt EUR 300.000 nicht nur gem. § 15 EStG einkommensteuerpflichtig, sondern er unterliegt auch der Gewerbesteuer.

Die Einheitstheorie erzeugt somit keine „Abschirmwirkung" der Personengesellschaft für den Gesellschafter, der in seiner Person die Kriterien der Gewerblichkeit erfüllt. Die Einheitstheorie verhindert aber, dass eine vermögensverwaltende Personengesellschaft nur deswegen in die Gewerblichkeit fällt, weil ein Gesellschafter durch anderweitige Grundstücksgeschäfte bereits die Grenze zum gewerblichen Grundstückshandel überschritten hat. Denn bis zur Abkehr des Großen Senats von der Bilanzbündeltheorie konnte die Gesellschaft die zur Gewerblichkeit führenden Merkmale auch durch die Tätigkeit oder rechtliche Einordnung der Gesellschafter erlangen.[57]

Diese Auffassung von der grundsätzlich getrennten Würdigung der Grundstücksgeschäfte einer Gesellschaft und ihrer Gesellschafter bestätigte der Große Senat in seinem Urteil vom 3.7.1995.[58] Er spricht sich hier dafür aus, dass der Grundsatz der Einheit der Personengesellschaft gegenüber dem Gedanken der Vielheit der Gesellschaft zurücktreten muss,[59] wenn andernfalls eine sachlich zutreffende Besteuerung des Gesellschafters nicht möglich wäre. Damit beschränkt sich die Einheitsbetrachtung auf die Stufe der Gewinnermittlung. Letztlich entscheidend sind aber die Verhältnisse des einzelnen Gesellschafters.[60] Die Diskussion um die Personengesellschaft lässt sich somit wie folgt vereinfachend zusammenfassen: „Zwei Schritte vor zur Einheits- und ein Schritt zurück zur Bilanzbündeltheorie, die lediglich einen neuen Namen, die Vielheitstheorie, erhält."[61]

---

57 BFH v. 18.2.1976, BStBl II 1976, S. 480. Betroffen waren insbesondere die Fälle in denen ausschließlich Kapitalgesellschaften Gesellschafter waren.

58 GrS des BFH v. 3.7.1995, BStBl II 1995, S. 617.

59 Vgl. hierzu den noch anders lautenden Tenor des Urteils zur mehrstöckigen Personengesellschaft in GrS des BFH v. 25.2.1991, BStBl II 1991, S. 691. Dieses Urteil veranlasste den Gesetzgeber zur Einfügung des Satzes 2 in § 15 Abs. 1 Nr. 2 EStG.

60 Vgl. Weber-Grellet (1995), S. 1341.

61 Meyer-Scharenberg/Fleischmann (1995), S. 1410.

Unter den gegebenen gesetzlichen Rahmenbedingungen ist die Abkehr von der Einheitstheorie zu begrüßen. Rechtlich käme eine konsequente Abkoppelung vom Gesellschafter ohnehin nur dann in Betracht, wenn die Personengesellschaft durch Gesetzesänderung analog der Kapitalgesellschaft zum Steuersubjekt erhoben würde. Wirtschaftlich würde eine strikte Einheitsbetrachtung dazu führen, dass die Kriterien der Gewerblichkeit durch Gründung einer Vielzahl von Personengesellschaften unterlaufen werden könnten, und zwar nicht nur in Fällen des Grundstückshandels.

Andererseits wäre eine Rückkehr zu den Gedanken der Bilanzbündeltheorie ebensowenig sachgerecht. Zwar wäre im Ergebnis eine unmittelbare Zurechnung der Einkünfte bei den Gesellschaftern denkbar, ohne dass es zu einer Umqualifizierung von Einkünften der Personengesellschaft käme. Doch auch diese an der Bruchteilsgemeinschaft orientierte Betrachtungsweise ist wenig praktikabel, da sie zur Konsequenz hätte, dass bei unterschiedlicher steuerlicher Qualität der Gesellschafter die Einkünfte „auf der nunmehr fiktiven Ebene der Personengesellschaft" einmal im Wege der Überschussrechnung und zum anderen durch Betriebsvermögensvergleich ermittelt werden müssten. Im obigen Beispiel wären demnach die Einkünfte für die Gesellschafter B und C mittels Überschussrechnung zu ermitteln, während Gesellschafter A eine (anteilige) Bilanz zu erstellen hätte. Abgesehen davon, dass eine solche Sichtweise die Personengesellschaft als praktisch nicht existent betrachtet und damit auch die Einflussmöglichkeiten der Gesellschafter auf diese nicht berücksichtigt, kann es nicht im Sinne einer Vereinfachung bzw. einer gleichmäßigen Besteuerung sein, mittels einer Personengesellschaft am Markt erzielte Ergebnisse für die Gesellschafter nach unterschiedlichen Methoden zu ermitteln.[62]

Solange der Gesetzgeber an der Differenzierung der Einkünfte und an unterschiedlichen Ermittlungsmethoden festhält, ist die sog. Vielheitsbetrachtung eine praktikable Möglichkeit, mit den im Steuergesetz immanenten Widersprüchen für den Bereich der Personengesellschaften und ihrer Gesellschafter umzugehen. Doch auch wenn man die vom Großen Senat bestätigte Vielheitstheorie unter den gegebenen steuerlichen Rahmenbedingungen als sachgerechte Vorgehensweise anerkennt, zeigen sich deren Grenzen für die Einhaltung übergeordneter Besteuerungsprinzipien (wie z.B. einer Gleichmäßigkeit der Besteuerung) am Beispiel des gewerblichen Grundstückshandels schon bald.

---

62 Zu denken ist hier beispielsweise an eine lediglich anteilige Berücksichtigung von Rückstellungen bei einzelnen Gesellschaftern.

D.2.3.2.2. Unvereinbarkeit zwischen wirtschaftlicher Leistungsfähigkeit und reiner Objektzahl

Würde man die unterschiedlichen Folgen für die Steuerpflicht der Veräußerungsgewinne im obigen Beispiel für Gesellschafter A einerseits und die Gesellschafter B und C andererseits damit rechtfertigen wollen, dass Gesellschafter A einen doppelt so hohen Veräußerungsgewinn erzielt hat und für die Gesellschafter B und C ökonomisch eine Art „Steuerfreigrenze" von EUR 150.000 existiere, ließe sich das Eingangsbeispiel leicht abwandeln, um zu zeigen, dass diese Rechtfertigung eher zufälliger Natur ist.

Deshalb soll im Folgenden davon ausgegangen werden, dass A mit 33% und B mit 67% an der GbR 1 beteiligt sind. Ferner ist A mit 33% an der GbR 2 beteiligt, während die restlichen Anteile in Höhe von 67% von Gesellschafter C gehalten werden. Im Übrigen gelten die gleichen Annahmen wie im Eingangsbeispiel. Aufgrund ihres nunmehr höheren Anteils am Veräußerungsgewinn von EUR 300.000 je Gesellschaft erzielen B und C einen finanziellen Vorteil von jeweils EUR 201.000. Infolge der auch weiterhin ansonsten nicht vorhandenen Grundstücksaktivitäten können B und C ihren Überschussanteil im nichtsteuerbaren Privatbereich realisieren. Gesellschafter A ist bei einer unterstellten vollen Anrechnung seiner Anteile auf die Objektzahl wiederum an der Veräußerung von sechs Objekten (mittelbar) beteiligt und erfüllt somit die Kriterien der Gewerblichkeit. Sein Anteil an den beiden Veräußerungserfolgen beträgt aber nur noch EUR 99.000 je Gesellschaft. Die ihm insgesamt zurechenbaren Veräußerungsgewinne von EUR 198.000 unterliegen sowohl der Einkommensteuer als auch der Gewerbesteuer.

Obwohl A sogar geringfügig weniger „steuerliche Leistungsfähigkeit" aufweist, knüpfen bei ihm gleich zwei Steuerarten an, während B und C keine steuerlichen Folgen zu befürchten haben, da sie die Rechtsprechung[63] offensichtlich nicht für leistungsfähig im Sinne des Steuerrechts hält. Auch dieses an sich schon unhaltbare Ergebnis lässt sich durch entsprechende Fallkonstellationen beliebig steigern, wenn man die Beteiligungsquote von A reduziert und die von B und C entsprechend erhöht.[64]

---

[63] Und natürlich auch der Gesetzgeber, der sich bislang gegen eine allgemeine Besteuerung wie auch immer definierter Veräußerungsgewinne im Privatbereich ausgesprochen hat. Vgl. aber die nicht verwirklichten Bestrebungen i.Z.m. dem Entwurf des Steuervergünstigungsabbaugesetzes, DStR-Aktuell 48/2002, S. VI.

[64] In diesem Zusammenhang ist darauf hinzuweisen, dass in Fortsetzung des BMF-Schreibens v. 20.12.1990, BStBl I 1990, S. 884, auch das BMF-Schreiben v. 26.3.2004,

Hinzu kommt der Umstand, dass von der Umqualifizierung betroffene Gesellschafter auf die Entscheidung zur Veräußerung der Grundstücke möglicherweise keinen Einfluss haben. So ist z.B. in der Praxis häufig der Fall anzutreffen, dass abweichend von der zivilrechtlichen Regelung in § 709 BGB im Gesellschaftsvertrag eine an die Kapitalbeteiligung anknüpfende Mehrheitsentscheidung vereinbart wird. In der in Beispiel 2 beschriebenen Fallkonstellation liegt es deshalb nahe, dass A bei Kenntnis der für ihn nachteiligen Rechtsprechung zum gewerblichen Grundstückshandel zumindest gegen den Verkauf von drei Grundstücken durch eine der beiden Personengesellschaften gestimmt haben könnte. Daneben ist es aber auch denkbar, dass A aufgrund seiner finanziellen Situation eher eine langfristige Vermietung der betreffenden Objekte im Sinn hatte. Infolge seiner geringen Beteiligung von 33% hätte er jedoch keine Möglichkeit, den von B bzw. C angestrebten Verkauf zu verhindern, sofern im Gesellschaftsvertrag eine am Kapital orientierte Mehrheitsentscheidung vorgesehen ist.

Zwar spricht der Große Senat davon, dass ein Beteiligter nicht zum „Grundstückshändler wider Willen" werden kann.[65] Diese Feststellung wird jedoch zugleich eingeschränkt, weil es nach Auffassung des Großen Senats genügen soll, wenn der Steuerpflichtige dem Gesellschaftszweck gemäß § 705 BGB ausdrücklich oder stillschweigend zustimmt. Dass sich aus dieser Vermutung eine sachgerechte Besteuerung eher nach dem Zufallsprinzip ergibt, wurde anhand der Beispielsfälle bereits aufgezeigt.[66] Damit zeigt sich das Problem, dass an sich begrüßenswerte Vereinfachungen dann zu offensichtlich nicht akzeptablen Ergebnissen führen können, wenn die Rahmenbedingungen - hier das geltende Steuergesetz - bereits zahlreiche Systembrüche aufweisen. Als Reaktion auf diese Ungerechtigkeiten nehmen die Forderungen nach einer selbständigen Beurteilung des Einzelfalls wieder zu,[67] womit der Weg in eine nicht mehr überschaubare Kasuistik zwangsläufig vorgezeichnet ist.

Da die gewählten Beispiele durchaus praxisrelevante Konstellationen abbilden, wundert es schon, dass die geschilderte Problematik bislang nicht allzu sehr im Vordergrund stand. Auch das oberste Gremium des Bundesfinanzhofes bezieht in seinem Beschluss vom 3.7.1995 hierzu keine Stellung. Lediglich in der Begründung der Vorlage des XI. Senats findet sich die Feststellung, dass jeder

DStR 2004, S. 632 (Tz. 14) von einer Mindestbeteiligung von 10% ausgeht. Diese Grenze wurde von der Rechtsprechung bisher aber weder bestätigt noch verworfen.

65 GrS des BFH v. 3.7.1995, BStBl II 1995, S. 617.

66 Im Übrigen sind beim Abstellen auf die Einflussmöglichkeiten eines Gesellschafters einer Gestaltungsberatung sämtliche Türen geöffnet. Zu denken ist hier etwa nur an den am Kapital mit 100% beteiligten Gesellschafter, der jedoch von der Geschäftsführung ausgeschlossen ist, die ein anderer Gesellschafter wahrnimmt, der seinen Beitrag gem. § 706 Abs. 3 BGB durch die Leistung von Diensten erbringt.

67 So Paus (1996), S. 173.

Anteil an einer Wohnung ein Objekt im Sinne der Drei-Objekt-Grenze sei.[68] Gleichwohl wird in der Literatur überwiegend der Schluss gezogen, der Große Senat fordere eine volle Grundstückszählung beim Gesellschafter.[69] Offen sei demgegenüber die Berücksichtigung einer Minimalbeteiligung an einer grundbesitzführenden Personengesellschaft, wobei in erster Linie auf die von der Finanzverwaltung kreierte 10%-Grenze abgestellt wird.[70]

D.2.3.2.3. Beteiligungsadäquate Berücksichtigung der Objektzahl

Nun liegt es nahe, die anhand der geschilderten Beispiele aufgezeigten Probleme in Bezug auf die Drei-Objekt-Grenze bei Personengesellschaften durch eine der Beteiligungsquote entsprechende Grundstückszählung zu lösen. In Beispiel 1 hätte dies für Gesellschafter A zur Folge, dass die ihm bislang zugerechneten 6 Objekte für die Bestimmung der Drei-Objekt-Grenze, entsprechend seiner Beteiligung von 50%, nur zur Hälfte anzurechnen wären. Dementsprechend wären ihm nur 3 Objekte zuzurechnen. Damit hätte A die Grenze zur Gewerblichkeit nicht überschritten, mit der Konsequenz, dass sein Veräußerungsgewinn in Höhe von EUR 300.000 nunmehr keiner Steuerpflicht unterliegt. Gleiches gilt für die in Beispiel 2 getroffenen Annahmen, denn dort sind Gesellschafter A infolge einer geringeren Beteiligung von 33% sogar nur 2 Objekte zuzurechnen.

Will man an der Drei-Objekt-Grenze festhalten, müsste man so lange „Bruchteilsobjekte" aufaddieren, bis man beim einzelnen Gesellschafter auf eine Zahl größer als Drei kommt. Da der Mehraufwand durch die anteilige Erfassung durchaus in einem vertretbaren Verhältnis zu der damit gewonnenen Steuersystematik steht, sind Vereinfachungen, die eine Beteiligung an einer Grundstücksgesellschaft unabhängig von der Anzahl der Grundstücke lediglich als ein Objekt zählen,[71] m.E. überflüssig, da sie ohnehin nur wieder Gestaltungen hervorrufen.[72] Dementsprechend sollte auch die Behandlung einer Anteilsveräußerung an einer grundbesitzhaltenden Personengesellschaft nicht anders beurteilt werden als ein Grundstücksverkauf der Gesellschaft selbst. Ohne die analoge

---

68 GrS des BFH v. 3.7.1995, BStBl II 1995, S. 617.

69 Vgl. Prinz (1996), S. 1147; Weber-Grellet (1995), S. 1342; Schmidt/Weber-Grellet, EStG, § 15 Rz 73.

70 Zwar dürfte dann in der Regel steuerlich niemand so unbedarft sein, genau 10% an einer grundstücksverwaltenden Personengesellschaft zu halten, doch wird es in der Praxis sicherlich „wieder gelingen", solche Fälle über mittelbare (Unter-) Beteiligungen zu konstruieren.

71 Vgl. Knobbe-Keuck (1993), S. 748.

72 Aus der Drei-Objekt-Grenze würde z.B. bei 3 Gesellschaften eine Neun-Objekt-Grenze.

Einbeziehung der Anteilsveräußerung in die Beurteilung der Kriterien des gewerblichen Grundstückshandels und damit der Drei-Objekt-Grenze hätten die Gesellschafter einer Gemeinschaft die Möglichkeit, die Drei-Objekt-Grenze außer Kraft zu setzen, wie folgendes Beispiel zeigen soll.

Die Gesellschafter A und B sind je zur Hälfte an der GbR 1, 2 und 3 beteiligt. Jede Gesellschaft hat 3 Grundstücke erworben, die innerhalb von fünf Jahren wieder verkauft werden. Würden alle Grundstücke durch die Gesellschaften veräußert, wären die Objekte den Gesellschaftern zuzurechnen. Die Grenzen der Gewerblichkeit wären dann sowohl bei voller Anrechnung (9 Objekte je Gesellschafter) als auch bei anteiliger Anrechnung (4,5 Objekte je Gesellschafter) überschritten. Veräußern A und B statt dessen alle ihre Anteile an den drei Gesellschaften, würden sie zum gleichen wirtschaftlichen Ergebnis gelangen. Dass hier eine entsprechende Anrechnung auf die Drei-Objekt-Grenze geboten ist, liegt auf der Hand, so dass sich lediglich die Frage stellt, wie diese zu erfolgen hat. Das Spektrum reicht hier von der Auffassung der Finanzverwaltung,[73] die bei einer Anteilsveräußerung so viele Grundstücksverkäufe unterstellt, wie die Gesellschaft Grundstücke hält, bis zu der Annahme, die Anteilsabtretung stelle unabhängig von der Anzahl der Gesellschaftsgrundstücke nur ein Veräußerungsgeschäft und damit nur ein Objekt dar.[74]

Folgt man der Auffassung der Finanzverwaltung, kommt es zu einer Vervielfältigung der dem Gesellschafter zuzurechnenden Verkäufe. Entsprechend kann ein Gesellschafter eines Immobilienfonds zum „Großanleger" avancieren, sobald er die Bagatellgrenze von 10% überschreitet.[75] Angenommen, an einer immobilienverwaltenden Personengesellschaft sind 9 Gesellschafter mit jeweils 11,11% beteiligt. Die Gesellschaft selbst hält 10 Grundstücke in ihrem Gesellschaftsvermögen. Veräußert nun ein Gesellschafter seinen Anteil, werden ihm 10 Grundstücksverkäufe zugerechnet.

Günstiger für den Steuerpflichtigen, aber häufig ebenfalls im Widerspruch zu einer Gleichmäßigkeit der Besteuerung ist die pauschalierende Annahme, ein Anteilsverkauf sei wie der Verkauf eines Grundstücks zu werten. Angenommen Gesellschafter A hält 100% des Kapitals an einer grundstücksverwaltenden Personengesellschaft. Gesellschafter B erbringt seinen Gesellschaftsbeitrag durch die Leistung von Diensten. Die Gesellschaft vermietet 10 Grundstücke langfristig. A verkauft seinen Anteil an C, um die in den Grundstücken enthaltenen stillen Reserven zu realisieren. Obwohl A damit letztlich das gleiche wirtschaft-

---

[73] Vgl. BMF v. 26.3.2004, DStR 2004, S. 632 (Tz. 14 ff); ebenso Schmidt-Liebig (1997a), S. 329 ff.

[74] Vgl. Söffing (1996b), S. 353.

[75] Vgl. Bitz (1998), S. 437.

liche Ergebnis erzielt hat, als wenn er die Grundstücke selbst veräußert hätte, soll diese „Verkaufsvariante" nur wie ein Objekt gewertet werden. Dass hier der Ruf nach § 42 AO nicht lange auf sich warten lassen dürfte, liegt auf der Hand, zumal die im Beispiel aufgeführten 10 Grundstücke einer Gesellschaft noch beliebig erweitert werden könnten und dies für insgesamt 3 Gesellschaften.

Diese gestaltungsanfällige Sichtweise berücksichtigt ebensowenig wie die Auffassung der Finanzverwaltung die jeweilige Beteiligungshöhe des Gesellschafters. Gerade die ist aber, abgesehen vom Wertzuwachs der jeweiligen Objekte, für das wirtschaftliche Ergebnis beim Gesellschafter entscheidend. Ökonomisch betrachtet ist es eben ein Unterschied, ob man an einem Grundstücksobjekt mit 9/10 oder mit 1/10 beteiligt ist. Folglich gilt analog den Grundstücksverkäufen durch die Gesellschaft, dass auch beim Anteilsverkauf eine beteiligungsadäquate Anrechnung auf die Objektgrenze vorgenommen werden sollte.

Nun können die in den Beispielen geschilderten Steuerungerechtigkeiten mit einer beteiligungsadäquaten Anrechnung sicherlich eingeschränkt werden. Doch stellt sich nicht nur im Hinblick auf die Ermittlung der Objektzahl von Personengesellschaften die Frage, ob eine gegenstandsorientierte Maßgröße „Objekt" überhaupt ein geeignetes Kriterium für ein an finanzielle Zielgrößen anknüpfendes Steuerrecht sein kann. Wenn also schon verwirklichte Mittelerwerbe (= Veräußerungsgewinne) de lege lata, entgegen den Erfordernissen einer gleichmäßigen Besteuerung, in Abhängigkeit von der Einkunftsart differenziert behandelt werden, dann sollte der Maßstab für diese Unterscheidung zumindest keine objektbezogene Größe sein.

D.2.3.3. Tätigkeitsorientierung, Privatautonomie und heterogene Objekte

Die geschilderten Beispiele und die daraus hervorgehenden Verstöße gegen ein entscheidungsneutrales, gleichmäßiges und einfaches Steuerrecht ließen sich noch beliebig fortsetzen. Zu erwähnen wäre hier z.B. die Frage nach der Abschirmwirkung einer Kapitalgesellschaft[76] oder die grundlegende Definition, was denn eigentlich ein Objekt im Sinne der Drei-Objekt-Grenze ist.[77] Allerdings sollen die dargestellten Probleme bei der Abgrenzung zwischen gewerblichen und privaten Grundstücksgeschäften an dieser Stelle genügen, um statt

---

[76] BFH v. 20.5.1998, DStR 1998, S. 1301; BFH v. 17.6.1998, BStBl II 1998, S. 667; Weber-Grellet (1995), S. 1342; Paus (1996), S. 174; Bering (1999), S. 10741 ff; Hofer (2000), S. 1637.

[77] Vgl. Schmidt-Liebig (1997a), S. 326 ff; Söffing (1998), S. 1685 ff und S. 1736 ff.

dessen die Ursache aufzuzeigen, warum eine zunächst begrüßenswert erscheinende Vereinfachungsregel die erhoffte Wirkung verfehlt.

Durch die im geltenden Einkommensteuergesetz angelegte tätigkeitsbezogene Einkünftequalifizierung sind der Judikative Grenzen vorgegeben, innerhalb derer sie zu einer möglichst systematischen Auslegung des Gesetzes beitragen sollte. Ist das Gesetz nun selbst unsystematisch, kann es eigentlich nicht verwundern, wenn das in den Urteilen zur Abgrenzung gewerblicher und privater Grundstücksgeschäfte behauptete Motiv der Sicherung einer Gleichmäßigkeit der Besteuerung lediglich ein Lippenbekenntnis bleibt. Zwar mag es der Rechtsprechung gelingen, in einigen Fällen einen Branchenfremden, der nach Art eines Bauunternehmers/Bauträgers tätig ist, mit diesem gleichzustellen und so den Belastungsgrund des § 15 EStG entsprechend umzusetzen;[78] eine Gleichmäßigkeit der Besteuerung ist damit aber noch lange nicht gewährleistet. Vielmehr wird durch die immer wieder praktizierte einseitige Zuordnung zum „Bild des Gewerbebetriebs“[79] die behauptete Gleichheit der Rechtsanwendung nur partiell verwirklicht. Nämlich dann, wenn man den Einkünften aus Gewerbebetrieb einen Sonderstatus beimisst und deshalb möglichst viele der restlichen sechs Einkunftstatbestände in solche aus § 15 EStG umqualifiziert. Solange allerdings nicht alle verbleibenden Einkunftsarten als gewerbliche Einkünfte eingestuft werden, wird es immer eine Grenze geben, bei deren Überschreiten eine Gleichmäßigkeit der Besteuerung auf der Strecke bleibt.[80] Durch Rechtsfiguren wie den gewerblichen Grundstückshandel, die Betriebsaufspaltung, die Abfärbe- und Geprägetheorie wird lediglich die Grenze zwischen Gewinn- und Überschusseinkünften verschoben, was jedoch nichts daran ändert, dass auf beiden Seiten weiterhin evidente Systemunterschiede existieren.

Nun ist die Rechtsprechung wie bereits erwähnt nicht für den bestehenden Dualismus der Einkunftsarten verantwortlich. Deshalb ist es nachvollziehbar, wenn sie innerhalb dieser Systembrüche für vergleichbare Teilbereiche eine Gleichheit der Rechtsanwendung zu verwirklichen sucht. Man muss der Rechtsprechung allerdings den Vorwurf machen, auf die Ausweglosigkeit ihrer Bemühungen nicht genügend aufmerksam zu machen. Insbesondere wird nicht deutlich ausgesprochen, dass es keinen steuerrechtlichen Gerechtigkeitsaspekt gibt, an dem man die Zuordnung zu einer Einkunftsart in Zweifelsfällen orientieren könnte.[81]

---

78 BFH v. 29.10.1997, BStBl II 1998, S. 332.

79 GrS des BFH v. 3.7.1995, BStBl II 1995, S. 619.

80 Gerade die Beispiele zur Behandlung von Personengesellschaften und die Entstehung von einerseits steuerpflichtigen, andererseits nicht steuerbaren Veräußerungsgewinnen - z.T. weitgehend unabhängig vom tatsächlichen finanziellen Erfolg - haben gezeigt, dass hier drastische Verstöße gegen eine gleichmäßige Besteuerung vorliegen.

81 Vgl. Knobbe-Keuk (1993), S. 742 f.

Folglich sollten alle Steuerrechtsanwender darauf hinweisen, dass die Distinktion zwischen Überschuss- und Gewinneinkünften nicht mit einer gleichmäßigen Besteuerung begründet werden kann und Lösungswege innerhalb dieses vorgegebenen Rahmens somit nur technischer Natur sein können.[82]

Diese technischen Lösungen können die in einer freiheitlichen Wirtschaftsordnung mittels privatautonomer Vertragsgestaltungen denkbaren steuerrelevanten Handlungen aber nicht in ein gleichmäßiges Steuerrecht überführen. Natürlich geht es nicht an, dass die um Rechtssicherheit bemühte Drei-Objekt-Grenze durch den Einsatz einer Gesamthandsgemeinschaft unterlaufen wird.[83] Was ist dann aber bei der Umgehung mit Hilfe einer Kapitalgesellschaft? Oder bei der Einbindung von nahen Angehörigen? Unbefriedigend ist hier nicht die Struktur einer Personen- oder Kapitalgesellschaft oder die Möglichkeit, Verlagerungen zwischen nahen Angehörigen vorzunehmen, sondern vielmehr das Thema der Abgrenzung Gewerbebetrieb - Vermögensverwaltung an sich, also die unnötige Aufrechterhaltung eines zerklüfteten Einkunftsartenrechts. Hierin und in der damit verbundenen teilweisen steuerrechtlichen Ignorierung „privater" Veräußerungsgewinne liegt die Wurzel des Übels.[84]

In Verbindung mit der Notwendigkeit, stärker auf die existierende ungleiche Besteuerung zwischen Gewinn- und Überschusseinkünften hinzuweisen, sollte sich der BFH bei seinen Versuchen, durch Typisierung mehr Rechtssicherheit zu schaffen, stärker an ökonomischen Größen orientieren. Wenn etwa in den Ausführungen über einen sachgerechten Maßstab für eine gleichmäßige Besteuerung darauf hingewiesen wurde,[85] empirische Sachverhalte für Besteuerungszwecke vergleichbar zu machen, stellt sich unmittelbar die Frage, ob eine Drei-Objekt-Grenze diesen Anforderungen genügen kann.[86] Bereits die widerstreitenden Urteile unterschiedlicher Senate des BFH deuten an, dass die gewählte Typisierungsnorm („Objekte") die in sie gesetzten Erwartungen nicht erfüllen kann.[87]

---

82 Typisch hierfür ist die Regelung des § 15 Abs. 3 Nr. 2 EStG, bei welcher der Gesetzgeber dem Steuerpflichtigen die Bestimmung der Einkunftsart praktisch selbst überlässt. Vgl. Knobbe-Keuk (1993), S. 743.

83 Vgl. Schmidt (1992), S. 18.

84 Vgl. Knobbe-Keuk (1993), S. 748 f.

85 Vgl. B.1.3.3.

86 So stellt Knobbe-Keuk (1993), S. 748, zu Recht die Frage, ob die Erkenntnis des BFH, dass aller guten Dinge drei sind, etwas mit „materieller Gerechtigkeit" zu tun hat.

87 Vgl. Paus (1996), S. 175. So geht etwa der VIII. Senat des BFH in seinen Urteilen v. 14.11.1995, BFH/NV 1996, S. 466 und v. 23.4.1996, BFH/NV 1997, S. 170 davon aus, dass die Drei-Objekt-Grenze grundsätzlich für alle Grundstücksobjekte gelten soll. Demgegenüber hat der X. Senat in seinen Urteilen vom 24.1.1996, BStBl II 1996, S. 303, vom 29.10.1997, BStBl II 1998, S. 332 und vom 14.1.1998, BStBl II 1998, S. 346, für Fälle der Errichtung von Großobjekten die Drei-Objekt-Grenze nicht angewandt.

Sieht man im Einkommen als verwirklichtem Mittelerwerb eine geeignete Bezugsgröße steuerlicher Leistungsfähigkeit und zugleich eine finanzielle Zielgröße ökonomischen Handelns,[88] muss die Frage erlaubt sein, wie eine besteuerungspraktikable Annäherung an eine derartige „Idealgröße" mit Hilfe einer von Wertgrößen abstrahierenden Grundstückszahl erreicht werden soll. Um es etwas provokativer zu formulieren: Es käme wohl niemand auf die Idee, den Werbungskostenabzug auf drei Bücher zu beschränken oder beim Anteilsverkauf gemäß § 17 EStG die Veräußerung von drei Anteilen steuerfrei zu stellen, unabhängig von den Wertgrößen der Anteile und dem erzielten finanziellen Erfolg.

Offensichtlich geht es bei der Abgrenzung zwischen Gewerbebetrieb und Vermögensverwaltung doch darum, Gestaltungen zu verhindern, mit deren Hilfe große Vermögenszuwächse über eine Zuordnung zum Privatbereich steuerfrei realisiert werden sollen. Demzufolge kann nur eine wertorientierte Größe, d.h. eine die sich am verwirklichten Mittelerwerb orientiert, als Kompromiss zwischen einer theoretisch gebotenen Erfassung sämtlicher Vermögenswertänderungen und der im Einkommensteuergesetz geregelten Befreiung von Veräußerungsgewinnen im Bereich der privaten Vermögensverwaltung dienen. Zu denken wäre etwa an einen Freibetrag in Anlehnung an die Freistellung des sog. Existenzvermögens bei der Erbschaftsteuer, dessen Höhe sich am Wert eines durchschnittlichen Einfamilienhauses orientieren könnte, also z.B. EUR 200.000 bis 250.000. Möglich wäre auch eine Freigrenze, die sich am Gesamtwert der veräußerten Grundstücke orientiert, so dass die Steuerpflicht z.B. erst bei Veräußerungsvolumen von insgesamt über EUR 500.000 einsetzen würde.[89] Beide Varianten könnten auch mit einer Zeitgrenze kombiniert werden.[90] Ob eine derart quantifizierende Typisierung durch die Judikative auf verfassungsrechtliche Bedenken stoßen würde, kann an dieser Stelle nicht diskutiert werden.[91]

Doch auch wenn es der Rechtsprechung gelungen wäre, einen deutlich weniger gestaltbaren Maßstab zur Abgrenzung von Gewerbebetrieb und Vermögensverwaltung bei der Veräußerung von Grundstücken zu finden, so hätten sich die

---

[88] Beides sind Voraussetzungen für Gleichmäßigkeit und Entscheidungsneutralität der Besteuerung. Vgl. Schneider (1994), S. 29 und S. 39.

[89] Die Frage ob ein Supermarkt, zwei Häuser oder vier Wohnungen veräußert werden, spielt dann keine Rolle mehr.

[90] Selbst eine ausschließliche Zeitgrenze zwischen Kauf/Errichtung und Verkauf analog der Spekulationsfrist des § 23 EStG wäre m.E. vorzuziehen. Vgl. auch Knobbe-Keuk (1993), S. 749 (FN 37).

[91] Hierzu Klein (1994), S. 82 ff. Eine Typisierung wie im Falle der Drei-Objekt-Grenze, die den Steuerpflichtigen, der zwei große Mehrfamilienhäuser mit einem „Gewinn" von EUR 500.000 verkauft, nicht besteuert, während ein anderer aufgrund des Verkaufs von vier Eigentumswohnungen mit einem „Gewinn" von nur EUR 100.000 steuerpflichtig wird, dürfte m.E. verfassungsrechtlich bedenklicher sein.

Ungerechtigkeiten im Hinblick auf eine anzustrebende entscheidungsneutrale und gleichmäßige Besteuerung aufgrund des bestehenden Dualismus der Einkunftsarten wieder einmal nur verschoben. Neben den bereits angesprochenen weiteren problematischen Rechtsfiguren der Betriebsaufspaltung, der Abfärbetheorie oder der Geprägetheorie ist der zusammen mit den Einkünften aus Vermietung und Verpachtung existierende andere wesentliche Bereich der Vermögensverwaltung, die Einkünfte aus Kapitalvermögen, bis heute unbefriedigend geregelt. Die entsprechende Rechtsfigur des „gewerblichen Wertpapierhandels" führt im Vergleich zum Grundstückshandel ein Schattendasein.[92] Offensichtlich ist man hier im Hinblick auf die Möglichkeit (aus fiskalischer Sicht: Gefahr) der Verlustberücksichtigung zurückhaltender.[93] Die Auffangtatbestände der §§ 17 und 23 EStG stellen die gebotene Veräußerungsgewinnbesteuerung nur für Teilbereiche her.

D.3. Die Verlängerung der „Spekulationsfrist" und ihre Auswirkungen auf den gewerblichen Grundstückshandel

D.3.1. Gesetzliche Ausgangslage

Durch das Steuerentlastungsgesetz 1999/2000/2002[94] erfolgte eine Ausdehnung der steuerlichen Erfassung privater Veräußerungsgeschäfte. Neben einer Herabsetzung der Grenze für eine wesentliche Beteiligung an einer Kapitalgesellschaft gemäß § 17 EStG[95] wurden die sog. Spekulationsfristen des § 23 EStG erheblich erweitert. Damit einher ging auch eine Namensänderung der Tatbestände des § 23 EStG. Was bisher unter dem Begriff „Spekulationsgeschäfte" zusammengefasst wurde, erhielt die Bezeichnung „Private Veräußerungsgeschäfte". Darin kann nun allerdings keine Tendenz zu einer allgemeinen Veräußerungsgewinnbesteuerung gesehen werden,[96] denn auch unter den neu gefassten § 23 EStG

---

92 Vgl. Wangler (1999), S. 184 ff; FG Rheinland-Pfalz v. 6.9.1996, EFG 1997, S. 337; FG Münster v. 15.10.1997, DStRE 1998, S. 260 sowie BFH v. 30.7.2003, DStR 2004, S. 598.

93 FG Saarland v. 7.12.1999, EFG 2000, S. 314.

94 Gesetz v. 24.3.1999, BGBl I 1999, S. 402; neugef. durch Gesetz v. 22.12.1999, BGBl I 1999, S. 2601.

95 Die damals erfolgte Absenkung von 25% auf 10% wurde infolge des Systemwechsels bei der Körperschaftsteuer mit dem Steuersenkungsgesetz v. 23.10.2000, BGBl I 2000, S. 1433, inzwischen auf 1% herabgesetzt.

96 Vgl. hierzu die nicht verwirklichten Bestrebungen i.Z.m. dem Entwurf des Steuervergünstigungsabbaugesetzes, private Veräußerungsvorgänge mit einem proportionalen Steuersatz von 15% zu erfassen; DStR-Aktuell 48/2002, S. VI.

fallen nur diejenigen Veräußerungen, die innerhalb einer bestimmten Zeitspanne nach Anschaffung erfolgen.[97] Gerade die Verdoppelung der Frist bei anderen Wirtschaftsgütern, insbesondere bei Wertpapieren, von sechs Monaten auf ein Jahr, muss wohl eher als Verlängerung einer Spekulationsfrist denn als Schritt zu einer allgemeinen Veräußerungsgewinnbesteuerung gewertet werden.[98]

Demgegenüber zeigt die Verlängerung des relevanten Zeitraums bei Grundstükken und damit zusammenhängenden Rechten von zwei auf zehn Jahre eine stärkere Tendenz zur Erweiterung der Veräußerungsgewinnbesteuerung. Für den zuvor untersuchten Problembereich des gewerblichen Grundstückshandels stellt sich damit die Frage, ob die Abgrenzung zur privaten Vermögensverwaltung überhaupt noch von steuerlicher Relevanz ist. Dies gilt umso mehr, als gemäß § 23 Abs. 1 Nr. 1 Satz 2 EStG errichtete, ausgebaute oder erweiterte Gebäude ausdrücklich einzubeziehen sind.[99]

Vernachlässigt man die durch eine mit der Zuordnung zum gewerblichen Grundstückshandel verbundene Gewerbesteuerpflicht,[100] ergibt sich zumindest innerhalb des 10-Jahres-Zeitraumes ein Fortschritt im Hinblick auf eine gleichmäßige Besteuerung.[101] Weiterhin unterschieden werden beide Varianten aber hinsichtlich ihrer Verlustausgleichsmöglichkeiten. Zwar sieht § 23 EStG insoweit eine erweiterte Verlustnutzung vor, als Verluste aus den nach § 23 Abs. 1 EStG erfassten Veräußerungsgeschäften nunmehr in den vorangegangenen Veranlagungszeitraum rücktragsfähig bzw. unbeschränkt vortragsfähig sind.[102] Die Möglichkeit, diese Verluste mit Gewinnen aus anderen Einkunftsarten zu verrechnen oder eines Verlustrücktrags nach § 10d EStG, ist aber nach wie vor nicht gegeben.

---

97 Vgl. Herzig/Lutterbach (1999), S. 521 f.

98 So ist auch in Schmidt/Heinicke, EStG, § 23 Rz 40 ff, nach wie vor von Fristen für Spekulationsvorgänge die Rede.

99 Ausgenommen sind lediglich bestimmte eigengenutzte Gebäude; § 23 Abs. 1 Nr.1 Satz 3 EStG.

100 Zur Rechtfertigung dieser Annahme vgl. D.1., FN 3. Bereits vor Einführung des § 35 EStG war durch die Verlängerung der „Spekulationsfrist" eine deutliche Annäherung zwischen gewerblichem Grundstückshandel und privater Vermögensverwaltung innerhalb der 10-Jahres-Frist zu verzeichnen. Ausführlich hierzu Rautenberg/Korezkij (1999), S. 1638 ff.

101 Vgl. Herzig/Lutterbach (1999), S. 526.

102 Vgl. § 23 Abs. 3 Satz 9 EStG. Nach der bisherigen Regelung konnten Verluste aus Spekulationsgeschäften nur mit entsprechenden Gewinnen im gleichen Kalenderjahr verrechnet werden.

D.3.2. Beschränkte Verlustausgleichsmöglichkeit und Analyse einer denkbaren Erweiterung

Die Beschränkung der Verlustverrechnungsmöglichkeiten für Veräußerungsgeschäfte im Sinne des § 23 Abs. 3 EStG ist selbst auf der Basis des geltenden Einkunftsartenrechts zweifelhaft.[103] Dies gilt insbesondere vor dem Hintergrund der Entscheidung des Bundesverfassungsgerichts zur entsprechenden Problematik bei § 22 Nr. 3 Satz 3 EStG.[104] Für eine Besteuerung nach der Leistungsfähigkeit in Übereinstimmung mit den in Teil B aufgestellten Prinzipien ist die unterschiedliche steuerliche Würdigung von Gewinnen und Verlusten erst recht nicht tragbar. Der begrüßenswerten Besteuerung von Gewinnen aus „privaten" Veräußerungsgeschäften muss im Gegenzug vielmehr eine grundsätzlich unbeschränkte Berücksichtigung von Verlusten aus diesen Geschäften gegenüberstehen.[105] Andernfalls lässt sich eine Annäherung an Entscheidungsneutralität und Gleichmäßigkeit nicht erreichen.[106]

Notwendig wäre demnach eine Einbeziehung sämtlicher Verluste aus Veräußerungsgeschäften des § 23 EStG in eine generelle, unbeschränkte Verlustausgleichsregelung.[107] Dies scheint aber angesichts der dann auch zu berücksichtigenden Verluste aus Wertpapiertransaktionen derzeit als wenig realistisch. Unterstellt, es käme dennoch durch eine einkunftsartenübergreifende Verlustausgleichsmöglichkeit zu einer weitgehenden Annäherung zwischen gewerblichem Grundstückshandel und privater Vermögensverwaltung, wäre dies wiederum nur eine Nuancenverschiebung auf dem Weg zu einer umfassenden gleichmäßigen Besteuerung. Denn wie bei der Kritik an einer einseitig an das Tätigkeitsbild des gewerblichen Bauunternehmers anknüpfenden Rechtsprechung, darf auch hier nicht der Fehler begangen werden, eine gleichmäßige Besteuerung nur anhand eines Teilbereichs beurteilen zu wollen. Denn sobald man diesen Bereich verlässt, wird die Ungerechtigkeit offensichtlich.

Zu welchen unbefriedigenden Ergebnissen eine grundsätzlich begrüßenswerte Ausdehnung der Verlustausgleichsmöglichkeiten führen kann, wenn keine systematische Gesamtkonzeption besteht, lässt sich an folgendem Beispiel zeigen. Angenommen, es würde korrespondierend zur Steuerpflicht privater Veräuße-

---

[103] Vgl. Herzig/Lutterbach (1999), S. 527; Groß (2001), S. 1553 ff.

[104] BVerfG v. 30.9.1998, DStR 1998, S. 1743.

[105] Insbesondere kann es sich bei der vorliegenden Einschränkung nicht um einen Auffangtatbestand zur pauschalierten Ausgrenzung nicht identifizierter konsumtiver Aufwendungen handeln. Vgl. hierzu C.4.5.2.

[106] Vgl. Schneider (1999), S. 106 und S. 108.

[107] Sofern nicht eine konsumtive Veranlassung vorliegt.

rungsgewinne innerhalb der zeitlichen Fristen des § 23 EStG eine Verlustverrechnung mit anderen Einkünften zugelassen. Für die Abgrenzung des gewerblichen Grundstückshandels zur privaten Vermögensverwaltung wäre damit wiederum ein Stück Gleichmäßigkeit der Besteuerung verwirklicht. Aufgrund des Regelungsinhalts des § 23 EStG würde diese erweiterte Verlustausgleichsmöglichkeit bedeuten, dass auch Veräußerungsverluste aus Wertpapiergeschäften, bei denen Anschaffung und Veräußerung innerhalb eines Jahres erfolgen, mit anderen Einkünften verrechnet werden könnten.

Vor diesem gesetzlichen Hintergrund erwirbt der Steuerpflichtige A mit ansonsten Einkünften aus nichtselbständiger Arbeit von jährlich EUR 100.000 am 2.1.01 Aktien der Y-AG im Wert von EUR 100.000.[108] Durch bis zum Verkauf aller Aktien am 4.1.02 eingetretene Kurssteigerungen erzielt er einen Veräußerungsgewinn in Höhe von EUR 50.000, der aufgrund des Ablaufs der Zeitspanne des § 23 Abs. 1 Nr. 2 EStG steuerfrei bleibt. Am 5.1.02 kauft A Aktien der Z-AG im Wert von EUR 150.000, die er am 30.12.02 aufgrund einer negativen Kursentwicklung für EUR 100.000 wieder verkauft. Bei der unterstellten umfassenden Ausgleichsmöglichkeit kann er die innerhalb eines Jahres erlittenen Verluste mit den Einkünften aus nichtselbständiger Arbeit verrechnen. Die Situation des Steuerpflichtigen A stellt sich damit wie folgt dar:

Veranlagungsjahr	01	02
Einkünfte aus nichtselbständiger Arbeit	100.000	100.000
Steuerfreier Veräußerungsgewinn		50.000
Steuerlich relevanter Veräußerungsverlust		- 50.000
Verwirklichter Mittelerwerb	100.000	100.000
Zu versteuernde Einkünfte	100.000	50.000

Der Steuerpflichtige B, der ebenfalls Einkünfte nach § 19 EStG von EUR 100.000 p.a. erzielt, hat dagegen „weniger Glück" mit der Beachtung steuerlicher Fristen. Er kauft am 2.1.01 zunächst Aktien der Z-AG im Wert von EUR 150.000. Am 5.1.02 erwirbt er dann Aktien der Y-AG zu Anschaffungskosten von EUR 100.000. Nachdem die Aktien der Z-AG bis Anfang 02 ihren Wert behalten, muss B diese aufgrund des anschließend einsetzenden Kursverfalls zum 30.12.02 für EUR 100.000 verkaufen. Der realisierte Kursverlust kann wegen Überschreitens der „Spekulationsfrist" allerdings nicht berücksichtigt wer-

108 Es soll sich um eine große Aktiengesellschaft handeln, so dass die Beteiligung geringer als 1% ist; vgl. § 17 EStG.

den. Zur Abdeckung dieses Verlustes verkauft er zum 30.12.02 die zwischenzeitlich im Kurs gestiegenen Y-Aktien für EUR 150.000. Aufgrund der Veräußerung innerhalb eines Jahres muss B den Gewinn von EUR 50.000 gemäß § 23 EStG versteuern. Seine Situation stellt sich damit wie folgt dar:

Veranlagungsjahr	01	02
Einkünfte aus nichtselbständiger Arbeit	100.000	100.000
Steuerpflichtiger Veräußerungsgewinn		50.000
Steuerlich nicht relevanter Verlust		- 50.000
Verwirklichter Mittelerwerb	100.000	100.000
Zu versteuernde Einkünfte	100.000	150.000

Im Beispiel müsste somit der Steuerpflichtige B trotz identischem verwirklichten Mittelerwerb und damit gleicher finanzieller Leistungsfähigkeit EUR 100.000 mehr versteuern als A. Neben der an sich schon unbefriedigenden Regelung einer zeitlich eingeschränkten Veräußerungsgewinnbesteuerung[109] würde die hier unterstellte, steuersystematisch begrüßenswerte Erweiterung der Verlustverrechnungsmöglichkeiten für einen Teilbereich,[110] im Beispielsfall zu einer Verstärkung der Ungleichbehandlung in einem anderen Teilbereich führen. Beide Verluste belasten die Steuerpflichtigen in gleichem Maße. Sie sind sogar während desselben Zeitraums entstanden, nämlich von Anfang 02 bis zum 30.12.02. Nur weil B die Aktien der Z-AG bereits früher gekauft hatte, können seine Verluste steuerlich nicht berücksichtigt werden.

Somit gelangt man zu dem Ergebnis, dass eine mittels Erweiterung von Verlustausgleichsmöglichkeiten geschaffene Verbesserung der Gleichmäßigkeit der Besteuerung in einem Teilbereich durch eine Verschlechterung in einem anderen Teilbereich erkauft würde. Deshalb ist es zwingend erforderlich, dass die Reformierung des Einkommensteuerrechts auf einer systematischen Gesamtkonzeption aufbaut.

---

109 Die daraus resultierende Ungleichbehandlung zwischen A und B beträgt EUR 50.000. Sie hätte zwar durch einen späteren Verkaufszeitpunkt verhindert werden können. Aber abgesehen von der im Beispiel angedeuteten Situation eines Notverkaufs, bei der diese Wahlmöglichkeit nicht mehr besteht, wirken derartige Beeinflussungen der Handlungsmöglichkeiten eines Steuerpflichtigen nicht entscheidungsneutral.

110 Diese würde ja wie geschildert zu einer gleichmäßigeren Besteuerung zwischen gewerblichem Grundstückshandel (oder Wertpapierhandel) und privater Vermögensverwaltung innerhalb des 10-Jahres-Zeitraumes (1-Jahres-Zeitraumes) führen.

D.4. Gebotene Gleichbehandlung aller Einkünfte

D.4.1. Von den sieben Einkunftsarten zum erwerbswirtschaftlichen Handeln

Um die zuvor am Beispiel des gewerblichen Grundstückshandels geschilderten Widersprüche zu verhindern, muss eine Systembereinigung des Einkommensteuerrechts zunächst die Beseitigung des Einkunftsartenrechts und der daran anknüpfenden unterschiedlichen Einkünfteermittlung anstreben. Am Ende dieser Bereinigung sollte nur eine Einkunftsart stehen, denn nur so wird annähernd sicher gestellt, dass alle „Einkünfte" gleich belastet werden.[111] Ob diese „Einkünfte" aus dem Verkauf von drei Eigentumswohnungen oder der Veräußerung von zwei Großprojekten (oder einem Angestelltenverhältnis, einem Wertpapier usw.) resultieren, kann und darf keine Rolle spielen.

Damit wird auch die Forderung aus Teil C wieder aufgegriffen, nach der zur Abgrenzung von Einkommenserzielung und konsumtiver Einkommensverwendung zunächst alle Erträge und Aufwendungen zu erfassen sind.[112] Orientierungspunkt für die Bestimmung des Steuergegenstandes ist somit grundsätzlich das gesamte, auf die Erzielung von Einnahmen gerichtete Handeln. Dieser umfassende Ansatz muss nun nicht bedeuten, dass jeder Einnahmen auslösende Vorgang in der Privatsphäre den Nachforschungen des Finanzamtes ausgesetzt ist.[113] Unter dem Gesichtspunkt der Verwaltungsvereinfachung sind Ausnahmen gerade bei Veräußerungen im Privatbereich geboten. Diese sind systematisch bereits bei der Frage nach der einkommensteuerlichen Relevanz eines Sachverhaltes zu prüfen und könnten ebenso wie die nähere Grenzziehung zwischen Erwerbs- und Privatsphäre einer anpassungsfähigeren Rechtsverordnung überlassen werden.[114]

Zur Konkretisierung der einkommensteuerlich nicht relevanten Vorgänge speziell in der Privatsphäre eignet sich die Einschränkung des Steuergegenstandes auf

---

[111] Vgl. Kirchhof (2001), S. 914.

[112] Vgl. C.4.5.1. und C.5. Diese „steuerobjektorientierte" Komponente der Lösung des ursprünglichen Liebhabereiproblems, kann bei der Frage ob verschiedene Einkunftsarten gegeneinander abzugrenzen sind oder nicht, selbstverständlich zu keinem anderen Ergebnis führen als bei der vorausgegangenen Beurteilung der steuerlichen Relevanz unterschiedlicher Tätigkeiten.

[113] Vgl. Wassermeyer (2001), S. 921.

[114] Vgl. Kirchhof (2001), S. 915; Kirchhof u.a. (2001), S. 3, § 5 Abs. 2. Diese RVO wird dann insbesondere Grenzfälle regeln müssen, wie z.B. die Veräußerung eines privaten PKW, der jedoch auch erwerbswirtschaftlich genutzt wurde; vgl. Wassermeyer (2001), S. 922.

ein nachhaltiges Verhalten. Dadurch werden Einmalveräußerungen von z.B. privatem Schmuck, Briefmarken oder Antiquitäten nicht erfasst.[115] Diese einmaligen Vorgänge fallen somit nicht unter den einzigen Grundtatbestand „Erwerbswirtschaftliches Handeln“.[116]

Wie schon von der Einkommensteuer-Kommission 1995 vorgeschlagen,[117] möchte unter den aktuell diskutierten Reformvorschlägen der Karlsruher Entwurf zur Reform des Einkommensteuergesetzes ebenfalls alle Einkunftsarten gleich behandeln. Deshalb ist auch dort Steuergegenstand nur noch das erwerbswirtschaftliche Handeln. Dieses wird definiert als jedes nachhaltige Verhalten, das geeignet ist, Überschüsse oder Gewinne zu erzielen.[118]

Im Unterschied zu dem in dieser Arbeit bevorzugten Verzicht auf eine Beurteilung der Gewinn- bzw. Überschusserzielung, wird diese in § 2 Abs. 1 KE ausdrücklich verlangt. Die dadurch entstehenden Probleme wurden bereits bei den Ausführungen zur Liebhabereiproblematik dargestellt. Hinsichtlich des auch im Karlsruher Entwurf vorausgesetzten nachhaltigen Verhaltens bestehen dagegen Gemeinsamkeiten mit dem hier befürworteten Lösungsansatz.

Die systematisch notwendige Erfassung von Wertänderungen des gesamten Erwerbsvermögens (§ 3 Abs.4 KE) wird durch § 13 Abs. 1 KE klargestellt, so dass z.B. Gewinne (und Verluste) aus der Veräußerung von Anteilen an Kapitalgesellschaften und Wertpapieren ebenso erfasst werden wie Wertveränderungen bei „nachhaltig“ vermieteten Grundstücken.[119] Dies ist zu begrüßen, da bei einer

---

[115] Vgl. Wassermeyer (2001), S. 922. Aus besteuerungspraktischer Sicht stellt sich generell die Problematik eines Abwägens zwischen zusätzlichen Erfassungskosten aus der erweiterten Steuerbarkeit und dem Gebot der Gleichmäßigkeit der Besteuerung. Vgl. hierzu Bareis (2002), S. 139.

[116] Durch die Nachhaltigkeit der Einnahmen und die Konkretisierung des Einkommens in einer Messtheorie des Markteinkommens sind auch Geschenke, Erbschaften, Lotteriegewinne oder die Wertschöpfung im Haushaltsbereich nicht zu erfassen. Stellvertretend hierzu Hundsdoerfer (2002), S. 73 f; Bareis (2001), S. 271; Wassermeyer (2001), S. 921 f.

[117] Einkommensteuer-Kommission (1995), These 5: Gleichmäßige Behandlung aller Einkunftsarten.

[118] Kirchhof u.a. (2001), S. 1, § 2 Abs. 1.

[119] Diese bedürfen aufgrund ihrer Eigenschaft als Erwerbsgüter keiner Sondervorschrift. Über die Vorschrift des § 2 Abs. 2 KE wird klargestellt, dass Einkünfte aus der Veräußerung von Grundstücken und grundstücksgleichen Rechten selbst dann der Einkommensteuer zu unterwerfen sind, wenn sie nicht aus erwerbswirtschaftlichem Handeln erzielt werden. Ausgenommen von der Besteuerung sind allerdings Wertänderungen während der Nutzung zu eigenen Wohnzwecken. Dabei stellt sich die Frage, ob eine derartige Klarstellung nicht auch für andere Transaktionen notwendig wird. Zu denken ist z.B. an den gelegentlichen Kauf und Verkauf von Wertpapieren, die nur innerhalb einer kurzen Zeitspanne gehalten werden, in der es zu keinen, für die Nachhaltigkeit sprechenden Er-

Konkretisierung des verwirklichten Mittelerwerbs im Markteinkommen jede über den Markt verwirklichte Vermögensmehrung und jede mit ihr korrespondierende Vermögensminderung steuerlich relevant ist.[120] Deshalb kann es keine Rolle spielen, ob die (nachhaltigen) Einnahmen in Form von regelmäßigen Zahlungen (z.B. Mieten, Zinsen oder Dividenden) oder über Veräußerungserlöse erzielt werden. Lediglich rein konsumtiv ausgeübte Tätigkeiten scheiden ebenso aus der Besteuerung aus wie die Haushaltsproduktion. Zwar kann hier durchaus eine Wertschöpfung und somit erwirtschaftetes Einkommen vorliegen, jedoch ist dieses nicht ausreichend über den Markt objektiviert.[121]

In Analogie zu dem in dieser Arbeit vorgestellten Lösungsansatz würden auch bei einer Umsetzung des Karlsruher Reformentwurfs zahlreiche Abgrenzungs- und Zuordnungsfragen[122] sowie die Rechtsfigur des gewerblichen Grundstückshandels ihre Bedeutung verlieren.

D.4.2. Zusammenspiel zwischen einheitlicher Einkunftsart und einheitlicher Ermittlungsmethode

Wenn mit der dringend gebotenen Vereinheitlichung des Steuerobjektes in der „Einkunftsart" erwerbswirtschaftliches Handeln die Voraussetzungen für eine gleichmäßige Besteuerung geschaffen sind, gilt es im nächsten Schritt, eine einheitliche Bemessungsgrundlage zu fixieren. Dabei setzt eine gleichmäßige Besteuerung möglichst ein und dieselbe Methode der Einkommensermittlung voraus,[123] „denn der Kern einer „synthetischen" (die verschiedenen Arten zusam-

werbseinnahmen (z.B. Dividenden) kommt. Ohne eine Klarstellung, dass auch diese Kapitalrechte den Erwerbsgütern zuzurechnen sind, könnte z.B. die steuerliche Relevanz von Kursgewinnen und -verlusten bezweifelt werden. Und dies obwohl sich in den Kursgewinnen bzw. Kursverlusten auch die erwarteten (nachhaltigen) Dividenden oder deren Ausbleiben widerspiegeln.

120 Zutreffend spricht Wassermeyer (2001), S. 921, davon, „dass jede Vermögensmehrung und jede Vermögensminderung entweder der Einkommen- oder der Erbschaftsteuer, aber nicht beiden Steuern gleichzeitig unterliegen muss bzw. darf und dass jede Ausnahme von diesem Grundsatz einer besonderen Rechtfertigung bedarf, die z.B. auch im Bereich der Verwaltungsvereinfachung oder des Schutzes der Privatsphäre (Art. 2 GG) vor Nachforschungen des FA liegen kann." Derartige Rechtfertigungen (= Basiswerturteile) sind dann in einer RVO zu konkretisieren. Zum Markteinkommen vgl. nochmals Schneider (1997), S. 269 f; Schneider (1998), S. 1287; Schneider (1999), S. 106.

121 Vgl. Bareis (2001), S. 271.

122 Typische Beispiele sind die Probleme bei der Betriebsaufspaltung, der Geprägerechtsprechung oder der Abfärbetheorie. Vgl. hierzu D.1., FN 4 - 11.

123 Vgl. Schneider (1994), S. 154.

menfassenden) Einkommensteuer ist das Addieren verschiedenartiger Einkünfte zu einer einzigen Bemessungsgrundlage."[124] Abweichungen für unterschiedliche Formen des erwerbswirtschaftlichen Handelns benötigen demzufolge eine besondere Rechtfertigung, z.B. im Hinblick auf die Einfachheit der Besteuerung.

Eine derartige Sonderstellung könnte etwa dem erwerbswirtschaftlichen Handeln in einem Anstellungsverhältnis zugebilligt werden. Aufgrund der dort gegebenen ausgeprägten Zahlungsorientierung der steuerlich relevanten Lohn- und Gehaltszahlungen und des relativ geringen Umfangs erwerbssichernder Aufwendungen und Investitionen stellt sich die Frage, ob die in Teil B bevorzugte Einkommensermittlung im Wege eines Vermögensvergleichs auch hierfür geeignet erscheint. Statt dessen könnte eine Annäherung an eine Überschussrechnung naheliegend sein.

Nun wäre für eine Sonderregelung entweder zwischen zwei erwerbswirtschaftlichen Betätigungen – einer nichtselbständigen und den restlichen selbständigen – bereits auf der Ebene des Steuerobjektes zu unterscheiden[125] oder innerhalb einer erwerbswirtschaftlichen Einkunftsart müssten unterschiedliche Methoden zur Ermittlung der Bemessungsgrundlage angewandt werden. Für die Besteuerungspraxis ist diese Unterscheidung m.E. ohne Bedeutung. Zwar ist eine Differenzierung auf der untergeordneten Ermittlungsebene systematisch vorzuziehen.[126] Doch setzt jede Differenzierung eine Trennung und damit auch eine Abgrenzung von Tätigkeiten voraus.

Solange die steuerlichen Ergebnisse aller Erwerbsgrundlagen (z.B. Vermietung einer Wohnung, Tätigkeit als selbstständiger Steuerberater, Urteilen als Richter an einem Finanzgericht) einheitlich ermittelt werden, spielt es praktisch keine Rolle, ob nun von verschiedenen Einkunftsarten bzw. verschiedenen Erwerbsgrundlagen gesprochen wird. Erst wenn von einer einheitlichen Ermittlung des Einkommens in Abhängigkeit von der Erwerbsgrundlage/Einkunftsart abgewichen wird, entstehen materielle Wirkungen. Deshalb besteht mit jeder Ausnahme die zunehmende Gefahr, dass das zugrunde liegende einheitliche System mehr und mehr verwässert. Dies gilt z.B. für die im Karlsruher Entwurf befürworteten unterschiedlichen Ermittlungsmethoden, die de facto eine Unterscheidung in verschiedene (erwerbswirtschaftliche) Einkünfte erforderlich machen.[127]

---

124 Schneider (2002), S. 283.

125 Vgl. Bareis (1996), S. 41 mit der Erläuterung in FN 21, S. 62.

126 Zutreffend Bareis (2002), S. 139.

127 Vgl. Wassermeyer (2001), S. 921 ff. Insoweit täuscht der im Karlsruher Entwurf verwendete Begriff der „einheitlichen Einkünfte aus erwerbswirtschaftlichem Handeln". Diesbezüglich ist der Kritik von Wagner (2001), S. 362, zuzustimmen, dass eine begriffliche Reduktion auf eine Einkunftsart bei gleichzeitigem Aufrechterhalten unterschiedlicher

Speziell infolge der in § 10 KE geregelten Anknüpfung an den Jahresabschluss nach handelsrechtlichen Vorschriften sind Differenzierungen unter den Steuerpflichtigen unumgänglich. Dasselbe gilt für die an einzelne Erwerbsgrundlagen gebundene Verlustverrechnung, die im - auf dem Karlsruher Entwurf aufbauenden - Vorschlag zur Reform des Ertragsteuerrechts bevorzugt wird.[128]

Auch eine Sonderstellung für die Ermittlung des Einkommens aus einem Anstellungsverhältnis ist deshalb mit Vorsicht zu genießen. Eine Annäherung zwischen praktikabler Überschussrechnung und favorisiertem Vermögensvergleich würde jedoch erreicht,[129] wenn von der „Bilanzierung und Bewertung" des Humanvermögens als Vermögensgegenstand (= Inventar) abgesehen wird.[130] Zu einer kritisch zu beurteilenden weitreichenden Ausnahme von der gebotenen einheitlichen Einkommensermittlung käme es insoweit nicht.

Nach einer Zusammenfassung der vorstehenden Ausführungen zum Steuerobjekt de lege lata und dessen notwendiger Systematisierung, soll nachfolgend das im Rahmen dieser Arbeit steuersystematisch bevorzugte Konzept des Vermögensvergleichs nach dem erweiterten Realisationsprinzip im Hinblick auf seine Eignung als einheitliche Ermittlungsmethode und auf die Beseitigung der zentralen Problemfelder bei der Bestimmung der Steuerbemessungsgrundlage untersucht werden.

D.5. Zusammenfassung

- Analog den Problemen bei der Beurteilung der Einkunftserzielungsabsicht im geltenden Einkommensteuerrecht zeigt sich auch die Abgrenzung der Einkunftsarten zueinander als äußerst kompliziert und ökonomisch nicht nachvollziehbar. Dies wurde am Beispiel des sog. gewerblichen Grundstückshandels dargestellt. Innerhalb der geltenden Rechtslage können die von der Rechtsprechung entwickelten objektorientierten Grenzen die erhoffte Systematisierung und Vereinfachung nicht gewährleisten. Je nachdem, ob ein

---

Ermittlungsmethoden Abgrenzungsfragen nicht verhindern kann. Die von *Wagner* behauptete Methodenvielfalt des Karlsruher Entwurfs ist m.E. allerdings nicht zu erkennen.

128 Vgl. Kirchhof (2003), S. 12.

129 Zur Frage der Annäherung einer Einnahmenüberschussrechnung an einen Vermögensvergleich, vgl. Schneider (1997), S. 273 ff.

130 Das „Humanvermögen" ist zwar ein wichtiger Bestimmungsgrund für die Höhe des Einkommens, kann jedoch bei dessen Ermittlung nicht als Vermögensgegenstand angesetzt werden. Vgl. Schneider (1997), S. 121 f.

gewerblicher Grundstückshandel unterstellt wird (= Einkünfte aus Gewerbebetrieb) oder nicht (= Einkünfte aus Vermietung und Verpachtung), resultieren vielmehr unterschiedliche steuerliche Folgen für identische (verwirklichte) Mittelerwerbe. Derartige Differenzierungen sind mit einer entscheidungsneutralen, gleichmäßigen und einfachen Besteuerung nicht zu vereinbaren. Deshalb sollte sich der Gesetzgeber die Frage stellen, ob er den mit einer einkunftsartenabhängigen Besteuerung verbundenen Aufwand seinen Steuerbürgern tatsächlich zumuten will.

- Durch die Verlängerung der „Spekulationsfrist“ für private Veräußerungsgeschäfte bei Grundstücken ist zwar eine partielle Reduzierung der Ungleichbehandlung innerhalb des Zeitraumes von 10 Jahren eingetreten. Doch kommt es nicht nur bei Überschreiten dieser Zeitgrenze nach wie vor zu erheblichen Unterschieden in der Besteuerung „gewerblicher“ und „privater“ Veräußerungsgeschäfte. So wird die mit der notwendigen Erfassung von Reinvermögensmehrungen korrespondierende Berücksichtigung von Reinvermögensminderungen durch § 23 Abs. 3 Satz 8 f EStG eingeschränkt. Und auch die unterschiedlichen Zeiträume zwischen Anschaffung und Veräußerung bei den privaten Veräußerungsgeschäften von Grundstücken im Vergleich zu den privaten Veräußerungsgeschäften bei anderen Wirtschaftsgütern widerspricht den hier verfolgten Besteuerungszielen.

- Eine Systembereinigung und Vereinfachung bei der Bestimmung des Steuerobjektes der Einkommensteuer verlangt die Beseitigung des Einkunftsartenrechts mit den daran anknüpfenden unterschiedlichen Methoden der Einkünfteermittlung. Statt dessen ist ein einheitlicher Grundtatbestand zu schaffen, der hier als „erwerbswirtschaftliches Handeln“ bezeichnet wird. Wertänderungen am eingesetzten Erwerbsvermögen sind als Bestandteil des verwirklichten Mittelerwerbs bei der Ermittlung des Einkommens zwingend zu berücksichtigen. Statt unterschiedliche erwerbswirtschaftliche Tätigkeiten gegeneinander abzugrenzen, bleibt es bei der Abgrenzung des Erwerbsvermögens vom einkommensteuerlich unbeachtlichen Konsumvermögen (einschließlich Haushaltsproduktion) nach den in Teil C ausgeführten Grundsätzen.

- Ist mit der dringend gebotenen Vereinheitlichung des Steuerobjektes in der „Einkunftsart des erwerbswirtschaftlichen Handelns“ die Voraussetzung für eine gleichmäßige Besteuerung geschaffen, muss im nächsten Schritt eine einheitliche Methode der Einkommensermittlung zur Anwendung kommen. Denn solange die steuerlichen Ergebnisse aller Erwerbsgrundlagen einheitlich ermittelt werden, spielt es praktisch keine Rolle, ob nun von verschiedenen Einkunftsarten bzw. verschiedenen Erwerbsgrundlagen gesprochen wird. Erst wenn von einer einheitlichen Ermittlung des Einkommens in Abhängigkeit von der Erwerbsgrundlage/Einkunftsart abgewichen wird, entstehen materielle Wirkungen. Deshalb besteht mit jeder Ausnahme die Gefahr, dass das zugrunde liegende einheitliche System durchbrochen wird.

E Zur einheitlichen und rechtssicheren Ermittlung der Steuerbemessungsgrundlage

E.1. Einleitung

Nach den in Teil B analysierten theoretischen Anforderungen an ein Steuersystem wurde die reinvermögensorientierte Einkommensermittlung als geeignete Basis zur Bestimmung einer entscheidungsneutralen und gleichmäßigen Maßgröße für steuerliche Zwecke angesehen. Für die hierfür erforderliche vollständige Erfassung sämtlicher (Markt-) Einkommensbestandteile bilden die vorausgegangenen Lösungsansätze die Voraussetzung. Ohne eine entsprechende Erfassung möglichst aller auf (nachhaltige) Einnahmen gerichtete Tätigkeiten in einem umfassenden Steuergegenstand des erwerbswirtschaftlichen Handelns[1] würde eine reinvermögensorientierte Maßgröße für das Einkommen Lücken aufweisen.

Die geeignete Methode zur rechtssicheren Messung eines reinvermögensorientierten Einkommens findet sich in einem Vermögensvergleich auf der Basis des erweiterten Realisationsprinzips, ergänzt um einen Periodisierungsgrundsatz.[2] Ist damit die grundsätzliche Methode der Einkommensermittlung gefunden, so soll die Theorie des Markteinkommens sicherstellen, dass von den erwerbswirtschaftlichen Einnahmen die erwerbswirtschaftlichen Ausgaben – und möglichst nur die – abgezogen werden dürfen.[3] Dieser Reihenfolge entsprechend soll im Folgenden zunächst das Lösungspotential eines derart objektivierten Vermögensvergleichs, im Hinblick auf zentrale Problemfelder der de lege lata unterschiedlichen Ermittlung der Steuerbemessungsgrundlage, aufgezeigt werden. Daran anschließend sollen Lösungsansätze für das auch bei Anwendung der Markteinkommenstheorie existierende Problem der Abgrenzung erwerbswirtschaftlicher Aufwendungen von den Privatausgaben diskutiert werden.

---

1 Dabei soll nochmals betont werden, dass bei einer einheitlichen Einkunftsart die Grenzen zwischen dem Steuerobjekt und der Frage nach der Trennung der einkommensteuerbaren von den nicht einkommensteuerbaren Tätigkeiten fließend sind.

2 Vgl. B.2.3.

3 Vgl. B.2.4.

E.2. Bestehende Probleme zwischen gesetzlich geregeltem Vermögensvergleich und einer systematischen Einkommensermittlung im Überblick

E.2.1. Gesetzliche Ausgangslage

Innerhalb des geltenden Einkommensteuerrechts erfüllen die sog. Gewinneinkunftsarten des § 2 Abs. 2 Nr. 1 EStG insofern die Anforderungen einer reinvermögensorientierten Einkommensermittlung, als auch sie Veräußerungserfolge als Bestandteil des Einkommens betrachten. Als grundsätzliche Methode der Einkommensermittlung dient dabei ebenfalls ein Vermögensvergleich.[4] So sieht § 4 Abs. 1 EStG den Gewinnbegriff im Allgemeinen im Unterschiedsbetrag zwischen dem Betriebsvermögen am Schluss des Wirtschaftsjahrs und dem Betriebsvermögen am Schluss des vorausgegangenen Wirtschaftsjahrs, korrigiert um Entnahmen und Einlagen. Würde man den Begriff des Betriebsvermögens durch den des Erwerbsvermögens ersetzen und die Technik des Vermögensvergleichs[5] auf alle Einkommensvarianten ausdehnen, wären die grundsätzlichen Voraussetzungen für eine systematische Einkommensermittlung eigentlich gegeben. Doch zeigt auch hier die Besteuerungspraxis, dass die konkrete Ausgestaltung des Vermögensvergleichs mit zahlreichen Streitfragen verbunden ist.

Von grundlegender Bedeutung ist die existierende Abhängigkeit des steuerlichen Vermögensvergleichs von den handelsrechtlichen Vorschriften zur Bilanzierung und Bewertung. Dieses in § 5 Abs. 1 EStG kodifizierte Maßgeblichkeitsprinzip führt dazu, dass Rechnungslegungszwecke des Handelsrechts Einfluss auf die Besteuerung gewinnen. Allerdings kommt es in einigen Fällen auch zu einer faktischen Beeinflussung des Handelsrechts durch rein steuerliche Vorschriften, weil das Handelsrecht gemäß § 254 HGB oder § 247 Abs. 3 HGB die Übernahme steuerlicher Sondervorschriften ermöglicht und somit die Voraussetzungen für die sog. Einheitsbilanz schafft(e).[6]

---

4 Die modifizierte Einnahmenüberschussrechnung gem. § 4 Abs. 3 EStG hat die Stellung einer Ausnahmeregelung für bestimmte Fälle. Vgl. Wissel (1997), S. 84 (FN 119).

5 Ein Vermögensvergleich mit Einzelbewertung der Bestandteile des Vermögens übersetzt die Theorie vom realisierten Reinvermögenszugang in ein Messinstrument der Gewinn- (bzw. Einkommens-) Ermittlung. Vgl. Schneider (1997), S. 278.

6 Zur Diskussion um die rechtliche Problematik des Maßgeblichkeitsgrundsatzes vgl. insbesondere Schildbach (1989), S. 1443 ff. Zu den ökonomischen Wirkungen vgl. Schneider (1978), S. 1577 ff; Wagner (1990), S. 3 ff.

E.2.2. Verhältnis von handelsrechtlichem und steuerrechtlichem Vermögensvergleich

E.2.2.1. Vorbemerkung

Ob die Anknüpfung der steuerrechtlichen an die handelsrechtliche Gewinnermittlung nun eine Vereinfachungsmaßnahme darstellt[7] oder ob damit dem Gedanken Rechnung getragen werden soll, dass der Fiskus als „stiller Teilhaber" grundsätzlich nicht anders gestellt werden dürfe als die übrigen Teilhaber am Unternehmenserfolg,[8] ist für den hier verfolgten Untersuchungszweck primär ohne Bedeutung. Entscheidend ist vielmehr, ob die Verknüpfung zwischen steuerrechtlicher Einkommensermittlung und handelsrechtlicher Gewinnermittlung zur Verwirklichung der Zielgrößen Entscheidungsneutralität, Gleichmäßigkeit sowie Einfachheit beiträgt oder nicht.

Zwar wäre eine einheitliche Gewinnermittlung über einen Vermögensvergleich für Steuer- und Handelsrecht denkbar, wenn sie konsequent dem Zweck der Einkommensmessung unter Berücksichtigung der Nachprüfbarkeit folgen würde.[9] Das geltende Handelsrecht mit seiner Fülle an Wahlrechten und unterschiedlichen, z.T. inkonsistent umgesetzten Rechnungszielen rechtfertigt aber keine Annäherung zwischen „Steuerbilanz" und handelsrechtlichem Jahresabschluss.[10]

E.2.2.2. Einfluss einer Internationalisierung der Rechnungslegung

Zu den schon bislang auftretenden Problemen infolge der unterschiedlichen Zwecksetzung handels- und steuerrechtlicher Einkommensgrößen[11] kommt hinzu, dass mit der zu beobachtenden Internationalisierung der deutschen Rechnungslegung[12] eine Rückbesinnung handelsrechtlicher Rechnungslegungsziele

---

7 So Tipke (1987), S. 232.

8 Dieser Stille-Teilhaber-Ansatz geht auf Döllerer (1971), S. 1334 ff, zurück. Zur Kritik hieran vgl. Wagner (2002), S. 1887 f.

9 Hierzu Schneider (1997), S. 335; dabei könnte die handelsrechtliche Informationsfunktion über einen Anhang erfüllt werden.

10 Grundlegend Schneider (1978), S. 1578 ff; Schneider (1997), S. 324 f.

11 Vgl. Wissel (1997), S. 58.

12 So z.B. Küting (2000), S. 38 ff.

auf nachprüfbare Vorschriften zur Einkommensmessung eher unwahrscheinlich ist. Denn wenn die Maxime einer zukünftigen Rechnungslegung u.a. in der Bereitstellung entscheidungsrelevanter Informationen für potentielle Investoren liegt, mag dies im Sinne einer zunehmenden Kapitalmarktorientierung zu begrüßen sein. Die mit dem Übergang vom reinen Financial Accounting zum Business Reporting verbundene „Schwerpunktverschiebung weg von der Zweckdominanz der reinen Erfüllung der gesetzlichen Erfordernisse“[13] macht den Ansatz für ein staatliches Eingriffsrecht allerdings ungeeignet. Für den steuerlichen Gesetzgeber ist dieser Ansatz auch überhaupt nicht notwendig. Der Fiskus hat anders als ein Aktionär oder Gläubiger keinen Grund, Informationen über künftige Zahlungen bzw. künftige Erträge und Aufwendungen zu gewinnen, weil er keine Entscheidungen zu treffen hat, für die er derartige Informationen benötigt.[14] Ist es dem Gesetzgeber gelungen, entsprechend den Ausführungen in Teil B die Zielgröße eines Investors/Steuerpflichtigen als Maßstab für Besteuerungszwecke zu definieren, kann er sich auf die Erfassung der bereits realisierten Erträge und Aufwendungen beschränken.[15]

Eine „periodengerechte Gewinnermittlung“ für steuerliche Zwecke hat sich an anderen Leitbildern zu orientieren als eine kapitalmarktorientierte Ausgestaltung. Liegt der Sinn einer periodengerechten handelsrechtlichen Gewinnermittlung in der Aufbereitung der Geschäftsvorfälle zur Prognose künftiger Überschüsse,[16] spielen Relevanz, Verlässlichkeit, Vergleichbarkeit und Stetigkeit in der Berichterstattung eine wesentliche Rolle.[17] Demgegenüber kommt einer periodengerechten steuerlichen Gewinn- bzw. Einkommensermittlung die Aufgabe zu, die Besteuerungsziele Entscheidungsneutralität, Gleichmäßigkeit und Einfachheit in eine Maßgröße zu transferieren, die dem Erfordernis der Abschnittsbesteuerung Rechnung trägt. Genügt für letztere die in Teil B dargestellte Erweiterung einer Anschaffungswertbilanz um ein Periodisierungsprinzip für Vermögensgegenstände, die über mehrere Jahre genutzt werden,[18] übernimmt ein für Besteuerungszwecke abgelehnter Grundsatz der Verlustvorwegnahme[19] für den Informationsbedarf eines potentiellen Investors durchaus eine wichtige Funktion.

Entscheidende Voraussetzung eines Verzichts auf die Antizipation von Verlusten für steuerliche Zwecke ist allerdings die Bedingung eines möglichst soforti-

---

13 Küting (2000), S. 42.

14 Zutreffend Wagner (1998), S. 2076; Wagner (2002), S. 1888.

15 Lt. Schneider (1997), S. 239, geht es beim Zweck „Einkommensmessung“ nicht um Zukunftsprognosen, sondern um eine Theorie beladene nachträgliche Tatsachenfeststellung.

16 Vgl. Wagner (1998), S. 2076.

17 Vgl. Küting (2000), S. 40.

18 Hierzu B.2.3.2. - B.2.3.4.

19 Vgl. B.2.3.5.

gen Verlustausgleichs. Eine Übertragung dieser Voraussetzung auf eine Rechnungslegung für den Kapitalmarkt würde eine „Zubußepflicht" der Empfänger von Gewinnbeteiligungen erfordern, wenn sich die in einer früheren Abrechnungsperiode gewährten Ausschüttungen im Nachhinein als zu hoch erweisen sollten. Eine derartige Vorgehensweise widerspricht jedoch der Haftungsbeschränkung als grundlegender Institution zur Verringerung von Einkommensunsicherheiten.[20]

Auch sollte eine Rechnungslegung, die zu einer effizienten Lenkung des Kapitalmarktes beitragen soll, potentiellen Investoren (Anteilseigner oder Gläubiger) Informationen über bestehende Gefahren und zukünftige Chancen bereitstellen. Denn wenn Aktionäre über die Vorteilhaftigkeit des Erwerbs und der Veräußerung von Kapitalanteilen entscheiden oder Gläubiger ihr Kreditengagement von der zur Verfügung stehenden Haftungsmasse abhängig machen, sind z.B. bereits erkennbare „drohende Verluste" oder „stille Reserven" von erheblicher Entscheidungsrelevanz. Freilich bedarf es hierzu nicht zwingend des Instruments der Rückstellung. Ein Ausweis in einer befristeten zweckgebundenen Rücklage wäre ebenso denkbar[21] wie die Bereitstellung der entscheidungsrelevanten Informationen in einem dem Anhang vergleichbaren Informationsinstrument.[22] Alle diese „handelsrechtlich" notwendigen Informationen sind für eine rechtssichere Ermittlung des Einkommens jedoch ungeeignet bzw. entbehrlich.

E.2.2.3. Aktuelle Entwicklungen und Konsequenzen für die Einkommensmessung

Bereits mit den umfangreichen Änderungen des Bilanzsteuerrechts durch das Steuerentlastungsgesetz 1999/2000/2002 hat sich der Gesetzgeber in einem zentralen Bilanzierungsbereich von der Einheitsbilanz verabschiedet.[23] Die dabei getroffenen Regelungen zur Einschränkung der Teilwertabschreibung und der Bildung von Rückstellungen blieben jedoch Stückwerk. Die gleichzeitige Be-

---

20 Zutreffend Schneider (1997), S. 337.

21 Stellvertretend Schneider (1997), S. 337; Siegel (1998), S. 597.

22 Gerade bei einer Angabe in einem Anhang könnte dem Umstand Rechnung getragen werden, dass die Bilanzierung einer ungewissen Schuld in der Zukunft zu einem exakten Wert für einen Investor i.d.R. weniger entscheidungsrelevante Informationen liefert als im Falle der Angabe des möglichen Spektrums. Beispiel: Für eine bevorstehende Sanierung eines belasteten Fabrikgrundstücks rechnet der Unternehmer mit einem Aufwand in Höhe von EUR 500.000 bis 750.000. In der Bilanz bildet er eine Rückstellung von EUR 750.000.

23 Vgl. Stobbe (1997), S. 365; Schneider (2002), S. 281.

schneidung der Verlustverrechnung ist unsystematisch.[24] Aufgrund dieser ohnehin bestehenden „Brüchigkeit des Maßgeblichkeitsgrundsatzes“[25] wäre es an der Zeit, den Grundsatz der Maßgeblichkeit aufzugeben,[26] um die Voraussetzungen für einen steuerlichen Vermögensvergleich zu schaffen, der sich an den Leitbildern eines konsistenten Steuersystems orientieren kann. Denn kein Argument zur Verteidigung der Maßgeblichkeit ist stichhaltig gegenüber den Normen der Entscheidungsneutralität und Gleichmäßigkeit der Besteuerung.[27]

Entsprechend ist die im Karlsruher Entwurf zur Reform des Einkommensteuergesetzes fortgeführte Maßgeblichkeit[28] handelsrechtlicher Vorschriften für steuerliche Zwecke zu kritisieren.[29] Die behauptete Rechtfertigung unter dem Aspekt der Vereinfachung[30] ist nicht erkennbar.[31] Naheliegender erscheint m.E. eine Rechtfertigung im Sinne einer „Sozialtechnik der kleinen Schritte“. Danach wäre die Beibehaltung des Maßgeblichkeitsprinzips ein (hoffentlich vorübergehendes) Zugeständnis an die erhoffte Steigerung der Umsetzungschancen im politischen Prozess.[32]

Selbst wenn mit dem Karlsruher Entwurf eine Vereinheitlichung der Ermittlungsmethoden im Vergleich zur aktuellen Gesetzeslage zu verzeichnen ist, weil sich die Gewinnermittlung mit Hilfe einer Steuerbilanz einer Einnahmenüberschussrechnung annähert,[33] fehlt es doch an den eigenständigen steuerrechtlichen Prinzipien. Wenn etwa das zu den tragenden Grundsätzen der handelsrechtlichen Rechnungslegung gehörende Imparitätsprinzip für die steuerliche Gewinnermittlung (zu Recht) keine Wirkung entfaltet,[34] bleibt zu fragen, warum

---

24 Ausführlich hierzu Schneider (1999), S. 107 ff.

25 Weber-Grellet (1998a), S. 2438.

26 Vgl. Weber-Grellet (1997), S. 391 und Weber-Grellet (1999), S. 2666. Daneben sprechen sich noch weitere Literaturstimmen für eine Abschaffung bzw. Reformierung des Maßgeblichkeitsprinzips und für eine eigenständige steuerliche Gewinnermittlung aus, ohne dies allerdings mit den hier vertretenen Zielgrößen der Entscheidungsneutralität, Gleichmäßigkeit und Einfachheit zu rechtfertigen. Vgl. Lauth (2000), S. 1365 ff; Kußmaul/Klein (2001), S. 546 ff; Müller (2001), S. 1858 ff sowie Wagner (2002), S. 1886.

27 Vgl. Schneider (1999), S. 107.

28 § 10 KE; vgl. Kirchhof u.a. (2001), S. 5.

29 Auch Bareis (2002), S. 140, sieht als Mitglied des Karlsruher Arbeitskreises besonders im Hinblick auf das Maßgeblichkeitsprinzip weiteren Diskussionsbedarf.

30 Vgl. Kirchhof u.a. (2001), S. 37.

31 Eine Widerlegung dieser These findet sich bereits bei Schneider (1978), S. 1577, sowie zuletzt in Schneider (1999), S. 106 f und Schneider (2002), S. 281. Vgl. ferner Müller (2001), S. 1862 f.

32 Dieser pragmatische Rechtfertigungsgedanke findet sich auch im Karlsruher Entwurf wieder. Vgl. hierzu Bareis (2002), S. 136 ff.

33 Vgl. Scheffler (2001), S. 904 - Kernthesen.

34 Vgl. Scheffler (2001), S. 908.

dann überhaupt eine Anknüpfung an das anderen Zielen folgende System des HGB erforderlich ist. Denn auch bei einer Umsetzung des Karlsruher Entwurfes wird es Zweifelsfragen geben,[35] bei deren Auslegung systemtragende Prinzipien erforderlich sind. Dies bedeutet, dass im Zweifel auf handelsrechtliche Wertungen zurückzugreifen wäre. Ein Umstand, der nach den bisherigen Ausführungen nicht gewollt sein kann.

Zudem bleibt es bei einem Verstoß gegen eine Gleichmäßigkeit der Besteuerung. Denn nur wenn innerhalb eines reformierten Einkommensteuerrechts für alle erwerbswirtschaftlichen Betätigungen grundsätzlich die gleiche Methode der Einkommensermittlung gewählt wird, sind die Voraussetzungen für eine gleichmäßige Besteuerung gegeben.[36] Der vom Karlsruher Reformentwurf gewählte Dualismus von Überschussrechnung und Gewinnermittlung widerspricht dem, auch wenn tendenziell eine Annäherung beider Methoden vorliegt.

Bei Wegfall des Maßgeblichkeitsprinzips könnte dem zunehmenden Einfluss internationaler Bilanzierungsnormen auf das Handelsrecht zweckentsprechend Rechnung getragen werden, ohne deren Wirkung auf die steuerliche Gewinnermittlung befürchten zu müssen.[37] Überlegungen, den Einfluss internationaler Rechnungslegungsnormen bei Erhaltung des Maßgeblichkeitsprinzips unter dem Blickwinkel der Auswirkungen auf das Steueraufkommen zu diskutieren, lassen bereits erahnen, dass in diesem Fall eine systematische Steuerreform anhand der Zielgrößen Entscheidungsneutralität, Gleichmäßigkeit und Einfachheit ins Hintertreffen geraten könnte.[38]

Wenn schon unbedingt für unterschiedliche Zwecksetzungen eine einheitliche Basis gefunden werden soll, so könnte noch am ehesten ein systematisierter steuerlicher Vermögensvergleich als Ausgangspunkt der handelsrechtlichen „Einkommens"-Messung dienen.[39] Dieser könnte sowohl durch eine Öffnung im Hinblick auf den Grundsatz der Verlustvorwegnahme als auch durch die Auf-

---

35 Einen Vorgeschmack auf mögliche Auslegungsfragen liefert bereits die Diskussion um die Definition der Herstellungskosten. Vgl. hierzu Bareis (2002), S. 140 und Scheffler (2001), S. 907.

36 Vgl. Schneider (1997), S. 110, S. 284 f, S. 325 f und S. 335 f.

37 Vgl. Müller (2001), S. 1863.

38 Vgl. Oestreicher/Spengel (1999), S. 593 ff, sowie Küting (2000), S. 42 f, der vermutet, dass die Aussicht auf den Ausweis höherer Unternehmensgewinne aufgrund der Anwendung internationaler Rechnungslegungsnormen infolge leerer Staatskassen zu einer Beschleunigung des Umstellungsprozesses auf diese Rechnungslegungsstandards führen könnte. Allerdings sollte bekannt sein, dass sich Unternehmensgewinne und damit verbundene Steuereinnahmen aufgrund geänderter Rechnungslegungsnormen nicht dauerhaft steigern lassen.

39 Vgl. Schneider (1999), S. 107.

nahme „beliebiger“ Informationen in einem noch zu gestaltenden Anhang an eine Rechnungslegung für den Kapitalmarkt angepasst werden.[40] Inwieweit eine derartige Vorgehensweise für die Entwicklung der handelsrechtlichen Rechnungslegung positiv wäre, soll hier allerdings nicht weiter untersucht werden.[41]

Nachfolgend wird jedenfalls von einer Abkopplung der steuerrechtlichen Einkommensermittlung von den anderen Zwecken folgenden handelsrechtlichen Vorschriften ausgegangen. Nur so lässt sich eine Bemessungsgrundlage finden, die das Erwerbseinkommen aus einem auch handelsrechtliche Vorschriften befolgenden „kaufmännischen Unternehmen“ mit dem Erwerbseinkommen z.B. eines vermieteten Grundstücks vergleichbar macht.

E.3. Praxistauglichkeit und Vereinfachungspotential einer Anschaffungswertbilanz mit Periodisierungsgrundsatz

E.3.1. Ausgangssituation

Nachdem in Teil B dargestellt wurde, warum ein auf dem Realisationsprinzip basierender Vermögensvergleich - erweitert um einen Grundsatz der Periodisierung - ein geeignetes und rechtssicheres Konzept zur Konkretisierung einer entscheidungsneutralen, gleichmäßigen und einfachen Besteuerung darstellt, soll an dieser Stelle aufgezeigt werden, wie eine Umsetzung dieses Konzeptes zu einer Bereinigung des geltenden Steuerrechts von zentralen Problemfeldern beitragen kann. Hierzu werden die in Teil B herausgearbeiteten Grundsätze[42] mit konkreten Bilanzierungs- und Bewertungsfragen der Aktiva und Passiva in Verbindung gebracht.

Angesichts der Fülle der Systembrüche im aktuellen „Steuerbilanzrecht“ muss auch hier eine Auswahl der zu diskutierenden Fragestellungen erfolgen. Dabei soll dem Lösungspotential der vorgestellten Ermittlungsmethode im Hinblick auf die mit der Finanzverwaltung oder vor Finanzgerichten besonders häufig

---

40 Zu den Möglichkeiten und Grenzen einer „Einheitsbilanz“, Schneider (1997), S. 335 ff.

41 Eine umfassende Diskussion findet sich bei Schneider (1997), insbes. in Kapitel III. Bilanztheorie: Ökonomische Analyse des Rechts der Rechnungslegung, S. 233-398.

42 Diese sind eine auf dem Realisationsprinzip basierende Anschaffungswertbilanz, ein Grundsatz der Periodisierung, der Verzicht auf einen Grundsatz der Verlustvorwegnahme bei Geltung eines sofortigen Verlustausgleichs sowie der Verzicht auf einen Grundsatz der Barrealisierung.

stattfindenden Auseinandersetzungen zu Fragen der Bemessung von Abschreibungen (insbesondere außerplanmäßige Abschreibungen) sowie der Bildung von Rückstellungen besondere Aufmerksamkeit geschenkt werden. Im Zusammenhang mit der Rückstellungsbildung spielt auch die in den letzten Jahren zu beobachtende Tendenz des Gesetzgebers, Verlustausgleichsmöglichkeiten zu beschränken, eine wichtige Rolle.

E.3.2. Systematisierung und Vereinfachung durch eine strikte Bewertung nach dem Realisationsprinzip, dargestellt am Beispiel der Vorräte

E.3.2.1. Gesetzliche Möglichkeiten zur Verlustvorwegnahme und Kritik

Klammert man einmal die Vermögensgegenstände, deren Nutzungspotential über eine Besteuerungsperiode hinausreicht („Anlagevermögen"), zunächst von der Untersuchung aus, so dürfte unter den verbleibenden Vermögensgegenständen („Umlaufvermögen") die „richtige" Bewertung der Vorräte besondere Schwierigkeiten verursachen.[43] Dabei verursacht nicht die Grundform der Bilanzierung und Bewertung die entsprechenden Schwierigkeiten, denn diese stimmt infolge des Grundsatzes der Einzelbewertung und der Bewertung zu Anschaffungs- oder Herstellungskosten mit den Prinzipien einer Anschaffungswertbilanz überein.[44] Vielmehr sind es wiederum zahlreiche Sondervorschriften und Wahlmöglichkeiten, die zu einem erheblichen Einfluss auf das jeweils ausgewiesene Periodenergebnis führen und damit einer im Sinne der gleichmäßigen Besteuerung erforderlichen gestaltungsunabhängigen Rechnungslegung widersprechen.

Die Vielfalt der Ansatz- und Bewertungsmöglichkeiten beginnt mit handelsrechtlichen Wahlmöglichkeiten, die über den Grundsatz der Maßgeblichkeit auch steuerliche Bedeutung erlangen. Eine erste Abweichung vom Grundsatz

---

[43] Zum einen stellt sich das Erfordernis der Bewertung der Vorratsvermögens in fast jedem bilanzierenden Betrieb. Zum anderen ist die Zusammensetzung der Gegenstände des Vorratsvermögens sehr heterogen und deshalb von Betrieb zu Betrieb verschieden (Bsp. Büromöbel, Kunststoffteile, Autos usw.), während etwa Forderungen aus Lieferung und Leistung oder Bankguthaben diese Unterschiede nicht aufweisen. Weitere Problemfelder im Bereich des Umlaufvermögens sind die Schätzung der erforderlichen Pauschal- oder Einzelwertberichtigungen bei Forderungen. Ferner die Frage der periodischen Aufzinsung derjenigen Wertpapiere, bei denen der Zinsanteil im Rückzahlungsbetrag enthalten ist. Vgl. Schmidt/Glanegger, EStG, § 6 Rz 360 ff.

[44] Vgl. Schmidt/Glanegger, EStG, § 6 Rz 320.

der Einzelbewertung in § 240 Abs. 1 HGB (i.V.m. § 252 Abs. 1 Nr. 3 HGB) findet sich in § 240 Abs. 3 und 4 HGB, wonach für die hier betrachteten Vorräte unter bestimmten Voraussetzungen der Ansatz eines Festwertes bzw. eine Gruppenbildung mit Durchschnittswert möglich ist. Ergänzt werden diese Vorschriften durch die Bewertungsvereinfachung des § 256 HGB, nach der die Unterstellung bestimmter Verbrauchsfolgen zu einer Erleichterung der Bewertung führen soll. Auch das Steuerrecht kennt Ausnahmen vom in § 6 Abs. 1 Satz 1 EStG geregelten Grundsatz der Einzelbewertung. Gesetzlich explizit geregelt ist das sog. Lifo-Verfahren in § 6 Abs. 1 Nr. 2a EStG. Das Durchschnittswert- und das Festwertverfahren werden steuerrechtlich anerkannt, soweit sie den Grundsätzen ordnungsmäßiger Buchführung entsprechen.[45] Daneben wird die Durchschnittsbewertung in bestimmten Fällen auch als Schätzungsverfahren zugelassen.[46]

Bereits diese Abweichungen vom Grundsatz der Einzelbewertung können zu ersten unterschiedlichen Wertansätzen der Anschaffungs- und Herstellungskosten innerhalb eines Vermögensvergleichs führen.[47] Daneben sind es insbesondere diejenigen Vorschriften, die eine Bewertung unter den Anschaffungs- und Herstellungskosten ermöglichen bzw. handelsrechtlich zwingend vorschreiben, die zu einer in der Besteuerungspraxis nicht mehr objektiv überprüfbaren Vielfalt an Wertansatzmöglichkeiten bei der steuerlichen Gewinnermittlung beitragen. Über den Maßgeblichkeitsgrundsatz halten

- der Börsen- oder Marktpreis (§ 253 Abs. 3 Satz 1 HGB) bzw.
- der beizulegende Wert (§ 253 Abs. 3 Satz 2 HGB)

als niedrigere Zeitwerte Eingang in das Steuerrecht. Darüber hinaus besteht die Wahl auf

- den niedrigeren Wert wegen zukünftiger Wertschwankungen (§ 253 Abs. 3 Satz 3 HGB) und
- den niedrigeren Wert im Rahmen vernünftiger kaufmännischer Beurteilung (§ 253 Abs. 4 HGB)[48] abzuschreiben.

Die Wahlmöglichkeit, auch einen niedrigeren Wert aufgrund steuerrechtlicher Abschreibungen (§ 254 HGB) in der Handelsbilanz anzusetzen, hat ihren Ur-

---

45 Vgl. Schmidt/Glanegger, EStG, § 6 Rz 260 ff; R 36 Abs. 4 EStR; BMF v. 8.3.1993, BStBl I 1993, S. 276.

46 R 36 Abs. 3 Satz 2 und 3 EStR.

47 Diese könnten unter Umständen mit dem Grundsatz der Vereinfachung gerechtfertigt werden. Vgl. Schneider (1997), S. 121.

48 Die Vorschrift ist gem. § 279 Abs. 1 HGB für Kapitalgesellschaften nicht anzuwenden.

sprung in der steuerlichen Gewinnermittlung und stellt insoweit kein Problem der Maßgeblichkeit dar.[49]

Daneben hält das Steuerrecht seine eigenen Wahlrechte bereit, die einen Wertansatz unterhalb der ursprünglichen Anschaffungs- und Herstellungskosten ermöglichen.[50] Für das Vorratsvermögen wäre dies in erster Linie die Möglichkeit, auf den niedrigeren Teilwert gemäß § 6 Abs. 1 Nr. 2 Satz 2 EStG abzuschreiben, sofern dieser voraussichtlich von Dauer ist.[51] Im Unterschied zur Regelung vor dem Steuerentlastungsgesetz 1999/2000/2002 kann der einmal angesetzte niedrigere Teilwert allerdings nicht mehr wahlweise beibehalten werden. Die Voraussetzungen für sein Fortbestehen sind vielmehr jedes Jahr nachzuweisen.[52] Dementsprechend kommen auch hier Elemente einer Zeitwertbilanzierung zum Tragen, wobei ein Ansatz über den ursprünglichen Anschaffungs- und Herstellungskosten weiterhin ausgeschlossen bleibt.

Neben der Teilwertabschreibung besteht noch die Möglichkeit, Absetzungen für außergewöhnliche technische oder wirtschaftliche Abnutzung nach § 7 Abs. 1 Satz 7 EStG vorzunehmen.[53] Trotz bestehender theoretischer Unterschiede zur Teilwertabschreibung sind die praktischen Auswirkungen relativ gering;[54] m.E. sind sie nicht registrierbar, weil die theoretisch mögliche Grenzziehung[55] im Steuerrecht als Massenverfahren verwaltungstechnisch nicht handhabbar ist. Zur Ergänzung des Wertaufholungsgebots bei der Teilwertabschreibung wird seit dem Steuerentlastungsgesetz eine gewinnerhöhende Zuschreibung auch bei Wegfall des Grundes einer außergewöhnlichen Abnutzung erforderlich. Diese Zuschreibungspflicht ist jedoch auf die Fälle der Gewinnermittlung nach § 4 Abs. 1 oder § 5 EStG beschränkt, weil auch die Teilwertvorschriften des § 6 EStG nur für diese Gewinnermittler gelten. Dass die Vorschrift des § 7 Abs. 1 Satz 7 EStG jedoch für alle Einkunftsarten gilt[56] und insoweit Unterschiede zum Gewinnermittler nach § 4 Abs. 3 EStG oder den Überschusseinkünften bestehen, ist eher bei der Frage der gleichmäßigen Bewertung des Anlagevermögens von Bedeutung. Für das Vorratsvermögen besteht infolge des sofortigen Betriebsausgaben- bzw. Werbungskostenabzugs ohnehin eine abweichende Regelung.

---

49 Eine ausführliche Darstellung der Bewertung des Umlaufvermögens findet sich in Adler/Düring/ Schmaltz, insbesondere § 253 HGB, Rz 23 ff und Rz 481 ff.

50 Bilanzierende nach § 4 Abs. 1 EStG haben nur diese Wahlmöglichkeiten.

51 Für Kaufleute führt der Einfluss des Maßgeblichkeitsprinzips zu einer Ansatzpflicht des niedrigeren Wertes.

52 Hierzu Schmidt/Glanegger, EStG, § 6 Rz 217.

53 Zum Verhältnis zwischen dieser außergewöhnlichen Abnutzung und der Teilwertabschreibung, vgl. Wöhe (1986), S. 221 f.

54 Vgl. Wöhe (1986), S. 223.

55 Hierzu Schmidt/Drenseck, EStG, § 7 Rz 123.

56 Vgl. Schmidt/Drenseck, EStG, § 7 Rz 122.

Dieser Überblick über das Spektrum denkbarer Vorschriften zur Erfassung z.B. einer Handelsware im steuerlichen Vermögensvergleich mag an dieser Stelle genügen. Schon die Quantifizierung nur eines der genannten Werte kann in der Besteuerungspraxis erhebliche Schwierigkeiten bereiten, weshalb z.B. von der Rechtsprechung Teilwertvermutungen aufgestellt worden sind.[57] Jedoch zeigt die umfangreiche Literatur zum Teilwertbegriff,[58] dass auch diese Vermutungen zu der von ihnen erhofften Vereinfachung nur wenig beigetragen haben. Die als Folge davon typischerweise aufgetretene umfangreiche Diskussion in der Literatur hat bereits in der Vergangenheit zu zahlreichen Vorschlägen von der bloßen Namensänderung bis zum Ersatz des Teilwertes durch Alternativwerte geführt.[59] Ein Fortschritt im Hinblick auf ein entscheidungsneutrales, gleichmäßiges und einfaches Steuerrecht war damit jedoch nicht verbunden.

Noch heute stellt die Teilwertermittlung eine Schätzung dar, die vom gedachten Erwerb des Betriebes ausgeht. Wie bereits bei der Bestimmung des (subjektiven) Merkmals „Einkunftserzielungsabsicht" sollen aber persönliche Umstände des Betriebsinhabers nicht ausschlaggebend sein, sondern allein die tatsächlich objektiven betrieblichen Umstände.[60] Wie dies mit den zugrunde liegenden hypothetischen Voraussetzungen (Veräußerung des Betriebes im Ganzen, Bewertung des einzelnen Wirtschaftsgutes durch den gedachten Erwerber, Korrelation zwischen Gesamtkaufpreis und Preis des Wirtschaftsguts, Fortführung des Betriebes) vereinbart werden soll, wird wohl ein Geheimnis bleiben. Hierzu wäre ein Gesamtvermögensvergleich notwendig, der alle zukünftigen Ein- und Auszahlungserwartungen berücksichtigt. Dieser mag zwar als Orientierungspunkt für ein zu konstruierendes Steuersystem hilfreich sein, erfordert aber aufgrund seiner mangelnden Objektivierbarkeit eine Transformation in nachprüfbare Einzelregelungen.

Wenn also schon die Quantifizierung nur eines Wertes (wie z.B. des Teilwertes) auf erhebliche Schwierigkeiten stößt, wie soll dann erst aus einer Vielzahl von Werten (Teilwert, Börsen- oder Marktpreis/beizulegender Wert, Wert aufgrund außergewöhnlicher technischer oder wirtschaftlicher Abnutzung, niedriger zukünftiger Wert, niedriger Wert nach kaufmännischer Beurteilung) eine „objektive" Bewertung resultieren. Zwar entfalten nicht alle diese Werte ihre Wirkung auch bei der steuerlichen Gewinnermittlung, doch ist es durchaus denkbar, dass ein niedriger Wert wegen zukünftiger Wertschwankungen (§ 253 Abs. 3. Satz 3

---

57 So etwa BFH v. 20.9.1960, BStBl III 1960, S. 461; BFH v. 13.10.1976, BStBl II 1977, S. 540; BFH v. 9.3.1977, BStBl II 1977, S. 515; BFH v. 17.1.1978, BStBl II 1978, S. 335.

58 Ein Überblick findet sich bei Schmidt/Glanegger, EStG, § 6 vor Rz 215. Zum Begriff und zur Konzeption des Teilwertes, vgl. Wöhe (1986), S. 155 ff.

59 Ausführlich hierzu Wöhe (1986), S. 172 ff.

60 Vgl. Schmidt/Glanegger, EStG, § 6 Rz 216.

HGB) oder ein (besonders) niedriger Wert im Rahmen vernünftiger kaufmännischer Beurteilung (§ 253 Abs. 4 HGB) durch die Vornahme einer Absetzung für außergewöhnliche technische oder wirtschaftliche Abnutzung gem. § 7 Abs. 1 Satz 7 EStG einen entsprechenden Ansatz in der Steuerbilanz erfährt (noch unter dem Teilwert).

Neben der Unmöglichkeit, schon diese „niedrigeren Werte“ im Sinne einer gleichmäßigen Besteuerung für möglichst alle erwerbswirtschaftlichen Steuerpflichtigen zu erfassen,[61] kommt im aktuellen Einkommensteuerrecht nun noch der Umstand hinzu, das voraussichtliche Andauern der Wertminderung zu prognostizieren (§ 6 Abs. 1 Nr. 2 Satz 2 EStG) und den jährlichen Nachweis zu liefern, dass ein niedrigerer Teilwert weiterhin Gültigkeit hat (§ 6 Abs. 1 Nr. 2 Satz 3 EStG) oder der Grund für eine Abschreibung nach § 7 Abs. 1 Satz 7 EStG nicht entfallen ist. Andernfalls sind die Werte zu erhöhen.

Bei der Diskussion um alle diese Bewertungsfragen scheint auch hartnäckig verdrängt zu werden, dass in der überwiegenden Zahl der „kleinen“ Unternehmen und sicherlich auch bei einer Vielzahl der „mittleren“ Unternehmen die Inventur der Vorräte von „bewertungsrechtlichen Laien“ vorgenommen und z.B. dem die Bilanz erstellenden Steuerberater lediglich mitgeteilt wird.

In diesem Bewertungsprozess soll dann schließlich die Finanzverwaltung in der Lage sein, die Wertansätze umfassend zu überprüfen,[62] damit sich die gerechte Steuer nicht nur im theoretischen Gesetz, sondern auch in der praktischen Gesetzesanwendung verwirklichen lässt. Der sachkundige Beobachter mag sich selbst ein Urteil über die Erfolgswahrscheinlichkeit dieser Regelung bilden.

E.3.2.2. Verzicht auf Verlustvorwegnahmen und Verbesserung der Verlustverrechnungsmöglichkeiten

Weder der Ansatz eines niedrigeren Teilwertes oder anderer niedrigerer Werte noch das Spektrum der möglichen Werterhöhungen bei Wegfall derselben sind geeignet, zu einem rechtssicheren Messkonzept der Einkommensermittlung bei-

---

[61] Derzeit beschränkt sich das Problem auf die Bilanzierenden, insbesondere die nach § 5 EStG.

[62] Und damit nicht nur in Betriebsprüfungsfällen, wo dies noch am ehesten möglich erscheint.

zutragen.[63] Im Interesse einer dringend gebotenen Vereinfachung der steuerlichen Rechnungslegung sollte deshalb eine Beschränkung der Bewertung auf die (fortgeführten) Anschaffungs- oder Herstellungskosten erfolgen. Da jeder einzelne Vermögensgegenstand (jedes einzelne Wirtschaftsgut) zu bewerten ist und nach dem Realisationsprinzip Aufwand und Ertrag erst beim Abgang entstehen, sind diejenigen Ausgaben erfolgsneutral zu verbuchen, d.h. in die Anschaffungs- und Herstellungskosten einzurechnen, die durch die Anschaffung oder Herstellung eines zusätzlichen Vermögensgegenstandes entstanden sind. Streng genommen sind dies nur die Grenzkosten, die in einer für Besteuerungszwecke standardisierten Rechnungslegung am ehesten mit den Einzelkosten (besser: Einzelaufwendungen) gleichgesetzt werden können.[64] Folglich wären alle Ausgaben, die auch entstehen, wenn ein zusätzlicher Vermögensgegenstand (bzw. ein Wirtschaftsgut) nicht entsteht, nicht aktivierbar.[65]

Die Möglichkeit einer Teilwertabschreibung oder die Wahl anderer niedriger Wertansätze als Ausprägungen des Grundsatzes der Verlustvorwegnahme lassen sich mit diesen Prinzipien nicht vereinbaren. Statt weiterhin zu versuchen, erwartete Wertminderungen zu quantifizieren, wären die Verlustausgleichsmöglichkeiten zu verbessern. „Damit wäre die Bewertung entscheidend vereinfacht, die Nachprüfbarkeit erhöht, zahlreiche Manipulationsmöglichkeiten und Streitfälle wären ausgeräumt."[66] Dass dieser Vorschlag Schneiders vor über drei Jahrzehnten kritisiert wurde,[67] mag angesichts der zum damaligen Stand noch nicht so häufig diskutierten Probleme eines mehrere Theorien verfolgenden Einkunftsartenrechts noch verständlich sein. Die bislang gemachten Ausführungen sollten jedoch verdeutlicht haben, dass es bei der Ausgestaltung einer Einkommensteuer keine unterschiedlichen Risiken oder Strukturen der Einkunftsquellen geben kann, die als Rechtfertigung für Sondervorschriften bezüglich ausgewählter Einkunftsarten dienen könnten.[68]

---

63 M.E. ist zu vermuten, dass die Einführung des Wertaufholungsgebots eher zu einer Zunahme der Streitfälle führen wird. Die Auswirkungen auf die Rechtsprechung bleiben hier abzuwarten.

64 Vgl. hierzu auch Siegel (1995), S. 660 ff; Bareis (2002), S. 140. Anderer Auffassung Scheffler (2001), S. 907, mit dem Hinweis auf die divergierende Literaturmeinung hierzu.

65 Zutreffend Schneider (1997), S. 168; Schneider (1999), S. 107. Ob darüber hinaus noch ein Periodisierungsgrundsatz zu beachten ist oder wie z.B. eine Bewertung bei mehrjähriger Fertigung zu erfolgen hat, soll hier nicht diskutiert werden. Vgl. hierzu Schneider (1997), S. 169 f und S. 294 ff. Zunächst sind die Grundlagen für ein entscheidungsneutrales, gleichmäßiges und einfaches Steuerrecht zu legen. Innerhalb einer so geschaffenen Wertordnung wird es dann auch möglich sein, strittige Bilanzierungs- und Bewertungsfragen systemkonform auszulegen.

66 Schneider (1969), S. 312.

67 Vgl. Jacob (1970), S. 61 ff.

68 Anders das Gutachten der Steuerreformkommission (1971), S. 465. Vgl. dazu auch Wöhe (1986), S. 180 f.

Der Vorteil einer Beseitigung derartiger Schätzgrößen bei der steuerlichen Rechnungslegung liegt nicht nur in einer Objektivierung der „Gewinnermittlung“ des „bilanzierenden“ Unternehmers, sondern es schafft die Voraussetzungen, um das Konzept des Vermögensvergleichs auf (möglichst) alle Einkommenstatbestände zu übertragen.[69] Da zudem unter dem Postulat einer Vereinfachung des Steuerrechts nicht ernstlich an eine Ausdehnung des Teilwertgedankens oder anderer außerplanmäßiger Abschreibungen auf alle Einkunftstatbestände gedacht werden kann,[70] sind die zuvor geschilderten Möglichkeiten zur Verlustvorwegnahme auf der Aktivseite zu streichen.[71] Eine dafür zu gewährende verbesserte Verlustverrechnung sollte sich auf das Modell des sofortigen Verlustausgleichs zu bewegen. Näherungsweise könnte dies durch einen zeitlich und betragsmäßig unbegrenzten Verlustrücktrag, ergänzt um eine Verzinsung der zu früh erhobenen Steuerzahlung, erreicht werden.[72]

Wenn demgegenüber, wie im Steuerentlastungsgesetz geschehen, die Möglichkeiten zur Verlustvorwegnahme eingeschränkt werden[73] und gleichzeitig die Verlustverrechnung beschnitten wird,[74] ist dies nur ein weiteres Zeichen, dass die zurückliegenden Reformbestrebungen i.d.R. keinem steuerlichen Zielsystem folgen, sondern vermehrt einseitig fiskalpolitischen Zwecken dienen.

---

69 Oder zumindest an eine (parallel geltende) Einnahmenüberschussrechnung anzunähern. Andernfalls bleibt es bei der Vielfalt an Gewinn- bzw. Überschussermittlungsmethoden, die einen schwerwiegenden Verstoß gegen Gleichmäßigkeit der Besteuerung verkörpern. Vgl. Schneider (1997), S. 63.

70 Zu denken wäre hier etwa an den Angestellten, der aufgrund schlechter Unternehmensergebnisse den Verlust seines Arbeitsplatzes und damit seines Einkommens befürchtet. Oder an den Hauseigentümer, dessen vermietete Wohnung im Falle eines denkbaren Verkaufs möglicherweise einen unter den Anschaffungskosten liegenden Veräußerungspreis erzielen würde.

71 Vgl. Schneider (1998), S. 1290.

72 Vgl. Schneider (1999), S. 108.

73 Neben der Einschränkung der Teilwertabschreibung sind hier insbesondere Beschränkungen im Bereich der Rückstellungen zu erwähnen. Vgl. hierzu § 5 Abs. 2a und Abs. 4 bis Abs. 4b EStG, § 6 Abs. 1 Nr. 3a EStG.

74 Neben der Reduzierung des Zeitraumes und der Höhe des Verlustrücktrags widersprachen die Saldierungsgrenzen des § 2 Abs. 3 EStG i.V.m. § 10d EStG dem oben geschilderten Modellerfordernis. Die an Kompliziertheit kaum zu überbietende Vorschrift des § 2 Abs. 3 Satz 2 ff EStG ist mit dem Gesetz zur Umsetzung der Protokollerklärung der Bundesregierung zur Vermittlungsempfehlung zum Steuervergünstigungsabbaugesetz (sog. Korb II) glücklicherweise entfallen.

E.3.3. Systematisierung und Vereinfachung durch Ergänzung des Realisationsprinzips um eine standardisierte Abschreibung beim Anlagevermögen

E.3.3.1. Ausgangssituation

Wechselt man vom Umlaufvermögen ins (abnutzbare) Anlagevermögen, ändern sich zwar z.T. die einschlägigen Paragrafen bzw. Absätze, die im HGB oder EStG für Bewertungswahlrechte unterhalb der (fortgeführten) Anschaffungs- oder Herstellungskosten sorgen.[75] Die Probleme, die mit dieser weiteren Durchbrechung des Realisationsprinzips verbunden sind, unterscheiden sich aber nicht von den zuvor geschilderten, so dass insoweit auf die vorangegangenen Ausführungen verwiesen werden kann. Allerdings stellt bereits die Möglichkeit eines Ansatzes der fortgeführten Anschaffungs- oder Herstellungskosten, also die Kürzung um planmäßige Abschreibungen bzw. um die „normale" Absetzung für Abnutzung, einen Verstoß gegen ein strenges Realisationsprinzip dar. Denn das danach einzig zulässige Abschreibungsverfahren wäre die Endabschreibung beim Ausscheiden.[76]

Die Analyse eines Grundsatzes der Periodisierung in Teil B hat jedoch gezeigt, dass diese Ergänzung des Realisationsprinzips einen wichtigen Beitrag zur Überführung der hier verfolgten Besteuerungsziele in das Konzept einer Abschnittsbesteuerung leistet.[77] Mit dem Grundsatz der Periodisierung ist aber nur die planmäßige Abschreibung („Absetzung für Abnutzung") vereinbar, nicht jedoch Sondervorschriften zum niedrigeren beizulegenden Wert, zum Teilwert oder sonstige Sonderabschreibungen.[78] Die daraus resultierende Begrenzung der Vielfalt der Abschreibungsvarianten verhindert Willkür und trägt zur Entscheidungsneutralität, Gleichmäßigkeit und Einfachheit bei.

---

75 Dies sind insbesondere § 253 Abs. 2 Satz 3 HGB (für Kapitalgesellschaften sind noch die §§ 279 u. 280 HGB zu beachten) sowie § 6 Abs. 1 Nr. 1 EStG (hier ist neben dem Teilwert bereits von erhöhten Absetzungen und Sonderabschreibungen die Rede) und § 6 Abs. 2 EStG.

76 Vgl. Schneider (1974), S. 366.

77 Vgl. B.2.3.4.

78 Zutreffend Schneider (1974), S. 367.

E.3.3.2. Auswirkungen einer standardisierten Abschreibungsmethode

Eine erste wichtige Konsequenz aus den vorgenannten Ausführungen ist die Beseitigung einer Vielzahl möglicher Abschreibungsvarianten. Zu nennen sind hier insbesondere ein Verzicht auf

- die degressive Absetzung für Abnutzung (AfA) nach § 7 Abs. 2 EStG,
- die gestaffelte AfA für Gebäude nach § 7 Abs. 5 EStG,
- die Leistungsabschreibung nach § 7 Abs. 1 Satz 6 EStG,
- die Absetzung für außergewöhnliche technische oder wirtschaftliche Abnutzung nach § 7 Abs. 1 Satz 7 EStG,
- die Teilwertabschreibung nach § 6 Abs. 1 Nr. 1 Satz 2 u. Nr. 2 Satz 2 EStG
- sowie sämtliche Sonderabschreibungen bzw. erhöhte Absetzungen (z.B. § 7g, § 7h, § 7i EStG).

Durch die Abkehr vom Grundsatz der Maßgeblichkeit der Handelsbilanz wird zudem gewährleistet, dass keine außersteuerlichen Vorschriften die Abschreibungsalternativen zur Messung des steuerlichen Einkommens beeinflussen. Die einzige Abschreibungsmethode ist somit die gleichbleibende (lineare) Verteilung der Anschaffungsausgaben.[79] Damit ist ein Schritt in Richtung Gleichmäßigkeit der Besteuerung getan, der mit einer deutlichen Vereinfachung des Steuerrechts verbunden ist.

E.3.3.3. Notwendigkeit einer Standardisierung von Nutzungsdauern

In einem weiteren Schritt gilt es dann, die voraussichtlichen Nutzungsdauern der Vermögensgegenstände zu standardisieren. Derartige Normierungen existieren bereits in Gestalt der amtlichen AfA-Tabellen.[80] Diese haben sich unter dem Gesichtspunkt einer gleichmäßigen Steuerrechtsanwendung in der Besteuerungspraxis durchaus bewährt und sollten deshalb im Grundsatz beibehalten werden. Allerdings sind auch die AfA-Tabellen durch eine nur schwer zu überbietende Vielzahl an unterschiedlichen Nutzungsdauern gekennzeichnet, die m.E. einer Überarbeitung und einer damit einhergehenden Vereinfachung bedürfen.

---

[79] Vgl. Schneider (1997), S. 131 sowie B.2.3.4.2.

[80] BMF v. 15.12.2000, BStBl I 2000, S. 1532.

Nun kann an dieser Stelle keine Aussage über konkrete Nutzungsdauern einzelner Vermögensgegenstände getroffen werden.[81] Jedoch sollten bei deren Festlegung die im theoretischen Teil gemachten grundlegenden Ausführungen beachtet werden. Danach spielt die technische Abnutzung[82] eben nicht die entscheidende Rolle, denn wie ausgeführt ist eine Orientierung an den „Abschreibungsursachen" zum Scheitern verurteilt. Zwar hilft eine Loslösung von der technischen Nutzungsdauer nicht unmittelbar weiter, weil auch die wirtschaftliche Nutzungsdauer nicht objektiv festgelegt werden kann. Entscheidend ist aber, dass eine Interpretation der Abschreibung im Sinne des Periodisierungsgrundsatzes eine Beschränkung der Progressionsnachteile aus eher zufällig schwankenden Ergebnissen einzelner Jahre gewährleistet.[83] Daneben resultiert aus der planmäßigen Verteilung von Anschaffungs- bzw. Herstellungskosten auch eine Finanzierungsfunktion infolge der im Vergleich zur Endabschreibung vorgezogenen Aufwandsverrechnung.[84]

Auch eine Festlegung der Nutzungsdauer nach den Kriterien
- Beschränkung von Progressionsnachteilen und
- Gewährleistung der Finanzierungsfunktion

führt allerdings nicht zu exakt konkretisierbaren Jahreszahlen. Sie zeigt aber, dass eine von den Steuerpflichtigen gewöhnlich erwünschte Verkürzung der Nutzungsdauer keineswegs vorteilhaft sein muss. Hierzu sei eine Investition mit den folgenden Parametern betrachtet:

Anschaffungsauszahlung in t_0	EUR 100.000,
Einnahmenüberschüsse von t_1 bis t_2 je	EUR 50.000,
Einnahmenüberschüsse von t_3 bis t_4 je	EUR 40.000,
Kalkulationszinsfuß nach Steuern (i_s) = 5%.	

Dabei sollen die steuerlichen Auswirkungen einer Verteilung der Anschaffungskosten auf zwei Jahre mit denen auf vier Jahre im Kontext eines realen Einkommensteuertarifs verglichen werden,[85] wobei davon ausgegangen werden soll, dass eine Ersatzbeschaffung tatsächlich erst nach vier Jahren erforderlich wird.

---

81 Vorstellbar wären etwa einfache Klassifizierungen z.B. mit 3, 5, 8, 10, 15, 20 Jahren bis zu 33 oder 40 Jahren bei Gebäuden, die durchaus auch noch weiter reduziert werden könnten (5-10-20-40 Jahre).

82 So etwa BFH v. 19.11.1997, DStR 1998, S. 198; BMF v. 15.6.1999, DStR 1999, S. 1427.

83 Vgl. B.2.3.4.

84 Vgl. hierzu Schneider (1997), S. 129 ff.

85 Vgl. ESt-Grundtabelle 2002/2003, BMF v. 27.9.2001, BStBl I 2001, S. 635 und BMF v. 29.11.2002, BStBl I 2002, S. 1352.

„ND“ = 2 Jahre	t_0	t_1	t_2	t_3	t_4
A_0	- 100.000				
$E_t - A_t$		50.000	50.000	40.000	40.000
AfA_t		50.000	50.000		
$G_t = E_t - A_t - AfA_t$		0	0	40.000	40.000
S_t		0	0	10.158	10.158
$Z_t = A_0 + E_t - A_t - S_t$	- 100.000	50.000	50.000	29.842	29.842
$K(i_s)$	43.300				

„ND“ = 4 Jahre	t_0	t_1	t_2	t_3	t_4
A_0	- 100.000				
$E_t - A_t$		50.000	50.000	40.000	40.000
AfA_t		25.000	25.000	25.000	25.000
$G_t = E_t - A_t - AfA_t$		25.000	25.000	15.000	15.000
S_t		4.757	4.757	1.853	1.853
$Z_t = A_0 + E_t - A_t - S_t$	- 100.000	45.243	45.243	38.147	38.147
$K(i_s)$	48.462				

So beträgt im Beispiel allein der Progressionsnachteil (inkl. Grundfreibetrag) aus der auf zwei Besteuerungsperioden beschränkten Aufwandsverteilung EUR 7.096 (Steuer nominal: EUR 20.316 - EUR 13.220). Im Modellfall der kürzeren „Nutzungsdauer“ kann dieser Nachteil durch den späteren Erfolgsausweis und die damit verbundenen Zinsvorteile der höher abzuzinsenden Steuerzahlungen nur teilweise kompensiert werden. Es bleibt somit auch im Kapitalwertmodell ein Nachteil von EUR 5.162.

E.3.3.4. Folgerungen

Befindet sich der Steuerpflichtige mit seinem jährlich zu versteuernden Einkommen im Bereich schwankender Grenzsteuersätze,[86] verhindert der Periodisierungsgrundsatz Nachteile durch eine Annäherung an ein jahresübergreifendes Durchschnittseinkommen. Hierfür wären aber kurze Nutzungsdauern, die unter denen der tatsächlichen Nutzungszeiträume liegen, eher ungeeignet. Lediglich

[86] Dies gilt in abgeschwächter Form auch für die in jüngster Zeit wieder verstärkt diskutierten Stufentarife.

wenn sich das Einkommen des Steuerpflichtigen auch nach Abzug der Abschreibungen noch in der höchsten Progressionsstufe befindet, wäre eine möglichst kurze Nutzungsdauer aufgrund eines damit verbundenen Zinseffektes vorzuziehen.

Ferner sollte bei der Konkretisierung von Nutzungsdauern beachtet werden, dass die mit dem Realisationsprinzip systematisch korrespondierende Abschreibungsvariante diejenige der Endabschreibung ist. Eine Tendenz zu relativ kurzen Nutzungsdauern weist dagegen Charaktermerkmale einer Cash-flow-Besteuerung auf, deren Effekte im Hinblick auf die dadurch nicht gewährleistete Anfangsinventarerhaltung bereits in Teil B kritisiert wurden.

Dementsprechend sollte es möglich sein, die für ein willkürfreies und einfaches Steuerrecht begrüßenswerten typisierenden und pauschalierenden AfA-Tabellen[87] zu überarbeiten und einen gemeinsamen Nenner zwischen Finanzverwaltung und Steuerpflichtigen zu finden.[88] Längere Abschreibungszeiträume dürften gerade dann akzeptabel sein, wenn damit ohnehin keine Beeinträchtigung der Investitionsbereitschaft der Unternehmen verbunden ist.[89] Vergewissert man sich nochmals, dass es systematisch „nur“ um die richtige Ermittlung eines mehrperiodigen Gesamtgewinns („Totalgewinn“) geht und den Abschreibungen dabei die Aufgabe zukommt, Anschaffungsausgaben eines Erwerbstätigen aufgrund der erforderlichen Abschnittsbesteuerung auf einzelne Perioden (möglichst gleichmäßig, einfach und entscheidungsneutral!) zu verteilen, ist man aufgeschlossener für pauschalierende, gestaltungsunabhängige Klassifizierungen. Da es kein wissenschaftlich begründetes und gleichzeitig praktisch handhabbares Abschreibungsverfahren gibt, Abschreibungsvarianten also ohnehin nur typisieren können, gilt dies zwangsläufig auch für die Festlegung einer Nutzungsdauer. Folglich sollten deutlich reduzierte und typisierte Nutzungsdauern den Anforderungen genügen.

---

87 Auf deren vereinfachende Wirkung weisen auch Meyding (1998), S. 229 und Raupach (1998), S. 183 hin.

88 Für den bislang zu beobachtenden Konflikt zwischen Finanzverwaltung (möglichst lange Nutzungsdauern) und den Steuerpflichtigen (möglichst kurze Nutzungsdauern) besteht dann kein Anlass mehr.

89 Ausführlich hierzu Haegert (2001), insbesondere S. 9.

E.3.4. Systematisierung und Vereinfachung durch eine strikte Bewertung nach dem Realisationsprinzip, dargestellt am Beispiel der Verlustrückstellung

E.3.4.1. Ausgangssituation

Bei den Ausführungen zu den theoretischen Anforderungen an ein Steuersystem wurde bereits darauf hingewiesen, dass ein Grundsatz der Verlustvorwegnahme als weitere Ausnahme vom Realisationsprinzip nicht zugelassen werden sollte, selbst dann nicht, wenn er sich entgegen der aktuellen Gesetzeslage auf alle Einkunftsarten erstrecken würde.[90] Die aus Verlustvorwegnahmen resultierenden Schwierigkeiten wurden bereits bei der Darstellung der gesetzlichen Möglichkeiten, einen Wertansatz unter den Anschaffungs- oder Herstellungskosten von Vermögensgegenständen zu wählen, skizziert. Aus steuerlicher Sicht gilt dies insbesondere für den Teilwert.

Häufig noch weniger konkretisierbar als die Fälle außerplanmäßiger Abschreibungen sind Verlustvorwegnahmen durch die Bildung von Rückstellungen. Hier ist die Aufwands- bzw. Verlustantizipation in besonders hohem Maße von subjektiven Bewertungseindrücken geprägt. So kann z.B. der Zeitpunkt des die Rückstellung auslösenden Ereignisses ebenso wie die Höhe des damit verbundenen Aufwandes mit erheblichen Unsicherheiten behaftet sein (z.B. Umweltlasten, Großprojekte im Straßenbau, Gewährleistungen oder Entsorgung von Altfahrzeugen[91]). Deshalb verwundert es kaum, dass bestimmte Rückstellungsarten als Teil der steuerlichen Einkommensermittlung Gegenstand zahlreicher Finanzgerichtsprozesse und literaturfüllender Diskussionen sind.[92]

---

90 Vgl. B.2.3.5.

91 Vgl. § 6 Abs. 1 Nr. 3a Buchstabe d EStG, sowie BGBl I 2002, S. 2199.

92 So behandelt ein Aufsatz von Weber-Grellet (2002), S. 35 ff, über die wichtigsten Entscheidungen des BFH zum Bilanzsteuerrecht 2001 unter II. Passivierung, ausschließlich den Themenkomplex Rückstellungen anhand von sieben Urteilsfällen: BFH v. 8.11.2000, BB 2001, S. 569; BFH v. 29.11.2000, BB 2001, S. 933; BFH v. 25.7.2000, BB 2001, S. 408; BFH v. 8.11.2000, BB 2001, S. 566; BFH v. 27.6.2001, BB 2001, S. 1893; BFH v. 24.1.2001, BB 2001, S. 1241; BFH v. 27.6.2001, BB 2001, S. 2050. Ein Gesamtüberblick einschließlich den entsprechenden Urteilen findet sich bei Schmidt/Weber-Grellet, EStG, § 5 Rz 351 ff. Als weitere Literatur sind stellvertretend für viele zu nennen: Küting/Kessler (1993), S. 1045 ff; Schneider (1995a), S. 1421 ff; Moxter (1997a), S. 1477 ff; Weber-Grellet (1997a), S. 2233 ff; Küting/Kessler (1997), S. 2441 ff; Büchele (1997), S. 2447 f; Moxter (1998), S. 269 ff; Moxter (1998a), S. 509 ff; Doralt (1998), S. 1357 f; Siegel (1999), S. 857 f; Siegel (2001a), S. 1674 ff.

E.3.4.2. Die Problematik am Beispiel der sog. (Droh-) Verlustrückstellung

E.3.4.2.1. Der „Apotheker-Fall“

Ein typisches Beispiel für die Streitanfälligkeit bestimmter Rückstellungen ist der sog. Apotheker-Fall,[93] den der Große Senat des BFH zu entscheiden hatte, sowie die sich daran anschließenden Literaturbeiträge. Im Urteilsfall hatte der Große Senat die Bildung einer Rückstellung für drohende Verluste eines Apothekers versagt, der Büro- und Wohnräume teuer angemietet hatte, um sie an einen Arzt zum Zweck des Betriebs einer Arztpraxis günstiger unterzuvermieten. Im Gegensatz zum Vorlagebeschluss des X. Senats,[94] der eine Rückstellung dem Grunde nach zulassen wollte, weil er eine verlustkompensierende Berücksichtigung eines erlangten Standortvorteils nicht sah, bezog der Große Senat auch alle Nebenleistungen und sonstigen wirtschaftlichen Vorteile in die Betrachtung ein, die nach dem Inhalt des Vertrags oder den Vorstellungen beider Partner gewollt waren.

Bezeichnend für die Schwierigkeiten, die einer Gewinnermittlung unter Berücksichtigung von Verlustrückstellungen innewohnen, ist der schon auf theoretischer Ebene stattfindende Auslegungsstreit der Entscheidung des Großen Senats zwischen *Weber-Grellet* und *Küting/Kessler*.[95] Drei anerkanntermaßen zitierfähige Autoren nehmen ein- und dasselbe Urteil des BFH zum Anlass, divergierende akademische Schlüsse daraus abzuleiten. Dabei spielt es materiell keine Rolle mehr, welche Interpretation nun „die Richtige“ ist, denn der Gesetzgeber hat den entschiedenen Fall zwischenzeitlich in § 5 Abs. 4a EStG kodifiziert. Hier soll aber verdeutlicht werden, dass eine Bilanzierungstechnik, die bereits in der theoretischen Diskussion zu konträren Ergebnissen führt, bei der Umsetzung in ein rechtssicheres Messkonzept für die Besteuerungspraxis einer dringenden Objektivierung bedarf. Dies gilt gerade für den Ausgangspunkt des Streits, der unterschiedlichen Interpretation des Imparitätsprinzips und den daraus abgeleiteten divergierenden Ansätzen zur Erklärung der Drohverlustrückstellung.

Der von *Küting/Kessler* als „klassisch-statisch“ bezeichnete Erklärungsansatz versteht diese Rückstellung als Instrument zur Offenlegung eingetretener, noch nicht realisierter Stichtagsvermögensminderungen aus gegenseitigen Verträgen. „Als ‚drohende Verluste‘ auszuweisen sind danach Verpflichtungsüberschüsse aus der Verrechnung der bewerteten, im Gegenseitigkeitsverhältnis stehenden

---

[93] GrS des BFH v. 23.6.1997, DB 1997, S. 1897.

[94] BFH v. 26.5.1993, BStBl II 1993, S. 855.

[95] Vgl. Weber-Grellet (1997a), S. 2237; Küting/Kessler (1997), S. 2441 ff.

vertraglichen *Ansprüche und Verpflichtungen,* die auch im Fall einer Bruttobilanzierung schwebender Geschäfte aktivierbar und passivierbar wären."[96] Über diese Interpretation können beide Verfasser dem Beschluss des Großen Senats letztlich noch folgen, wenngleich „diese weite Abgrenzung des Kompensationsbereichs an die äußerste Grenze des wirtschaftlichen Austauschverhältnisses führt."[97] Dem von *Weber-Grellet* erhobenen Vorwurf,[98] in einem früher veröffentlichten Beitrag[99] hätte einer der Autoren die Einbeziehungsfähigkeit des Standortvorteils in den Saldierungsbereich der Drohverlustrückstellung noch geleugnet, wird entgegnet, dass an dieser Einschätzung weiterhin festzuhalten sei. „Denn der Standortvorteil selbst verkörpert keinen Anspruch aus dem Untermietvertrag, der im Fall einer Bruttobilanzierung des schwebenden Geschäfts als Forderung in die Bilanz aufgenommen werden könnte. Wenn der Verf. dennoch im Ergebnis von der früher vertretenen Rechtsauffassung (Zulässigkeit der Rückstellung) abgerückt ist, so hat dies seinen Grund in der gewonnenen Überzeugung, daß der vom Großen Senat unter Bezugnahme auf die subjektive Geschäftsgrundlage präsentierte faktische Anspruch des Apothekers auf Betrieb einer Arztpraxis in den untervermieteten Praxisräumen wohl als eine saldierungsfähige Forderung angesehen werden kann. Ohne diesen lange Zeit ‚unentdeckten' Anspruch war der Verpflichtungsüberschuß aus dem Untermietvertrag – jedenfalls nach dem hier vertretenen Verständnis der Drohverlustrückstellung – unabweisbar."[100]

Für die in der Praxis tätigen Steuerrechtsanwender stellt sich die Frage, wie die Autoren den (formalen) Unterschied zwischen faktischem Anspruch auf Betrieb einer Arztpraxis und Standortvorteil aus dem Betrieb einer Arztpraxis im Massenverfahren Steuerrecht nachprüfbar ermitteln wollen.

Im Gegensatz zur statischen Sichtweise interpretiert der „dynamische" Erklärungsansatz die Verlustrückstellung als Antizipationsposten für künftig erwartete Aufwandsüberhänge aus schwebenden Geschäften. Danach wären sämtliche, voraussichtlich noch anfallenden Erträge und Aufwendungen in den Kompensationsbereich einzubeziehen, gleichgültig, ob diese sich aus wechselseitigen Leistungspflichten der Vertragspartner ergeben oder nicht.[101] *Weber-Grellet* als Befürworter dieser Sichtweise verweist auf die dadurch zum Ausdruck kommende wirtschaftliche Betrachtungsweise und sieht den Großen Senat bereits als denjenigen, der die vernünftige kaufmännische Beurteilung zum allgemeinen

96 Küting/Kessler (1997), S. 2442.
97 Küting/Kessler (1997a), S. 1669.
98 Vgl. Weber-Grellet (1997a), S. 2237.
99 Vgl. Kessler (1994), S. 571 f.
100 Küting/Kessler (1997), S. 2442 f.
101 So der Hinweis auf die Gegenmeinung bei Küting/Kessler (1997), S. 2442.

Maßstab der Bewertung macht. Dies soll gar so weit reichen, dass der Große Senat einem überzogenen und extensiven Vorsichtsprinzip den Rücken kehrt und mit Hilfe des True-and-fair-view die Koordinaten zugunsten der Bilanzwahrheit verschiebt.[102]

Auch wenn ein Abgehen vom bloßen Formalismus begrüßenswert ist; wie sollen denn die handelsrechtlichen (!) Schlagwörter „vernünftige kaufmännische Beurteilung“, „True-and-fair-view“ und „Bilanzwahrheit“ in ein rechtssicheres Messkonzept zur Einkommensermittlung überführt werden? Selbst wenn sich der Große Senat bei der Frage um die zutreffende Lesart des Imparitätspinzips zugunsten der dynamischen Lesart entschieden haben sollte,[103] bleibt nach wie vor offen, wie Bewertungseinheiten weiterhelfen sollen, die auf folgenden wenig spezifizierten Voraussetzungen basieren:[104]

- Gewinn- und Verlusterwartungen stammen aus einem wirtschaftlich ineinandergreifenden Vorgang und
- der Kompensationsgegenstand gleicht bei vernünftiger kaufmännischer Betrachtung den befürchteten Nachteil aus.

Praktikabler wäre da schon die Gleichwertigkeitsvermutung, die besagen soll, dass ein rechnerischer Verlust für den Ansatz einer Verlustrückstellung nicht genügt. Vielmehr müsse der Steuerpflichtige noch nachweisen, dass auch keine sonstigen Vorteile bestehen und das zu beurteilende Geschäft somit faktisch eine Fehlmaßnahme gewesen sein müsste.[105] Allerdings muss dann wohl davon ausgegangen werden, dass an die Widerlegung der Gleichwertigkeitsvermutung keine überzogenen Anforderungen gestellt werden dürfen.[106] Ansonsten läge dem Beschluss de facto ein Verbot des Ansatzes von Verlustrückstellungen zugrunde. Genau dieser Sachstand ist durch die Regelung des § 5 Abs. 4a EStG inzwischen erreicht, weshalb die Entscheidung vom Ergebnis her überholt ist. „Gleichwohl wird der Beschluß seine Bedeutung behalten, denn die Grundaussagen gehen über die reine Rückstellungsproblematik hinaus und können allgemeine Bedeutung beanspruchen.“[107]

---

[102] Vgl. Weber-Grellet (1997a), S. 2234 f.
[103] Dieser Auffassung ist Weber-Grellet (1997b), S. 2446.
[104] Vgl. Weber-Grellet (1997a), S. 2236.
[105] Vgl. Weber-Grellet (1997a), S. 2236.
[106] So auch die Forderung von Küting/Kessler (1997a), S. 1669.
[107] Weber-Grellet (1997a), S. 2233.

E.3.4.2.2. Ansatzverbot für Verlustrückstellungen in § 5 Abs. 4a EStG und Kritik an den nur Teilbereiche untersuchenden Literaturbeiträgen

Die vorausgegangenen Ausführungen haben bereits angedeutet, dass der Themenkomplex Rückstellungen für manche Autoren „auf dem Papier" durch unbestimmte Rechtsbegriffe und Definitionen als potentiell regelbar erscheinen mag. Für ein rechtssicheres Messkonzept zur Einkommensermittlung im Massenverfahren Steuerrecht fehlt es aber bislang an der notwendigen Trennschärfe der entsprechenden Begriffe. Nach dem Verbot der Rückstellungen für drohende Verluste wird deshalb auch vermutet, „daß die Stpfl. künftig versuchen werden, aus schwebenden Geschäften drohende Belastungen generell als Verbindlichkeitsrückstellungen zu passivieren, während die Finanzbehörden solche mit schwebenden Geschäften verbundene Belastungen jedenfalls tendenziell als (unzulässige) Verlustrückstellungen behandeln werden."[108] Innerhalb des gegebenen gesetzlichen Rahmens ist damit im Hinblick auf ein systematisches und möglichst einfaches Steuerrecht nicht viel gewonnen. Die bisher eher akademisch interessierende Trennlinie zwischen Verbindlichkeits- und Verlustrückstellung erlangt eine neue Brisanz mit der vorhersehbaren Konsequenz neuer Abgrenzungsfragen.[109] Neben der Abgrenzung von Drohverlust- und Verbindlichkeitsrückstellungen dürfte auch die Abgrenzung von Drohverlustrückstellungen und Teilwertabschreibungen an Bedeutung gewinnen.[110]

Nun wurde in Teil B ausgeführt, dass das hier befürwortete Konzept zur Einkommensmessung auf einen Grundsatz der Verlustvorwegnahme verzichten sollte (oder deutlicher: verzichten muss). In Analogie zu den zuvor geschilderten Problemen einer Verlustvorwegnahme auf der Aktivseite kann die Konsequenz für die Frage nach der Bilanzierung von Verlustrückstellungen folglich nur lauten: Ansatzverbot. Dementsprechend ist das eingeführte gesetzliche Verbot in § 5 Abs. 4a EStG zu begrüßen. Allerdings sind nun nicht alle Rückstellungen den Verlustrückstellungen zuzuordnen, so dass sich unmittelbar die Frage nach der Abgrenzung bzw. der generellen Berücksichtigung von Rückstellungen in der Gewinn- bzw. Einkommensermittlung stellt. Bevor jedoch hierauf näher eingegangen wird, soll verdeutlicht werden, dass die isolierte Abschaffung der Drohverlustrückstellung unzureichend ist. Des Weiteren sollen namhafte Lite-

---

108 Moxter (1997a), S. 1477.

109 Vgl. Moxter (1997a), S. 1477. Eine schlüssige Darstellung der Unterschiede zwischen Verbindlichkeits- und Verlustrückstellung sowie daraus abgeleitete Bilanzierungs- und Bewertungsregeln auf Basis der damals existierenden Rechtslage findet sich bei Groh (1988), S. 27 ff.

110 Vgl. Moxter (1998a), S. 513 f.

raturstimmen, die offenbar eine Beibehaltung der Verlustrückstellungen für notwendig erachten, kritisch analysiert werden.

Beschränkt man das Blickfeld zunächst auf die bilanzierenden Steuerpflichtigen, ist die alleinige Abschaffung der Verlustrückstellungen wenig durchdacht, denn davon ist nur eine bestimmte Kategorie von drohenden Verlusten am Abschlussstichtag betroffen. Weiterhin zu berücksichtigen wären drohende Verluste aus der Anwendung des Niederstwertprinzips bzw. Höchstwertprinzips.[111] Diese unterschiedliche steuerrechtliche Behandlung drohender Vermögensminderungen trifft zudem nicht alle bilanzierenden Steuerpflichtigen gleichmäßig, sondern ist von Branche zu Branche und von Unternehmen zu Unternehmen unterschiedlich. Dementsprechend liegt hier für einen begrenzten Kreis an Steuerpflichtigen eine Ungleichbehandlung vor.

Wer hierin allerdings einen eklatanten Verstoß gegen den verfassungsrechtlichen Gleichheitsgrundsatz sieht, aus dem das Gebot gleichmäßiger Besteuerung nach der Leistungsfähigkeit folgt,[112] begeht den schon wiederholt genannten Fehler, für Aussagen über eine gleichmäßige Besteuerung jeweils nur einen kleinen Mosaikstein des gesamten Steuerrechts zu betrachten. Die geschilderten Unterschiede in der steuerrechtlichen Behandlung drohender Verluste mögen innerhalb der bilanzierenden Steuerpflichtigen durchaus zu einer ungleichmäßigen Besteuerung zwischen den benachteiligten und nicht benachteiligten Bilanzierern führen. Andererseits führt die Abschaffung von Verlustrückstellungen zu einem Mehr an Gleichmäßigkeit gegenüber den im Hinblick auf Verlustvorwegnahmen mittels Rückstellungen generell benachteiligten Überschussermittlern. Wer also ein Beibehalten irgendwelcher Rückstellungen aus dem Gebot einer gleichmäßigen Besteuerung ableiten will, müsste gleichzeitig dafür eintreten, diese Rückstellungen bei sämtlichen Einkommensermittlungsmethoden zuzulassen. Denn Gleichmäßigkeit der Besteuerung verlangt für alle Einkommensarten möglichst ein und dieselbe Methode der Einkommensermittlung.[113]

Wenn demgegenüber in Begründungsversuchen für die unterschiedlichen Ermittlungsmethoden behauptet wird, gewerbliches Betriebsvermögen sei typischerweise besonders unsicher,[114] kann dem hier nicht gefolgt werden. Einerseits ist in der heutigen Zeit auch die Erzielung von Mieteinnahmen oder Dividenden keine Selbstverständlichkeit und auch den Überschussermittlern drohen Verluste aus demnächst anstehenden Renovierungsarbeiten oder bereits erfolgten Kursrückgängen ihrer Wertpapiere. Andererseits besteht gerade für unsiche-

111 Vgl. Moxter (1997a), S. 1477 sowie dessen den Sachverhalt verdeutlichendes Beispiel.
112 So Moxter (1997a), S. 1477.
113 Zutreffend Schneider (1994), S. 154.
114 Diese Auffassung vertritt z.B. Moxter (1997a), S. 1478.

re, diskontinuierliche Einkommensarten grundsätzlich das Korrektiv des Verlustausgleichs, dem in der Literatur aber offensichtlich nicht die Bedeutung beigemessen wird wie den Rückstellungen. Wie etwa wäre es sonst zu erklären, dass *Küting/Kessler*[115] ebenfalls unter dem Lichte einer Besteuerung nach der wirtschaftlichen Leistungsfähigkeit die Notwendigkeit einer Verlustantizipation durch ein „simples Beispiel" bekräftigen wollen, dabei aber übersehen, dass zur Vervollständigung ihres Vergleichs auch noch das Folgejahr zu betrachten wäre. Der dort realisierte Verlust würde über das Instrumentarium des Verlustrücktrags (ergänzt um einen Verlustvortrag) letztlich dieselben steuerlichen Konsequenzen hervorrufen wie die Verlustantizipation.[116] Diesbezüglich ist *Weber-Grellet* uneingeschränkt zuzustimmen: „Auch bei einem drohenden Verlust können Aufwendungen und Erträge trotz Rückstellung im Ergebnis nur einmal berücksichtigt werden; daran kann auch der Buchhalter nichts ändern."[117]

Fast schon verzweifelte Züge nimmt das Beharren auf die Vorwegnahme sich künftig realisierender Verluste an, wenn selbst bei einem unbegrenzten Verlustrücktrag deren Berücksichtigung als weiterhin geboten bezeichnet wird; „es kann eine gefährliche Kapitaldeckungslücke entstehen, und es droht eine Begünstigung jener um sich greifenden Kaufmannsmentalität, wonach ein Sich-reich-Rechnen nicht mehr als unmoralisch eingestuft wird."[118] Der Gefahr einer Kapitaldeckungslücke könnte auch mittels einer Ausschüttungssperre begegnet werden. Hierzu wären die drohenden Verluste in eine zweckgebundene Rücklage einzustellen.[119] Dabei handelt es sich jedoch ebenso um einen handelsrechtlichen Aspekt der Gewinnermittlung, wie bei der drohenden Gefahr einer um sich greifenden Kaufmannsmentalität des unmoralischen Sich-reich-Rechnens. Einmal ganz abgesehen von den verwendeten, einer wissenschaftlichen Diskussion kaum zugänglichen Begriffen, wäre es m.E. ein Novum, dass sich Steuerpflichtige für Besteuerungszwecke reich rechnen.

Nun darf nicht verkannt werden, dass eine Kritik an den erwähnten Literaturbeiträgen insofern ungerechtfertigt wäre, als sich die Literaturstimmen auf dem Boden der aktuellen Gesetzeslage mit den hinlänglich bekannten Besteuerungsunterschieden bewegen. Zu kritisieren ist aber das Ignorieren möglicher Alternativen und das stetige Rechtfertigen der jeweiligen Ansichten mit dem Schlagwort „Besteuerung nach der Leistungsfähigkeit", ohne zuvor den (Teil-) Bereich festgelegt zu haben, bei dem dies gelten soll. Die bisherigen Ausführungen sollten gezeigt haben, dass es im Einkunftsartensystem des geltenden Einkom-

---

115 Vgl. Küting/Kessler (1997), S. 2446.
116 Sofern man für dieses einfache Beispiel von Zins- und Liquiditätseffekten einmal absieht.
117 Weber-Grellet (1997c), S. 2448.
118 Moxter (1998a), S. 515.
119 Zutreffend Schneider (1997), S. 283 f.

mensteuerrechts mit unterschiedlichen Gewinn- und Überschussermittlungsmethoden keine Gleichmäßigkeit der Besteuerung und damit auch keine ausschließlich an der Leistungsfähigkeit orientierte Besteuerung geben kann.[120] Eine Rechtfertigung der jeweiligen Sichtweisen zu einzelnen Mosaiksteinen des Steuerrechts mit dem nur für die gesamte Einkommensteuer zu beurteilenden Grundsatz einer gleichmäßigen Besteuerung ist deshalb abzulehnen. Hierdurch wird der Eindruck vermittelt, innerhalb der geltenden Rechtslage könne Gleichmäßigkeit der Besteuerung verwirklicht werden.

Des Weiteren wurde bereits auf die Problematik des Grundsatzes der Maßgeblichkeit der Handelsbilanz für die Steuerbilanz hingewiesen.[121] Zielsetzung und Ausprägung der gegenwärtigen handelsrechtlichen Rechnungslegung stehen einer rechtssicheren Einkommensermittlung entgegen. Selbst wenn man davon ausgeht, dass eine Rechnungslegungsregel für den Kapitalmarkt bereits erkennbare drohende Verluste und andere potentielle Belastungen in Form von Rückstellungen berücksichtigen sollte,[122] bleibt immer noch die Frage zu klären, warum dies auch für eine Rechnungslegungsregel zur Einkommensermittlung gelten soll. Die Behauptung, ein Gesetzgeber, der sich gegen die steuerliche Passivierung von Verlustrückstellungen ausgesprochen hat, müsse alles versuchen, dieses Verbot auch auf die Handelsbilanz zu erstrecken,[123] ignoriert lediglich erneut die unterschiedlichen Anforderungen, die eine vom Vorsichtsprinzip geprägte Handelsbilanz mit zahlreichen Wahlrechten[124] im Gegensatz zu einer „Steuerbilanz" als Maßstab für eine einkunftsartenübergreifende gleichmäßige Besteuerung zu erfüllen hat.[125]

Künftige Verluste mögen im Sinne einer Reinvermögens*zuwachs*theorie als am Bilanzstichtag bereits eingetretene Minderung des Reinvermögens zu qualifizieren sein.[126] Wer jedoch als Bedingung einer objektivierten Einkommensermittlung auf der Basis des Realisationsprinzips den Reinvermögens*zugang* erfassen will, wird diese eben gerade nicht als bereits realisierte Verluste charakterisieren. Der fiktive Erwerber des ganzen Unternehmens, der die antizipierten Vermögensbelastungen kaufpreismindernd berücksichtigt,[127] wäre diesbezüglich wohl der denkbar ungeeignetste Anknüpfungspunkt für ein rechtssicheres steu-

---

120 Vgl. Schneider (1997), S. 63.
121 Vgl. E.2.2.
122 Es wurde bereits darauf hingewiesen, dass es hierzu Alternativen gibt. Vgl. hierzu Schneider (1997), S. 283 f und S. 337.
123 Diese Meinung vertritt Moxter (1997a), S. 1478.
124 Ausführlich hierzu Adler/Düring/Schmaltz (1995), § 252 HGB, Rz 59 ff.
125 Vgl. Schneider (1994), S. 143 f; Schneider (1997), S. 342 f.
126 So Moxter (1998a), S. 515.
127 In diesem Sinne glaubt Moxter (1997a), S. 1480, von am Bilanzstichtag bereits entstandenen Verlusten sprechen zu können.

erliches Messkonzept. In dieser Hinsicht kann die steuerliche Verlustrückstellung durchaus als Fremdkörper bezeichnet werden,[128] zumal mit dem sofortigen Verlustausgleich das geeignete Instrument bereits bekannt ist.[129] Lediglich wenn ein sofortiger Verlustausgleich oder alternativ ein unbeschränkter Verlustrücktrag bzw. ein aufgezinster Verlustvortrag nicht gewährt werden, wird ein Grundsatz der Verlustvorwegnahme (z.B. durch den Ansatz von Drohverlustrückstellungen) für die steuerliche Gewinn- bzw. Einkommensermittlung notwendig.

Mit der Streichung der Möglichkeiten zur Verlustvorwegnahme wird besonders dann der Forderung nach Gleichmäßigkeit der Besteuerung entsprochen, wenn wie im geltenden Steuerrecht nur ein Teil der Steuerpflichtigen in den Genuss derartiger Regelungen kommt.[130] Über den „Mosaikstein Bilanzierende" hinaus wird so eine Gleichbehandlung mit allen Nicht-Bilanzierern hergestellt.[131] Zudem dürfte der daraus resultierende Vereinfachungseffekt enorm sein, denn dieser Komplex macht auch bei den Rückstellungen dem Rechtsanwender das Leben schwer.[132] „Das ganze Manöver" ließe sich in der Tat als steuervereinfachende und Gleichmäßigkeit verwirklichende Großtat feiern,[133] und zwar nicht nur unter den bilanzierenden Steuerpflichtigen, sondern auch zwischen denen und den zahlreichen anderen Steuerpflichtigen.

E.3.5. Verbesserte Verlustverrechnung als zwingende Voraussetzung bei Verzicht auf eine Verlustvorwegnahme

Entgegen dem systematischen Zusammenspiel zwischen einem Verzicht auf einen Grundsatz der Verlustvorwegnahme bei gleichzeitiger Gewährung eines sofortigen Verlustausgleichs bzw. alternativ eines verzinslichen Verlustrück- oder -vortrages[134] hat der Gesetzgeber in den letzten Jahren Einschränkungen im Bereich der Teilwertabschreibungen und der Rückstellungen nicht mit einem Ausbau der Verlustverrechnungsmöglichkeiten, sondern mit deren Beschneidung begleitet. Neben den bereits seit langem geltenden Verlustausgleichsbeschränkungen der §§ 2a, 15 Abs. 4, 15a, 22 Nr. 2 i.V.m. 23 Abs. 3 (zuvor Abs. 4) und 22 Nr. 3 EStG wurden mit dem Steuerentlastungsgesetz 1999/2000/2002 erheb-

---

128 Vgl. Weber-Grellet (1997a), S. 2235.
129 Vgl. Schneider (1997), S. 283.
130 Hierzu Schneider (1997), S. 282 f.
131 Vgl. Schneider (1998), S. 1290.
132 Vgl. Quantschnigg (1998), S. 135.
133 Vgl. Moxter (1997a), S. 1477, der diese Aussage aber wohl eher ironisch verstanden wissen wollte.
134 Zutreffend Schneider (1995a), S. 1422; Schneider (1999), S. 108.

liche Beschränkungen vorgenommen. Zusätzlich zu den Änderungen in § 2a EStG und der Einführung des § 2b EStG haben die §§ 2 Abs. 3 und 10d EStG zu einem Voranschreiten eines unabgestimmten Verlustartenrechts geführt, dessen Komplikationsgrad eine Nachvollziehbarkeit für den einzelnen Steuerpflichtigen nahezu ausschließt.[135]

Nun gibt es gegen den Anlass von Verrechnungsbeschränkungen ökonomisch nichts einzuwenden, sofern Verluste nicht wirtschaftlich, sondern lediglich durch (Sonder-) Abschreibungen und hier insbesondere durch Verlustzuweisungsgesellschaften erzielt wurden. Der gewählte Lösungsweg ist allerdings ein Musterbeispiel dafür, dass es der Gesetzgeber offensichtlich vorzieht, den Steuerbürger über die tatsächliche Wirkung von Steuern im Unklaren zu lassen. Anstatt die zu unerwünschten Steuergestaltungen führenden Subventionsnormen (Ursache!) zu beseitigen,[136] beschränkt man die daraus resultierenden Verluste (Folge!).[137] Der fiskalische Zweck dieser Vorgehensweise liegt darin, dass der Gesetzgeber auch bereits verwirklichte Sachverhalte nachträglich stornieren möchte. So werden etwa Investoren, die in den neuen Bundesländern gerade wegen der gewährten Steuervergünstigungen investiert haben, im Nachhinein des Missbrauchs bezichtigt und nach dem Motto behandelt: „Der Mohr hat seine Schuldigkeit getan, der Mohr kann gehen."[138] Dass man mit der gewählten Regelung aber auch echte wirtschaftliche Verluste von einer Verrechnung ausschließt, nimmt man billigend in Kauf.[139]

Diese „fragwürdige Nachregelung verfehlter früherer Steuervergünstigungen"[140] ist freilich umso bedauerlicher, als das Bundesverfassungsgericht[141] erst kurz zuvor einen Schritt in Richtung verbesserte Verlustverrechnung unternommen und damit die im Urteil vom 22.7.1991 zum Ausdruck kommende Bedeutung eines periodenübergreifenden Verlustabzugs bekräftigt hat.[142] So verwundert es denn auch kaum, wenn die Verfassungsmäßigkeit der sog. Mindestbesteuerung

---

135 Vgl. Herzig/Briesemeister (1999), S. 1377. Aus Sicht der Besteuerungspraxis vgl. DWS-Symposium (2001), S. 2 f.

136 Vgl. Herzig/Briesemeister (1999), S. 1377; Schneider (1999), S. 110.

137 Der deutsche Gesetzgeber bekämpft folglich seine selbst geschaffenen, z.T. bewusst geförderten Steuervergünstigungen. Vgl. Dehne/Rosenberg/Zitzelsberger (1999), S. 117.

138 Holdorf (2001), S. 2092.

139 Insofern stellt es nur einen kleinen Trost dar, wenn von der Umsetzung der ursprünglich vorgesehenen Differenzierung in aktive und passive Einkünfte abgesehen wurde. Vgl. hierzu Dehne/Rosenberg/Zizelsberger (1999), S. 114 ff; Ritzer/Stangl (1999), S. 1 ff.

140 Schneider (1999), S. 109.

141 BVerfG v. 30.9.1998, DStR 1998, S. 1743 ff.

142 BVerfG v. 22.7.1991, DStR 1991, S. 1278. Demgegenüber hatte das BVerfG im Urteil v. 8.3.1978, HFR 1978, S. 293, die Bedeutung des Verlustabzugs hinter diejenige der Abschnittsbesteuerung zurückgestellt. Vgl. hierzu Arndt/Jenzen (1998), S. 1819 f.

des § 2 Abs. 3 EStG vom FG Münster für ernstlich zweifelhaft gehalten wurde.[143] Allerdings hatte der BFH diesbezüglich keine Bedenken geäußert.[144]

Glücklicherweise muss man sich über die Verfassungsmäßigkeit des § 2 Abs. 3 EStG zukünftig keine Gedanken mehr machen. Die an Kompliziertheit kaum zu überbietenden Regelungen in § 2 Abs. 3 Satz 2 bis 8 EStG sind mit dem Gesetz zur Umsetzung der Protokollerklärung der Bundesregierung zur Vermittlungsempfehlung zum Steuervergünstigungsabbaugesetz (sog. Korb II) ab 2004 entfallen. Damit besteht wieder die Möglichkeit, Gewinne und Verluste zwischen den Einkunftsarten (vertikaler Verlustausgleich) grundsätzlich uneingeschränkt zu verrechnen.[145] Allerdings hat der Gesetzgeber nun an anderer Stelle eine neue Mindestbesteuerung eingeführt. So dürfen ab 2004 Verlustvorträge gem. § 10d Abs. 2 EStG nur noch in Höhe von EUR 1 Mio. (Ehegatten EUR 2 Mio.) uneingeschränkt vom Gesamtbetrag der Einkünfte des Vortragsjahres abgezogen werden; darüber hinaus werden Verluste nur bis zu 60% des den Sockelbetrag (EUR 1 Mio. bzw. 2 Mio.) übersteigenden Gesamtbetrags der Einkünfte abgezogen.[146]

Dieser Hinweis auf die somit weiterhin bestehenden Einschränkungen der Verlustverrechnung und die Diskussion um deren Verfassungsmäßigkeit mag an dieser Stelle genügen.[147] Für den hier gewählten Reformansatz, der vor dem geltenden Recht anzusetzen hat, ist eine uneingeschränkte Verrechnungsmöglichkeit von Verlusten das theoretische Ziel. Etwaige Einschränkungen zur Ausgrenzung von Buchverlusten sind nicht notwendig, weil bei der Einkommensermittlung das Realisationsprinzip dafür Sorge trägt, dass ausgewiesene Verluste weitestgehend auch tatsächliche Verluste darstellen.

Um Entscheidungswirkungen und Verstöße gegen eine gleichmäßige Besteuerung begrenzen zu können, muss die Beseitigung des Prognoseermessens bei einer Verlustvorwegnahme durch eine Annäherung an einen sofortigen Verlustausgleich ersetzt werden.[148] Denn nur so ist eine Gleichbehandlung zwischen Einkunftsarten, die periodische Schwankungen von Gewinnen und Verlusten

143 FG Münster v. 7.9.2000, EFG 2000, S. 1253 ff, sowie FG Münster v. 15.11.2000, DStRE 2001, S. 281 ff.

144 BFH v. 9.5.2001, BStBl II 2001, S. 552. Vgl. hierzu auch Kohlhaas (2001), S. 1665 ff.

145 Bestehende Sonderregeln wie z.B. §§ 15 Abs. 4 oder 23 Abs. 3 EStG sind auch weiterhin zu beachten.

146 Im Vergleich zum Regierungsentwurf wurden die Verrechnungsmöglichkeiten von EUR 100.000 auf EUR 1 Mio. bzw. für den übersteigenden Teil von 50% auf 60% verbessert. Hierzu Rödder/ Schumacher (2004), S. 207 f.

147 Vgl. Holdorf (2001), S. 2085 ff.

148 Vgl. Schneider (1997), S. 336.

kennen und Einkunftsarten, bei denen negative Einkünfte kaum auftreten (Bsp. Einkünfte aus nichtselbständiger Arbeit), möglich.[149]

Sieht man einmal vom Idealbild des sofortigen Verlustausgleich ab,[150] liegt im verzinslichen (zeitlich und betragsmäßig) unbeschränkten Verlustrücktrag, ergänzt um einen verzinslichen ebenfalls unbeschränkten Verlustvortrag, eine akzeptable Form des (periodenübergreifenden) Verlustausgleichs vor. Sämtliche Einschränkungen (z.B. keine Verzinsung, Beschränkung des Rücktrags bzw. nur Vortrag) sind demnach als Steuerverschärfung zu klassifizieren.

Beurteilt an den anzustrebenden steuerlichen Leitbildern, beruhen die aktuellen Regelungen insbesondere auf zwei Fehlerquellen. Zum einen wird über Steuervergünstigungen das Entstehen von Buchverlusten weiterhin gefördert. Zum anderen werden beim Versuch, die Folgen aus den Buchverlusten zu korrigieren, zwangsläufig auch „echte" realisierte Verluste ausgeklammert.

Bedauerlicherweise weicht auch der Karlsruher Entwurf zur Reform des Einkommensteuergesetzes von einer (annähernd) uneingeschränkten Verlustverrechnungsmöglichkeit ab. So sieht § 8 KE keine Verlustrücktragsmöglichkeit vor. Vielmehr werden sogar die Verlustvortragsmöglichkeiten auf insgesamt fünf Veranlagungszeiträume beschränkt.[151] Die hierfür gelieferten Begründungen, angefangen von der Betonung des Prinzips der Abschnittsbesteuerung,[152] über die Aussage, dass auch in einer Verlustphase staatliche Leistungen genutzt würden,[153] bis hin zur behaupteten Vereinfachungswirkung,[154] sind mehr als fraglich.[155] Letztlich ist es „nicht sachgerecht, das Imparitätsprinzip aufzuheben

---

149 Zutreffend Schneider (1999), S. 106 und S. 108.

150 Theoretisch nicht korrekt, aber praktikabel wäre eine Auszahlung des Finanzamts bei negativem Einkommen in Höhe des Betrages Durchschnittssteuersatz auf das Einkommen, falls dieses positiv (statt negativ) wäre. Vgl. Schneider (1998), S. 1290. M.E. wäre auch eine Annäherung in Form eines durchschnittlichen Steuersatzes aus den zurückliegenden Jahren denkbar.

151 Vgl. Kirchhof u.a. (2001), S. 4. Eine Beschränkung der Verlustverrechnungsmöglichkeiten findet sich auch in der sog. Fortentwicklung des KE zu einem Einkommensteuergesetzbuch bei Kirchhof (2003), S. 11 f. Diese unterscheidet sich jedoch insoweit, als der Verlustvortrag dort zeitlich unbegrenzt möglich sein soll, aber auf die Erwerbsgrundlage beschränkt bleibt, in der der Verlust entstanden ist.

152 Vgl. Kirchhof u.a. (2001), S. 34 f. Während hier der Abschnittscharakter im Vordergrund stehen soll, wird auf S. 38 der Ansatz des Erwerbsvermögens mit Hilfe der Totalperiode gerechtfertigt.

153 Warum sind Steuern (als Folge eines nicht gewährten Verlustausgleichs) entgegen § 3 AO nunmehr als Gegenleistung zu interpretieren? Vgl. auch Bareis (1996), S. 32 ff.

154 Vgl. Kirchhof u.a. (2001), S. 35.

155 Vgl. hierzu Berg/Schmich (2002), S. 347 f.

und gleichzeitig den Verlustabzug einzuschränken."[156] Diese Regelung stellt ebenso wie die bereits kritisierte Beibehaltung des Maßgeblichkeitsprinzips einen Schwachpunkt des Reformentwurfs dar und muss daher als änderungsbedürftig bezeichnet werden.[157] Deshalb erstaunt es schon, dass sich nur ein Mitglied der Kommission gegen diese allgemeine Beschränkung des Verlustabzuges ausspricht und auf die Nachteile für risikobehaftete Investitionen hinweist.[158]

Im Vergleich zu den in Teil C für legitim erachteten, zeitlich bzw. für bestimmte Tätigkeiten geltenden Verlustverrechnungsbeschränkungen,[159] können die zuvor kritisierten Einschränkungen alle erwerbswirtschaftlichen Betätigungen gleichermaßen betreffen und leisten somit keinen Beitrag zur Lösung des sog. Liebhabereiproblems, der eine Abweichung vom Idealbild der uneingeschränkten Verlustverrechnung rechtfertigen könnte.

E.3.6. Systematische Berücksichtigung der verbleibenden (Verbindlichkeits-) Rückstellungen

E.3.6.1. Grundlagen

In den vorangehenden Abschnitten wurde exemplarisch gezeigt, welche Wirkungen sich aus der Umsetzung des in dieser Arbeit favorisierten Konzeptes für zentrale Fragen der Bilanzierung und Bewertung ergeben. Die Bestandteile einer Systematisierung der Ermittlung der Steuerbemessungsgrundlage waren:

---

156 Scheffler (2001), S. 908. Zwar wären über die Maßgeblichkeit handelsrechtlicher Vorschriften (§ 10 KE) Verlustvorwegnahmen grundsätzlich möglich, doch werden diese gleich wieder beschränkt (vgl. z.B. §§ 7, 11, 12 KE). Zu den möglichen Liquiditätsproblemen bei Einschränkung des Imparitätsprinzips und gleichzeitiger Abschaffung des Verlustrücktrages, vgl. Berg/Schmich (2002), S. 348.

157 Vgl. Wassermeyer (2001), S. 924.

158 Vgl. Kirchhof u.a. (2001), S. 37, FN 1; Bareis (2002), S. 142. Zu den Nachteilen für Investitionen vgl. auch Berg/Schmich (2002), S. 348; zur generellen Kritik an der Beschränkung des Verlustabzugs vgl. Berg/Schmich (2002), S. 346 ff. Auf die Ungleichbehandlung zwischen Großunternehmen mit verschiedenen Geschäftsbereichen und kleinen sowie mittelständischen Unternehmen weist Schneider (1998), S. 1290, hin.

159 Vgl. C.4.5.2.

- Orientierung an einem erweiterten Realisationsprinzip mit Anschaffungswerten,
- Periodisierung der Anschaffungsausgaben solcher Vermögensgegenstände, deren Leistungsbereitschaft über eine Abrechnungsperiode hinausreicht sowie
- Verzicht auf Verlustvorwegnahmen auf der Aktiv- und Passivseite bei gleichzeitigem Ausbau der Verlustverrechnungsmöglichkeiten.

Während ein Verzicht auf Verlustvorwegnahmen auf der Aktivseite (Teilwerte, Sonderabschreibungen usw.) nur wenige Abgrenzungsfragen aufwerfen dürfte,[160] weil mit Ausnahme des Grundsatzes der Periodisierung grundsätzlich nur noch Anschaffungs- bzw. Herstellungswerte maßgebend sind,[161] besteht für die sich in den Rückstellungen niederschlagenden Verlustvorwegnahmen auf der Passivseite die Besonderheit, dass diese von den daneben bestehenden Rückstellungen zur Erfassung bereits realisierter Verpflichtungen abzugrenzen sind. Wenn nun keine weiteren Ausnahmen zugelassen werden sollen, hat sich die Frage nach der generellen Berücksichtigung von Rückstellungen innerhalb der Gewinn- bzw. Einkommensermittlung ebenso wie daraus abgeleitete Abgrenzungsfragen an den allgemeinen Prinzipien des hier vertretenen Einkommensteuerkonzepts zu orientieren. Grundlegend für Ansatz und Bewertung sind somit die Ausführungen zur Theorie des Reinvermögenszugangs in Verbindung mit dem erweiterten Realisationsprinzip.

Im Konzept der Reinvermögenszugangstheorie führt die Aufnahme von Schulden zu einem Passivposten. Hierzu gehören natürlich wirtschaftliche Lasten, die in ihrer Höhe genau bestimmbar sind (z.B. Verbindlichkeiten aus Lieferung und Leistung, Verbindlichkeiten gegenüber Kreditinstituten), aber eben auch jene Verpflichtungen gegenüber einem Dritten, die zwar dem Grunde nach sicher, weil in der Vergangenheit rechtlich entstanden, aber in ihrer Höhe ungewiss sind (z.B. Rückstellungen für Pensionen).[162] Dabei gebietet das Realisationsprinzip

---

[160] Wie die Diskussion um die Einbeziehung von Gemeinkosten zeigt, muss hier wohl eher ein Verzicht auf Gewinnvorwegnahmen beachtet werden. Vgl. hierzu Scheffler (2001), S. 907 und Bareis (2002), S. 140, der auf Siegel (1995), S. 660 ff, Bezug nimmt.

[161] Allerdings muss die Möglichkeit bestehen, eine Forderung oder eine Beteiligung ausbuchen zu können, wenn endgültig feststeht, dass diese wertlos geworden sind. Vgl. Scheffler (2001), S. 908 (FN 20). Bareis (2002), S. 141, stimmt dem zu, „sofern diese Posten wirtschaftlich nicht mehr existent sind". Neben rechtlichen Anknüpfungspunkten wie der Insolvenz eines Kunden, sollten sich hier auch praktikable zeitliche Kriterien finden lassen. So könnte eine ein Jahr alte Forderung, die bereits alle Mahnstufen durchlaufen hat, zu 50% „ausgebucht" werden und nach zwei Jahren zu 100%. Um jedoch nicht ein teilweises Wiederaufleben der Teilwertabschreibung in Gang zu setzen, sollten tatsächlich nur pauschalierte Regelungen zugelassen werden.

[162] Vgl. Schneider (1997), S. 125.

den Ansatz von Rückstellungen für ungewisse Verbindlichkeiten,[163] denn hier ist der die Aufwandsrealisierung auslösende Tatbestand, die „Marktleistungsabgabe", bereits erfolgt. Der Zeitpunkt der Aufwandsverwirklichung wird unabhängig von dem der Ausgabe fixiert. Die wirtschaftliche Last ist mit der Besonderheit entstanden, dass deren Höhe noch fraglich ist.

Dennoch wird sich bei der konkreten Ermittlung eines Gewinns immer wieder die Frage stellen: Wann genau liegt eine zu passivierende (Verbindlichkeits-) Rückstellung vor? Und wie lässt sich diese in Zweifelsfällen von den bereits kritisierten Verlustrückstellungen abgrenzen,[164] bei denen gerade ein noch nicht realisierter (noch nicht zugegangener) Verlust aus Vorsichtsgründen (Imparitätsprinzip!) berücksichtigt wird?[165]

Nun kann an dieser Stelle keine erschöpfende Diskussion zur Bilanzierung bzw. Nicht-Bilanzierung unterschiedlicher Rückstellungsarten erfolgen, denn mit dieser Arbeit sollte zunächst der Rahmen innerhalb dessen sich eine Systembereinigung der Einkommensteuer - hier: Ermittlung der Steuerbemessungsgrundlage - vollziehen sollte, vorgegeben werden. Allerdings ist es m.E. erforderlich, die Grundzüge eines auch im Themenkomplex Rückstellungen zu fordernden rechtssicheren Lösungsansatzes zu skizzieren. Eine geeignete Diskussionsgrundlage hierfür bildet das Kriterium der Unentziehbarkeit,[166] dessen Grundzüge und notwendige Voraussetzungen für die hier vertretene Besteuerungskonzeption nachfolgend vorgestellt werden.

E.3.6.2. Das Kriterium der Unentziehbarkeit und die Notwendigkeit eigenständiger steuerrechtlicher Grundsätze

Siegel verdeutlicht die Grundgedanken der Unentziehbarkeit am Beispiel einer Entscheidung des I. Senats des BFH.[167] Im betreffenden Fall ging es um die Fra-

---

163 Zutreffend Schneider (1995a), S. 1422.

164 Einen Eindruck über die Meinungsvielfalt geben die ausgewählten Literaturbeiträge bei Schmidt/Weber-Grellet, EStG, § 5 vor Rz 450. Eine überzeugende Differenzierung findet sich bei Groh (1988), S. 27 ff, dessen Fazit lautet: „Die Verbindlichkeitsrückstellung folgt dem Realisationsprinzip, die Verlustrückstellung dagegen dem Imparitätsprinzip; die eine bildet vergangenen Aufwand ab, die andere hingegen zukünftigen Mehraufwand aus einem schwebenden Geschäft."

165 Schneider (1997), S. 71 f, charakterisiert die Verlustrückstellungen treffend als angesammelte Gewinnminderungen aus vorweggenommenen Verlusten.

166 Grundlegend hierzu Siegel (2002), S. 1192 ff.

167 BFH v. 27.6.2001, BB 2001, S. 1893.

ge, ob bereits 1988 eine Rückstellung gebildet werden durfte, weil eine behördliche Auflage zur Umrüstung einer Spänetrocknungsanlage bis 1991 vorlag. In seinem Urteil würdigt der I. Senat die Bedeutung des „klassischen“ Realisationsprinzips,[168] lässt aber dennoch die Bildung einer Rückstellung zu, weil er im Streitfall eine unentziehbare Verpflichtung als gegeben sieht.[169] Maßgeblich für die im Ergebnis von *Siegel* abweichende Beurteilung ist, dass der I. Senat von einer unveränderten Fortführung des Betriebes ausgeht und somit die Möglichkeit einer abweichenden Investitionsentscheidung nicht berücksichtigt.[170]

Eine ökonomische Analyse des Sachverhalts macht dagegen deutlich, dass tatsächlich eine Investitionsentscheidung gegeben ist.[171] „Denn wäre das Betreiben der betreffenden Anlage nicht gewinnbringend, würde der Kaufmann eine Anpassung unterlassen. Plant er jedoch die Anpassung, erwartet er daraus einen Gewinn, der nach dem Realisationsprinzip für die Bilanzierung vorerst keine Rolle spielen kann. Dass für eine erwartete Investition keine Rückstellung gebildet werden kann, braucht wohl nicht näher begründet zu werden.“[172] Zwar ist *Siegel* in der wirtschaftlichen Beurteilung des Sachverhalts m.E. zuzustimmen, doch zeigt ein Blick in die Literatur, dass seine Schlussfolgerungen de lege lata nicht unbedingt die herrschende Meinung darstellen.[173]

Nun steht hier nicht die „richtige Interpretation“ bei gegebener Rechtslage im Vordergrund. Aber aus den verschiedenen Standpunkten lassen sich wichtige Rückschlüsse für eine Regelung de lege ferenda gewinnen. Im Falle des BFH-Urteils zur Rückstellungsbildung bei einer öffentlich-rechtlichen Verpflichtung findet das Kriterium der Nichtentziehbarkeit zwar Beachtung.[174] Die Betrachtung unter dem Gesichtspunkt der Fortführung des Unternehmens nach § 252 Abs. 1 Nr. 2 HGB führt aber zu einem anderen Ergebnis als bei *Siegel*.[175] Dem-

---

168 Im Gegensatz zum Verständnis als Alimentationsprinzip i.S.d. anglo-amerikanischen matching principle. Insbesondere Moxter (1987), S. 367, vertritt die Auffassung, dass Aufwendungen zeitlich denjenigen Erträgen zuzurechnen sind, die sie alimentiert haben. Vgl. hierzu die ausführliche Diskussion in BFH v. 27.6.2001, BB 2001, S. 1893, insbesondere Abschn. 3.b).

169 BFH v. 27.6.2001, BB 2001, S. 1893, Abschn. 2.

170 So auch die Stellungnahme des Senatsmitgliedes Christiansen (2002), S. 1196.

171 Vgl. dazu die Ausführungen und das Beispiel bei Siegel (2002), S. 1193 f.

172 Siegel (2002a), S. 708.

173 Stellvertretend Schmidt/Weber-Grellet, EStG, § 5 Rz 385: „Unmaßgeblich ist, ob sich der Kaufmann der Verbindlichkeit entziehen kann .... Die unentziehbare Bindung des Schuldners widerspricht dem Vorsichtsprinzip; wäre das der Maßstab, gäbe es keine Rückstellungen mehr.“

174 Vgl. BFH v. 27.6.2001, BB 2001, S. 1893 (1894), mit dem Hinweis auf gleichlautende frühere Urteile des BFH.

175 Vgl. BFH v. 27.6.2001, BB 2001, S. 1893 (1896). Dies bekräftigend Christiansen (2002), S. 1196.

gegenüber lehnt *Weber-Grellet* dieses Kriterium gleich ganz ab und verweist zur Begründung ebenfalls auf einen handelsrechtlichen Grundsatz, das Vorsichtsprinzip gem. § 252 Abs. 1 Nr. 4 HGB.[176]

Man mag nun *Siegel* darin zustimmen, dass für einen Gläubigerschutz durch Verringerung von Ausschüttungen kein Bedarf besteht, wenn man sich einer Anpassungsmaßnahme (hier: behördliche Auflage) noch entziehen kann, um dieses Ergebnis anschließend auf die Steuerbilanz de lege lata zu übertragen.[177] Solange aber ein going-concern-Prinzip oder ein im Imparitätsprinzip konkretisierter Vorsichtsgedanke zentrale Gewinnermittlungsgrundsätze darstellen, die über das Maßgeblichkeitsprinzip auch steuerliche Bedeutung erlangen, dürfte die von Siegel hergeleitete Ablehnung einer Anpassungsrückstellung immer genügend Gegner finden.

Darüber hinaus wird es selbst innerhalb einer systembereinigten Einkommensteuer zukünftig zweifelhafte Praxisfälle geben, deren Lösungsversuche sich an einem allgemeinen Grundsatz auszurichten haben. Da an diesem Lösungsprozess auch zukünftig mehrere Personen mit unterschiedlichen Aufgabenfeldern beteiligt sind,[178] werden einzelne Rechtsverordnungen, Urteile oder Erlasse im Falle eines Rechtssystems, welches das Vorsichtsprinzip zum Zielbild erhoben hat, eine andere Entwicklung nehmen, als dies bei Geltung des erweiterten Realisationsprinzip der Fall wäre. Zu Recht weist *Scheffler* darauf hin, dass etwa eine Tendenz zur Ausdehnung der in der Steuerbilanz passivierungsfähigen Rückstellungen entsteht, wenn man wie der Karlsruher Entwurf am Maßgeblichkeitsprinzip festhält.[179] Vorsichts- und Imparitätsprinzip lassen hier grüßen.[180]

Deshalb muss ein systembereinigter Vermögensvergleich zwingend eigenständigen, zielgerichteten[181] Bilanzierungs- und Bewertungsgrundsätzen folgen. Da neben dem Grundsatz der Periodisierung keine weitere Ausnahme zuzulassen ist, steht auch bei einer denkbaren Rückstellung für ungewisse Verbindlichkei-

---

176 Vgl. Schmidt/Weber-Grellet, EStG, § 5 Rz 385.

177 Dazu Siegel (2002), S. 1193.

178 Auch in einem systembereinigten und vereinfachten Steuerrecht wird der Finanzrichter, der Finanzbeamte, der Steuerberater und hin und wieder auch der Steuergesetzgeber bestimmte Funktionen wahrzunehmen haben.

179 Vgl. Scheffler (2001), S. 909. Verglichen mit der aktuellen Rechtslage würden dann insbesondere die Einschränkungen in § 5 Abs. 2a, 3, 4, 4b EStG entfallen.

180 Innerhalb der Ausführungen zum Verhältnis von handels- und steuerrechtlichem Vermögensvergleich (E.2.2.) wurde bereits auf die Bedeutung eigenständiger steuerrechtlicher Prinzipien für zukünftige Auslegungsfragen hingewiesen. So etwa im Falle der Bestimmung von Herstellungskosten. Vgl. dazu E.2.2.3. (FN 35) sowie E.3.2.2 (FN 64 u. 65).

181 Diese Ziele sind: Entscheidungsneutralität, Gleichmäßigkeit und Einfachheit.

ten die Frage nach deren Realisierung im Mittelpunkt. D.h. es bleibt zu untersuchen, ob die „Marktleistungsabgabe" erfolgt ist oder problemspezifisch formuliert, ob die Verpflichtung gegenüber einem anderen (rechtlich) bereits entstanden ist. In die gleiche Richtung weisen auch die Kriterien für den Ansatz von Rückstellungen nach IAS bzw. IFRS. Diese setzen beispielsweise das Vorliegen einer Außenverpflichtung (gegenüber einem Dritten) voraus, die aus einem Ereignis in der Vergangenheit resultieren muss. Rückstellungen für Aufwendungen im Zusammenhang mit zukünftigen Erträgen scheiden damit ebenso aus wie reine Innenverpflichtungen des Unternehmens (Bsp. unterlassene Instandhaltungen).[182]

In einem systematischen, vom aktuellen Handelsrecht losgelösten Rahmen kommt dann auch das Kriterium der Unentziehbarkeit besser zur Geltung. Es hilft als Tatbestandsmerkmal die Frage nach der Entstehung einer Verpflichtung weiter zu konkretisieren. Kann sich der Steuerpflichtige einer erwarteten Auszahlung noch entziehen, ist die steuerliche Leistungsfähigkeit - gemessen im realisierten Reinvermögen - eben noch nicht belastet.[183] Die mit diesem Ansatz verbundene Verringerung von Ermessensspielräumen trägt zu einer Annäherung an eine gestaltungsunabhängige und einfache Ermittlungsmethode bei.

Nach dem Kriterium der Unentziehbarkeit beurteilt, kann sich z.B. die Frage nach einer Bilanzierung von Aufwandsrückstellungen nicht ernsthaft stellen. Denn diese Form der Rückstellung zeichnet sich gerade dadurch aus, dass keine unentziehbare Verpflichtung gegenüber einem Dritten vorliegt.[184] Materiell handelt es sich vielmehr um „offene Rücklagen in der Gewinnverwendungskompetenz der Geschäftsführung."[185]

---

[182] Zu den Kriterien für den Ansatz von Rückstellungen nach IAS/IFRS vgl. Leibfried/Weber (2003), S. 80 ff.

[183] Vgl. Siegel (2002), S. 1192 f.

[184] Die zentralen Ansatzkriterien nach IAS/IFRS (Verpflichtung gegenüber einem Außenstehenden, Ereignis aus der Vergangenheit) sind damit ebenfalls nicht erfüllt. Und auch der Karlsruher Entwurf geht von einem Ansatzverbot für Aufwandsrückstellungen aus. Vgl. Kirchhof u.a. (2001), S. 38; Scheffler (2001), S. 909.

[185] Siegel (1997), S. 1195. Auch der Vergleich mit einer geplanten Investitionsausgabe liegt hier näher als die Annahme einer bereits entstandenen Verpflichtung. Vgl. dazu nochmals Siegel (2002a), S. 708.

E.3.6.3. Verbleibende Ermessensspielräume beim Ansatz von Rückstellungen und Alternativen

Selbst wenn es mit dem Kriterium der Unentziehbarkeit gelingt, Ermessensspielräume zu verringern und damit wieder ein Stück in Richtung gestaltungsunabhängige, gleichmäßige Besteuerung voranzuschreiten, darf jedoch nicht der Eindruck entstehen, die Rückstellungsbildung würde dadurch zu einem vollständig objektivierbaren Vorgang. Während für die Frage, ob eine Verpflichtung entstanden (weil unentziehbar) ist, ein weitreichender Konsens zu finden sein sollte, dürfte die nachfolgende Bewertung dieser Verpflichtung erheblich mehr Schwierigkeiten bereiten. Denn objektivierte Anschaffungswerte existieren hier gerade nicht.[186] Erwähnt sei hier nur die Fallkonstellation, dass der erwarteten Auszahlung noch ein erwarteter positiver Wert gegenübersteht.[187]

Unter besteuerungspraktischen Gesichtspunkten liegt deshalb unter Umständen auch die Überlegung nahe, die Bildung von Rückstellungen einzuschränken. Da ein entscheidungsneutrales und gleichmäßiges Steuersystem nach der hier vertretenen Auffassung jedoch eine Messung des Einkommens im Reinvermögenszugang erfordert, stellen Einschränkungen in der Bilanzierung und Bewertung rechtlich bereits entstandener, aber in der Höhe ungewisser Verpflichtungen, einen Verstoß hiergegen dar. Zur Begründung dieses Systembruches könnte auf das Leitbild einer möglichst einfachen Besteuerung verwiesen werden.[188] Allerdings stellt die Einfachheit der Besteuerung kein Ziel an sich dar.[189] Sie soll vielmehr dazu beitragen, die vorrangigen Ziele der Entscheidungsneutralität und Gleichmäßigkeit der Besteuerung in praktikable Regelungen zu transformieren.

Eine wissenschaftliche Analyse des Abwägens zwischen Systembruch und möglichst einfacher Regelung erfolgt an dieser Stelle nicht. Sie ist zum jetzigen Zeitpunkt auch (noch) nicht erforderlich. Zunächst sollte innerhalb einer bereinigten Einkommensteuer der systematischen Erfassung ungewisser aber bereits entstandener Verpflichtungen der Vorzug gegeben werden. Die Beseitigung der Aufwands- und Verlustrückstellungen sowie die Orientierung am Realisationsgedanken - konkretisiert durch das Kriterium der Unentziehbarkeit - werden bereits zu einer deutlichen Reduzierung der Streitanfälligkeit führen. Sollten dar-

---

[186] Im Gegensatz zu „Anschaffungen auf der Aktivseite" und „(Kapital-) Beschaffungen auf der Passivseite".

[187] Vgl. hierzu Siegel (2002), S. 1195, insbes. Abb. 2.

[188] Ein Konsens für eine Einschränkung von Rückstellungen wäre insbesondere dann vorstellbar, wenn hieraus kaum negative Wirkungen auf Investitionsentscheidungen zu befürchten sind. Vgl. hierzu Wagner (2002), S. 1891 f.

[189] Ebenso Bareis (1996), S. 37; Schneider (1994), S. 153.

über hinaus in der Zukunft unbefriedigende Auslegungsfragen bestehen bleiben, bestünde immer noch die Möglichkeit für entsprechende Ausnahmeregelungen. Dabei wäre ein Verstoß um so eher zu akzeptieren, je besser das Korrektiv einer unbeschränkten Verlustverrechnungsmöglichkeit den Systembruch nachträglich auszugleichen vermag.

Dort wo eine Verlustverrechnung als rechtssichere, nachträgliche Erfassung einer ungewissen Verbindlichkeit dagegen nicht geeignet erscheint, würde eine Nichtbilanzierung in Form einer Rückstellung andere Alternativen erforderlich machen. Zu denken ist hier insbesondere an die Pensionsrückstellung, die ihre bisherige steuerliche Bedeutung insbesondere einem Stundungseffekt verdankt.[190]

Das systematische Problem liegt hier jedoch nicht im Ansatz einer (Pensions-) Rückstellung. Denn eine Verpflichtung, die das Reinvermögen bereits belastet, liegt vor.[191] Unzureichend im System der Einkommensbesteuerung ist vielmehr, dass in der Anwartschaft kein korrespondierender Zufluss gesehen wird.[192] Wäre dies der Fall, könnte aus steuergestaltender Sicht ebenso gut auf die Pensionsrückstellung verzichtet werden.[193] Der „frei werdende Aufwand" würde z.B. dazu verwendet, die laufende Vergütung der Beschäftigten zu erhöhen, die für ihre Vorsorge dann selbst zuständig wären. Dem Betriebsausgabenabzug im Unternehmen stünden korrespondierende Einkünfte bei den Beschäftigten gegenüber. Damit wäre die gegenwärtige Besteuerungslücke zwischen Ausgabe einerseits und noch nicht Einnahme andererseits geschlossen. Es entspräche zudem einer am Wettbewerb ausgerichteten Wirtschaftsordnung, wenn die frei gewordenen Mittel dem Kapitalmarkt zugeführt werden könnten und nicht im Unternehmen versteckt würden.[194]

Nun existiert diese Korrespondenzlücke selbstverständlich bei allen Vorgängen, bei denen der leistende Steuerpflichtige noch keinen Forderungszugang reali-

---

190 Vgl. hierzu auch Doralt (1998), S. 1357.

191 Ebenso Bareis (2002), S. 142. Davon zu trennen ist die Frage der Bewertung/Berechnung der Pensionsrückstellungen. Hier wird eine Normierung in jedem Fall erforderlich sein; vgl. Schneider (1997), S. 336.

192 Denkbar wäre dagegen eine Berücksichtigung als geldwerter Vorteil beim lohnsteuerpflichtigen Einkommen. Vgl. hierzu Schneider (1989a), S. 895.

193 Eine korrespondierende Erfassung beim Anwärter führt möglicherweise dazu, dass diese Verpflichtung (Pensionszusage) gar nicht erst entstehen wird, sondern durch andere Entlohnungs- und Vorsorgesysteme ersetzt wird.

194 Zur ökonomischen Analyse der Pensionsrückstellungen, vgl. Schneider (1989a), S. 889 ff; Franke/Hax (1989), S. 1881 f; Schneider (1989b), S. 1883 ff.

siert, während der Verpflichtete bereits eine Rückstellung zu passivieren hat.[195] Nur sind diese „Schlupflöcher“ aufgrund der Beseitigung von Verlust- und Aufwandsrückstellungen im vorgestellten Konzept schon deutlich geringer.[196] Zudem kann sich in einem vom Vorsichtsprinzip befreiten Steuersystem durchaus eine Rechtskultur entwickeln, in der diese Korrespondenzlücken weiter verringert werden. Die denkbare steuerliche Erfassung einer Pensionsanwartschaft kann bereits einen Hinweis auf eine mögliche Entwicklung geben, ebenso wie alternativ diskutierte Vorsorgesysteme.[197] Im Übrigen ist selbst in der aktuellen Rechtslage die „korrespondierende Bilanzierung“ nicht unbekannt.[198]

E.3.7. Konsequenzen aus der Systembereinigung für weitere ausgewählte Bilanzierungs- und Bewertungsfragen

Für die gebotene Objektivierung im Massenverfahren Steuerrecht sind das erweiterte Realisationsprinzip und die Abbildung von Vermögensgegenständen und Schulden[199] in einem Einzelvermögensvergleich von zentraler Bedeutung. Folglich ist nur das als Vermögensgegenstand aktivierbar, was auch einzeln abgehen und somit realisiert werden kann. Entsprechend sind die zu aktivierenden Vermögensgegenstände auf die selbständig veräußerbaren Sachen, Rechte und wirtschaftlichen Vorteile beschränkt. Gleiches gilt für die Schulden.[200] Die Bewertung der einzelnen, inventarisierten Vermögensgegenstände und Schulden erfolgt zu den historischen Ein- und Auszahlungen. Sofern ein Vermögensge-

195 Zur grundsätzlich berechtigten Kritik Wagner (2001), S. 359 f.

196 Zur insoweit analogen Situation im Karlsruher Entwurf vgl. Bareis (2002), S. 141 f.

197 Zu nennen ist insbesondere das Konzept der nachgelagerten Besteuerung. Dieses findet sich auch in § 9 KE. Zur Kritik an diesem sog. „Systembruch“ innerhalb einer Einkommensteuer, vgl. Wagner (2001), S. 360 f. Zur Rechtfertigung der nachgelagerten Rentenbesteuerung im Konzept einer die Ersparnisse grundsätzlich erfassenden Einkommensbesteuerung, vgl. Bareis (2002), S. 142 ff, mit dem zutreffenden Hinweis auf die unterschiedliche Verfügbarkeit zwischen „normalen“ Sparformen und nicht vererblichen und nicht beleihbaren Leibrentenversicherungen ohne Kapitalwahlrecht. M.E. muss hier zwischen einer steuersystematischen Analyse und der Frage nach einer gesellschaftspolitisch konformen Behandlung von Vorsorgeaufwendungen (zu denen eben auch die Pensionsrückstellungen zu rechnen sind) unterschieden werden. Hierfür kann sich eine „Begünstigung“ bestimmter Vorsorgebeiträge als durchaus sinnvoll erweisen.

198 Verwiesen sei auf den Anspruch des Verpächters bei einer Verpachtung von Anlagevermögen mit einer Substanzerhaltungspflicht des Pächters. Vgl. Schmidt/Weber-Grellet, EStG, § 5 Rz 702.

199 In der Terminologie des Steuerrechts kann auch von positiven und negativen Wirtschaftsgütern gesprochen werden.

200 Vgl. B.2.3.1. und B.2.3.2.

genstand (oder eine Schuld) vorliegt, sind diesem einzeln zurechenbare Zahlungen bis zu dessen Abgang erfolgsneutral zu behandeln. Ertrag und Aufwand entstehen in diesem Fall erst beim Abgang des Vermögensgegenstandes.[201]

Durch das Kriterium der Einzelveräußerbarkeit wird sichergestellt, dass allein eine Ausgabe für die Existenz eines inventarfähigen Vermögensgegenstandes nicht ausreicht. Andererseits ist gewährleistet, dass aktivierte Ausgaben spätestens im Zeitpunkt des Abgangs des wirtschaftlichen Vorteils zu Aufwand werden. Neben den bereits behandelten, besonders wichtigen Vermögensgegenständen und Schulden ergeben sich daraus natürlich auch Konsequenzen für weitere zu bilanzierende Sachverhalte.

So können in einem auf Einzelerfassung beruhenden Vermögensvergleich keine Vermögensgegenstände inventarisiert werden, die niemals einzeln abgehen können. Die Bilanzierung eines Geschäftswertes kommt somit nicht in Betracht, weil dieser an die Veräußerung des Gesamtbetriebes oder eines Teilbetriebes gebunden ist.[202] Folglich bleibt es bei der sofortigen Aufwandsverrechnung.[203] Andererseits kann für andere „immaterielle" Gegenstände die Einzelveräußerbarkeit gegeben sein. Beispielhaft sei hier auf einen Kundenstamm[204] oder einen Markennamen verwiesen.[205] Für eine rechtssichere Gewinnermittlung reicht die Möglichkeit der Einzelveräußerung jedoch nicht aus. Hier muss zusätzlich eine Objektivierung über den Markt erfolgen. „Deshalb sind nur die *entgeltlich von Dritten erworbenen* (und nicht die selbsterstellten), einzelveräußerbaren wirt-

---

201 Mit Ausnahme einer Periodisierung bei den Vermögensgegenständen des „Anlagevermögens".

202 Zutreffend Schneider (1997), S. 124.

203 Eine Berücksichtigung im Inventar käme nur bei einer Ausdehnung des Verständnisses für den Grundsatz der Periodisierung in Frage. Dann müssten abweichend vom Objektivierungsgedanken, der nur Einzelkosten erfolgsneutral behandelt, auch Gemeinkosten auf Vermögensgegenstände umgelegt werden. Vgl. dazu E.3.2.2. (FN 65). Derzeit wird der Geschäfts- oder Firmenwert als (immaterieller) Vermögensgegenstand des Anlagevermögens (§ 266 Abs. 2 HGB) bzw. als (immaterielles) abnutzbares Wirtschaftsgut (§ 5 Abs. 2 und § 7 Abs. 1 Satz 3 EStG) angesehen. Vgl. hierzu auch Schmidt/Weber-Grellet, EStG, § 5 Rz 221 ff. Auch § 11 Abs. 1 KE hält den Ansatz eines Geschäfts- oder Firmenwertes für geboten. Vgl. hierzu die Erläuterung in Kirchhof u.a. (2001), S. 39. Allerdings ist darauf hinzuweisen, dass bereits das Handelsrecht in § 255 Abs. 4 HGB nicht von einem Vermögensgegenstand, sondern nur von einem Unterschiedsbetrag spricht und deshalb auch nur ein Ansatzwahlrecht vorsieht.

204 Typische Beispiele sind der Mandantenstamm eines Rechtsanwaltes oder Steuerberaters sowie der Patientenstamm einer Arztpraxis.

205 Gerade diese wirtschaftlichen Vorteile werden in der Praxis auch den Geschäfts- oder Firmenwert beeinflussen, denn die Abgrenzung zwischen immateriellem Einzelwirtschaftsgut und unselbständigen geschäftswertbildenden Faktoren (vgl. Schmidt/Weber-Grellet, EStG, § 5 Rz 223 f) dürfte fließend sein.

schaftlichen Vorteile im Anlagevermögen inventarfähig und damit in die Bilanz einzustellen."[206] Insoweit bestünde Übereinstimmung mit der Regelung in § 5 Abs. 2 EStG.

Aus den vorstehenden Ausführungen lässt sich weiterhin ableiten, dass für den Ansatz von Bilanzierungshilfen kein Raum bleibt. Diese bilden keine inventarfähigen Vermögensgegenstände oder Schulden (bzw. positive und negative Wirtschaftsgüter).[207]

Eine Sonderstellung nehmen dagegen die Rechnungsabgrenzungsposten innerhalb der vorgestellten Konzeption ein. Sie gehören zwar nicht zu den besonders streitanfälligen Gewinnermittlungsbestandteilen. Dennoch scheint es angebracht, ihre systematische Stellung hier kurz zu erläutern. Die interessierende Frage lautet dabei: Liegt ein inventarfähiger Vermögensgegenstand / eine inventarfähige Schuld bzw. ein sonstiger erfolgsneutral zu erfassender Sachverhalt vor oder sind die gezahlten Beträge sofort als Ertrag oder Aufwand zu erfassen?

Abgesehen von Sonderregeln liegt der Anwendungsbereich der Rechnungsabgrenzung auf dem Gebiet der gegenseitigen Verträge, bei denen Leistung und Gegenleistung zeitlich auseinanderfallen.[208] Die Besonderheit liegt hierbei darin, dass die Ausgabe bzw. Einnahme (Gegenleistung) bereits erfolgt ist, die der Zahlung zugrunde liegende Leistung (zumindest z.T.) aber noch aussteht. Als typisches Beispiel sei die Mietvorauszahlung erwähnt, die sich auf die folgende (oder noch weitere)[209] Besteuerungsperiode erstreckt.

M.E. kann die Notwendigkeit einer „Rechnungsabgrenzung" systematisch unmittelbar aus dem Realisationsprinzip und der Reinvermögenszugangstheorie abgeleitet werden.[210] Da der Umsatzakt am Markt noch nicht von beiden Vertragsparteien erfüllt wurde,[211] können Aufwand oder Ertrag noch nicht entstanden sein. Eine Kürzung der Steuerbemessungsgrundlage bei der Ausgabe oder eine Erhöhung bei der Einnahme kommt somit nicht in Betracht. Als Alternative bleibt zwar grundsätzlich auch die Nichtberücksichtigung des gesamten Vor-

---

206 Schneider (1997), S. 125.

207 Ebenso Kirchhof u.a. (2001), S. 39.

208 Vgl. Adler/Düring/Schmaltz (1987), § 250 HGB, Rz 2.

209 Sofern auf das Kriterium der bestimmten Zeit in § 5 Abs. 5 EStG (bzw. § 250 HGB) verzichtet würde.

210 Innerhalb der geltenden Rechtslage wird das Realisationsprinzip auch vom BFH zur Begründung eines Rechnungsabgrenzungspostens herangezogen. Vgl. BFH v. 9.12.1993, BStBl II 1995, S. 202 f; a.A. Schmidt/Weber-Grellet, EStG, § 5 Rz 241.

211 Dies gilt für die spätere Benutzung eines Gegenstandes/Raumes bei der Mietvorauszahlung genauso wie für die noch ausstehende Lieferung eines Gegenstandes bei der Anzahlung.

gangs.[212] Doch innerhalb eines Vermögensvergleichs auf der Basis der Reinvermögenszugangstheorie ist ein Ausgleichsposten erforderlich.[213] Denn die Mietvorauszahlung führt beispielsweise zu einer Verringerung des Geldvermögens[214] und damit zu einem zu geringen Vermögensausweis, den der Rechnungsabgrenzungsposten erfolgsneutral korrigiert. Ob hier nun ein inventarfähiger Vermögensgegenstand[215] bzw. eine inventarfähige Schuld oder doch nur ein „Abgrenzungsposten" vorliegt,[216] ist nicht von entscheidender Bedeutung. Entscheidend ist vielmehr, dass der Sachverhalt bis zur Realisierung der Marktleistungsabgabe erfolgsneutral zu behandeln ist.[217] Denn ökonomisch lässt sich die zu früh erfolgte Ausgabe (Einnahme), bzw. der entsprechende Teil davon, mit einem gewährten (erhaltenen) Kredit vergleichen.[218] Und an dessen Erfolgsneutralität dürften kaum Zweifel bestehen.

Um der Besonderheit einer so verstandenen Rechnungsabgrenzung Rechnung zu tragen, erscheint ein gesonderter Ausweis in einem Einzelvermögensvergleich sinnvoll.[219] Der geänderten Qualität könnte z.B. durch die Bezeichnungen „Ansprüche aus Rechnungsabgrenzung" oder „Verpflichtungen aus Rechnungsabgrenzung" Ausdruck verliehen werden.

Etwas anders verhält es sich dagegen bei den derzeit ebenfalls unter den Rechnungsabgrenzungsposten ausgewiesenen Disagiobeträgen. Materiell steht hier

---

212 Vergleichbar wäre dies mit der Neutralisierung des Zahlungsflusses aus einer Kreditaufnahme („Einnahme") bzw. Kreditrückzahlung („Ausgabe") in der Einnahmenüberschussrechnung.

213 Der Karlsruher Entwurf spricht sich in § 11 grundsätzlich gegen den Ansatz von RAP aus. Im Gegensatz zu der hier vertretenen Auffassung muss der dort befürwortete Verzicht auf eine Rechnungsabgrenzung in Verbindung mit der im Entwurf bevorzugten Ermittlungsmethode, der Einnahmenüberschussrechnung, gesehen werden. Denn diese kennt ebenfalls keine RAP´s. Wenn in den Erläuterungen zum KE zudem auf die Vereinfachung verwiesen wird, hängt dies mit der Notwendigkeit zusammen, die Abweichung vom weiterhin maßgeblichen Handelsrecht zu begründen. Vgl. Kirchhof u.a. (2001), S. 38 f.

214 Vgl. Adler/Düring/Schmaltz (1987), § 250 HGB, Rz 25.

215 Im Falle einer geleisteten Zahlung ist dies i.d.R. entweder der Anspruch auf die Gegenleistung oder für den Fall der Nichterfüllung ein Anspruch auf Rückzahlung.

216 § 246 Abs. 1 HGB erwähnt die Rechnungsabgrenzungsposten ausdrücklich neben den Vermögensgegenständen und Schulden. Vgl. demgegenüber die Ausführungen bei Schneider (1997), S. 99 und Adler/Düring/Schmaltz (1987), § 250 HGB, Rz 11.

217 Anderenfalls ließe sich die Steuerbemessungsgrundlage durch vorgezogene Einnahmen und Ausgaben wie bei einer Cash-flow-Rechnung weitgehend gestalten, denn es fehlt die notwendige Anfangsinventarerhaltung.

218 Gleichlautend für eine Anzahlung Adler/Düring/Schmaltz (1987), § 250 HGB, Rz 14.

219 Und nicht etwa ein Ausweis unter den sonstigen Vermögensgegenständen oder sonstigen Verbindlichkeiten. Jedoch ist diese „Ausweisfrage" für die Ziele der Besteuerung letztlich ohne Bedeutung, sondern erfüllt lediglich eine klarstellende Funktion.

eine laufzeitanteilige Verteilung der Ausgaben für Verfügungsrechte oder der Einnahmen aus Verfügungsrechten mit mehrjähriger Dauer im Vordergrund. Ein besonders praxisrelevantes Beispiel ist die Aufnahme eines Darlehens mit einer Auszahlung unter dem Rückzahlungsbetrag. Vergleicht man den Vorgang mit der zuvor diskutierten Mietvorauszahlung, stellt sich die Frage nach den Gemeinsamkeiten und Unterschieden.

Sieht man im Disagio eine zusätzliche Vergütung für die Kapitalüberlassung und somit zinsähnlichen Aufwand,[220] liegt in Höhe des Disagios durchaus auch eine anteilige Vorauszahlung auf den zukünftigen Zinsaufwand vor.[221] Während bei einer reinen (Miet-) Vorauszahlung aber überhaupt noch kein Aufwand entstanden ist, entsteht dieser im Falle des Disagios grundsätzlich mit der Ausgabe des geringeren Darlehensbetrages.[222] Somit stellt sich lediglich die Frage, ob dieser vorgezogene Aufwand unter Periodisierungsgesichtspunkten (anteilig) einer anderen Besteuerungsperiode zugeordnet werden sollte.[223] Allerdings würde dies ein erweitertes Verständnis des Periodisierungsgrundsatzes erfordern.[224]

Statt nun einen erweiterten Grundsatz der Periodisierung für die steuerliche Behandlung eines Disagios zu bemühen, sollte m.E. von einer erfolgsneutralen Behandlung des Disagios abgesehen und dieses als sofort abziehbarer Aufwand behandelt werden.[225] Die Beispiele zu den Folgen eines ungleichmäßigen Erfolgsausweises bei gegebener Tarifstruktur haben gezeigt, dass das Vorziehen von Aufwand keinesfalls mit einer steuersparenden Gestaltung verbunden sein

---

220 Stellvertretend Adler/Düring/Schmaltz (1987), § 250 HGB, Rz 86.

221 Analog der Vorauszahlung des zukünftigen Mietaufwandes.

222 Entsprechend ist der erfolgswirksame Zinsaufwand in den Folgeperioden geringer, während mit der verfrühten Mietzahlung keine späteren Erfolgswirkungen verbunden sind. Zudem erstreckt sich eine reine Vorauszahlung i.d.R. nicht über mehrere Jahre (Besteuerungsperioden).

223 Vgl. Schneider (1997), S. 129 f. Deshalb verwundert es auch nicht, dass für das als Unterschiedsbetrag bezeichnete Disagio bereits eine gesetzliche Regelung zur Verteilung vorliegt. Vgl. § 250 Abs. 3 Satz 2 HGB.

224 Der Anwendungsbereich des Periodisierungsgrundsatzes beschränkte sich bisher auf die vorgezogene Aufwandsrealisierung eines zweifelsfrei bilanzierungsfähigen Vermögensgegenstandes; z.B. gleichmäßige Verteilung der Anschaffungsausgaben einer Maschine, statt Berücksichtigung erst bei deren Ausscheiden (Endabschreibung). Dagegen würde der Periodisierungsgrundsatz im vorliegenden Kontext den „bilanzierungsfähigen Gegenstand (= RAP)" erst entstehen lassen.

225 Allerdings sollten in einer Rechtsverordnung bestimmte Grenzen festgelegt werden (z.B. Disagio bis zu 5% des Kreditbetrages), damit Gestaltungsspielräume begrenzt werden. Vgl. hierzu BMF v. 20.10.2003, BStBl I 2003, S. 546, mit dem Hinweis, dass nur „marktübliche" Beträge sofort abzugsfähig sind. Eine ähnliche Problematik bestand bei der Geltung von § 10e EStG hinsichtlich des Abzugs von Zinsen als Vorkosten. Vgl. Schmidt/Weber-Grellet, EStG, § 10e Rz 129.

muss. Deshalb kann hier dem Steuerpflichtigen die Möglichkeit eingeräumt werden, unter den zahlreich aufgelegten Kreditprogrammen gleich eines ohne Disagio zu wählen. Ferner kann aus Vereinfachungsgründen auf eine Verteilung verzichtet werden.[226] Und schließlich überwiegt auch aus Sicht des Realisationsprinzips der Eindruck, dass ein inventarfähiger, weil selbständig veräußerbarer, Vermögensgegenstand nicht gegeben ist bzw. keine darüber hinausgehende Notwendigkeit für einen „Abgrenzungsposten“ besteht.

E.3.8. Ergebnis

„Einfacher und gleichmäßiger wäre das Einkommensteuerrecht, wenn nur eine einzige Maßgröße für die Einkünfte verwandt würde.“[227] Nimmt man die Verwirklichung dieses Satzes ernst, dann sollte die Ermittlungsmethode, welche den „Gewinn“ eines Unternehmens festlegt, auf den gleichen Grundsätzen beruhen wie etwa die Ermittlungsmethode zur Messung der Gehalts- oder Kapitaleinkommen. Der Vermögensvergleich nach dem Konzept des erweiterten Realisationsprinzip bildet hierfür die geeignete Basis.

Im Vordergrund des rechtssicheren Messkonzeptes steht die Rückbesinnung auf objektivierte Werte (Realisationsprinzip!). Dies beginnt bei der Frage, ob ein Anspruch oder eine Verpflichtung im Sinne einer Marktleistungsabgabe vorliegt und endet beim Ansatz der bestehenden Vermögensgegenstände und Schulden mit den Anschaffungs- oder Herstellungsaufwendungen als weitgehend nachprüfbaren Bewertungsmaßstäben. Infolge der Gegebenheiten einer Abschnittsbesteuerung und der progressiven Tarifstruktur ist das Realisationsprinzip um einen Grundsatz der Periodisierung zu ergänzen. Dem damit verbundenen Verlust an Einfachheit kann durch eine Normierung der Abschreibungen (inkl. den Nutzungsdauern) weitgehend begegnet werden. Durch steuertechnisch einfach zu regelnde Verlustausgleichsmöglichkeiten kann auf die besonders streitanfälligen Verlustvorwegnahmen (z.B. Teilwertabschreibungen oder Verlustrückstellungen) verzichtet werden, die innerhalb der aktuellen Rechtslage ohnehin nur einem kleinen Teil der Steuerpflichtigen zugute kommen.

---

[226] Ebenfalls aus Vereinfachungsgründen könnte auf die Abgrenzung von „Klassikern“ wie Versicherungsbeiträgen oder Kfz-Steuern verzichtet werden, sofern es sich hier um geringfügige Beträge handelt. Denn deren Erfolgswirkung steht in aller Regel in keinem Verhältnis zum erforderlichen Erfassungsaufwand.

[227] Schneider (1994), S. 154.

Die vorstehenden Ausführungen zu ausgewählten Bilanzposten haben zudem gezeigt, dass sich auch nach der hier befürworteten Systembereinigung künftig Bilanzierungs- und Bewertungsfragen stellen werden. Für die Lösung derartiger Auslegungsfragen übernehmen eigenständige, aus den Zielen Entscheidungsneutralität, Gleichmäßigkeit und Einfachheit der Besteuerung abgeleitete Grundsätze die entscheidende Funktion. Denn Zweifelsfälle wird es aufgrund ständig neuer Entwicklungen (z.B. Finanzprodukte) immer geben. Ein System kann aber nur Bestand haben, wenn es sich in diesem Fall auf seine Grundsätze besinnt.[228]

E.4. Zur Abgrenzung erwerbswirtschaftlicher Aufwendungen von den Privat-/Konsumausgaben

E.4.1. Ausgangssituation

Die theoretischen und besteuerungspraktischen Grundlagen für die hier im Vordergrund stehende Problematik wurden bereits in Teil B.2.4. und Teil C diskutiert. Bedeutsam war dabei zum einen die sich herauskristallisierende Notwendigkeit zu einer stärkeren Pauschalierung und Typisierung, weil sich in der praktischen Steuerwelt eine exakte Abgrenzung zwischen erwerbswirtschaftlichen Aufwendungen und Konsumausgaben nur selten verwirklichen lässt.[229] Zum anderen hat die Darstellung der sog. Liebhabereiproblematik gezeigt, dass für deren praxisgerechte Lösung ein Verzicht auf die nicht verifizierbare Totalerfolgsprognose zugunsten einer kontinuierlichen Überprüfung der Aufwendungen im Hinblick auf ihren Erwerbscharakter erfolgen sollte. Damit verlagert sich dieses Problem weitgehend auf die Ebene der Bestimmung der Bemessungsgrundlage, weil es erst an dieser Stelle annähernd befriedigend gelöst werden kann. Denn Liebhaberei und die Ausgrenzung von Privatausgaben resultieren aus dem gleichen Grundproblem, dem sich eine Einkommensteuer nun einmal ausgesetzt sieht: Der Trennung zwischen Einkommensentstehung und konsumtiver Einkommensverwendung.

---

[228] Zu Recht weist Weber-Grellet (2004), S. 41, darauf hin, dass ein unterschiedlichen Normen folgendes Bilanzsteuerrecht eine streitanfällige Materie ist und bleibt. Entsprechend bedeutend ist auch dessen Systembereinigung innerhalb eines anstehenden Reformprozesses.

[229] Entsprechend führt dieses Abgrenzungsproblem auch zu ständigen Streitfällen. Vgl. Raupach (1998), S. 203; Lang (1996), S. 134. Dieses Problem bestünde im Übrigen bei der Verwirklichung einer konsumorientierten Besteuerung genauso. Vgl. Wissel (1997), S. 7; Bareis (2002), S. 138 f (FN 31).

Zunächst soll nun untersucht werden, ob sich aus der Umsetzung eines Vermögensvergleichs auf der Basis des erweiterten Realisationsprinzips, ergänzt um einen Grundsatz der Periodisierung,[230] auch Konsequenzen im Hinblick auf die Frage der Abgrenzung erwerbswirtschaftlicher Aufwendungen von den Privatausgaben ergeben können. Im Anschluss daran stehen dann die Probleme und Möglichkeiten einer Typisierung bzw. Pauschalierung unterschiedlicher Aufwendungen im Mittelpunkt der Diskussion.

E.4.2. Konsequenzen für die mittelbare Bestimmung konsumtiver Aufwendungen aufgrund einer systembereinigten Einkommensermittlung

E.4.2.1. Unabhängigkeit oder Einfluss der Ermittlungsmethode auf die Unterscheidung in Erwerbs- oder Privataufwendungen

Grundsätzlich ist die Unterscheidung in Erwerbs- oder Privataufwendungen nicht in Abhängigkeit von einer Ermittlungsmethode zu sehen. Entsprechend sind z.B. Personalaufwendungen sowohl in einem Vermögensvergleich auf der Basis des erweiterten Realisationsprinzips als auch in einer Cash-flow-Rechnung als Erwerbsaufwendungen zu berücksichtigen. Gleiches gilt für Investitionen zum Zweck der Einkommenserzielung. Lediglich die Verteilung bestimmter Aufwendungen auf einzelne Besteuerungsperioden fällt hier unterschiedlich aus.[231] Die Kosten für eine Urlaubsreise sind dagegen bei beiden Varianten nicht berücksichtigungsfähig. Dennoch sind Fälle denkbar, in denen für die Aufteilung gemischter Aufwendungen an eine Maßgröße anzuknüpfen wäre, die maßgeblich von der angewandten Einkommensermittlungsmethode beeinflusst wird. Damit wird wiederum die Bedeutung eines möglichst systematischen Ansatzes verdeutlicht, da bei der Gestaltung eines Konzeptes Auslegungsfragen zu Folgeproblemen noch gar nicht vollständig absehbar sind. Dies soll im Folgenden am Beispiel des für die Praxis wichtigen Schuldzinsenabzugs skizziert werden.

---

230 Für Vermögensgegenstände mit mehrperiodigem Nutzungspotential (= „Anlagevermögen").

231 Im einen Fall wird die Investition (z.B. in eine Maschine) auf mehrere Perioden verteilt, im anderen Fall im Zeitpunkt der Ausgabe vollständig berücksichtigt.

E.4.2.2. Entwicklung der Regelungen zum Schuldzinsenabzug und Kritik

E.4.2.2.1. Grundlegende Probleme des Schuldzinsenabzugs

„Die Gestaltung des betrieblichen Zinsabzugs war in den vergangenen Jahren ein Dauerbrenner finanzgerichtlicher Verfahren."[232] Im Mittelpunkt der Diskussion stand dabei das sog. Zwei- oder Mehr-Konten-Modell. Damit wurde den Steuerpflichtigen ein Gestaltungsinstrument in die Hand gegeben, das es ihnen de facto ermöglichte, privat veranlasste Schuldzinsen in den betrieblichen Bereich zu verlagern. Dies soll das folgende vereinfachte Beispiel verdeutlichen:

Ein Steuerpflichtiger habe Betriebseinnahmen von EUR 500.000 und Betriebsausgaben von EUR 500.000. Er beabsichtigt die Anschaffung eines selbstgenutzten Hauses, für das er finanzielle Mittel von EUR 200.000 benötigt. Führt er nur ein geschäftliches Bankkonto (Stand: EUR 0) und verfügt er sonst über keine entsprechenden Mittel, wird er ein Darlehen für den Hauskauf aufnehmen müssen. Die Veranlassung der Darlehensaufnahme ist privat motiviert, die Zinsen daraus sind nicht abziehbar.

Alternativ könnte der Steuerpflichtige seine Betriebseinnahmen und seine Betriebsausgaben auf getrennten Konten erfassen. Das Einnahmenkonto wird dann einen Saldo von EUR + 500.000, das Ausgabenkonto von EUR - 500.000 ausweisen. Vom Einnahmenkonto entnimmt er sodann EUR 200.000 zur Finanzierung des Privathauses. Die restlichen (privat nicht benötigten) EUR 300.000 überweist er auf das Ausgabenkonto, das nunmehr einen Saldo von EUR - 200.000 aufweist. Da dieser Negativsaldo ursprünglich durch die Finanzierung von Betriebsausgaben „veranlasst" war, erfüllen die daraus resultierenden Zinsen die Voraussetzungen für eine Abzugsfähigkeit als Betriebsausgaben.[233]

Diese beliebte Gestaltungsvariante wurde durch das Urteil des Großen Senats vom 8.12.1997 höchstrichterlich abgesegnet,[234] das als Bestätigung der bereits mit dem Beschluss des Großen Senats vom 4.7.1990 eröffneten Gestaltungsmöglichkeiten gesehen werden kann.[235] Als Begründung wird dabei der Grundsatz herangezogen, wonach der Unternehmer in seiner Entscheidung frei sei, ob

[232] Bader/Dambeck (1998), S. 1663, mit Hinweisen z.B. auf FG Düsseldorf v. 9.11.1994, EFG 1995, S. 421; FG Köln v. 20.9.1995, EFG 1996, S. 13; FG München v. 19.9.1995, EFG 1996, S. 212; FG Münster v. 15.11.1995, EFG 1996, S. 422.

[233] Vgl. Schmidt/Heinicke, EStG, § 4 Rz 241 ff.

[234] GrS des BFH v. 8.12.1997, DStR 1998, S. 159.

[235] GrS des BFH v. 4.7.1990, BStBl II 1990, S. 817.

er sein Unternehmen unter Einsatz von Eigenkapital oder Fremdkapital führe. Der Unternehmer sei berechtigt, Eigenkapital durch Fremdkapital zu ersetzen.[236] Dieser Grundsatz der Finanzierungsfreiheit wurde dann auch von den Steuerpflichtigen und ihren Beratern gerne aufgegriffen und in zahlreichen Fällen zur Finanzierung der selbstgenutzten Immobilie praktiziert.

Nun soll an dieser Stelle nicht die Diskussion um den Schuldzinsenabzug in den letzten Jahren aufgerollt werden. Offensichtlich ist aber, dass die vom BFH gewählte Verknüpfung des steuerlichen Schicksals von Schuldzinsen allein in Abhängigkeit von der Verwendung des Darlehensbetrages kein praktikables Abgrenzungskriterium bildet. Denn das dahinter stehende Veranlassungsprinzip versagt, wenn die tatsächliche Verwendung des Darlehensbetrages nicht feststellbar ist.[237] Wenn aber die Herstellung eines Zusammenhangs zwischen Mittelherkunft und Mittelverwendung nicht bzw. nur eingeschränkt möglich ist, sollte nach Alternativen gesucht werden, die eine derartige Zuordnung ermöglichen. Andernfalls können die Steuerpflichtigen, z.B. mit Hilfe des Zwei- oder Mehrkontenmodells, die letztlich aus der Finanzierung von Konsumvermögen resultierenden Schuldzinsen zur Kürzung der Steuerbemessungsgrundlage einsetzen.

Völlig unverständlich ist allerdings die aus den Abgrenzungsschwierigkeiten zwischen betrieblicher und privater Veranlassung hervorgehende Forderung nach einer Wiedereinführung des allgemeinen Schuldzinsenabzugs.[238] Mit dem Hinweis auf den Vereinfachungscharakter einer derartigen Regelung könnte eine solche Forderung ja noch als plausibel bezeichnet werden. Wenn man die privaten Schuldzinsen aber als Einschränkung der steuerlichen Leistungsfähigkeit interpretiert, deren Nichtabziehbarkeit das Nettoprinzip in verfassungswidriger Weise verletzt,[239] folgt man offensichtlich einem anderen Einkommensbegriff als dem hier befürworteten.[240] „Wer den Abzug privater Schuldzinsen d.h. deren progressionsabhängige Subventionierung fordert, will die private Bedürfnisbefriedigungsminderung durch die Schuldzinsen berücksichtigen.“[241] Er bleibt aber die Begründung schuldig, warum er die Bedürfnisbefriedigung aus der

---

236 So auch BFH v. 15.11.1990, BStBl II 1991, S. 238; BFH v. 28.6.1995, DStR 1995, S. 1868.

237 Vgl. Elser/Neininger (1999), S. 173. Vgl. hierzu auch das Beispiel bei Siegel (1996), S. 1496 f.

238 Die Streichung des allgemeinen Schuldzinsenabzugs erfolgte durch das Einkommensteueränderungsgesetz 1973, BStBl I 1973, S. 545.

239 So Söffing (1988/89), S. 144.

240 Zu Recht weist Hundsdoerfer (2002), S. 299 f und S. 304, auf die Notwendigkeit eines Abzugsverbotes für private Schuldzinsen hin, wenn eine am Reinvermögenszugang (= verwirklichter Mittelerwerb) orientierte Bemessungsgrundlage gewählt wird.

241 Elser/Neininger (1999), S. 173.

Verausgabung des Fremdkapitals nicht einkommenserhöhend berücksichtigt.[242] Mit der befürworteten Konzeption einer Besteuerung des durch Vermögensvergleich ermittelten Markteinkommens, das gerade dazu dient, die private Bedürfnisbefriedigung auszugrenzen, sind derartige Vorstellungen unvereinbar.

Offensichtlich werden hier grundlegende ökonomische Zusammenhänge und gesellschaftspolitische Realitäten verkannt,[243] wenn das in der Tat vorhandene Steuererhebungsdefizit („in verfassungsmäßiger Weise") alleine dadurch beseitigt werden soll, dass nun auch einer bisher benachteiligten Gruppe von Steuerpflichtigen („den sozial Schwächeren") der Abzug privater Schuldzinsen erlaubt werden soll.[244] Zum einen ist zu fragen, ob die sog. sozial Schwachen überhaupt einen Steuervorteil aus einem Schuldzinsenabzug hätten. Vielleicht zahlen sie aufgrund ihres geringen Einkommens ohnehin keine oder nur geringe Steuern. Und selbst wenn, dann dürften die berücksichtigungsfähigen Zinsen nicht allzu groß sein, denn mit einem niedrigen Einkommen lassen sich kaum größere kreditfinanzierte Privatanschaffungen zurückzahlen. Die Gewinner wären vielmehr die „sozial Stärkeren". Beispielsweise erhält der kreditfinanzierte Porsche oder das Ferienhaus auf Sylt dann noch eine staatliche Absatzförderung in Höhe des Produkts aus Schuldzins und Steuersatz.

Abgesehen von dem systematischen Widerspruch zwischen Markteinkommensprinzip und privatem Schuldzinsenabzug,[245] ist auch die Einbeziehung der staatlichen Haushaltsseite in die Beurteilung keinesfalls vordergründig.[246] Dies sollten die Ausführungen in B.2.4.4. verdeutlicht haben. Folglich besteht keine andere Wahl als sachgerechte und praktikable Prinzipien zu finden, die eine Zuordnung betrieblicher und privater Schuldzinsen ermöglichen.

E.4.2.2.2. Zum Missverständnis von Finanzierungsfreiheit und Eigenkapital

Interpretiert man den viel beschworenen Grundsatz der Finanzierungsfreiheit dahingehend, dass es dem Unternehmer freigestellt sein muss, sein Unternehmen wahlweise mit Eigenkapitel oder Fremdkapital zu finanzieren,[247] bestehen

---

242 Zutreffend Elser/Neininger (1999), S. 173 (FN 12).
243 Vgl. die Ausführungen in B.2.4.4.
244 So Drenseck (1993), S. 865.
245 Ohne erwerbswirtschaftliche Tätigkeit (Einkunftsstreben) liegt eine steuerlich unbeachtliche Einkommensverwendung vor. Vgl. Bareis (1986), S. 119.
246 So Drenseck (1993), S. 866.
247 GrS des BFH v. 8.12.1997, DStR 1998, S. 159 (Abschn. B.I.1.).

an dessen genereller Gültigkeit keine Zweifel. Davon zu unterscheiden ist jedoch die Annahme, dass aus der Finanzierungsfreiheit folge, „daß es dem Steuerpflichtigen frei steht, liquide Mittel nicht einer betrieblichen, sondern einer privaten Verwendung zuzuführen.“[248] Wenn hierdurch zum Ausdruck kommen soll, dass (nur) liquide Mittel entnommen werden können, ist dies sicher richtig. Damit ist jedoch noch keine Aussage zur Finanzierung über Eigen- oder Fremdkapital getroffen. Als Eigenkapital kann nur etwas entnommen werden, was zuvor eingelegt wurde oder aufgrund von Konventionen zur Einkommensmessung als „Gewinn“ entstanden ist.[249] Die Entnahme liquider Mittel in Form von Kassen- oder Bankbeständen sagt über die Zusammensetzung der Finanzierungsstruktur noch gar nichts aus. Insofern liegt der Vorwurf nahe, dass der BFH Liquidität und Eigenkapital verwechselt hat.[250] Gerade in der Gestaltungsvariante Zwei- bzw. Mehrkontenmodell ersetzt der Unternehmer keineswegs Eigenkapital durch Fremdkapital.[251] Ersetzt werden vielmehr bereits vereinnahmte Umsatzerlöse.

Wer Zweifel an dieser Interpretation hat,[252] dem sei der Hinweis auf die Behandlung bei einer GmbH gegeben. Dort kann eben nur das ausgeschüttet (= entnommen) werden, was als Gewinn entstanden ist oder als Kapitalrücklage zuvor eingelegt wurde. Abstrahiert man einmal von den dies ohnehin nicht zulassenden (Stamm-) Kapitalaufbringungs- bzw. -erhaltungsregeln, käme hier wohl niemand auf die Idee, die Ausschüttung/Entnahme angesammelter Einnahmen von einem gesonderten Konto anzuerkennen. Nichts anderes kann aber im Falle des Einzelunternehmers gelten. Selbstverständlich sollte der Unternehmer frei sein, Eigenkapital zu entnehmen. Nur sollte er zuvor auch eben dieses gebildet haben. Aus Betriebseinnahmen alleine resultiert noch kein Eigenkapital.

E.4.2.2.3. Zum Fortbestehen des Veranlassungsgedankens

Angesichts der dargestellten Rechtsprechung des BFH kann es nicht überraschen, dass sich der Gesetzgeber gezwungen sah, Gegenmaßnahmen zu ergreifen. „Jede Bundesregierung hätte das angesprochene Steuersparmodell beseitigen müssen.“[253] Die Folge war die Einfügung des Abs. 4a in § 4 EStG, der in

---

248 GrS des BFH v. 8.12.1997, DStR 1998, S. 159 (Abschn. B.I.5.).

249 Zutreffend Siegel (1999a), S. 447; Siegel (1998b), S. 623 f.

250 Vgl. Siegel (1999a), S. 447. Vgl. hierzu auch Siegel (1998a), S. 46 ff.

251 BFH v. 15.11.1990, BStBl II 1991, S. 238 (Abschn. 4.c.).

252 Vgl. Olbertz (1998), S. 2186 ff.

253 Siegel (1999a), S. 446.

der gültigen Fassung eine eigenkapitalbezogene (Gewinn und Einlagen) Betrachtungs- und Berechnungsweise für die Ermittlung der nicht abzugsfähigen Schuldzinsen vorsieht.[254] Bedauerlicherweise geht die überwiegende Meinung in der Literatur,[255] ebenso wie das BMF-Schreiben vom 22.5.2000,[256] jedoch von einem Fortbestehen des Veranlassungszusammenhangs aus und gelangt so zu einer zweistufigen Prüfung. In einem ersten Schritt soll wie bisher eine Veranlassungsprüfung stattfinden, denn nur betriebliche Schuldzinsen sollen geltend gemacht werden können. Erst im zweiten Schritt soll dann die Überentnahmeregelung des § 4 Abs. 4a EStG Anwendung finden.[257] In der Konsequenz dieser Interpretation bleiben die Mehrkontenmodelle des BFH weiterhin materiell bedeutsam.

Ein so (miss-) verstandener Schuldzinsenabzug verspielt die Möglichkeit, dem nicht realisierbaren Veranlassungsgedanken eine praktikable Deutung gegenüberzustellen.[258] Sinn und Zweck des § 4 Abs. 4a EStG ermöglichen dem Steuerpflichtigen die Entnahme seiner Gewinne und Einlagen; „erst wenn diese erschöpft sind und ein negatives Kapitalkonto entsteht, werden entnahmebedingte Zinsen pauschaliert berechnet und vom Abzug ausgeschlossen. Käme zusätzlich das Rechtsprechungskonzept zur Anwendung, würden entnahmebedingte Zinsen vor diesem Zeitpunkt berücksichtigt, also dem Betriebsinhaber die Entnahme seiner Einlagen und Gewinne verwehrt."[259] Dementsprechend sollte auf die Prüfung, ob eine betriebliche Veranlassung der Schuld gegeben ist, verzichtet werden. Entgegen der Meinung der Befürworter einer zweistufigen Prüfung ergibt sich diese keinesfalls zwingend aus der Stellung im Gesetz hinter § 4 Abs. 4 EStG, der die Betriebsausgaben regelt. Die Interpretation, dass es sich hierbei um eine Sonderregelung für Schuldzinsen handelt, die als lex specialis der Generalregelung in Abs. 4 vorangeht,[260] erscheint m.E. ebenso plausibel. Andernfalls hätte eine weitere Nummer in § 4 Abs. 5 EStG genügt.

Bleibt man dagegen weiterhin dem BFH-Veranlassungskonzept verhaftet, wird der kundige Steuerpflichtige zur Einhaltung einer sinnleeren Formalie (= Zwei-

---

[254] Allerdings war bereits der Weg zur aktuellen Fassung des § 4 Abs. 4a EStG mehr als beschwerlich. Nach Schmidt/Heinicke, EStG, § 4 Rz 522, war der Werdegang des § 4 Abs. 4a EStG ein Armutszeugnis des Gesetzgebers und bezeichnend für „moderne Rechtsfindung". Vgl. hierzu Hergarten (1999), S. 54 ff; Bornheim (1999), S. 702 ff; Hegemann/Querbach (2000), S. 408 ff; Keune/Qeldemann (2000), S. 1461 ff; Kohlhaas (2002), S. 298 ff.

[255] Vgl. z.B. Schmidt, EStG, § 15 Rz 487; Wacker (1999), S. 1004.

[256] BMF v. 22.5.2000, BStBl I 2000, S. 588.

[257] Vgl. Schmidt, EStG, § 15 Rz 487; Hegemann/Querbach (2000), S. 410.

[258] Zutreffend Groh (2001), S. 105.

[259] Groh (2001), S. 107.

[260] So Groh (2001), S. 107.

Konten-Modell) verpflichtet, während der Unkundige wegen Versäumung dieser Formalie steuerlich bestraft wird.[261] Im Hinblick auf die Verwirklichung eines entscheidungsneutralen und gleichmäßigen Steuerrechts dürfen Zinsen als (erwerbswirtschaftliche) Aufwendungen nur dann abgezogen werden, wenn sie nicht infolge privaten Konsums anfallen. In Übereinstimmung mit dem Ziel einer einfachen Besteuerung existiert im Eigenkapital ein praxistauglicher Indikator, um diese Differenzierung mittelbar vorzunehmen. „Ein Gewinn, der auch unbeschadet des Zahlungszuflusses besteuert wird, muß auch steuerunschädlich entnommen werden können, unabhängig davon, ob er bereits in liquider Form vorliegt."[262] Solange kein negatives Eigenkapital entsteht, sind Entnahmen für private Zwecke unschädlich und damit in Zusammenhang stehende Umfinanzierungen steuerlich anzuerkennen.[263] Entsprechend wäre es wünschenswert, wenn der Gesetzgeber lediglich auf den Stand des Eigenkapitalkontos verweisen würde.[264] Wie sich dieses in Abhängigkeit von der jeweiligen Ermittlungsmethode zusammensetzt und welche Auswirkungen sich auf die steuerlich abzugsfähigen Zinsen ergeben, soll nachfolgend erläutert werden.

E.4.2.3. Einfluss der geänderten Einkommensermittlung auf die Maßgröße Eigenkapital

Eine erste Vereinfachung im Hinblick auf das Problem der Abgrenzung betrieblicher und privater Schuldzinsen wäre bereits mit der in Teil D geforderten Vereinheitlichung des Steuergegenstandes verwirklicht. Gibt es nur noch einen einheitlichen Erwerbsvermögensbegriff, wäre in den zahlreichen Fällen der sog. Umwidmung von Krediten nicht erneut die „Veranlassungsfrage" zu klären,[265] denn es bliebe ja insoweit beim Erwerbsvermögen. Folglich ist „nur" noch eine Abgrenzung zum Privatbereich erforderlich. Dies wirft die Frage auf, ob sich infolge des systembereinigten Vermögensvergleichs auch Konsequenzen für diese Abgrenzung ergeben.[266]

---

261 Vgl. Groh (2001), S. 106 f und hier insbesondere das Beispiel zur Finanzierung einer Motoryacht.

262 Elser/Neininger (1999), S. 176.

263 Vgl. Siegel (1999a), S. 446.

264 Vgl. Groh (2001), S. 106.

265 Zum Problem vgl. Bareis (1986), S. 125; Siegel (1985), S. 217 f.

266 Da der Vermögensvergleich für alle „Einkunftsarten" gelten soll, wäre der Indikator „Eigenkapital" über alle erwerbswirtschaftlichen Tätigkeiten zu betrachten. Vgl. hierzu Bareis (1986), S. 124.

Neben dem praktisch nicht lösbaren Zuordnungsproblem zwischen Mittelherkunft und Mittelverwendung,[267] zeigte sich auch der Anknüpfungspunkt „tatsächlich vorhandene Liquidität" als ungeeignet für eine Lösung des Problems. Mit dieser Sichtweise wurden die Zwei- und Mehrkontenmodelle ermöglicht, die entnahmefähiges Liquiditätspotential durch die simple Trennung von Betriebseinnahmen (Liquidität) und Betriebsausgaben ermöglichten. Die vorhandene Liquidität ist jedoch kein geeignetes Abgrenzungskriterium, denn Eigenkapital kann vorhanden sein, ohne dass liquide Mittel vorliegen und umgekehrt.[268] Davon zu unterscheiden ist die Frage, ob nicht eine von der aktuellen Rechtslage abweichende Form der Einkommensermittlung zu „besseren" Ergebnissen gelangen würde, weil das Abgrenzungskriterium Eigenkapital dadurch eine objektivierte Zusammensetzung erfährt. Zur Verdeutlichung soll von einem Unternehmen ausgegangen werden, das de lege lata wie folgt bilanzieren würde:

(1) „Steuer-" Bilanz 01 (in EUR)

Maschine	50.000	Eigenkapital	50.000
Bank	50.000	Darlehen	50.000

Im Jahr 02 werden zahlungswirksame Umsatzerlöse von EUR 60.000 und zahlungswirksame Aufwendungen von EUR 50.000 realisiert. Neben der planmäßigen Nutzungsdauer der Maschine von 5 Jahren und der daraus resultierenden Abschreibung von EUR 10.000 kommt eine außerplanmäßige Abschreibung bzw. eine Teilwertabschreibung in Höhe von EUR 10.000 in Betracht. Zudem wird eine Rückstellung für eine Entsorgungsverpflichtung in Höhe von EUR 10.000 gebildet, der sich der Steuerpflichtige zwar entziehen könnte, für die ein Ansatz de lege lata aber zulässig sei. Daraus ergibt sich folgende Bilanz:

(2a) „Steuer-" Bilanz 02 (in EUR)

Maschine	30.000	Eigenkapital	30.000
Bank	60.000	Rückstellung	10.000
		Darlehen	50.000

---

267 Vgl. Siegel (1985), S. 207 ff.

268 Zutreffend Elser/Neininger (1999), S. 176. Zudem sollten die vergeblichen Versuche des Gesetzgebers bei der Einführung der ursprünglichen kontensaldenorientierten Fassung des § 4 Abs. 4a EStG die praktische Untauglichkeit eines Liquiditätsbestandes verdeutlicht haben.

Obwohl sich der Liquiditätsbestand (= Bank) um EUR 10.000 erhöht hat, ist das entnahmefähige Eigenkapital um EUR 20.000 zurückgegangen. Würde der Unternehmer im Beispiel EUR 50.000 entnehmen, entstünde ein schädliches negatives Eigenkapital von EUR 20.000.[269] Die Folge wäre eine Kürzung des betrieblichen Schuldzinsenabzugs (z.B. aus dem Darlehen von EUR 50.000), etwa typisiert in Höhe eines Prozentsatzes auf das negative Eigenkapital.[270] Nun stellt sich im vorliegenden Beispiel die Frage, ob diese Lösung sachgerecht ist. Möglicherweise führt die außerplanmäßige bzw. Teilwertabschreibung und die erwartete Rückstellungsverpflichtung gar nicht zum „richtigen" Eigenkapitalausweis. Ferner kann es zu Verzerrungen durch stille Reserven kommen, die sich insbesondere aus der Ausnutzung steuerlicher Bewertungswahlrechte ergeben.[271] Derartige Korrekturen des relevanten Eigenkapitalstandes wären auf der Basis des geltenden Rechts zwar theoretisch geboten,[272] würden aber zu einer deutlichen Zunahme an Komplexität führen.[273]

Das hier vertretene Einkommensermittlungskonzept[274] trägt jedoch gerade dazu bei, im Sinne eines entscheidungsneutralen, gleichmäßigen und einfachen Steuerrechts eine Annäherung an „den richtigen Eigenkapitalausweis" zu ermöglichen.[275] Entsprechend kann bei dessen sachgerechter Umsetzung auf Korrekturen verzichtet werden. Zwar können auch danach noch stille Reserven (oder Lasten) vorhanden sein, die tragende Rolle des Realisationsprinzips im vorgestellten Konzept schließt deren ohnehin nur partiell (z.B. für Aktien) mögliche Berücksichtigung jedoch aus.

Für das oben genannte Beispiel würden sich demnach folgende Änderungen ergeben. Aufgrund der Nichtberücksichtigung eines Grundsatzes der Verlustvorwegnahme blieben sowohl die außerplanmäßige bzw. Teilwertabschreibung als auch die Rückstellung außer Ansatz. Lediglich die planmäßige Abschreibung (= Grundsatz der Periodisierung) wird berücksichtigt. Der Vermögensvergleich hat dann folgendes Bild:

---

269 Zur erforderlichen Interpretation eines negativen Eigenkapitals infolge eines Verlustes vgl. Elser/Neininger (1999), S. 175.

270 Diese Form wählt § 4 Abs. 4a EStG, der allerdings nicht vom negativen Eigenkapital, sondern von der Überentnahme spricht.

271 Vgl. Siegel (1985), S. 214.

272 Ausführlich Bareis (1986), S. 121 ff.

273 Hundsdoerfer (2002), S. 303, spricht von einer geringen Praktikabilität solcher Lösungen.

274 Anschaffungswertbilanz, erweitert um den Grundsatz der Periodisierung.

275 Insbesondere beeinflussen die von Siegel (1985), S. 214, kritisierten negativen Auswirkungen aus der Nutzung steuerlicher Bewertungswahlrechte (mit Subventionscharakter) nicht mehr das Eigenkapital.

(2b) Vermögensvergleich 02 (in EUR)

Maschine	40.000	Eigenkapital	50.000
Bank	60.000	Darlehen	50.000

Liquiditätsbestand und Eigenkapital unterscheiden sich hier um EUR 10.000. Dies entspricht der planmäßigen Abschreibung der Maschine. Würde der Steuerpflichtige nun EUR 50.000 entnehmen, wäre der Eigenkapitalstand EUR 0. Eine Korrektur des Schuldzinsenabzugs wäre (noch) nicht erforderlich.

Ergänzt man das Beispiel um die innerhalb einer Reinvermögenszugangstheorie ebenfalls zu berücksichtigenden Forderungen und Verbindlichkeitsrückstellungen, ergibt sich allerdings ein wiederum geändertes Bild.[276] Wie bei jeder Gewinn- bzw. Einkommensermittlung, die vom Zahlungszeitpunkt abstrahiert, sind also auch im Vermögensvergleich auf Basis des Realisationsprinzips Abweichungen zwischen Liquiditätsbestand und Eigenkapital unvermeidbar. Dies gilt in besonderem Maße dann, wenn aus den vorhandenen liquiden Mitteln Investitionen getätigt werden, ohne dass zusätzliche finanzielle Mittel aufgenommen werden.[277] Das spielt jedoch systematisch keine Rolle, denn der Steuerpflichtige hätte die Maschine ebenso über ein Darlehen finanzieren können. Entsprechend dem Grundsatz der Finanzierungsfreiheit muss dies aber auch noch einen Tag

[276] Wären im Vermögensvergleich 02 z.B. noch Forderungen von EUR 20.000 zu aktivieren, könnte das „entnahmefähige" Eigenkapital (EUR 70.000) infolge des geringeren Liquiditätsbestandes gar nicht vollständig entnommen werden. Es sei denn, das Bankkonto wird um EUR 10.000 überzogen. Die dann entstehenden Zinsen würden folglich als betrieblich (erwerbswirtschaftlich) veranlasst gelten, obwohl auf den ersten Blick kein erwerbswirtschaftliches Motiv vorliegt.

Bilanz 02 (in EUR)

Maschine	40.000	Eigenkapital	70.000
Forderungen	20.000	Darlehen	50.000
Bank	60.000		

[277] Würde zum Ende des Jahres 02 z.B. noch eine Maschine für EUR 50.000 angeschafft und mit dem Bankguthaben bezahlt, reduziert sich der Liquiditätsbestand auf nur noch EUR 10.000. Durch die gleichzeitige Inventarisierung der Investition bleibt das entnahmefähige Eigenkapital aber unverändert:

Bilanz 02 (in EUR)

Maschine	90.000	Eigenkapital	70.000
Forderungen	20.000	Darlehen	50.000
Bank	10.000		

nach der Entscheidung für die Barbezahlung gelten, mit der Folge einer unschädlichen Entnahme und nachträglichen Kapitalaufnahme.[278]

E.4.2.4. Ergebnis

Nicht der Liquiditätsbestand, sondern das Eigenkapitalkonto ist das geeignete Abgrenzungskriterium zwischen privat und erwerbswirtschaftlich veranlassten Schuldzinsen.[279] Das Steuerrecht als Massenverfahren benötigt einen einfachen, praxisgerechten Indikator, gerade im Bereich der Überschneidung zwischen unterschiedlich motivierten Finanzierungen. Das Eigenkapital erfüllt diese Anforderungen, wenn zuvor die zahlreichen Wahlmöglichkeiten und Unterschiede in der Einkommensermittlung beseitigt werden.[280] Dem trägt der in dieser Arbeit favorisierte Vermögensvergleich für alle Erwerbseinkünfte Rechnung. An die Stelle eines durch Bewertungswahlrechte gestaltbaren Eigenkapitalausweises tritt eine weitgehend objektivierte Maßgröße, unabhängig davon, ob diese nun mit der Liquiditätsentwicklung übereinstimmt oder nicht.[281] Dass in Ausnahmefällen eine gerechtere Aufteilung von Schuldzinsen möglich sein mag, ist zwar nicht zu bestreiten, muss aber angesichts der tatsächlich nicht zu verwirklichenden Einzelfallgerechtigkeit in Kauf genommen werden. Für einen steuersystematisch ohnehin nicht zu rechtfertigenden allgemeinen (d.h. auch privaten) Schuldzinsenabzug besteht keine Notwendigkeit.[282]

---

278 Die Anwendung des „Liquiditätskriteriums" führt dagegen zu einer Bestrafung investiver Auszahlungen. Vgl. hierzu das Beispiel bei Hundsdoerfer (2002), S. 301.

279 Vgl. Siegel (1999a), S. 446 f; Elser/Neininger (1999), S. 176 f; Groh (2001), S. 106 f.

280 Vgl. Hundsdoerfer (2002), S. 302 f.

281 Lediglich bei einer Cash-flow-Rechnung stimmt die Liquiditätsentwicklung mit der Einkommensentwicklung überein, abgesehen von der Aufnahme bzw. Rückzahlung finanzieller Mittel.

282 Vgl. Siegel (1999a), S. 446.

E.4.3. Praxisorientierte Probleme und Möglichkeiten einer typisierenden bzw. pauschalierenden Zuordnung von Aufwendungen

E.4.3.1. Ausgangssituation

In den theoretischen Anforderungen an ein Steuersystem wurde bereits darauf hingewiesen, dass für die praktische Umsetzung dieses Systems ein Spannungsverhältnis zwischen Gleichmäßigkeit und Einfachheit der Besteuerung nicht zwangsläufig existiert.[283] Zwar kann in der Gleichmäßigkeit der Besteuerung als vorrangigem Ziel auch eine Grenze der Steuervereinfachung gesehen werden.[284] Dies bedeutet allerdings nicht, dass die Besteuerungsgleichheit als Hindernis für eine Vereinfachung oder umgekehrt zu werten ist.[285] Gerade im Problembereich der Abgrenzung von Erwerbs- und Privatsphäre leisten Typisierungen und Pauschalierungen als Ausprägungen der Vereinfachung vielmehr einen Beitrag zur Steuergleichheit, weil sie im Massenverfahren die ungleiche Gewährung von Steuerabzügen zugunsten der besser Informierten verringern.[286] Denn die Gleichheit der Belastung darf nicht nur im formellen Gesetz stehen, sie muss sich vielmehr auch hinsichtlich des tatsächlichen Belastungserfolgs einstellen. D.h. es kommt nicht allein auf den Gesetzestext an, sondern ebenso auf dessen Interpretation und Durchsetzung.[287] Andernfalls besteht ein „Unterschied zwischen Besteuerungsanspruch nach Art eines „Glasperlenspiels“ im Sinne von *Hermann Hesse* und der Wirklichkeit.“[288]

Für die Fixierung der hier befürworteten Messgröße Markteinkommen stellt sich sodann die Frage, welchen Beitrag Typisierungen und Pauschalierungen zur Abgrenzung der einkommensteuerlich relevanten von den nicht relevanten Sachverhalten leisten können. Aufgrund der ökonomischen Folgen, die mit der steuerwirksamen Kürzung privat (mit-)veranlasster Ausgaben verbunden sind, wurde eine grundsätzlich strenge gesetzliche Haltung gegenüber nicht eindeutig erwerbswirtschaftlichen Ausgaben gefordert.[289] In diesem Zusammenhang sollte der Gesetzgeber deshalb zu weitergehenden Typisierungen greifen, etwa analog dem Beispiel der Amerikaner, bei denen die Arbeit erst am Fabriktor beginnt,

---

283 Vgl. B.1.4.5.

284 So der Titel bei Ruppe (1998), S. 29 ff.

285 Vgl. Ruppe (1998), S. 56.

286 Vgl. Lang (1998), S. 5.

287 Stellvertretend Isensee (1994), S. 3; Meyding (1998), S. 221 f. Vgl. auch BVerfG v. 27.6.1991, BStBl II 1991, S. 654 ff.

288 Meyding (1998), S. 226.

289 Vgl. B.2.4.4. und B.2.4.5.

mit der Folge, dass Fahrten zwischen Wohnung und Arbeitsstätte als privat beurteilt werden.[290]

Daneben stellt sich die Frage, ob Typisierungen bzw. Pauschalierungen auch bei den „zweifelsfrei" erwerbswirtschaftlichen Aufwendungen eine Berechtigung haben. Zu denken ist hier insbesondere an Pauschbeträge, vergleichbar denen des § 9a EStG. Im Gegensatz zu den Typisierungen und Pauschalierungen zur Ausgrenzung konsumtiv (mit-) veranlasster Aufwendungen, die neben dem Vereinfachungsaspekt auch im Hinblick auf eine tatsächliche Besteuerungsgleichheit geboten sind,[291] steht dann im Wesentlichen der Vereinfachungsgedanke im Vordergrund.

Unabhängig davon, ob nun gemischte Aufwendungen oder Erwerbsaufwendungen typisiert bzw. pauschaliert werden sollen, die konkrete Ausgestaltung wird sich an praxisgerechten Gesichtspunkten orientieren müssen.[292] Eine wissenschaftliche Ableitung wird hier nicht möglich sein, weil der typische Lebensvorgang nun einmal nicht deduktiv ermittelt werden kann, sondern real beobachtbare komplizierte Lebenssachverhalte übersichtlicher und verständlicher machen soll.[293] Deshalb sollen die im Folgenden dargestellten denkbaren Varianten eher ein gewisses Spektrum aufzeigen, als den Anspruch erheben, die einzig möglichen Typisierungen und Pauschalierungen zu sein.[294]

Zuvor soll jedoch noch auf die alternative Gestaltungsmöglichkeit als widerlegbare oder unwiderlegbare Typisierung bzw. Pauschalierung eingegangen wer-

290 Vgl. Offerhaus (1997), S. 386 f, mit bereits verwirklichten Beispielen.

291 Vgl. Ruppe (1998), S. 55 f. Der Versuch einer Berücksichtigung individueller Verhältnisse ohne die Möglichkeit, auf nachvollziehbare Gesichtspunkte zurückzugreifen, wäre willkürlich.

292 Einen umfassenden Systematisierungsversuch unternimmt Hundsdoerfer (2002), S. 181 bis 330. Doch trotz dieser grundlegenden theoretischen Aufbereitung des Themas ist im Ergebnis ein Rückgriff auf „akzeptable Kompromisse" notwendig (S. 267 f). Insbesondere sind die Informationen für den von *Hundsdoerfer* präferierten Minimum-Ansatz in der Praxis nicht verfügbar, so dass heuristische Ersatzkriterien zu suchen sind (S. 245 und S. 425). Für die hier vorliegende Arbeit, mit dem Anliegen eine Annäherung zwischen Theorie und Praxis herbeizuführen, bleibt als theoretische Richtschnur aus den Ausführungen von *Hundsdoerfer*, dass eine weitestmögliche Aufteilung gemischter Aufwendungen systematisch vorzuziehen ist, da „Nichtaufteilungsregeln zu starken Abweichungen vom Minimum-Ansatz führen, Steuergestaltungsanreize setzen und fragwürdige Verteilungsfolgen aufweisen" (S. 427). Allerdings ist damit wiederum ein höherer Erfassungsaufwand verbunden, der nicht unbedingt zu gerechteren Verteilungsfolgen führen muss.

293 Dieser typische Lebensvorgang soll im Idealfall mit der Typisierung oder Pauschalierung getroffen werden. Vgl. Kirchhof (1998), S. 20; BVerfGE 87, 153 (169 ff); BVerfGE 96, 1 (10).

294 Eine umfassende Darstellung von Pauschalierungen findet sich bei Jarzyk-Dehne (2003).

den. Dabei wird anknüpfend an die Ausführungen in Teil C unterstellt, dass bestimmte Problemfälle (Grenzbereich zwischen Erwerbs- und Privatsphäre) über Basiswerturteile in einer Rechtsverordnung geregelt sind.

E.4.3.2. Widerlegbare oder unwiderlegbare Typisierung und Pauschalierung

E.4.3.2.1. Echte Erwerbsaufwendungen

Eine mögliche Typisierung bzw. Pauschalierung „echter Erwerbsaufwendungen"[295] sollte als widerlegbare Vermutung ausgestaltet werden. Denn im Sinne des Markteinkommensprinzips müssen diese (Erwerbs-) Aufwendungen unabdingbar von den Erwerbseinnahmen abziehbar sein.[296] Auch praktisch ist einer Durchschnittsbetrachtung nicht zugänglich, mit welchen Aufwendungen ein bestimmter Umsatz erzielt wird. Insbesondere sind die aus unterschiedlichen Tätigkeiten resultierenden atypischen Aufwandspositionen zu berücksichtigen, wenn der Charakter einer Markteinkommensteuer nicht aufgegeben werden soll.[297]

Der Nachteil einer widerlegbaren Pauschalierung könnte darin gesehen werden, dass Zweifel hinsichtlich des Vereinfachungscharakters einer solchen Vorschrift bestehen bleiben, weil die Steuerpflichtigen wohl durch eine Kontrollrechnung prüfen werden, ob ihre tatsächlichen Aufwendungen nicht über dem Pauschbetrag liegen. Bei ausreichend hohen Pauschbeträgen, wie z.B. im Falle des Arbeitnehmer-Pauschbetrags, kann eine derartige Kontrollrechnung in vielen Fällen allerdings sehr oberflächlich erfolgen. Hinzu kommt, dass mit derartigen Pauschalabzügen nicht nur Belegsammlung und Aufzeichnungen eingespart werden können, sondern auch der anschließende Kontrollaufwand und mögliche Anerkennungsstreitigkeiten mit dem Finanzamt reduziert werden können.

Daneben bestehen Befürchtungen im Hinblick auf einen möglichen Verstoß gegen den Gleichheitssatz. So kann es bei einigen Steuerpflichtigen zu Mitnahmeeffekten kommen, wenn deren tatsächliche Aufwendungen deutlich unter den Pauschbeträgen liegen. Insofern läge dann auch eine ungerechtfertigte Gleich-

---

[295] Darunter sind im Umkehrschluss letztlich diejenigen Aufwendungen zu verstehen, die nicht in einer RVO als Problemfälle fixiert wurden.

[296] Vgl. Bareis (1998), S. 79 f.

[297] Vgl. Ruppe (1998), S. 53. Insoweit besteht Übereinstimmung mit der Forderung von *Hundsdoerfer* nach einer möglichst weitgehenden Aufteilung.

behandlung unterschiedlicher Sachverhalte vor.[298] Andererseits darf aber nicht übersehen werden, dass in der Besteuerungspraxis eine exakte Ermittlung der Erwerbsaufwendungen ohnehin nicht immer gewährleistet ist. Zum einen liefern die Steuerpflichtigen vielleicht gar nicht alle notwendigen Daten (z.B. aus Unkenntnis oder zu hoher Komplexität). Zum anderen werden für „clevere Steuerstrategen" wohl immer Möglichkeiten bestehen, in gewissem Umfang privat (mit-) veranlasste Aufwendungen als Erwerbsaufwendungen abzuziehen.

Ein Gleichheitssatz, der die steuerliche Gleichheit im Belastungserfolg anstrebt, braucht (bzw. kann) bei der Ordnung von Massenerscheinungen nicht um die Gleichbehandlung aller Einzelfälle besorgt zu sein. Auch wenn damit unvermeidliche Härten verbunden sein mögen, verstößt eine generalisierende Regelung nicht schon deshalb gegen den allgemeinen Gleichheitssatz. An die Stelle des Grundsatzes der individuellen Gleichmäßigkeit tritt vielmehr derjenige einer generellen Gleichmäßigkeit.[299]

Allerdings gilt es zu bedenken, dass eine einheitliche Einkunftsart „Erwerbseinkünfte" unter dem Aspekt einer gleichmäßigen Besteuerung auch nur einen einheitlichen Pauschbetrag gewähren sollte. Denn es sind gerade auch die einkunftsspezifischen Freibeträge, Ermäßigungen und Pauschalierungen nach geltendem Recht, die zu einem Verstoß gegen eine gleichmäßige Besteuerung beitragen.[300] Eine generelle Aufwandspauschale für alle Erwerbstätigkeiten dürfte aber wohl kaum geeignet sein, den „typischen Erwerbsvorgang" realistisch abzubilden. Bleibt man gedanklich der geltenden Klassifizierung der Erwerbstätigkeiten verhaftet, so dürfte ein Pauschbetrag von z.B. EUR 1.000 für die Erwerbstätigkeit „nichtselbständige Arbeit" möglicherweise zutreffend sein. Für die Erwerbstätigkeiten „Kapitalvermögen" (zu hoch) oder „selbständige Arbeit" (zu niedrig) wird dies aber kaum gelten. Spezifische Regelungen wären hier erforderlich.

Trotz des denkbaren Verstoßes gegen den Grundsatz der Gleichmäßigkeit der Besteuerung, dem im Rahmen dieser Arbeit der Vorrang gegenüber dem Grundsatz der Einfachheit eingeräumt wird, soll die Möglichkeit erwerbsspezifischer Pauschalierungen an dieser Stelle nicht kategorisch ausgeschlossen werden. Für

---

298 Das Gesetz begnügt sich also dort mit einer einheitlichen Rechtsfolge, wo es nach seinen eigenen Prämissen eigentlich differenzieren müsste. Vgl. Isensee (1994), S. 9.

299 Vgl. Burchardi (1981), S. 314; Kirchhof (1994), S. 9 f; BVerfGE 11, 245 (254); BVerfGE 84, 348 (360).

300 Entsprechend forderte die Einkommensteuer-Kommission (1995) in These 5 die Abschaffung einkunftsspezifischer Regelungen.

den in der Steuerrechtspraxis Tätigen sind die denkbaren Vereinfachungseffekte zu verlockend, als dass man sie völlig außer Acht lassen sollte.[301]

E.4.3.2.2. Grenzbereich zwischen Erwerb- und Privatsphäre

Im Gegensatz zu den reinen Erwerbsaufwendungen, deren Abzug erst zur Maßgröße (Markt-) Einkommen führt, verfälscht der Abzug von Aufwendungen, die auch privat mitveranlasst sein können, die Einkommensermittlung. Deshalb sollten privat mitveranlasste Ausgaben bei der Ermittlung der Bemessungsgrundlage der Einkommensteuer nur beschränkt abgezogen werden.[302] Als typische Beispiele seien genannt: Kfz-Nutzung, Fahrten zur Arbeitsstätte, häusliches Arbeitszimmer, doppelte Haushaltsführung, Verpflegungsmehraufwand, Repräsentationskosten, Aufwendungen für Luxusgüter.[303]

Typisierungen und Pauschalierungen im Grenzbereich zwischen Erwerbs- und Privatsphäre haben zwar auch Vereinfachungscharakter, gleichzeitig sorgen sie aber in den Fällen für die Verwirklichung steuerlicher Belastungsgleichheit, in denen eine Trennung zwischen erwerbswirtschaftlichem und konsumorientiertem Aufwandsanteil tatsächlich nicht möglich ist. Damit verhindern sie Ungleichgewichte zugunsten der gut Informierten, die angeregt durch die Steuersparbranche ansonsten mittels Sachverhaltsgestaltungen oder falscher Angaben (Bsp. Fahrtenbuch) die Abzugsfähigkeit privat veranlasster Aufwendungen herbeiführen.[304]

Eine generalisierende Regelung in diesem Bereich sollte tendenziell als unwiderlegbare Vermutung ausgestaltet werden. Die Möglichkeit, die Vermutung dort zu widerlegen, „wo im Einzelfall eine überwiegend oder ausschließlich betrieblich/berufliche Veranlassung in Betracht kommt und anhand objektiver Umstände nachweisbar ist",[305] scheint zwar einleuchtend, lässt sich m.E. in der Besteuerungspraxis aber nicht verwirklichen. Wie soll denn der erwerbswirtschaftliche Nutzungsgrad des häuslichen Arbeitszimmers objektiv ermittelt werden?[306] Selbst bei der theoretisch leicht möglichen Ausgrenzung der privaten

---

301 Vgl. Offerhaus (1997), S. 387 f. Vgl. hierzu die Beispiele in E.4.3.3.1.

302 Vgl. Einkommensteuer-Kommission (1995), These 8.

303 Stellvertretend hierzu Einkommensteuer-Kommission (1995), These 8; Offerhaus (1997), S. 386 f; Ruppe (1998), S. 55.

304 Vgl. Lang (1998), S. 5.

305 Ruppe (1998), S. 56.

306 Dieses Beispiel führt Ruppe (1998), S. 56, für eine widerlegbare Vermutung an. Vgl. demgegenüber Offerhaus (1997), S. 387.

Nutzung eines Fahrzeugs mittels eines Fahrtenbuchs besteht die objektive Nachvollziehbarkeit nur auf dem Papier und kann somit in den massenhaft auftretenden Fällen von Seiten der Finanzverwaltung nicht wirklich überprüft werden.[307]

Deshalb könnte im Grenzbereich zwischen Erwerbs- und Privatsphäre die bestehende Bandbreite möglichst weitgehend zugunsten unwiderlegbarer Typisierungen genutzt werden,[308] bis hin zur typisierenden Zuordnung bestimmter Aufwandsarten (z.B. Fahrten zwischen Wohnung und Arbeitsstätte) ganz in den privaten Bereich.[309] Für einen praxisrelevanten Lösungsansatz scheint das Motto „Lieber ungenau richtig, als exakt falsch“[310] auch m.E. am vielversprechendsten für ein gleichmäßiges und einfaches Steuerrecht.[311]

E.4.3.3. Möglichkeiten und verbleibende Probleme einer Pauschalierung / Typisierung

E.4.3.3.1. Echte Erwerbsaufwendungen

Neben den aus der aktuellen Rechtslage bekannten, betragsmäßig fixierten Pauschbeträgen (z.B. § 9a EStG) wäre es grundsätzlich denkbar, Aufwandspauschalen als prozentualer Anteil der Einnahmen zu formulieren. Die Auseinandersetzung mit derartigen, in anderen Ländern bereits existierenden Regelungen zeigt, dass damit ein großes Vereinfachungspotential verbunden sein kann. So kannte das französische Recht einen Arbeitnehmer-Pauschbetrag in Höhe von

---

307 Ob die Fahrt von Stuttgart nach Berlin zu einem Freund, der zufällig auch ein Geschäftspartner ist, erwerbswirtschaftlich oder privat veranlasst ist, erschließt sich nur dem Steuerpflichtigen selbst. Ganz zu schweigen von „erfundenen Fahrten“, denen allenfalls mittels zukünftig verbesserter elektronischer Erfassungsmöglichkeiten begegnet werden könnte.

308 Vgl. Seer (1998), S. 76.

309 Vgl. Meyding (1998), S. 225.

310 Meyding (1998), S. 228.

311 Insoweit würde der Forderung von *Hundsdoerfer* nach einer möglichst weitgehenden Aufteilung nicht entsprochen. Für die Nichtaufteilung der Fahrten Wohnung - Arbeitsstätte besteht allerdings eine Sonderstellung; vgl. Hundsdoerfer (2002), S. 176. Der ansonsten abgelehnten Nichtaufteilung gleichzeitig erwerbswirtschaftlich und konsumtiv motivierter Aufwendungen könnte auch durch entsprechende Kompromisse Rechnung getragen werden, z.B. durch eine pauschalierte 50:50 (60:40 usw.) - Aufteilung.

10% des Arbeitslohns und machte dadurch fast jeden Rechtsstreit überflüssig, da die tatsächlichen Aufwendungen nur selten die Pauschbeträge überstiegen.[312]

Spanien gewährte bei Einkünften aus nichtselbständiger Tätigkeit einen Pauschbetrag in Höhe von 5% der Einnahmen, der jedoch durch einen Höchstbetrag begrenzt wurde.[313] Entgegen den unter E.4.3.2.1. getroffenen Aussagen wurde der Nachweis höherer Aufwendungen in Spanien nicht zugelassen. Begründet wurde dies mit der besonderen Stellung des Arbeitnehmers, der i.d.R. keine eigenen Produktionsmittel einsetzt, sondern diese vom Arbeitgeber zur Verfügung gestellt bekommt.[314] Dem ist aufgrund der unterschiedlichen Erwerbssituation von Arbeitnehmer und Unternehmer zwar grundsätzlich zuzustimmen. Jedoch sollten auch Arbeitnehmer das Recht haben, eigene Kosten der Fortbildung (Seminare, Fachbücher usw.) steuerlich geltend zu machen, zumal einige Aktivitäten durchaus der Förderung der Karriere dienen und somit auch auf die Erhöhung der Einnahmen abzielen.[315]

Bezeichnenderweise finden sich derartige Pauschalierungsversuche gerade bei Einkünften aus Arbeitsverhältnissen.[316] Innerhalb der bekannten Einkünfteklassifizierung stellen die Einkünfte aus nichtselbständiger Arbeit nämlich die einzige Gruppe dar, in der der Steuerpflichtige i.d.R. nicht selbst die notwendigen Mittel für die Ausübung seiner Tätigkeit beschaffen muss. Dies unterscheidet ihn vom „vermietenden", „kapitalanlegenden" oder „selbständigen / gewerblichen" Unternehmer und macht diese Form der Erwerbstätigkeit für eine Pauschalierung besonders zugänglich. Angesichts der quantitativen Bedeutung dieser Einkunftsart[317] verwundert es dann auch nicht, wenn aufgrund notwendiger

---

[312] Vgl. Offerhaus (1997), S. 388; Kirchhof (1998), S. 23. Zwischenzeitlich sieht Frankreich zwei pauschale Abzüge bei den Einkünften aus nichtselbständiger Arbeit vor. Berechnungsbasis des Werbungskosten-Pauschbetrages von 10% ist der um Sozialversicherungsbeiträge gekürzte Bruttoarbeitslohn. Danach kann vom verbleibenden Betrag noch ein Arbeitnehmerfreibetrag von 20% abgezogen werden. Vgl. hierzu Ernst & Young (2001), S. 4 u. S. 9.

[313] Vgl. Alarcón García (1997), S. 337. Zum Zeitpunkt der Veröffentlichung des Literaturbeitrags betrug der Höchstbetrag 250.000 Peseten (damals ca. DM 3.000). Zur neueren Situation vgl. Ernst & Young (2001a), S. 3 f u. S. 11.

[314] Diese Regelung wurde vom spanischen Verfassungsgericht für gut geheißen. Vgl. Alarcón García (1997), S. 337.

[315] Vgl. Alarcón García (1997), S. 339.

[316] Ein Hinweis auf weitere pauschalierende Staaten findet sich bei Mennel (1997), S. 1313 f.

[317] Dies gilt sowohl hinsichtlich der quantitativen Bedeutung der Lohnsteuer (vgl. hierzu Steuerspirale 2001, in: NWB 2002, S. 2493 und Steuerspirale 2002, in: NWB 2003, S. 2437), als auch in Bezug auf die Anzahl der Arbeitnehmerveranlagungen; vgl. Märkle (1994), S. 126.

Rationalisierungsbestrebungen[318] gerade auch von Seiten der Finanzverwaltung diskussionswürdige Vorschläge für die Ausgestaltung derartiger Pauschalierungen kommen. Besonders erwähnenswert erscheint m.E. der Vorschlag, den Prozentsatz zur Bestimmung des Pauschbetrages mit zunehmender Höhe der Einnahmen aus nichtselbständiger Erwerbstätigkeit fallend zu gestalten.[319] Prinzipiell könnte eine derartige Regelung z.B. folgende Stufen vorsehen:

Einnahmen (EUR)	Pauschbetrag in % der Einnahmen
0 - 10.000	10
10.001 - 30.000	5
ab 30.001	2

Bei Einnahmen aus nichtselbständiger Tätigkeit von EUR 50.000 ergäbe sich somit eine Aufwandspauschale von EUR 2.400.

Selbstverständlich sind auch andere Stufen und Prozentsätze denkbar. Empfehlenswert wäre auch ein Sockelbetrag (z.B. EUR 250) um Kleinstbeträge auszuschließen. Möglich bzw. m.E. sinnvoll wäre ferner ein Höchstbetrag für besonders hohe Einnahmen. Zu weitgehend erscheint dagegen eine Differenzierung für bestimmte Berufsgruppen (z.B. Handelsvertreter).[320] Bei einer derartigen Unterscheidung dürfte mit zunehmenden Abgrenzungsproblemen zu rechnen sein.

---

318 Vgl. hierzu auch Ruppe (1998), S. 60 f, Anlage 1: Festsetzung von Erwerbsaufwendungspauschalen als Optimierungsproblem.

319 Vgl. Märkle (1994), S. 127. Insbesondere dürfte der typische Lebenssachverhalt dadurch annähernd getroffen werden. Zwar besteht natürlich kein unmittelbarer Zusammenhang zwischen der Höhe von Löhnen/Gehältern und den entstandenen Aufwendungen („Werbungskosten"). Im Massenverfahren Steuerrecht erscheint aber die Unterstellung plausibel, dass - zumindest im Grundsatz - höhere Einnahmen eines Arbeitnehmers einen höheren Arbeitseinsatz voraussetzen, der sich wiederum in höheren Aufwendungen niederschlägt (Aus- bzw. Fortbildung, Reisekosten usw.). Dabei verhindert die Bezugsgröße Einnahmen, die aus einem fixen Pauschbetrag resultierende relative Begünstigung geringer Löhne/Gehälter, während die mit zunehmender Höhe der Einnahmen fallende Pauschale berücksichtigt, dass der „typische" Aufwand eines Arbeitnehmers nicht kontinuierlich mit zunehmenden Einnahmen ansteigt. So dürfte z.B. der Fortbildungsaufwand eines leitenden Angestellten (Gehalt z.B. EUR 100.000) nicht signifikant von dem eines Vorstandes (Gehalt z.B. EUR 1.000.000) abweichen. Eine Aufwandspauschale von einheitlich 10% der Einnahmen würde hier wohl kaum den typischen Lebenssachverhalt treffen.

320 So z.B. Märkle (1994), S. 127.

Spricht also aufgrund der besonderen Struktur der nichtselbständigen Erwerbstätigkeit einiges für die Pauschalierung der damit zusammenhängenden Erwerbsaufwendungen, kommt eine Übertragung auf die selbständigen Erwerbstätigkeiten nicht in Betracht. Die Aufwandsstrukturen sind hier zu unterschiedlich, als dass ein einnahmeorientierter Pauschalabzug oder ein Sockelbetrag zu einer annähernd realitätsgerechten Abbildung der Erwerbsaufwendungen führen würde. Die Aufwendungen aus einer kapitalanlegenden oder vermietenden Erwerbstätigkeit, einer Erwerbstätigkeit als Rechtsanwalt oder Lebensmittelhändler sind nicht vergleichbar und damit für eine einheitliche Erwerbspauschalierung nicht geeignet.[321] Hier greift m.E. der Vorrang einer Gleichmäßigkeit der Besteuerung vor deren Einfachheit. Andernfalls nimmt die Einkommensteuer Züge einer „Roheinnahmensteuer mit Abschlägen" an.[322]

Nun wäre es denkbar, durch die Bildung von Fallgruppen[323] vergleichbare Erwerbssachverhalte herbeizuführen. Z.B. könnten in einer anpassungsfähigeren Rechtsverordnung gruppenbezogene Erwerbspauschalen geregelt werden.[324] Da der einheitliche Erwerbstatbestand und die grundsätzlich einheitliche Einkommensermittlung nach dem verwirklichten Mittelerwerb allerdings zwingend beizubehalten sind, eine Durchbrechung also nur im Hinblick auf die Festlegung der Pauschalabzüge erfolgen darf, müssten die so entstehenden Einheiten als „Einkünfte-Untergruppen" angesehen werden. Dann könnte anhand von Statistiken[325] versucht werden, die durchschnittlichen Erwerbsaufwendungen der Untergruppen in Pauschalabzügen zu erfassen. Anknüpfend an das Beispiel zur Normierung der Erwerbsaufwendungen aus Arbeitsverhältnissen und im Rückgriff auf die bekannten Einkunftsarten, würden sich für vermietende Erwerbstätigkeiten vielleicht Pauschalsätze von 25% der Einnahmen (ohne Zinsen und Abschreibung) ergeben, für kapitalanlegende Erwerbshandlungen dagegen möglicherweise nur von 5%. Da die Einnahmen weitestgehend vom Markt vorbestimmt sind, gäbe es auch nur wenige Möglichkeiten zur Manipulation der Abzüge. Bei widerlegbaren Pauschalen setzt dies allerdings wiederum tendenziell hohe Prozentsätze voraus, weil die Steuerpflichtigen mit höheren Aufwendungen sonst zum Nachweis der tatsächlichen Aufwendungen übergehen werden.

---

321 Ob mit einer allgemeinen Pauschalierung der Erwerbsaufwendungen in Höhe von 5% der Erwerbseinnahmen (vgl. Lang (1993a), § 125) ein Mehr an Steuergerechtigkeit verbunden ist, erscheint deshalb fraglich. So allerdings Meyding (1998), S. 220.

322 Vgl. Siegel/Schneider (1994), S. 602.

323 Vgl. Klein (1994), S. 81.

324 Vgl. Kirchhof (2001), S. 915.

325 Hierzu zählen auch die Richtsatzsammlungen der Finanzämter oder Branchenkennzahlen.

Mit einer derartigen Gruppenbildung sind jedoch einige Probleme verbunden, die m.E. letztlich zu einem Scheitern einer Pauschalierung außerhalb der nichtselbständigen Erwerbstätigkeiten führen. Hierzu zählen zunächst die Abgrenzungsprobleme bei der Frage, zu welcher Fallgruppe eine Erwerbstätigkeit gehören soll. Zwar hätte die Differenzierung in „Einkünfte-Untergruppen" ohne einen Dualismus der Einkunftsarten und ohne unterschiedliche Ermittlungsmethoden nicht mehr die Bedeutung wie in der aktuellen Rechtslage. Dennoch sind Abgrenzungsfragen unausweichlich, wenn für unterschiedliche unternehmerischen Tätigkeiten abweichende Pauschalsätze gewährt würden.

Besonders problematisch ist der Umstand, dass Pauschalierungen von einer Durchschnittsbetrachtung über mehrere Jahre ausgehen müssen. Entsprechend könnte eine Statistik ergeben, dass bei der Vermietung einer Wohnung über einen Zeitraum von z.B. 10 Jahren durchschnittlich 25% der Mieteinnahmen als Erwerbsaufwendungen (ohne Zins und Abschreibung, aber mit Renovierungskosten von umgerechnet 10% jährlich) anfallen. Bei jährlichen Mieteinnahmen von EUR 10.000 ergäbe sich somit eine Abzugspauschale von EUR 2.500. Einmal unterstellt, es würden 9 Jahre die Erwerbsaufwendungen entsprechend pauschal berücksichtigt und notwendige Renovierungsarbeiten (bewusst oder unbewusst) unterlassen, um dann im 10. Jahr durch Nachweis des tatsächlichen Renovierungsaufwandes in Höhe von z.B. EUR 10.000 den Pauschalabzug zu widerlegen, so führt die Jahresabschnittsbesteuerung zu einer Durchbrechung des vielleicht richtig gewählten mehrjährigen Durchschnittswertes, weil die bereits in der Pauschale berücksichtigten Renovierungsaufwendungen nochmals zum Tragen kommen.

Davon abgesehen ist es m.E. zweifelhaft, selbst innerhalb einer relativ homogenen Gruppe „Vermietung von Bauten" eine einheitliche Pauschalgröße zu finden. Weitere (Über-) Differenzierungen wären wohl erforderlich, wie z.B.

- Vermietung von Wohngebäuden
- Vermietung von Industriegebäuden
- Vermietung von Sportanlagen etc.

Was gilt dann aber erst bei der Einbeziehung weiterer Arten der Vermietung, z.B. von Maschinen, Autos oder Bürogeräten?

Angesichts dieser Beispiele ist es schon erstaunlich, wenn sogar Typisierungen der Ausgabenseite im Unternehmensbereich[326] für möglich gehalten werden.[327]

---

[326] Gemeint sind nach heutiger Rechtslage wohl die Einkünfte aus Gewerbebetrieb und selbständiger Arbeit.

[327] Vgl. die Hinweise und Kritik bei Alarcón García (1997), S. 340. Vgl. hierzu auch die Ermächtigung in § 51 Abs. 1 Nr. 1 c EStG Rechtsverordnungen über die Höhe von besonderen Betriebsausgaben-Pauschbeträgen zu erlassen.

Zudem bleibt die Frage, wie in den sicherlich nicht gerade seltenen Verlustfällen zu pauschalieren wäre. All dies lässt es m.E. geboten erscheinen, bei echten Erwerbsaufwendungen, mit Ausnahme nichtselbständiger Arbeitsverhältnisse, auf eine Pauschalierung zu verzichten. Die in den vorhergehenden Kapiteln dargestellte Systematisierung der Einkommensteuer, mit der bereits deutliche Vereinfachungseffekte einhergehen, sollte es in Verbindung mit einer immer moderneren EDV-Technik ermöglichen, die tatsächlichen Erwerbsaufwendungen den Einnahmen gegenüberzustellen. Die Materie ist hier zu heterogen, als dass wenige sinnvolle Vereinfachungen ohne Verluste im Hinblick auf eine gleichmäßige Besteuerung möglich wären.

E.4.3.3.2. Grenzbereich zwischen Erwerb- und Privatsphäre

Kosten für Fahrten zwischen Wohnung und Arbeitsstätte, doppelte Haushaltsführung und ähnliche Gegebenheiten unterliegen bereits in den meisten europäischen Industriestaaten einer Pauschalierung oder bestimmten Begrenzungen. In Großbritannien, den USA und anderen Staaten des angelsächsischen Rechtskreises sowie in Spanien und Japan werden derartige Ausgaben überhaupt nicht berücksichtigt.[328] Die Notwendigkeit, an der Grenze zwischen Erwerbs- und Privatleben Vereinfachungen und Beschränkungen vorzunehmen, besteht offensichtlich in allen Ländern, in denen das erzielte Nettoeinkommen als Maßstab einer Besteuerung dient.[329] Fraglich ist dabei die konkrete Ausgestaltung einzelner Grenzfälle. „Ob es sich um Ausbildungs- oder Fortbildungskosten handelt, ob ein Arbeitnehmer ein Arbeitszimmer unterhält oder nicht, ob er Berufs- oder Zivilkleidung trägt, ob er beruflich oder privat telefoniert, ob er beruflich oder privat prozessiert, ob seine Reise eine Studienreise oder eine Vergnügungsreise oder ein mixtum compositum ist, ob er dienstlich oder privat umzieht, ob sein Autounfall privat oder beruflich veranlaßt ist, ob ein (beamteter) Professor sich in dieser Eigenschaft Fachbücher oder Privatbücher anschafft, ob er mit dem Besuch eines Fachkongresses auch private Anliegen verbindet“,[330] alles Fragen, die sowohl eine (teilweise) Kürzung des Einkommens, als auch eine Behandlung als Verwendung desselben notwendig machen könnten. Diese Trennung ist im Massengeschäft Steuerrecht jedoch nicht möglich, weshalb hier eine Notwendigkeit für (unwiderlegbare) Typisierungen gegeben ist. Beispielhaft für die

328 Vgl. Mennel (1997), S. 1314.
329 Vgl. Alarcón García (1997), S. 334.
330 Alarcón García (1997), S. 337.

Vielzahl derartiger Sachverhalte seien hier einige ausgewählte Lösungsmöglichkeiten skizziert.[331]

Fahrten zwischen Wohnung und Arbeitsstätte bzw. Betriebsstätte sollten dem Privatbereich zugeordnet werden, mit der Konsequenz, dass die Aufwendungen hierfür die steuerliche Bemessungsgrundlage nicht kürzen dürfen.[332] Dies gilt besonders dann, wenn für Erwerbstätigkeiten in einem Arbeitsverhältnis die zuvor dargestellte Pauschalierung der Erwerbsaufwendungen angewandt werden soll. Dabei kann der Argumentation der Einkommensteuer-Kommission gefolgt werden.[333] Entsprechendes gilt für die Vorschläge zur Begrenzung beim häuslichen Arbeitszimmer[334] oder der doppelten Haushaltsführung.

In Übereinstimmung mit den vorausgehenden Ausführungen ist die von der Einkommensteuer-Kommission 1995 vorgeschlagene Begrenzung von damals DM 2.000 für ein Arbeitszimmer und die Befristung der doppelten Haushaltsführung auf zwei Jahre[335] zu begrüßen. Entgegen der im EStG verwirklichten Regelung müssten die innerhalb der Zwei-Jahresfrist zum Abzug zugelassenen Familienheimfahrten jedoch dem Privatbereich zugeordnet werden.[336] Zum einen gebietet dies eine systemkonforme Behandlung mit den Fahrten Wohnung - Arbeitsstätte/Betriebsstätte.[337] Zum anderen bestehen hier ebenfalls praktisch keine Möglichkeiten, die Angaben des Steuerpflichtigen zu verifizieren. Wenn dennoch zur Vermeidung von Härten Familienheimfahrten zugelassen werden, sollte zumindest der wöchentliche Turnus z.B. auf einen Monat verlängert und/oder ein Höchstbetrag eingeführt werden. Des Weiteren wäre auch eine Begrenzung der Aufwendungen während des zweijährigen Zeitraums überlegenswert (z.B. Zwei- statt Vierzimmerwohnung oder 50 statt 100 qm). Die Notwendigkeit von Beschränkungen erkannte auch der BFH im Zusammenhang mit den Aufwendun-

---

331 Zahlreiche nach Fallgruppen systematisierte Beispiele finden sich bei Hundsdoerfer (2002), S. 201 - 232.

332 Vgl. hierzu bereits die Ausführungen unter B.2.4.5. Eine ausführliche Analyse findet sich bei Hundsdoerfer (2002), S. 172 ff, mit dem Fazit (S.176): „Im Ergebnis erhält man damit ein Abzugsverbot für Aufwendungen für Fahrten zwischen Wohnung und Arbeitsort."

333 Vgl. Einkommensteuer-Kommission (1995), These 8. Zur Vermeidung von Härten war dort eine Entfernungspauschale von 0,20 DM vorgesehen. Diese liegt jedoch deutlich unter der Entfernungspauschale in § 9 Abs. 1 Nr. 4 EStG von nunmehr 0,30 EUR (bisher: 0,36 bzw. 0,40 EUR). Vgl. auch § 4 Abs. 5 Nr. 6 EStG.

334 Vgl. hierzu auch Hundsdoerfer (2002), S. 207 ff.

335 Dieser Vorschlag wurde mit Wirkung zum 1.1.1996 in § 9 Abs. 1 Nr. 5 EStG bzw. § 4 Abs. 5 Nr. 6a EStG umgesetzt. Zur Verfassungsmäßigkeit der Vorschrift vgl. zunächst BFH v. 5.12.1997, DStR 1998, S. 375.

336 Vgl. Mennel (1997), S. 1314.

337 Hier sah bereits die entsprechende Regelung vor, dass nach Ablauf von 2 Jahren die Fahrten zwischen Beschäftigungsort und Familienwohnsitz ersatzweise als Fahrten zwischen Wohnung und Arbeitsstätte gelten. Vgl. Schmidt/Drenseck, EStG, § 9 Rz 154.

gen aus einer doppelten Haushaltsführung, wenn hierfür eine eigene Wohnung genutzt wird. In diesem Fall werden die Abzugsmöglichkeiten (z.B. AfA, Schuldzinsen, Erhaltungsaufwand) auf diejenigen Aufwendungen beschränkt, die für die Anmietung einer üblichen Wohnung (fiktive Mietkosten) angefallen wären.[338]

Konträr zu dieser m.E. gebotenen und sinnvollen Typisierung wurde die Zweijahresfrist inzwischen wieder aufgehoben.[339] Der Gesetzgeber zieht damit die Konsequenzen aus den Beschlüssen des Bundesverfassungsgerichts vom 4.12.2002 zur Verfassungswidrigkeit der Zweijahresfrist in den Fällen der Doppelverdiener-Ehe und der sog. Kettenabordnung, für die die Richter eine wiederum stärker differenzierende Betrachtungsweise fordern.[340]

Einen weiteren notwendigen Bereich für eine Typisierung bildet die Abgrenzung zwischen privater und betrieblicher Kfz-Nutzung. Hierzu findet sich in den Thesen der Einkommensteuer-Kommission 1995 die wohl praktikabelste und m.E. von den Steuerpflichtigen in aller Regel auch akzeptierte Kompromisslösung für diejenigen Fälle, in denen eine genaue Zuordnung nun einmal nicht möglich ist: Die Aufteilung 50:50.[341] Allerdings sieht der Kommissionsvorschlag den Nachweis einer stärkeren betrieblichen Nutzung vor.

Die Begrenzung der abziehbaren Anschaffungskosten eines PKW auf eine Obergrenze ist ebenfalls ein Versuch, konsumtiv (mit-)veranlasste Aufwendungen pauschal auszugrenzen. An Stelle des damals befürworteten Betrages von DM 100.000 wäre durchaus auch eine schon früher einsetzende Begrenzung vorstellbar (z.B. EUR 30.000).[342] Unter dem Gesichtspunkt einer Regelung

---

338 BFH v. 27.7.1995, BStBl II 1995, S. 841.

339 Vgl. §§ 4 Abs. 5 Nr. 6a, 9 Abs. 1 Nr. 5 und 52 Abs. 12 Satz 4 EStG.

340 BVerfG v. 4.12.2002, DStR 2003, S. 633. Dabei steht die Forderung, „die unterschiedlichen Gründe, die den Aufwand veranlassen, auch dann im Lichte betroffener Grundrechte differenzierend zu würdigen, wenn solche Gründe ganz oder teilweise der Sphäre der privaten Lebensführung zuzuordnen sind" (S. 633), naturgemäß einer für ein einfaches Steuerrecht gebotenen Typisierung und Pauschalierung entgegen. Gleiches gilt für den Hinweis auf die Grundentscheidung des Gesetzgebers, Mobilitätskosten im Schnittbereich von beruflicher Sphäre und privater Lebensführung als Werbungskosten oder Betriebsausgaben anzuerkennen (S. 634).

341 Nicht von ungefähr wurde diese Aufteilungsregel auch im Umsatzsteuerrecht angewandt; vgl. bisher § 15 Abs. 1b UStG. Dabei stieß die Beschränkung des Vorsteuerabzugs auf 50% auf relativ wenig Widerstand. Insbesondere konnte m.E. kein nennenswerter Anstieg einer Fahrtenbuchführung beobachtet werden. Inzwischen wurde diese Regelung mit dem Steueränderungsgesetz 2003 allerdings wieder aufgegeben.

342 Vgl. Einkommensteuer-Kommission (1995), These 8. Womöglich wären die mit einer derartigen Regelung verbundenen umweltpolitischen Effekte auffälliger als diejenigen seit Einführung der Ökosteuer.

analog § 12 Nr. 1 EStG wäre dabei nicht nur eine Diskussion über die Notwendigkeit eines teuren Autos als solches interessant, sondern auch ein Abzug der als Betriebsausgaben geltend gemachten Extras, wie CD-Spieler, beheizbare Sitze, Navigationssystem usw.

Zu völlig unbefriedigenden Ergebnissen führt demgegenüber der Typisierungsversuch des Gesetzgebers in § 6 Abs. 1 Nr. 4 EStG. Infolge der von den Steuerpflichtigen als zu aufwendig empfundenen Anforderungen an die Führung eines Fahrtenbuchs[343] kommt es überwiegend zur Anwendung der 1%-Methode.[344] Besonders problematisch ist bei dieser Form der Pauschalierung, dass Aufwendungen für zusätzliche Privatfahrten die einkommensteuerliche Bemessungsgrundlage in voller Höhe mindern, „wenn erst einmal die jährliche „Gebühr" von 12% des Listenpreises mal Steuersatz entrichtet wurde."[345]

Ein zusätzliches Problem stellt die ausschließliche Anknüpfung an den Listenpreis (plus Sonderausstattung) zum Zeitpunkt der Erstzulassung dar, selbst wenn es sich um einen drei, fünf oder zehn Jahre alten Gebrauchtwagen handelt. So wird der wirtschaftlich denkende Steuerpflichtige, der sich infolge des hohen Wertverlustes in den ersten Jahren keinen Neuwagen anschafft, gewissermaßen bestraft. Denn obwohl der Gebrauchtwagenkauf aufgrund der geringeren Abschreibungsbeträge zu weniger Steuerausfällen beim Fiskus führt als die Anschaffung eines neuen PKW, wird ihm die gleiche absolute Privatnutzung zugerechnet.

Angenommen ein PKW zum Neupreis von EUR 60.000 habe nach 2 Jahren einen Gebrauchtwagenpreis von EUR 30.000. Auch der Gebrauchtwagen sei infolge der Qualität heutiger Fahrzeuge und einer gewöhnlichen jährlichen Kilometerleistung ohne Reparaturen mindestens noch 6 Jahre tatsächlich nutzbar.[346] Die laufenden Kosten (Benzin, Versicherung, Steuern) sollen sich auf EUR 7.200 jährlich belaufen. Beim Neuwagen ergibt sich dann folgende Rechnung:

---

343 Zu den Anforderungen vgl. Schmidt/Glanegger, EStG, § 6 Rz 422; OFD Koblenz v. 2.12.1997, DStR 1998, S. 167 f.

344 Zur Tendenz der Vorteilhaftigkeit der 1%-Methode bei relativ hohem Privatnutzungsanteil, vgl. Hundsdoerfer (2002), S. 286 f.

345 Hundsdoerfer (2002), S. 289.

346 Zwar könnte dem Finanzamt gegenüber evtl. auch eine Nutzungsdauer von nur 3 Jahren für den Gebrauchtwagen geltend gemacht werden. Dies würde im Vergleich zur hier unterstellten Abschreibung über 6 Jahre bei Ausklammerung von Zinsen nichts ändern, weil dann in den Jahren vier bis sechs den Entnahmen keine Abschreibungen mehr gegenüberstehen würden (Ausnahme: es kommt zur Kostendeckelung).

Aufwand jährlich		Ertrag jährlich	
AfA	10.000	Entnahme	7.200
Laufende Kosten	7.200		

Beim Gebrauchtwagen ergibt sich statt dessen folgendes Bild:

Aufwand jährlich		Ertrag jährlich	
AfA	5.000	Entnahme	7.200
Laufende Kosten	7.200		

Während im Neuwagenfall ca. 58% der angefallenen Aufwendungen steuerlich abgesetzt werden können, sind es im Gebrauchtwagenfall nur rund 41%. Dies mag bei unterstellter identischer betrieblicher Nutzung von z.B. 50% durchaus im Rahmen der hinzunehmenden Härten einer typisierenden Regelung liegen. Das Ganze potenziert sich aber, wenn der Neuwagenkäufer den PKW tatsächlich nur sehr gering betrieblich nutzt (z.B. zu 10%),[347] während der Gebrauchtwagenkäufer fast ausschließlich betrieblich unterwegs ist (z.B. zu 90%).

Aufgrund dieser Probleme sollte eine Typisierung an die tatsächlichen (Anschaffungs-) Kosten anknüpfen und diese pauschal kürzen (z.B. mit 50%). Eine rechtssichere, alternative Erfassung des Privatanteils in Form einer Nutzungsentnahme ist m.E. nicht ersichtlich.[348] Ob daneben der Nachweis des „tatsächlich" höheren betrieblichen Nutzungsgrades zugelassen werden soll,[349] erscheint fraglich. Wie die aktuellen Schwierigkeiten in Verbindung mit der Führung eines Fahrtenbuches zeigen,[350] kommt es dadurch eher zu einer Komplizierung des Steuerrechts als zu mehr Gleichmäßigkeit. Andererseits besteht die Gefahr, dass bei einer zu extensiven Anwendung von Pauschalierungen die eigentliche Aufgabe einer Einkommensteuer - die Ermittlung eines Nettoeinkommens - zu Gunsten einer Roheinnahmensteuer mit Abschlägen aufgegeben wird.

[347] Vielleicht weiß er dies sogar und führt deshalb kein Fahrtenbuch für seinen teuren PKW.

[348] Vgl. hierzu bereits C.4.5.1., insbes. FN 128 - 130. Im Gegensatz zur (abgelehnten) Beurteilung gesamter Aktivitäten sieht Hundsdoerfer (2002), S. 426, auf der Ebene einzelner Aufwendungen grundsätzlich keine Unterschiede, ob nun eine die Bemessungsgrundlage erhöhende Entnahme angesetzt wird oder ob bestimmte Aufwendungen (anteilig) vom Abzug ausgeschlossen werden.

[349] So etwa Einkommensteuer-Kommission (1995), These 8.

[350] Vgl. OFD Koblenz v. 2.12.1997, DStR 1998, S. 167 f.

Nun könnten die Beispiele im Grenzbereich zwischen Privat- und Erwerbsleben noch endlos erweitert werden. So werden in Spanien etwa auch Aufwendungen für Fachbücher und Fachzeitschriften vom Abzug ausgeschlossen.[351] An Stelle dieser strikten Vorgehensweise könnte natürlich auch wieder über eine Pauschalierung[352] oder eine Begrenzung nachgedacht werden. Gleiches gilt für Fachkongresse, Studienreisen, die Abgrenzung zwischen Fortbildungs- und Ausbildungskosten[353] usw.[354] Eine Konkretisierung der Lösungsansätze für alle möglichen Konfliktfälle dürfte wohl genügend Stoff für eine eigenständige Arbeit bieten. Hier galt es, auf die grundsätzlichen Probleme und die Notwendigkeit praxisorientierter Lösungen hinzuweisen.

E.4.3.4. Grenzen einer Typisierung bzw. Pauschalierung im Hinblick auf eine gleichmäßige Besteuerung

In jedem Fall gilt, dass Typisierungen zugunsten des Steuerpflichtigen (z.B. durch hohe Pauschbeträge) Streitfälle vermeiden und einen hohen Vereinfachungseffekt haben, weil schon von vornherein erkennbar sein kann, dass sich ein Sammeln von Belegen nicht lohnen wird. „Es entfiele auch der Anreiz für viele clevere, ja mißbräuchliche „Gestaltungen“, wenn der Pauschbetrag so hoch ist, dass sein Übersteigen glaubhaft ohnedies kaum gelingen kann.“[355] Nun ist dies zweifellos richtig, im Hinblick auf eine „gerechte“ Besteuerung und die Auswirkungen auf das Steueraufkommen aber nicht unproblematisch.

Angenommen ein Staat mit drei (oder drei Millionen) Erwerbstätigen, die identische Erwerbseinnahmen von z.B. EUR 40.000, aber unterschiedliche tatsächliche Aufwendungen von (A) EUR 12.000, (B) EUR 10.000 und (C) EUR 2.000 haben, entschließt sich zu einer weitgehenden Typisierung, um ein möglichst einfaches Steuerrecht zu verwirklichen. Aufkommensneutral wäre logischerweise ein pauschalierter Abzug von EUR 8.000. Lässt man den Nachweis höherer Aufwendungen zu, werden A und B ihre tatsächlichen Aufwendungen geltend machen.[356] Das Steueraufkommen würde sich verringern, wenn nicht eine entsprechende Kompensierung durch eine Erhöhung des Steuersatzes erfolgt. Nutznießer der Typisierung ist hier C, da er eine „Subvention“ in Höhe von

---

351 Vgl. Alarcón García (1997), S. 336.
352 Vgl. Offerhaus (1997), S. 388.
353 Vgl. hierzu Balke (1997), S. 1269 ff; Flies (1997), S. 725 ff; Mitschke (1988), S. 116 ff.
354 Ein repräsentativer Überblick der Problematik findet sich bei Völlmeke (1995), S. 745 ff.
355 Offerhaus (1997), S. 388.
356 Vgl. Quantschnigg (1998), S. 142 f.

Steuersatz x EUR 6.000 erhält. Da C zudem wohl erkennen kann, dass er die Typisierungsgrenze nicht überschreiten wird, kann er auch auf die Sammlung von Belegen verzichten, so dass hier ein Vereinfachungseffekt erzielt wird. Dieser wäre entsprechend der Forderung von *Offerhaus* natürlich noch höher, wenn der Typisierungsbetrag auf EUR 12.000 fixiert würde.

Abgesehen von den daraus resultierenden Problemen für das Steueraufkommen oder die möglichen Steuersatzeffekte wird deutlich, dass unter Vereinfachungseffekten begrüßenswerte Typisierungsregeln zugunsten der Steuerpflichtigen im Sinne der Gleichmäßigkeit der Besteuerung bedenklich sein können.[357] Denn das typisierende Gesetz „nimmt in Kauf, daß die Steuerschuld hier niedriger, dort höher ausfällt, als es vom Belastungsgedanken der Steuer her gerechtfertigt ist. Auch die einseitig begünstigende Typisierung kollidiert mit der objektiven Lastengleichheit."[358] Dieser Konflikt kann umso größer sein, je höher die gewählten Pauschalbeträge sind, d.h. je weiter sie sich von den tatsächlichen Aufwendungen des Einzelfalls entfernen. Wie bereits bei den echten Erwerbsaufwendungen erwähnt, kommt es dann zu einer (teilweisen) Durchbrechung des Charakters einer (Markt-) Einkommensbesteuerung. Eine praxisgerechte Lösung des pauschalen Abzugs von Aufwendungen muss sich dieses Zielkonfliktes bewusst sein und das Pendel je nachdem in Richtung Gleichmäßigkeit oder Einfachheit der Besteuerung ausschlagen lassen.[359] Denn am Ende wird es immer darum gehen, trivial-konkrete Sachverhalte unter die gesetzlichen Normen zu subsumieren: „das weiße Hemd des Richters, die Promotion des Rechtsanwalts, den Jagdhund des Forstmeisters, die Schönheitsoperation der Fernsehansagerin."[360]

E.4.3.5. Ergebnis

Ein praxisgerechter Lösungsversuch für die Problematik einer Abgrenzung der Erwerbsaufwendungen von den Privataufwendungen wird nach derzeitigem Kenntnisstand ein Kompromissvorschlag sein. Hierfür bietet es sich an, eine Differenzierung in „echte Erwerbsaufwendungen" und „gemischte Erwerbs-/

---

[357] Vgl. Thomas (1997), S. 619, der von Gewinnern und Verlierern der Typisierung spricht.

[358] Isensee (1994), S. 10.

[359] Freilich immer unter dem Aspekt, dass ein Mehr an Gleichmäßigkeit nicht am praktisch Möglichen scheitert, denn das Gesetz und dessen Umsetzung durch die Verwaltung schulden den praktischen Erfolg und nicht die juristische Bemühung; so zu Recht Isensee (1994), S. 12.

[360] Isensee (1994), S. 8.

Privataufwendungen" vorzunehmen sowie in Abhängigkeit hiervon mit widerlegbaren und unwiderlegbaren Pauschalierungen und Typisierungen zu arbeiten.[361]

Im Bereich „echter" Erwerbsaufwendungen könnte dieser Kompromiss eine widerlegbare Pauschalierung von Erwerbsaufwendungen für den Bereich nichtselbständiger Tätigkeiten vorsehen. Bei der Fixierung eines pauschalen Aufwandes ist darauf zu achten, dass dieser Freibetrag nicht „zu hoch" ausfällt, da ansonsten das Pendel zu stark in Richtung Einfachheit - auf Kosten der Gleichmäßigkeit - ausschlägt. Eine Ausdehnung einer Pauschalierung auf selbständige Erwerbstätigkeiten kommt infolge der heterogenen Aufwandsstrukturen m.E. nicht in Betracht.

Im „Grenzbereich" von Erwerbs- und Privataufwendungen muss verstärkt mit unwiderlegbaren Pauschalierungen und Typisierungen gearbeitet werden, weil anderenfalls eine spürbare Reduzierung der zahlreichen Streitfälle in diesem Bereich nicht erreicht werden kann. Ausnahmsweise können dort widerlegbare Typisierungen und Pauschalierungen zugelassen werden, wo ein Bezug zu den Erwerbsaufwendungen nachweisbar ist und dies wirtschafts- bzw. gesellschaftspolitisch gewünscht wird. Wann dies aber der Fall sein mag, kann nicht allgemeingültig geregelt werden. Hier kann eine Rechtsverordnung ein geeignetes, weil flexibles Instrumentarium sein.[362] Bei der Gestaltung des (widerlegbaren) Abzugs dieser gemischt veranlassten Aufwendungen muss dann allerdings ein besonderes Augenmerk auf eine in der Besteuerungspraxis vernünftig umzusetzende Regelung gelegt werden.[363]

E.5. Zusammenfassung

- Eine einheitliche und rechtssichere Ermittlung der Steuerbemessungsgrundlage ist notwendig für eine Annäherung an die Besteuerungsziele Entscheidungsneutralität, Gleichmäßigkeit und Einfachheit. Dem widerspricht eine Verknüpfung der steuerrechtlichen Einkommensermittlung mit der handelsrechtlichen Gewinnermittlung. Gerade eine zunehmend international geprägte, kapitalmarktorientierte (handelsrechtliche) Rechnungslegung wird

[361] Vgl. hierzu die Zusammenfassung von Fischer (1998), S. 270.

[362] Vordringliche Aufgabe einer RVO in diesem Bereich sollte eine Systematisierung des bislang mehr oder weniger willkürlich nebeneinander stehenden „case law" sein.

[363] Anderenfalls sieht man sich den gleichen systematisch unbefriedigenden Vorschriften ausgesetzt wie derzeit etwa bei der 1%-Regelung bei den Kfz-Kosten.

sich an anderen Leitbildern orientieren als eine rechtssichere Gewinnermittlung für steuerliche Zwecke. Entsprechend wäre es an der Zeit, den Grundsatz der Maßgeblichkeit aufzugeben, um die Voraussetzungen für einen steuerlichen Vermögensvergleich zu schaffen, der sich an den Leitbildern eines konsistenten Steuersystems orientieren kann. Nur so lässt sich eine Bemessungsgrundlage finden, die das Erwerbseinkommen aus einem auch handelsrechtliche Vorschriften befolgenden „kaufmännischen Unternehmen" mit dem Erwerbseinkommen z.B. eines vermieteten Grundstücks vergleichbar macht.

- Eine mit den steuersystematischen Zielen korrespondierende Ermittlung der Bemessungsgrundlage ist durch einen Vermögensvergleich auf der Basis einer Anschaffungswertbilanz mit Periodisierungsgrundsatz möglich. Dessen systembereinigende und vereinfachende Wirkung wurde anhand ausgewählter Problemfälle des geltenden Steuerbilanzrechts aufgezeigt. Im Vordergrund des rechtssicheren Messkonzeptes steht die Rückbesinnung auf objektivierte Werte. Hierzu dienen insbesondere Anschaffungs- oder Herstellungsaufwendungen als weitgehend nachprüfbare Bewertungsmaßstäbe, eine Standardisierung der Abschreibungen (inkl. den Nutzungsdauern) sowie einfach zu regelnde Verlustausgleichsmöglichkeiten an Stelle der besonders streitanfälligen Verlustvorwegnahmen (z.B. Teilwertabschreibungen oder Verlustrückstellungen).

- Die vorstehenden Ausführungen haben zudem verdeutlicht, dass sich auch nach der hier befürworteten Systembereinigung künftig Bilanzierungs- und Bewertungsfragen stellen werden. Für die Lösung dieser Fragen müssen eigenständige, aus den Zielen Entscheidungsneutralität, Gleichmäßigkeit und Einfachheit der Besteuerung abgeleitete Grundsätze entwickelt werden. Denn ein System kann nur Bestand haben, wenn es sich in Zweifelsfällen auf seine Grundsätze besinnt.

- Ist mit einem Vermögensvergleich auf der Basis des erweiterten Realisationsprinzips, ergänzt um einen Periodisierungsgrundsatz, die geeignete Methode zur Ermittlung der Bemessungsgrundlage gefunden, so soll die Theorie des Markteinkommens sicherstellen, dass neben den erwerbswirtschaftlichen Erträgen nur die erwerbswirtschaftlichen Aufwendungen die Steuerbemessungsgrundlage beeinflussen. Die hierfür notwendige Abgrenzung privat veranlasster Aufwendungen im Vergleich zu den im Markteinkommen zwingend zu berücksichtigenden Erwerbsaufwendungen resultiert aus dem Grundproblem einer Einkommensteuer, der Trennung zwischen Einkommensentstehung und konsumtiver Einkommensverwendung. Da sich in der praktischen Steuerwelt eine exakte Abgrenzung zwischen erwerbswirtschaftlichen Aufwendungen und Konsumausgaben nicht immer verwirklichen lässt, besteht gerade in Grenzfällen die Notwendigkeit zu einer stärkeren Pauschalierung und Typisierung bestimmter Aufwendungen/Ausgaben.

- Ein praxistauglicher Lösungsversuch für die Problematik einer Abgrenzung der Erwerbsaufwendungen von den Privataufwendungen wird nach derzeitigem Kenntnisstand ein Kompromissvorschlag sein. Hierfür bietet es sich an, zwischen „echten Erwerbsaufwendungen" und „gemischten Erwerbs-/Privataufwendungen" zu differenzieren und mit widerlegbaren und unwiderlegbaren Pauschalierungen und Typisierungen zu arbeiten. Im Bereich der unterschiedlichsten, selbständig ausgeübten Erwerbstätigkeiten kommt eine Pauschalierung grundsätzlich nicht in Betracht. Demzufolge sind die tatsächlichen Erwerbsaufwendungen den Erwerbseinnahmen gegenüberzustellen. Die Zusammensetzung der Aufwendungen ist hier zu heterogen, als dass wenige sinnvolle Vereinfachungen möglich wären. Lediglich für Erwerbstätigkeiten im Angestellten-/Arbeitsverhältnis ist eine widerlegbare Pauschalierung von (echten) Erwerbsaufwendungen sinnvoll. Im „Grenzbereich" von Erwerbs- und Privataufwendungen muss dagegen verstärkt mit unwiderlegbaren Pauschalierungen und Typisierungen gearbeitet werden, weil anderenfalls eine spürbare Reduzierung der zahlreichen Streitfälle in diesem Bereich nicht erreicht werden kann.

- Generell ist bei der Fixierung einer pauschalen Aufwandsgröße (Bsp. „Werbungskosten-Pauschbetrag") darauf zu achten, dass ein Freibetrag nicht zu hoch ausfällt, da ansonsten das Pendel zu stark in Richtung Einfachheit - auf Kosten der Gleichmäßigkeit - ausschlägt. Denn die Gleichmäßigkeit der Besteuerung stellt als vorrangiges Ziel zugleich eine Grenze der Steuervereinfachung dar. Dies bedeutet allerdings nicht, dass die Besteuerungsgleichheit als Hindernis für eine Vereinfachung oder umgekehrt zu werten ist. Gerade im Problembereich der Abgrenzung von Erwerbs- und Privatsphäre leisten Typisierungen und Pauschalierungen als Ausprägungen der Vereinfachung vielmehr einen Beitrag zur Steuergleichheit, weil sie im Massenverfahren die ungleiche Gewährung von Steuerabzügen zugunsten der besser Informierten verringern. Denn die Gleichheit der Belastung darf nicht nur im formellen Gesetz stehen, sie muss sich vielmehr auch hinsichtlich des tatsächlichen Belastungserfolgs einstellen.

- Unabhängig davon, ob nun gemischte Aufwendungen oder (echte) Erwerbsaufwendungen typisiert bzw. pauschaliert ermittelt werden. Die konkrete Ausgestaltung wird sich an praxisgerechten Gesichtspunkten orientieren müssen, weil der typische Lebensvorgang nicht deduktiv ermittelt werden kann, sondern real beobachtbare komplizierte Lebenssachverhalte übersichtlicher und verständlicher machen soll. Deshalb können die vorgestellten Lösungsansätze nicht den wissenschaftlichen Anspruch erheben, die einzig möglichen Typisierungen und Pauschalierungen zu sein. Sie stellen vielmehr ein Spektrum denkbarer Varianten dar und sollen dazu dienen, Anregungen für die notwendige und zu intensivierende Diskussion dieses Problembereichs zu geben.

F Probleme und Lösungsansätze einer rechtssicheren Zurechnung von Einkommen

F.1. Problemstellung

Neben den Fragen, wie Einkommen definiert ist, wie es zu ermitteln ist oder wie Erwerbsaufwendungen von Konsumausgaben abzugrenzen sind, gehört auch die Frage, wem ein bestimmtes Einkommen (Ertrag und Aufwand) zuzurechnen ist, zu den Kernbereichen eines Einkommensteuerrechts.[1] Die Probleme der Einkommensübertragung tauchen dabei in allen Steuersystemen auf, in denen für Steuerpflichtige andere Steuersätze gelten als für ihre Angehörigen. „Auslösendes Moment ist das Bestreben der Steuerpflichtigen, die Steuerpflicht zu verlagern, während sich gleichzeitig so wenig wie möglich an der wirtschaftlichen Zugehörigkeit des betroffenen Einkommens ändern soll."[2]

Im geltenden deutschen Einkommensteuerrecht finden sich keine einheitlichen Grundsätze für die Zurechnung verschiedener Einkunftsarten.[3] Selbst bei Zurechnungsfragen innerhalb einer Einkunftsart bestehen z.T. kontroverse Standpunkte zwischen den jeweils zuständigen Senaten des Bundesfinanzhofs.[4] Demgegenüber resultiert das hier zu diskutierende Problem nicht mehr aus der unterschiedlichen Behandlung verschiedener Einkunftsarten, sondern infolge der vorausgegangenen Systembereinigung lediglich noch aus der Existenz eines mit zunehmendem Einkommen steigenden Steuersatzes.[5] Sieht man einmal von der Freistellung des Existenzminimums oder anderer Grundfreibeträge ab, bestünde bei einem einheitlichen Steuersatz keine Notwendigkeit, die Zurechnung von Einkommen zwischen Steuerpflichtigen zu gestalten, wenn die aus unterschiedlichen Erwerbstätigkeiten stammenden Einkommensbestandteile nach einheitlichen Methoden erfasst und konkretisiert werden (nur noch eine Einkunftsart bzw. Ermittlungsmethode). Die entsprechenden Grundlagen hierfür wurden in Teil C, D und E dargestellt.

Als Kernproblem bleibt somit die Verlagerung von Einkommen zwischen Steuerpflichtigen und ihren Angehörigen, wenn für diese unterschiedliche Steuersät-

---

1 Vgl. Fischer (1998), S. 280.
2 Ault (1979), S. 155.
3 Vgl. Raupach (1998), S. 204.
4 Vgl. Raupach (1998), S. 207 f.
5 Dementsprechend ist ein progressiver Tarifverlauf lediglich einen Spezialfall dieser Konstellation.

ze gelten. Entscheidenden Einfluss auf die Lösung des Zurechnungsproblems hat dabei die Veranlagungsform. Denn nur bei einer Individualveranlagung stellt sich die Frage einer Verlagerung von Einkommen. Werden „Angehörige" demgegenüber weitgehend gemeinsam veranlagt (z.B. Familienbesteuerung), so erübrigt sich eine Zurechnungsänderung unter steuerlichen Gesichtspunkten. Der Einfluss der Veranlagungsform auf die Zurechnung von Einkommen steht dementsprechend auch im Mittelpunkt der folgenden Ausführungen. Wie bei den vorausgehenden Kapiteln wird dabei ein besonderes Augenmerk auf eine praktikable Lösung dieses Problems gelegt. Denn steuerliche Gerechtigkeit lässt sich nicht durch eine formale Regelung, sondern nur durch Gleichheit im Belastungserfolg verwirklichen.

F.2. Individualbesteuerung, Ehegattenbesteuerung oder Familienbesteuerung

F.2.1. Ausgangssituation

Mit der Begrenzung des Untersuchungsgegenstandes auf finanzielle Zielgrößen steht die bereits zu Beginn dieser Arbeit getroffene Annahme in Einklang, dass nur die einzelne Person über ihre Unternehmertätigkeit zum Zwecke der Erreichung finanzieller Zielgrößen disponiert.[6] Träger von Interessen sind demnach nur Individuen.[7] Konsequenterweise sollte deshalb die Individualbesteuerung als Leitbild eines Steuersystems angesehen werden.[8] Ebenso sollte nach den bisherigen Ausführungen zum (Markt-) Einkommen dieses unabhängig von seiner Verwendung dem Einkommenserzielenden zugeordnet werden.[9] Da gem. § 1 EStG die - hier unterstellte unbeschränkte - Steuerpflicht die natürliche (Einzel-) Person trifft, knüpft auch das geltende Einkommensteuerrecht an den Grundsatz der Individualbesteuerung an.[10]

Wird demgegenüber vom Prinzip der Individualbesteuerung abgewichen, bedarf es entsprechender Gründe, welche dies rechtfertigen. Abgesehen von Besonder-

---

6 Vgl. B.1.2.4.2.

7 Zum sog. methodologischen Individualismus vgl. Blankart (2003), S. 10 ff.

8 Vom methodologischen Individualismus aus betrachtet besteht keine Notwendigkeit die Ehe steuerlich zu berücksichtigen. Vgl hierzu Bareis (2001), S. 272. Ebenso Bareis (2000), S. 82 f; Siegel (2001b), S. 272 f.

9 Vgl. Siegel (2001b), S. 273.

10 Vgl. Tipke (1987), S. 162.

heiten bei Personengesellschaften[11] und Kapitalgesellschaften[12] entstehen Einflüsse auf den Grundsatz der Individualbesteuerung insbesondere aus der Möglichkeit einer Zusammenveranlagung von Ehegatten.[13] Zwar ist auch bei zusammenveranlagten Ehegatten grundsätzlich jeder für sich als Steuersubjekt zu sehen,[14] doch kann infolge der gemeinsamen Zurechnung der Einkünfte und der Behandlung als gemeinsame Steuerpflichtige[15] de facto von einem „Steuersubjekt Ehegatten" ausgegangen werden.[16]

Als Konsequenz aus der möglichen Zusammenveranlagung von Ehegatten in Verbindung mit dem progressiven Tarifverlauf kommt es im deutschen Einkommensteuerrecht zur Anwendung des sog. Splittingverfahrens. Danach beträgt die tarifliche Einkommensteuer das Doppelte des Steuerbetrags, der sich für die Hälfte des gemeinsam zu versteuernden Einkommens ergibt.[17] Jedem Ehegatten wird somit letztlich die Hälfte des gemeinschaftlichen Einkommens zugerechnet.

Auch wenn sich das Bundesverfassungsgericht zum Splittingverfahren als Ausdruck einer Besteuerung nach der Leistungsfähigkeit bekannte,[18] ist die Ehegattenbesteuerung als Teilbereich des Komplexes Familienbesteuerung nach wie vor in der betriebswirtschaftlichen und steuerrechtlichen Diskussion.[19] In jüngeren Literaturbeiträgen nimmt dabei die Frage der Systemgerechtigkeit des Splittingverfahrens eine besondere Stellung ein.[20]

---

11 Zur dabei auftretenden Problematik vgl. Lang (1993), S. 291 ff; Schulze-Osterloh (1993), S. 307 ff; Stuhrmann (1993), S. 403 ff.

12 Diese unterliegen als juristische Personen gem. § 1 KStG einer eigenständigen Steuerpflicht. Eine ökonomische Beurteilung möglicher Körperschaftsteuersysteme findet sich bei Schneider (1994), S. 173-183.

13 Vgl. §§ 26-26c, 32a Abs. 5 und 6 EStG sowie die Übersicht bei Siegel/Bareis (1999), S. 95.

14 So Tipke (1987), S. 162 und S. 209 f.

15 Vgl. § 26 b EStG.

16 Zu den weiteren Konkretisierungsmöglichkeiten eines Steuersubjektes vgl. Siegel/Bareis (1999), S. 40. Vgl. auch Bareis (1996), S. 39.

17 § 32a Abs. 5 EStG.

18 BVerfGE 61, 319, 345 f.

19 Allerdings stand dabei bislang weniger die Diskussion um die Zusammenveranlagung im Vordergrund als vielmehr die Berücksichtigung des Existenzminimums sowie von Unterhaltsverpflichtungen, insbesondere gegenüber Kindern. Vgl. Bareis (1995a), S. 39 ff; Siegel/Schneider (1994), S. 597 ff; Bareis (1991a), S. 1399 ff; BVerfGE v. 10.11.1998, BStBl II 1999, S. 182; Kanzler (2001), S. 417 ff.

20 Stellvertretend Vogel (1999), S. 201 ff; Bareis (2000), S. 81 ff; Siegel (2001b), S. 271 ff; Schneider (2002), S. 322 ff.

Für das hier zu diskutierende Problem der Zurechnung von Einkommen speziell zwischen Angehörigen sollte eine pragmatische Lösung m.E. primär auf die „richtige" Veranlagungsform abstellen. Denn während man dem jeweiligen Tarif in einer optimalen Veranlagungsform möglichst nicht ausweichen kann, geschieht genau dies bei einem zwar theoretisch systemgerechten Tarif, dessen zugrunde liegende Veranlagungsform aber eine Verlagerung von Einkommen ermöglicht. Erst nachdem die bevorzugte Veranlagungsform gefunden ist, sollte nach einem „dazu passenden" Tarif gesucht werden. Denn die Entscheidung für ein bestimmtes Steuersubjekt und damit auch für die Veranlagungsform hat selbstverständlich Folgen für den Tarifverlauf.[21]

Aufgrund dieser besonderen Bedeutung der Veranlagungsform erfolgt zunächst eine Untersuchung der Alternativen ausschließliche Individualveranlagung auch bei Ehegatten (= getrennte Veranlagung) versus deren Zusammenveranlagung, wobei neben einem Überblick zu den nachteiligen Wirkungen des Splittingverfahrens die praktischen Probleme der Individualbesteuerung aufzuzeigen sind.

F.2.2. Individualveranlagung oder Zusammenveranlagung von Ehegatten

F.2.2.1. Überblick über Ehegattenbesteuerung und Splittingverfahren

Nach den vorgenannten Ausführungen zur theoretischen Bedeutung der Individualbesteuerung kollidiert eine Ehegattenbesteuerung mit einem entscheidungsneutralen, auf das Markteinkommen des Einzelnen zurückgreifenden Steuersystem. Die vom Bundesverfassungsgericht zur Rechtfertigung des Splittingverfahrens betonte Gemeinschaft des Erwerbs und Verbrauchs zwischen Eheleuten, in der ein Ehepartner an den Einkünften und Lasten des anderen zur Hälfte beteiligt ist,[22] mag bei der „intakten Durchschnittsehe" zwar plausibel sein,[23] ökonomisch zwingend ist diese Begründung aber nicht. Insbesondere liegt nach den zuvor herausgearbeiteten Grundsätzen kein Transfer steuerlicher Leistungsfähigkeit vor, sondern Einkommensverwendung eines zuvor (von einem Ehepart-

---

21 Zutreffend Bareis (1996), S. 39 f.

22 BVerfGE 61, 319, 345 f.

23 Für die Begründung wird auch auf familienrechtliche Vorschriften Bezug genommen. Vgl. hierzu die gesetzlichen Güterstände der Zugewinngemeinschaft (§§ 1363 ff BGB) und der Gütergemeinschaft (§§ 1415 ff BGB). Jedoch sind Dispositionsänderungen infolge einer Verlagerung der Einkommenszuordnung nicht mit der Vermögenszuordnung bei Zugewinngemeinschaft vergleichbar.

ner) erwirtschafteten Markteinkommens. Einkommensverwendungen sind aber bei einem ökonomisch orientierten Einkommensbegriff außer Acht zu lassen, was entsprechend für die Besteuerung von Ehegatten zu gelten hat.

Hinter diesen Überlegungen steht die Grundhaltung, „daß es den freiheitlichen Staat nicht zu interessieren hat, welche Wünsche sich die Individuen mit Hilfe ihres erzielten Einkommens erfüllen."[24] Dies gilt auch für die Entscheidung zur Ehe. Wenn aber ein Ehepaar, bei dem beide das Gleiche verdienen, keinen Nutzen aus dem Splittingverfahren zieht und im Gegenzug ein Ehepaar, bei dem einer allein verdient, einen deutlichen Vorteil gegenüber einer Individualveranlagung realisiert, wird sich dies auf das Verhalten der Individuen auswirken.[25]

Neben einer Umgehung der Erfordernisse für eine strikte Trennung von Einkommensentstehung und -verwendung (Unterhalt) führt die mittelbare steuerliche Berücksichtigung von Unterhaltsaufwendungen durch den Splittingtarif natürlich zu tarifbedingten Vorteilen. So wird bei einer als richtig empfundenen Messung finanzieller Leistungsfähigkeit im Markteinkommen eines Individuums, mit dem Splittingverfahren der Pfad der horizontalen Gerechtigkeit bereits verlassen.[26] Der mit einem keine Einkünfte erzielenden Ehegatten verheiratete Steuerpflichtige müsste sich folglich in einer schlechteren wirtschaftlichen Lage befinden. Dann wäre analog dem zweiten Werturteil zur steuerlichen Gerechtigkeit die geringere steuerliche Leistungsfähigkeit relativ geringer zu besteuern.[27]

Mag die Einräumung einer steuerlichen Begünstigung (hier durch den Splittingeffekt) im Hinblick auf die zivilrechtliche Unterhaltspflicht zwischen Ehegatten akzeptabel erscheinen. „Dieses Argument begründet jedoch nur, daß die gegenseitige Unterhaltspflicht steuerlich zu berücksichtigen ist, keineswegs aber eine hälftige Teilung des Gesamteinkommens mit der Folge einer steigenden Entlastung mit wachsendem Einkommen bis zu einem Höchstbetrag."[28] Wer mit einem steigenden Tarifverlauf eine höhere steuerliche Leistungsfähigkeit relativ stärker besteuern will und sich davon ein Mehr an steuerlicher Gerechtigkeit verspricht,[29] wird keinen ökonomisch stichhaltigen Grund finden, warum in einer Ehe nun plötzlich eine steigende Entlastung bei wachsenden Einkommensdifferenzen der Ehegatten sinnvoll wäre.

---

24 Bareis (2000), S. 83.

25 Vgl. Bareis (2000), S. 88. Dadurch nimmt der finanzielle Anreiz zur (Wieder-) Aufnahme einer erwerbswirtschaftlichen Tätigkeit durch einen Ehepartner (i.d.R. die Ehefrau) ab. Entsprechend sieht Bareis (1995a), S. 46 f, im Splitting-Verfahren eine Lenkungsmaßnahme zugunsten der „Hausfrauenehe".

26 Vgl. B.1.3.3.1.

27 Vgl. Schneider (1984), S. 357.

28 Schneider (2002), S. 325.

29 Vgl. hierzu das zweite Werturteil in B.1.3.3.1.

Wenn den Gegnern einer derartigen ökonomischen Interpretation finanzieller Leistungsfähigkeit diese eher wie eine übertriebene marxistische Karikatur des Wirtschaftsliberalismus erscheint,[30] verkennen sie freilich, dass damit keine Ignorierung des in Art. 6 GG kodifizierten Schutzes von Ehe und Familie verbunden ist. Zwar wird die Entscheidung für eine Ehe nicht als erwerbswirtschaftlich angesehen (oder sollte sie?) und wäre für eine Besteuerung des Einkommens damit ebenso irrelevant wie der Kauf eines Reitpferdes oder einer Hochseeyacht.[31] Das heißt jedoch nicht, dass dem Förderauftrag des Art. 6 GG nicht durch staatliche Maßnahmen außerhalb des Steuerrechts Rechnung getragen werden kann oder sollte. In Betracht käme z.B. eine gleichbleibende Förderung der Ehe, die man in Anlehnung an das Kindergeld „Ehegeld" nennen könnte.[32]

Wenn alternative Vorschläge zum Ersatz des Ehegattensplittings bessere Wohlfahrtswirkungen erzeugen,[33] bedeutet dies für eine ökonomische Beurteilung, dass diese Alternativen anzustreben sind. Denn analog der Rechtfertigung einer Zielgröße Entscheidungsneutralität der Besteuerung sollte der Kuchen des Volkseinkommens zunächst möglichst groß gemacht werden.[34] Umso mehr Mittel sind anschließend vorhanden, um Ehe und Familie gezielt zu fördern. Als Bedingung für eine Umsetzung der alternativen Vorschläge gilt jedoch nicht nur deren Zielbeitrag zur Entscheidungsneutralität und Gleichmäßigkeit, sondern ebenso die für die praktische Durchführbarkeit bedeutsame Einfachheit der Regelung.

F.2.2.2. Besteuerungspraktische Probleme einer theoretisch gebotenen Individualbesteuerung

Zunächst gilt es festzuhalten, dass die nachfolgend getroffenen Aussagen für Eheleute natürlich auch im Rahmen einer nichtehelichen Lebensgemeinschaft von Bedeutung sind. Denn auch diese stellt eine Organisation „Haushalt" dar, in der die Innenbeziehungen nicht abschließend über den Teilaspekt des Einkommenserwerbs erklärbar sind.[35] Wenn dennoch eine Fokussierung auf die eheliche

---

30 So Vogel (2000), S. 90.

31 Diesen polarisierenden Vergleich wählt Vogel (2000), S. 90.

32 Vgl. Schneider (2002), S. 326 und insbesondere Siegel (2001b), S. 273 f.

33 Vgl. Bareis (2000), S. 84, mit dem Hinweis auf die Gutachten über Neuansätze des Familienlastenausgleichs v. Bareis/Allmendinger/Selg (1997) sowie Wagenhals/Kraus (1997).

34 Vgl. B.1.2.1. und Schneider (1989), S. 329.

35 Vgl. Schneider (1995), S. 92 f.

Lebensgemeinschaft erfolgt, rechtfertigt sich dies mit ihrer (zumindest derzeit) größeren Bedeutung im Massenverfahren Steuerrecht und der auch ansonsten weitergehenden Verankerung dieser Lebensform im gesamten Rechtssystem (z.B. Art. 6 GG).

Im Falle einer konsequenten Umsetzung der Grundsätze einer Individualbesteuerung würde die Zusammenveranlagung von Ehegatten durch eine getrennte Veranlagung ersetzt. Unterhaltsleistungen zwischen den Eheleuten dürfen die steuerlich maßgebende Bemessungsgrundlage aber nicht beeinflussen.[36] Verfolgen die Ehepartner gemeinsame finanzielle Ziele, könnten sie nun versuchen, den zuvor als Einkommensverwendung charakterisierten Transfer (Unterhalt!) zwischen den Ehegatten in eine erwerbswirtschaftliche Aktion zu kleiden. Beispielsweise könnte der bisher allein verdienende, selbständige Ehemann seine Ehefrau (pro forma oder zu überhöhten Gehältern) in einem Angestelltenverhältnis beschäftigen.[37] Angenommen, der Gewinn des Unternehmens von bisher EUR 100.000 würde durch das Gehalt halbiert, so wäre mittels Gestaltung der Steuerpflichtigen der Zustand wie beim Splittingverfahren erreicht.[38] Damit wäre dann relativ einfach (wenn auch z.T. durch bewusste Täuschung) ein Abzug eines privaten Transfers von der Bemessungsgrundlage - im Kleid eines schuldrechtlichen Vertrages - verwirklicht.[39] Dies kann aber nicht im Sinne einer gleichmäßigen Besteuerung sein, zumal derartige Gestaltungsvarianten einem Steuerpflichtigen im Anstellungsverhältnis (= Nicht-Unternehmer) nicht bzw. nur sehr eingeschränkt zur Verfügung stehen.

Nun müssen für die steuerliche Anerkennung derartiger Gestaltungen besondere Voraussetzungen vorliegen.[40] In der formellen Regelung (Gesetz, Rechtsverordnung oder Richtlinie) lassen sich diese sicher auch entsprechend umfangreich niederschreiben.[41] Deshalb aber davon auszugehen, dass mit dem Fremdver-

---

[36] Auch ein sog. Realsplitting kommt nicht in Betracht. Für geschiedene oder dauernd getrennt lebende Ehegatten enthält das geltende Einkommensteuerrecht eine solche Regelung in § 10 Abs. 1 Nr. 1 EStG i.V.m. § 22 Nr. 1a EStG.

[37] Weitere Beispiele wären Einkommensverlagerungen aus Miet- und Darlehensverträgen sowie Gewinnverteilungsabreden in einer sog. Familiengesellschaft.

[38] Vgl. Mennel (1979), S. 177 ff.

[39] Die Einwände von Siegel (2001b), S. 275 f, bezüglich dieser Scheinverträge und den Gefahren eines nicht planmäßigen Eheverlaufs sind berechtigt, ändern aber nichts daran, dass sie typisch für die Besteuerungspraxis sind. Zudem werden auch bei einer zukünftig möglichen Scheidung im davor liegenden planmäßigen Eheverlauf die Vorteile aus der Einkommensverlagerung (Vertrag statt Unterhalt) realisiert.

[40] Zu nennen ist hier insbesondere der sog. Fremdvergleich bzw. der Üblichkeitsvergleich. Vgl. hierzu Bilsdorfer (1998), S. 6925 ff.

[41] Ein Überblick über die Komplexität der Regelungen zur steuerlichen Anerkennung derartiger Vertragsgestaltungen bekommt man bei Schmidt/Heinicke, EStG, § 4 Rz 520 „Angehörige“.

gleich die Problematik der Einkünfteverlagerung unter Angehörigen gelöst werden könnte,[42] verkennt m.E. die tatsächlichen Umgehungsmöglichkeiten in der Besteuerungspraxis. Formalismen wie der Fremdvergleich schaffen erfahrungsgemäß keine Gleichheit in der tatsächlichen steuerlichen Belastung.[43] Denn in einem Massenverfahren, wie es die Besteuerung nun einmal darstellt, kann eine Überprüfung nur anhand typisierter Kriterien erfolgen. Wird dann mangels der Möglichkeit, die tatsächliche Durchführung derartiger Verträge zu überprüfen, auf überzogene Formalismen abgestellt,[44] ist für ein gerechtes Steuersystem nichts gewonnen. Die Besteuerungspraxis zeigt nämlich, dass bei einer bewussten steuersparenden Gestaltung die erforderlichen Formalien tendenziell eher beachtet werden, weil bei deren Gestaltung die entsprechenden Fachleute mitwirken.[45] Demgegenüber kann die steuerliche Anerkennung eines Vertragsverhältnisses an formalen Kriterien scheitern, weil die Eheleute bei deren Abschluss gar nicht die steuerliche Komponente im Sinn hatten, sondern tatsächlich ein zivilrechtliches Schuldverhältnis eingehen wollten.

Geht nun die Tendenz bei der Auslegung von Vertragsverhältnissen mit Nahestehenden als Reaktion auf den überzogenen Formalismus wieder in Richtung Einzelfallgerechtigkeit, hat auch diese Entwicklung ihren Preis. „Die Rechtslage ist noch unsicherer zu beurteilen als bisher."[46] Die notwendige Vereinfachung des Steuerrechts bliebe auf der Strecke. Als Lösungsweg bleibt folglich nur eine nicht gestaltbare Typisierung derartiger Vertragsgestaltungen.[47] Da bei Ehegatten bereits eine sehr weitreichende Typisierung in Form der Zusammenveranlagung gesetzlich verankert ist, könnte es sich anbieten, auch weiterhin auf diese zurückzugreifen. Die damit verbundene Einschränkung der Individualbesteuerung rechtfertigt sich aus dem Leitbild der Einfachheit der Besteuerung und wird m.E. bekräftigt durch die nach geltendem Recht beobachtbaren Versuche, Einkünfte auf Kinder zu verlagern.[48] Ein Zustand, der sich bei einem Verzicht auf eine Zusammenveranlagung auf Ehegatten ausweiten würde.

---

42 So etwa Bareis (2000), S. 88 (FN 40).

43 M.E. muss davon ausgegangen werden, dass bei einer getrennten Veranlagung von Ehegatten mit großen Einkommensdifferenzen diese einem Fremdvergleich die notwendige Beachtung schenken werden.

44 Zur „Verselbständigung" formaler Kriterien (z.B. „Oder-Konto") vgl. GrS des BFH v. 27.11.1989, BStBl II 1990, S. 160. Eine Korrektur dieser Rechtsprechung erfolgte nach der Entscheidung des BVerfG v. 7.11.1995, BStBl II 1996, S. 34; so z.B. in BFH v. 7.5.1996, DStR 1996, S. 1359 oder BFH v. 26.6.1996, DStRE 1997, S. 130.

45 Vgl. Hoffmann (1997), S. 649. Ruppe (1979), S. 12, spricht gar davon, dass die peinliche Beachtung von Formvorschriften gerade ein Kennzeichen von Scheingeschäften ist.

46 Hoffmann (1997), S. 651.

47 So sinngemäß Ault (1979), S. 165.

48 Stellvertretend für viele Schmidt (1975/76), S. 149 ff; Schmidt (1979), S. 41 ff.

F.2.2.3. Zusammenveranlagung und Alternativen zum praktizierten Splittingverfahren

Aus Sicht der Besteuerungspraxis erscheint es m.E. geboten, Ehegatten zusammen zu veranlagen, auch wenn es sich dabei theoretisch nur um eine „second-best-Lösung“ handelt. Nicht nur die zahlreichen Urteile zur Verlagerung von Einkünften auf Angehörige, die getrennt veranlagt werden, deuten an, welche Zunahme an Komplexität aus einer getrennten Veranlagung resultieren könnte.[49] Gerade auch die in anderen Ländern teilweise verwirklichte Familienbesteuerung (inkl. Kindern) lässt erkennen, dass es über das deutsche Einkommensteuerrecht hinaus grundsätzliche Schwierigkeiten gibt, Einkommensbestandteile im Familienbereich den sie erwirtschaftenden Individuen zuzurechnen.[50]

Mit der Befürwortung einer Zusammenveranlagung würde noch keine Aussage über den im Anschluss an die gemeinsame Erfassung der Einkommensbestandteile der Ehegatten anzuwendenden Tarif getroffen. Dies bedeutet, dass die zuvor geschilderten negativen (Wohlfahrts-) Wirkungen des geltenden Splittingverfahrens nicht notwendigerweise in der geschilderten Ausprägung auftreten müssen. Insoweit ist das praktizierte Splittingverfahren nur als eine Variante eines möglichen Tarifverlaufs für Ehegatten anzusehen. So könnte z.B. eine Modifizierung des Splittingverfahrens[51] unter Beibehaltung der Zusammenveranlagung angestrebt werden.[52] Auch in anderen Ländern ist die Zusammenveranlagung von Ehegatten keinesfalls zwangsläufig mit einem Tarifsplitting verbunden.[53] Eine Beurteilung, welche Variante der Modifizierung vorzuziehen ist, erfolgt an dieser Stelle nicht.[54] Allgemein kann jedoch erwähnt werden, dass bei einer generellen Absenkung der Steuersätze, verbunden mit einem insgesamt flacheren Progressionsanstieg, die geschilderten negativen Wirkungen tendenzi-

---

49 Vgl. z.B. BFH v. 19.10.1999, BStBl II 2000, S. 223 und BFH v. 19.10.1999, BStBl II 2000, S. 224, im Vgl. zur früheren Auffassung in BFH v. 23.2.1988, BStBl II 1988, S. 604 sowie die Nachweise bei Spindler (1997), S. 643 ff.

50 Ausführlich Mennel (1979), S. 177 ff; van Dijck (1979), S. 167 ff; Mennel (1997), S. 1315 f.

51 Z.B. durch Absenkung des Splittingfaktors.

52 Bei einer Aufgabe der Zusammenveranlagung dürften vermutlich auch wieder verstärkt Forderungen nach einem sog. Realsplitting auftreten. Vgl. Wosnitza (1996). S. 136.

53 Beispielsweise arbeitet Spanien mit einer Verdoppelung von Freibeträgen bei einer gemeinsamen Veranlagung von Ehegatten. Vgl. Ernst & Young (2001a), S. 8 f.

54 Ein erster Überblick über in der Politik bereits diskutierte Reformvorschläge findet sich bei Kaltenbronn (1999), S. 69 ff. Zu den denkbaren Varianten der Ehegattenbesteuerung und entsprechenden Kompromisslösungen des Splittings, vgl. Bareis/Allmendinger/Selg (1997) sowie Wagenhals/Kraus (1997).

ell verringert werden. Insoweit sind auch die aktuell diskutierten Reformvorschläge mit z.T. geringeren Tarifbandbreiten positiv zu beurteilen.[55]

F.2.3. Zwischenergebnis

Die Sonderstellung einer Zusammenveranlagung von Ehegatten lässt sich aus dem Umstand erklären, dass auch im Hinblick auf die Verwirklichung finanzieller Zielgrößen eine Haushaltsgemeinschaft gegeben ist, deren Innenbeziehungen gerade nicht über den Teilaspekt des Einkommenserwerbs erklärbar sind.[56] Geplante steueroptimierte Gestaltungen zur Beeinflussung der maßgeblichen Größe Markteinkommen sind im Falle einer getrennten Veranlagung somit vorprogrammiert. Da die Möglichkeiten hierzu zwischen Selbständigen und Nichtselbständigen sehr unterschiedlich sind, wäre in der Besteuerungspraxis mit einer Einschränkung der Gleichmäßigkeit der Besteuerung zu rechnen.

Die befürwortete Zusammenveranlagung von Ehegatten wird nicht aus einer Förderung der Ehe gem. Art. 6 GG abgeleitet. Diese Aufgabe, die im aktuellen Einkommensteuerrecht vom Splittingverfahren übernommen wird, kann von einem einkommensunabhängigen „Ehegeld" besser wahrgenommen werden. Vielmehr hat die Zusammenveranlagung im hier behandelten Kontext die Aufgabe, zu einer notwendigen Vereinfachung des Steuerrechts beizutragen.[57] Denn ohne diese Typisierung steht man vor dem m.E. nicht lösbaren Problem, Verträge zwischen Ehegatten hinsichtlich ihres erwerbswirtschaftlichen Anteils sowie hinsichtlich ihres Unterhalts- und/oder Schenkungsanteils abzugrenzen.

Sieht man dagegen in der Beibehaltung der Zusammenveranlagung von Ehegatten eine mit den Gedanken der Einfachheit der Besteuerung zu rechtfertigen-

---

55 Stellvertretend seien hier die Tarifbereiche der Reformvorschläge im Karlsruher Entwurf zur Reform des Einkommensteuergesetzes (§ 16 KE: 15 bis 35%) und von Friedrich Merz (12 bis 36%) genannt. Ein Überblick über weitere Vorschläge findet sich in FOCUS vom 10.11.2003 (S. 22 f).

56 Zutreffend Schneider (1995), S. 92 f.

57 Unter Vereinfachungsgesichtspunkten ist naturgemäß eine möglichst große Zahl an Zusammenveranlagungen erwünscht. Die Veranlagungsform ist insoweit lediglich eine technische Komponente der Zusammenfassung von Einkommen (von Ehepaaren, eheähnlichen Gemeinschaften oder Familien). Vgl. hierzu Bareis (2001), S. 281, insbes. FN 51. Der Einwand von Reich (2001), S. 258, die mit dem Splittingvorteil verbundene Privilegierung auch der kinderlosen Ehe könne nicht hinreichend begründet werden, trifft zwar zu, doch hat diese Privilegierung ihre Ursache im Splitting und nicht in der bloßen Zusammenveranlagung.

de Einschränkung einer theoretisch gebotenen Individualbesteuerung, besteht für Ehegatten innerhalb eines bereits systematisierten Einkommensteuerrechts keine Notwendigkeit mehr, steuerliche Gestaltungen untereinander zur Erzielung von Steuervorteilen zu kreieren. Der Wunsch nach einer Verlagerung von Einkünften würde sich dann auf andere Angehörige, insbesondere Kinder, beschränken. Entsprechend beschäftigten sich z.B. die jeweiligen Urteile nach Einführung des Ehegattensplittings in den USA fast nur noch mit Übertragungsversuchen auf Kinder.[58] Hierauf wird im Folgenden einzugehen sein.

F.2.4. Familienveranlagung als Alternative?

F.2.4.1. Zur Differenzierung in Erwerbs- und Vermögenseinkünfte

Wer eine Zusammenveranlagung von Ehegatten als Ausnahme vom Grundsatz der Individualbesteuerung akzeptiert, muss auch die Frage stellen, ob nicht gar eine sog. Familienbesteuerung als adäquater Lösungsansatz einer erweiterten Zurechnungsproblematik angesehen werden kann. Dies gilt umso mehr, als einige Länder diese Veranlagungsform mit teilweise verschiedenartigen Zwischenformen bereits praktizieren.[59] Das Spektrum reicht dabei von einer Zusammenveranlagung aller Einkünfte der Eltern und ihrer Kinder mit einem Familiensplitting, bis hin zu partiellen Zusammenveranlagungen für „Vermögenseinkünfte",[60] bei gleichzeitig getrennter Veranlagung der „Erwerbseinkünfte" (Arbeitseinkünfte bzw. tätigkeitsbezogene Einkünfte).[61]

Grundsätzlich könnte die Unterscheidung in Erwerbs- und Vermögenseinkünfte hilfreiche Dienste im Hinblick auf eine Vereinfachung der Problematik „Verlagerung von Einkünften" leisten, wenn man nicht gleich den Weg einer allgemeinen Familienbesteuerung gehen will. Denn gerade bei den sog. Vermögenseinkünften sind Gestaltungsvarianten zur interpersonellen Verlagerung besonders häufig und auch besonders streitanfällig. So verwundert es denn auch nicht, dass

58 Vgl. Ault (1979), S. 155 f.

59 Vgl. hierzu den Überblick bei Mennel (1997), S. 1315 f.

60 Hierunter fallen vorwiegend Einkünfte aus Kapitalvermögen oder Vermietung und Verpachtung, aber auch Teile der Einkünfte aus Gewerbebetrieb, wie z.B. die kapitalmäßige Gewinnbeteiligung eines nicht tätigen Kommanditisten. Vgl. Ruppe (1979), S. 28 ff.

61 Die so definierten Erwerbseinkünfte bilden also nicht den Oberbegriff der Einkünfte, sondern stellen bereits eine Klassifizierung dar. Vgl. hierzu Mennel (1979), S. 179 f. Einige Länder sehen generell eine getrennte Veranlagung für Erwerbseinkünfte vor, also auch bei Ehegatten.

die (unentgeltliche) Übertragung von Vermögenseinkünften durch Nießbrauchbestellung[62] und die Beteiligung an Familiengesellschaften[63] nur dort eine bedeutende Rolle spielen, wo Kinder (oder Ehegatten) mit allen Einkünften getrennt besteuert werden.[64] Demgegenüber sind derartige Probleme in den Ländern unbekannt, in denen eine Zusammenveranlagung der Vermögenseinkünfte von Eltern und (minderjährigen) Kindern erfolgt.[65]

Eine Differenzierung in Erwerbs- und Vermögenseinkünfte läuft aber den vorrangigen Zielen der Entscheidungsneutralität und Gleichmäßigkeit der Besteuerung entgegen. Es bedarf keiner allzu großen Phantasie sich vorzustellen, dass bei einer derartigen Unterscheidung, Bestrebungen kinderreicher Familien Erwerbseinkünfte in Vermögenseinkünfte umzuqualifizieren,[66] nicht lange auf sich warten lassen. Die Folge wären neue Abgrenzungsprobleme.

Des Weiteren stößt eine Aufteilung in Bezug auf die hier zu diskutierende Problematik schon bald auch an ihre praktischen Grenzen. Zwar ist es richtig, dass etwa Einkünfte aus nichtselbständiger Arbeit als klassische Tätigkeitseinkünfte „aus der Natur der Sache nicht übertragbar“[67] sind. Dies ändert aber nichts daran, dass deren Entstehung und Ausgestaltung sowie die steuerlich relevante Höhe der Entlohnung weite Gestaltungsspielräume lässt. Entsprechend kann der erwünschte Progressionsmilderungseffekt auch ohne die unmittelbare Übertragung einer Einkunftsquelle realisiert werden. So können durch die Schaffung einer neuen Einkunftsquelle, z.B. das Arbeitsverhältnis mit einem Angehörigen, originär „betriebliche Einkünfte“ eines Steuerpflichtigen mittelbar in eine Quelle „Tätigkeitseinkünfte“ eines anderen Steuerpflichtigen übertragen werden. Wird die Tätigkeit zumindest tatsächlich ausgeübt, beschränkt sich die Verlagerung letztlich auf den unangemessenen Teil der Entlohnung.

Abgesehen von der Möglichkeit, Formvorschriften zu überprüfen,[68] kann im Massenverfahren Steuerrecht weder die Frage nach der angemessenen Vergütung eines Angehörigen beantwortet noch die Kontrolle der tatsächlichen Durchführung z.B. eines Arbeitsverhältnisses gewährleistet werden. Die Praxis zeigt vielmehr, dass die genaue Beachtung von Formvorschriften gerade auch ein

---

[62] Stellvertretend für viele Söffing (1979), S. 125 ff; Schmidt (1979), S. 59 ff.

[63] Stellvertretend für viele Bordewin (1996), S. 1359 ff; Gassner (1993), S. 771 ff; Groh (1979), S. 97 ff; Schwendy (1993), S. 787 ff.

[64] Vgl. Mennel (1979), S. 182.

[65] Entsprechende Gestaltungen sind hier steuerlich uninteressant. Vgl. Mennel (1979), S. 184 ff.

[66] Zu denken ist etwa an den Verzicht auf eine angemessene Tätigkeitsvergütung zugunsten einer höheren Kapitalbeteiligung.

[67] Ruppe (1979), S. 28.

[68] Vgl. F.2.2.2., FN 44 sowie Schmidt/Heinicke, EStG, § 4 Rz 520.

Kennzeichen von Scheingeschäften sein kann. Denn derjenige, der seine Steuerlast bewusst gestalten will, setzt sich sorgfältiger mit formalen Vorschriften auseinander als derjenige, der schlicht ökonomischen Notwendigkeiten folgt.

Die in einigen Ländern gebräuchliche Unterscheidung in Erwerbs- und Vermögenseinkünfte[69] ist also nicht nur im Hinblick auf die mit dieser Arbeit verfolgten Leitlinien einer entscheidungsneutralen und gleichmäßigen Besteuerung problematisch. Auch der bei isolierter Betrachtung der Zurechnungsfrage auf den ersten Blick vorliegende Vereinfachungseffekt erweist sich bei genauerer Betrachtung als brüchig. Zum einen kann ein Arbeitsverhältnis als klassische Erwerbseinkunftsart eben aus der Absicht einer Einkünfteverlagerung entstehen. Zum anderen zeigt die Realität häufig das Bild eines kombinierten Erwerbs- und Vermögenseinsatzes.[70] Zudem haben nicht alle Steuerpflichtigen die Möglichkeit, durch Arbeitsverträge Einkünfte zu verlagern (so z.B. im Falle von jeweils bei fremden Dritten beschäftigten Ehegatten). Eine Differenzierung in Erwerbs- und Vermögenseinkünfte ist folglich abzulehnen.

Für eine mögliche Erweiterung der hier vertretenen Zusammenveranlagung von Ehegatten als besteuerungspraktikable Ausnahme vom Grundsatz der Individualbesteuerung beschränkt sich die Problemstellung demnach auf die Frage: Sollen alle Einkünfte aus Erwerbstätigkeiten („Arbeit und Kapital") einer Familie zusammen veranlagt werden oder sollen die Einkünfte der Kinder[71] getrennt von den Eltern besteuert werden?

F.2.4.2. Ökonomische Wirkungen einer umfassenden Familienbesteuerung

Bevor auf die bestehenden Unterschiede zwischen Ehegatten- und Familienbesteuerung im Hinblick auf die Durchbrechung der Individualbesteuerung einzugehen sein wird, sollen zunächst die finanziellen Auswirkungen einer Familienbesteuerung innerhalb einer (progressiv) ansteigenden Tarifstruktur skizziert werden. Dies lässt sich am deutlichsten an einem Beispiel zeigen, bei der die im geltenden Einkommensteuerrecht praktizierte Verbindung von Zusammenveranlagung und Splittingtarif bei Ehegatten auf die ganze Familie übertragen

---

69 Ruppe (1979), S. 28, spricht von der wichtigen Unterscheidung in Arbeits- und Kapitaleinkünfte.

70 Etwa beim aktiv tätigen Gesellschafter einer KG oder GmbH.

71 Aus praktischer Sicht genügt m.E. eine Beschränkung auf Kinder, auch wenn natürlich Gestaltungen mit Großeltern usw. denkbar sind.

wird.[72] Der Einfachheit halber sei unterstellt, dass es nur drei Tarifstufen und einen Grundfreibetrag von EUR 10.000 pro Person gibt. Der Steuerstufentarif (Grundtarif) habe folgendes Aussehen:

Einkommen in EUR	Tarif
10.001 - 30.000	20 %
30.001 - 50.000	30 %
ab 50.001	40 %

Nimmt man die zuvor akzeptierte Zusammenveranlagung von Ehegatten als Ausgangspunkt der Betrachtung, so würde ein Alleinverdiener-Ehepaar AB mit einem jährlichen Einkommen von EUR 30.000 bei analoger Anwendung des Splittinggedankens eine Steuer von EUR 2.000 bezahlen.[73] Ein Alleinverdiener-Ehepaar XY mit einem Einkommen von EUR 75.000 bezahlt eine Steuer von EUR 12.500.[74]

Haben beide Vergleichsehepaare jeweils ein Kind, spielt dies für die Entstehung und damit die Besteuerung eines Markteinkommens eigentlich keine Rolle, denn von gesellschaftspolitisch motivierten Transferzahlungen (z.B. Kindergeld) ist dabei abzusehen. Dies ändert sich jedoch im Falle einer Familienbesteuerung. Im vorliegenden Fall wären die Einkünfte nun auf drei Köpfe zu verteilen und zwar unabhängig davon, ob das Kind gerade erst geboren oder z.B. kurz vor der Vollendung des 18. Lebensjahres ist. Familie ABC muss nun keine Steuer mehr bezahlen, weil das Familieneinkommen von EUR 30.000 bereits durch die Grundfreibeträge der drei Familienmitglieder steuerfrei gestellt wird. Wiederum wird kein zusätzlicher Progressionsvorteil erzielt. Im Vergleich zur Beschränkung auf eine Zusammenveranlagung der Ehegatten beträgt der Steuervorteil aus der Familienbesteuerung EUR 2.000.

---

72 Die Auswirkungen eines Familiensplitting-Tarifes analog dem deutschen Ehegatten-Splitting verstärken die ökonomischen Wirkungen einer Zusammenveranlagung, weil dann z.B. der sehr gut (allein-) verdienende Familienvater sein Einkommen auf drei, vier oder mehr Personen verteilen kann.

73 Die Berechnung lautet: (30.000 - 2 x 10.000) x 20%. Da sich der Steuerpflichtige (mit seinem Ehegatten) im Falle einer Zusammenveranlagung bereits in der geringsten Tarifstufe befindet, profitiert er zwar vom doppelten Grundfreibetrag (2 x 10.000), aber nicht von einem geringeren Tarif. Im Falle einer Einzelveranlagung des Alleinverdieners beträgt die Steuer EUR 4.000 (10.000 x 0% + 20.000 x 20%).

74 Die Berechnung lautet: Für das hälftige Einkommen (EUR 75.000 : 2) von EUR 37.500 ergibt sich eine Steuer von EUR 6.250 (10.000 x 0% + 20.000 x 20% + 7.500 x 30%). Anschließend ist diese zu verdoppeln (vgl. § 32a Abs. 5 EStG). Im Falle einer Einzelveranlagung des Alleinverdieners beträgt die Steuer dagegen EUR 20.000 (10.000 x 0% + 20.000 x 20% + 20.000 x 30% + 25.000 x 40%).

Das Familieneinkommen von XYZ wird nun wie folgt besteuert: Bei einer Drittelung des Einkommens (EUR 75.000 : 3 = EUR 25.000) würde sich ein Steuerbetrag von EUR 3.000 (10.000 x 0% + 15.000 x 20%) ergeben. Nach einer analogen Verdreifachung ergibt sich somit eine Steuerlast von EUR 9.000. Der Steuervorteil im Vergleich zur Nichtberücksichtigung des Kindes beträgt EUR 3.500.[75]

Zum einen zeigt das Beispiel einen bekannten und auch im Rahmen dieser Arbeit bereits vorgestellten Effekt. Für die Familie XYZ bedeutet die Zusammenveranlagung mit Familiensplitting nämlich nichts anderes als faktisch den steuerlichen Abzug von Unterhaltsaufwendungen an das Kind in Höhe von EUR 25.000 (= ein Drittel).[76] Da aber Unterhaltsaufwendungen nach der hier vertretenen Steuersystematik nicht Teil der Ermittlung des Einkommens sind, sondern vielmehr dessen Verwendung betreffen, handelt es sich um notwendige Privatausgaben, die das Markteinkommen nicht kürzen sollten. Eine derartige Durchbrechung bedarf demnach ebenso einer besonderen Rechtfertigung wie die sich tendenziell identisch, aber schwächer auswirkende Zusammenveranlagung nur von Ehegatten.[77]

Zum anderen macht das Beispiel deutlich, dass bei einer Ausdehnung der zusammen zu veranlagenden Steuerpflichtigen die progressive Tarifstruktur abgeschwächt wird. Während etwa im Falle einer strikten Individualbesteuerung beim Einkommen des Alleinverdieners der Familie XYZ von EUR 75.000 noch das gesamte Spektrum an Tarifzonen angewandt würde (40, 30 und 20%), reduziert sich dies bei der Ehegattenbesteuerung auf zwei (30 und 20%) und bei der Familienbesteuerung auf nur noch eine Tarifzone (20%). Entsprechend sind die Steuerentlastungseffekte bei der besser verdienenden Familie XYZ deutlich höher als bei der Familie ABC.[78] Wer also einen (progressiv) ansteigenden Tarif

---

[75] Der Vorteil resultiert aus folgenden Einzelkomponenten:
- Grundfreibetrag für Kind Z = EUR 10.000 x 20%
- Nichtanwendung der mittleren Tarifstufe = EUR (7.500 x 2) mit einem Steuersatz von 20% statt 30%.

[76] Freilich bestünde auch die Möglichkeit den Unterhaltszufluss beim Kind steuerlich zu erfassen. Doch stellt sich dann unmittelbar die Frage, wo hier ein, über einen Marktaustausch erzieltes Einkommen vorliegen soll.

[77] Auf die Unterschiede im Hinblick auf die Rechtfertigung wird im Folgenden noch einzugehen sein.

[78] Das grundlegende Problem dieser Form der Familienbesteuerung ist darin zu sehen, dass bei höheren Familieneinkommen den Kindern mehr Einkünfte zugerechnet werden, als diese tatsächlich verbrauchen. Vgl. hierzu Reich (2001), S. 259. Während Familie ABC bei einer Familienbesteuerung maximal EUR 4.000 im Vergleich zur Individualveranla-

als gerecht empfindet,[79] muss sich im Klaren darüber sein, dass die damit verbundenen Wirkungen durch ein Ehegatten- bzw. Familiensplitting z.T. wieder rückgängig gemacht werden.[80]

Zwar kann dieser Effekt dadurch eingeschränkt werden, dass der „Spitzensatz der Einkommensteuer bei relativ niedrigen Einkommensteilen einsetzt".[81] Allerdings stellt sich dann m.E. die Frage, warum man nicht gleich auf einen progressiven Tarif verzichtet. Die in diesem Fall noch verbleibenden Wirkungen aus einer Vervielfachung der Grundfreibeträge könnten ebenfalls modifiziert werden.[82]

Soll dagegen, wie in dieser Arbeit unterstellt, an einem erkennbar ansteigenden Tarifverlauf festgehalten werden, gilt es, zwischen typisierenden Vereinfachungen (z.B. Zusammenveranlagung von Ehegatten) und dem systematisch eigentlich gebotenen Grundsatz (Individualbesteuerung) abzuwägen. Durchgehender Maßstab muss dabei die tatsächliche Vollzugsmöglichkeit der gewählten Regelung sein und nicht deren Niederschrift im formellen Gesetz.

Eine umfassende Familienbesteuerung ohne differenzierende Regelungen führt in Verbindung mit einem Familiensplitting zu m.E. nicht mehr gerechtfertigten Vorteilen für besser verdienende Eltern. Oder anders ausgedrückt: Einem Bundesverfassungsrichter oder einem Spitzenmanager wird für die Erziehung eines Kindes eine höhere finanzielle Entlastung durch die Gemeinschaft gewährt als einer Hilfsarbeiterin. Damit teilt die vorgestellte Familienbesteuerung das gleiche Schicksal wie der Abzug von Kinderfreibeträgen bei der Bemessungsgrundlage. Es ist durch ein System von Transferzahlungen (hier = Kindergeld) zu ersetzen.[83]

---

gung des allein verdienenden Ehegatten an Steuern spart, sind es bei Familie XYZ schon EUR 11.000 (20.000 - 9.000).

79 Gemeint ist das zweite Werturteil zur relativ stärkeren Besteuerung einer höheren Leistungsfähigkeit in B.1.3.3.1. Zu dieser sog. vertikalen Gerechtigkeit vgl. auch Schneider (2002), S. 322 ff.

80 Zutreffend Bareis (2000), S. 85 f.

81 Mennel (1979), S. 179, mit einem Beispiel des Erreichens der oberen Proportionalzone bei bereits umgerechnet ca. EUR 25.000.

82 Z.B. abnehmend bei steigender Personenzahl (10.000 - 7.500 - 5.000 - 2.500 - 0) statt reiner Vervielfachung.

83 Vgl. Siegel/Schneider (1994), S. 600 f.

F.2.5. Wesentliche Unterschiede in der Zusammenveranlagung von Ehegatten im Vergleich zum Einbezug von Kindern

F.2.5.1. Allgemeine Unterschiede

Zunächst gelten sowohl für die Familienbesteuerung als auch für eine Ehegattenbesteuerung die gleichen theoretischen Einschränkungen. Bei ihrer Verwirklichung liegt eine Abweichung von einer erstrebenswerten Individualbesteuerung vor. Die Folge ist ein Mixtum zwischen steuerlich relevanter Einkommensentstehung und unbeachtlicher konsumtiver Einkommensverwendung, unabhängig davon, ob nun Unterhaltsleistungen einem Kind oder dem Ehegatten zugute kommen. Während dieser problematische Effekt im Falle einer Zusammenveranlagung von Ehegatten jedoch auf zwei Personen beschränkt bleibt, ist die Personenzahl bei Einbeziehung der Kinder nach oben offen und nur biologisch begrenzt. Zudem ist die Zusammensetzung der Gruppe „Familie" deutlich heterogener als die „Besteuerungseinheit Ehegatten".[84] Zwar kann es auch bei Ehegatten sicherlich deutliche Unterschiede im Hinblick z.B. auf Altersstruktur oder Eigenständigkeit der Partner geben. Dennoch scheint die Annahme berechtigt, dass Ehegatten neben individuellen Zielen auch gemeinsame finanzielle Ziele verfolgen, z.B. eine Vermehrung des Markteinkommens. Demgegenüber würde bei Einbezug von Kindern die Besteuerungseinheit um ein Spektrum vom Neugeborenen bis zur selbständigen Persönlichkeit des Erwachsenen erweitert werden,[85] was die Annahme, die Besteuerungseinheit Familie würde ebenfalls noch gemeinsame finanzielle Ziele verfolgen, zweifelhaft erscheinen lässt. Die Lebenserfahrung zeigt wohl eher, dass Kinder ihre Ziele stärker in der Einkommensverwendung wiederfinden und die hierfür erforderliche Einkommensentstehung gerne den Eltern überlassen.

F.2.5.2. Besonderheiten minderjähriger Kinder

Ein entscheidender Unterschied zu den Beziehungen zwischen Ehegatten ist m.E. darin zu sehen, dass im Verhältnis Eltern zu ihren Kindern die systematisch wünschenswerte Individualveranlagung durch typisierende Annahmen pra-

---

84 Insofern könnte von unterschiedlichen Formen der Organisation Haushalt gesprochen werden. Vgl. Schneider (1995), S. 92 f.

85 Beispielsweise gibt § 32 Abs. 4 Nr. 2a EStG dem in Ausbildung befindlichen 26-Jährigen noch den Status eines Kindes.

xisorientierter umgesetzt werden kann. Wenn man von (wirtschaftlich bzw. finanziell) autonomen Personen spricht, die ihre auch steuerlich zu beachtenden Rechtsverhältnisse selbständig gestalten, denkt man in erster Linie an Erwachsene.[86] Kinder erlangen nach deutschem Recht die volle Geschäftsfähigkeit erst mit dem 18. Lebensjahr. Zwischen 7 und 18 Jahren sind Rechtsgeschäfte von Kindern von der Zustimmung des gesetzlichen Vertreters (i.d.R. den Eltern) abhängig.[87] Selbst bei einer eigenständigen Systematik des Einkommensteuerrechts wäre es durchaus sachgerecht, an diese zivilrechtlichen Vorgaben anzuknüpfen, mit der steuerrechtlichen Konsequenz, dass gesellschafts- oder schuldrechtliche Verträge zwischen Eltern und minderjährigen Kindern[88] nicht anerkannt werden und damit Teil der Einkommensverwendung und nicht der Einkommensentstehung sind. Als einzige grundsätzliche Ausnahme wäre hier der Lehrvertrag des 16- oder 17-Jährigen mit dem elterlichen Betrieb anzuerkennen.

Natürlich mag eine derartige Regelung in einigen Fällen ungerecht sein. Für das Massenverfahren Steuerrecht kann hierdurch aber der typische Lebensvorgang abgebildet[89] und verhindert werden, dass Steuerpflichtige faktisch eine Familienbesteuerung und die damit verbundenen Ungerechtigkeiten über Vertragsbeziehungen mit ihren (minderjährigen) Kindern mittelbar realisieren. Mit einer derartigen Regelung wäre bereits ein quantitativ bedeutender Teil im Hinblick auf die Problematik Einkünftezurechnung/-verlagerung auf Kinder gelöst.[90]

Dass eine solche Vorgehensweise keinesfalls so ungewöhnlich ist, wie sie dem deutschen Steuerrechtler auf den ersten Blick erscheinen mag, zeigen ähnliche Regelungen in anderen Ländern mit einer getrennten Veranlagung von Kindern.[91] Auch dort zeigte sich, dass ohne eine klare Abgrenzungsregel umfangreiche und komplizierte Vorschriften notwendig werden, um Schlupflöcher für Einkommensmanipulationen zu beseitigen.[92] Wem also die hier vorgeschlagene

---

86 Vgl. Kallwass (1998), S. 55.

87 §§ 104 ff BGB.

88 Wie so oft bei Typisierungen wären natürlich auch hier wieder andere Altersgrenzen denkbar, z.B. 16 Jahre oder 21 Jahre.

89 Im typischen Lebensvorgang sind finanzielle Transaktionen zwischen Eltern und minderjährigen Kindern nun einmal vom Unterhaltsgedanken (Einkommensverwendung) geprägt und nicht vom Verhältnis Leistung und Gegenleistung (Einkommensentstehung).

90 Unterstellt, die durchschnittliche, vom Unterhalt der Eltern losgelöste tatsächliche wirtschaftliche/finanzielle Selbständigkeit läge bei ca. 24 Jahren (Ausbildung ist abgeschlossen), dann blieben bei einer Anknüpfung an die Volljährigkeitsgrenze von 18 Jahren nur noch 6 „kritische Jahre" für denkbare Fälle einer Einkommensverlagerung auf Kinder. Ein quantitativ wesentlicher Teil der Problematik wäre damit gegenstandslos.

91 Vgl. hierzu die Ausführungen zu Großbritannien, Dänemark und Schweden bei Mennel (1979), S. 182 ff.

92 So Mennel (1979), S. 182.

Nichtanerkennung vertraglicher Beziehungen zwischen Eltern und minderjährigen Kindern zu weit geht, der sieht sich gezwungen, andere Beschränkungen einzuführen[93] und läuft Gefahr, durch Sonderregeln einen Zustand herbeizuführen, in dem wiederum nur der besser Informierte steuerliche Gerechtigkeit erfährt.

F.2.5.3. Vertragliche Beziehungen mit „erwachsenen" Kindern

Unabhängig davon, welche konkrete Altersgrenze man für die steuerliche Anerkennung von Verträgen voraussetzt, ob 16, 18 oder z.B. 21 Jahre,[94] je älter ein Kind wird, desto selbständiger wird es seine Rechtsverhältnisse gestalten (wollen). Dies gilt natürlich auch gegenüber den Eltern. Typisches Beispiel ist hier etwa die ausschließliche Mitarbeit im elterlichen Betrieb,[95] die nicht selten zum Ziel hat, diesen zu einem späteren Zeitpunkt fortzuführen. Die Dominanz des Unterhaltscharakters der finanziellen Beziehungen zwischen Eltern und Kindern geht zurück, aus Einkommensverwendung der Eltern wird vermehrt Einkommensentstehung der Kinder.

Andererseits wird es aber auch nach Überschreiten einer Altersgrenze Einkommens- bzw. Vermögensübertragungen (= Schenkung) der Eltern geben, deren Motivation in der Versorgung der Kinder zu sehen ist und nicht in marktorientierter Leistung und Gegenleistung.[96] Weil jedoch eine generelle Nichtanerkennung der Rechtsbeziehungen zwischen Eltern und ihren volljährigen Kindern keine adäquate Abbildung der Realität im Steuerrecht zur Folge hätte, also nicht mehr dem typischen Lebensvorgang entsprechen würde, kommt man m.E. nicht umhin, die steuerliche Anerkennung dieser Rechtsbeziehungen näher zu untersuchen.

---

93 Vgl. hierzu etwa die bei Mennel (1979), S. 184, erwähnte Beschränkung einer Gewinnbeteiligung an einer Familiengesellschaft in Schweden.

94 Nachfolgend wird von einer maßgeblichen Altersgrenze von 18 Jahren ausgegangen.

95 Im Gegensatz zur häufig praktizierten Aushilfstätigkeit, die teilweise nur auf dem Papier vorhanden ist.

96 So werden z.B. Schenkungen an Kinder häufig mit Verfügungsbeschränkungen verknüpft, wobei neben der Volljährigkeit noch ein(e) abgeschlossene(s) Ausbildung/ Studium Voraussetzung der freien Verfügbarkeit ist.

F.2.6. Ergebnis

Wurde die Abweichung vom Grundsatz der Individualbesteuerung im Falle einer Zusammenveranlagung von Ehegatten aufgrund sonst einsetzender Umgehungsgestaltungen mit entsprechend negativen Konsequenzen für eine einfache Besteuerung sowie aufgrund tendenziell eher vorhandenen gemeinsamen finanziellen Zielen gerechtfertigt, sprechen die dargestellten ökonomischen Folgen einer umfassenden Familienbesteuerung gegen eine gemeinsame Veranlagung von Eltern und Kindern.

Unter dem Grundsatz der Einfachheit der Besteuerung bietet sich hier vielmehr eine andere Form der steuerlichen (Nicht-) Berücksichtigung möglicher Leistungsbeziehungen zwischen Eltern und ihren Kindern an. So kann auf eine Typisierung nach dem (objektiv überprüfbaren) Alter der Kinder zurückgegriffen werden.[97] Bis zur Volljährigkeit sind vertragliche Beziehungen zwischen Eltern und Kindern steuerrechtlich grundsätzlich nicht anzuerkennen. Bei minderjährigen Kindern dennoch anfallende Einnahmen aus diesen Vertragsverhältnissen sind den Eltern zuzurechnen.

Sieht man diese Vorgehensweise als zu restriktiv an, könnte im Sinne eines Kompromisses ein betragsmäßig begrenztes Austauschverhältnis zugelassen werden. Ob sich die Zulässigkeit derart begrenzter Einkommensverlagerungen nun an steuerlichen Pauschalwerten orientieren sollte (z.B. Anerkennung eines Leistungsaustausches bis zur Höhe des Grundfreibetrages) oder ob der Unterhaltsgedanke und damit altersbezogene Unterschiede stärker berücksichtigt werden sollten,[98] bleibt hier ausgeklammert. Letztlich wird aber wiederum die Frage berührt, ob ein Abzug von der Bemessungsgrundlage der Eltern eine geeignete Vorgehensweise zur Berücksichtigung eines Familienlastenausgleichs ist.[99]

---

97 Den Anknüpfungspunkt „minderjährige Kinder" wählt auch ein Reformvorschlag zur Neuordnung des schweizerischen Systems der Familienbesteuerung. Allerdings sollen dort Paare mit minderjährigen Kindern als wirtschaftliche Einheit betrachtet und durch ein „Familiensplitting" begünstigt werden. Zur Bewertung dieses und weiterer Reformvorschläge vgl. Bareis (2001), S. 280. Im Gegensatz zur hier vorgestellten „getrennten Behandlung" von Eltern und Kindern werden einerseits auch diejenigen Einkünfte, die (minderjährige) Kinder von Dritten beziehen, in einem gemeinsamen Familieneinkommen erfasst. Andererseits wird das Gesamteinkommen wiederum auf mehrere Personen verteilt, mit den bereits kritisierten Folgen.

98 Vgl. hierzu insbes. die Düsseldorfer Unterhaltstabelle, abgedruckt z.B. in Steuerberater- und Wirtschaftsprüfer-Jahrbuch 2003, S. 743 ff.

99 Zur Kritik hieran vgl. Siegel/Schneider (1994), S. 597 ff.

Denn bei direkter Progression führt der Abzug von Unterhaltsaufwendungen zu einer mit steigendem Einkommen steigenden Lenkungswirkung.[100]

Nach Erreichen der Volljährigkeit würde eine analoge Typisierung dagegen nicht mehr die Masse der steuerlichen Veranlagungsfälle abbilden, weshalb hier Rechtsbeziehungen zwischen Eltern und Kindern grundsätzlich anzuerkennen sind. Um jedoch dann verbleibende Einkommensverlagerungen zur Optimierung der Steuerlast zu verhindern, muss ein entsprechendes Abgrenzungskriterium gefunden werden, das im Folgenden dargestellt werden soll. Ein solches Abgrenzungskriterium kann dann auch zur Beurteilung der Einkommenszurechnung zwischen weiteren Familienangehörigen (z.B. Geschwister, Großeltern usw.) herangezogen werden. Es könnte auch auf die Beziehungen zu minderjährigen Kindern angewandt werden, wenn der zuvor vorgestellte typisierende Ansatz als zu strikt empfunden würde. Allerdings soll bereits an dieser Stelle darauf hingewiesen werden, dass ein solches Zurechnungskriterium auch nicht „den einzig gerechten Maßstab" bilden kann. Folglich gilt es immer wieder abzuwägen, ob die systemgerechte Behandlung des Einzelfalls nicht wieder durch eine damit verbundene Komplizierung des Steuerrechts überkompensiert wird.

F.3. Möglichkeiten einer Zurechnung von Einkommen

F.3.1. Vorbemerkung

Im Anschluss an die Diskussion um die Wahl der geeigneten Veranlagungsform für Ehegatten und ihre Kinder soll nun ein allgemeiner Grundsatz für die Zurechnung von Einkommen einschließlich der Zurechnung von Einkommensquellen dargestellt werden, der bereits vor mehr als zwei Jahrzehnten im Rahmen einer Tagung der Deutschen Steuerjuristischen Gesellschaft vorgestellt wurde.[101] Wird der zuvor befürworteten Vorgehensweise (Zusammenveranlagung von Ehegatten sowie Zurechnung der Einkommen aus Vertragsverhältnissen zwischen Eltern und ihren minderjährigen Kindern grundsätzlich bei den Eltern) zugestimmt, liegt die praktische Bedeutung dieses Zurechnungsgrundsatzes in erster Linie in der Zuordnung von Einkommen aus Vertragsverhältnissen zwischen Eltern und ihren volljährigen Kindern. Daneben könnte darin aber auch eine Zurechnungsgrundlage für sämtliche steuerliche Beziehungen zwischen Angehörigen gesehen werden (z.B. Großeltern zu Enkeln oder unter Ge-

---

[100] Zutreffend Bareis (2000), S. 85.

[101] Vgl. Ruppe (1979), S. 7 ff.

schwistern). Schließlich wäre es wünschenswert, wenn ein solcher Grundsatz nicht nur zur Lösung der in der Praxis im Vordergrund stehenden Problematik bei Angehörigen beitragen, sondern auch Grundlage einer Zuordnungssystematik unter Fremden sein könnte.

Nun können an dieser Stelle keine Detailfragen etwa zu Gesellschafts- und Darlehensverträgen unter nahen Angehörigen, zu Nießbrauchsgestaltungen oder zu vorweggenommenen Erbfolgen (z.B. durch Vermögensübertragungen gegen dauernde Last) beantwortet werden. Es soll aber eine systematische Verbindung der hier zu lösenden Problematik mit den zuletzt im Vordergrund stehenden Themen der Bestimmung des (Markt-) Einkommens und der damit verbundenen Abgrenzung zwischen Einkommensentstehung und -verwendung aufgezeigt werden. Anschließend werden „Auffangkriterien" skizziert, die unter dem Gesichtspunkt einer Vereinfachung eine begrenzte Typisierung der Einkommenszurechnung ermöglichen. Am Ende sollen dann „Eckwerte"[102] für den Problembereich Zurechnung von Einkommen stehen, die einen geeigneten Kompromiss im Hinblick auf die vordringlichen Ziele Entscheidungsneutralität und Gleichmäßigkeit bilden, ohne die für die praktische Durchführung einer gesetzlichen Regelung zentrale Größe der Einfachheit zu vernachlässigen.

F.3.2. Wirtschaftliche Verfügungsmacht und Dispositionsbefugnis

F.3.2.1. Wirtschaftliche Verfügungsmacht über das Einkommen

Zunächst erscheint der Gedanke plausibel und bestechend zugleich, demjenigen Einkommen zuzurechnen, der einen Vermögenszuwachs erzielt hat.[103] Schließlich könnte dieser Vermögenszuwachs auch als verwirklichter Mittelerwerb interpretiert werden, der zudem eine größere (Leistungs-) Fähigkeit zur Erbringung von Steuerzahlungen ermöglicht.[104] Wer in einem solchen, woraus auch immer resultierenden Reinvermögenszugang „die hauptsächliche Maßgröße steuerlicher Leistungsfähigkeit sieht, müßte den Erbanfall wie zugeflossenes Einkommen versteuern."[105] Die Konsequenz nach geltendem Einkommensteuergesetz wäre eine achte Einkunftsart „Erb- und Schenkungseinkünfte", wie dies

---

[102] Vgl. den Titel bei Schneider (1987), S. 693 ff.

[103] Vgl. Ruppe (1979), S. 17.

[104] Zu dieser Interpretation des Leistungsfähigkeitsprinzips vgl. Tipke (1987), S. 59.

[105] Schneider (1998), S. 1288.

im Grundsatz in Kanada umgesetzt wurde.[106] Gesellschafts- und wirtschaftspolitisches Motiv könnte die Schaffung möglichst gleicher Startbedingungen als Konsequenz einer Wettbewerbsordnung sein.[107]

Dennoch sprechen gewichtige Gründe gegen eine derartige Integration der Erbschafts- und Schenkungsteuer in die Einkommensteuer.[108] Aufgrund der Besonderheiten dieser Form des Vermögenszugangs, zu denen die Höhe der denkbaren Beträge und deren unregelmäßiger Anfall gehören, dürften zusätzliche Regelungen über Freibeträge und ermäßigte Steuersätze der insoweit vorliegenden „außergewöhnlichen Einkünfte" erforderlich sein.[109] Derartige Regelungen scheinen auch aus besteuerungspraktischer Sicht geboten, weil ansonsten (vom Fiskus nicht gewollte) ökonomische Reaktionen der betroffenen Steuerpflichtigen nicht ausbleiben dürften.

Wenn etwa der potentielle Erblasser oder der Schenkende damit rechnen muss, dass sein Vermögen bei der Übertragung auf seine Kinder besonders stark steuerlich belastet wird, lässt er die letzten erwerbswirtschaftlichen Jahre möglicherweise sehr ruhig angehen oder er zieht sich bereits frühzeitig in sein Feriendomizil im Ausland zurück. Vielleicht wechselt er auch gleich den Wohnsitz (bzw. gewöhnlichen Aufenthaltsort), um der (deutschen) Steuerlast ganz zu entgehen. Für das Bestreben, den „Kuchen des Volkseinkommens" möglichst groß zu machen, haben diese Ausweichhandlungen einen negativen Einfluss.

Des Weiteren kann die drohende Berücksichtigung einer potentiellen Erbschaft oder Schenkung im Rahmen einer einheitlichen Einkommensbesteuerung dazu führen, dass gerade Kinder so frühzeitig und so weitgehend wie möglich in die Einkommensverteilung eingebunden werden, damit ein Teil des Einkommens nach der Besteuerung bei den Eltern später nicht noch einmal beim Übergang auf das Kind besteuert würde. Zwar ergibt sich diese Problematik auch bei einem eigenständigen Erbschaft- und Schenkungsteuerrecht, jedoch nehmen die daraus resultierenden Umgehungsgestaltungen mit zunehmender zu erwartender

---

106 Vgl. Schneider (1997a), S. 665; Schneider (1994), S. 259, mit Hinweisen auf die entsprechenden Vorschläge einer kanadischen Steuerreformkommission.

107 In Bezug auf eine Integration in die Einkommensteuer läge durchaus auch ein Beitrag zu einem einheitlichen Gesamtsteuerkonzept vor, sofern nicht wie im aktuellen Erbschaftsteuerrecht zahlreiche Bewertungsmaßstäbe und Ungleichbehandlungen zugelassen werden. Vgl. hierzu Schneider (1998), S. 1288 f.

108 Wassermeyer (2001), S. 921, spricht davon, „dass jede Vermögensmehrung und jede Vermögensminderung entweder der Einkommen- oder der Erbschaftsteuer, aber nicht beiden Steuern gleichzeitig unterliegen muss bzw. darf." Dies ändert natürlich nichts an der Notwendigkeit einer Reform der Erbschaftsbesteuerung im Hinblick auf ein Mehr an Gleichmäßigkeit der Besteuerung.

109 Vgl. Schneider (1994), S. 259.

Steuerbelastung zu. Im Hinblick auf eine gerechte Einkommenszuordnung dürfte die Einbeziehung der geschenkten bzw. geerbten Vermögenszuwächse also eher zu neuen Komplizierungen und Sonderregeln führen.[110] Besonders nachteilig erscheint dabei die erforderliche Trennung in die „normalen" Einkünfte und die außergewöhnlichen, welche ein erster (Rück-) Schritt in Richtung Einkunftsartenrecht wäre.[111]

Der systematisch bedeutendste Nachteil der Verbindung einer Erbschaft- und Schenkungsteuer mit dem in dieser Arbeit vertretenen Konzept einer Einkommensbesteuerung liegt jedoch in dessen Inkompatibilität mit einer Markteinkommensbesteuerung. Markteinkommen resultiert aus Marktbeziehungen (Leistungs- und Gegenleistungsverträgen).[112] Folglich kann auch nur das als Wirtschaftsgut zu einem so verstandenen Einkommen zählen, „was über Märkte zu erwerben bzw. abzugeben oder als körperlich greifbarer Gegenstand selbst erstellt ist."[113] Es bestehen nun einmal Unterschiede, ob Einkommen aus einer Erwerbstätigkeit resultiert oder ob ein Vermögenszugang aus einer einseitigen Zuwendung erfolgt.[114] Zwar führt die Zuwendung beim Empfänger i.d.R. zur wirtschaftlichen Verfügungsmacht; die Übertragung dieses „Einkommens" kann aber nicht mit den finanziellen Motiven der Einkommensentstehung erklärt werden.

Genau genommen kann in einer Erbschaft oder Schenkung auch nicht das in Teil B dargestellte Ziel wirtschaftlichen Handelns gesehen werden.[115] Zwar werden zweifellos viele Steuerpflichtige den Wunsch nach Vermögenszugängen aus einer Erbschaft oder Schenkung haben. Die Dispositionsbefugnis darüber obliegt aber einer anderen Person. D.h. die Entscheidungen, die zum „Einkommenszufluss" bei dem betrachteten Steuerpflichtigen führen, fallen (weitgehend) unabhängig von dessen finanziellen Zielen. Entscheidungsträger und damit Anknüpfungspunkt einer entscheidungsneutralen Besteuerung wäre demnach der Schenkende oder der Erblasser;[116] das verfolgte Ziel läge in der Versorgung der Nachkommen oder in der Erhaltung des Vermögens als solches.[117] So gesehen wären Erbschaften und Schenkungen eher in einer Nachlasssteuer zu regeln als

[110] Zu klären wäre dann auch, ob der Schenker eine korrespondierende Ausgabe absetzen darf, da seine Leistungsfähigkeit gemindert wird.

[111] Denkbar wäre höchstens ein eigenständiger Teil innerhalb des Einkommensteuerrechts.

[112] Vgl. Schneider (1994), S. 147.

[113] Schneider (1994), S. 41.

[114] Vgl. Biergans (1993), S. 77 f (FN 15). Nicht von ungefähr spricht auch Schneider (1997), S. 122, davon, dass der Bilanzansatz für Marktprozesse nach anderen Regeln zu beantworten ist als für einseitige Geschäftsvorfälle wie Schenkungen.

[115] Vgl. B.1.2.4.4. und B.1.2.4.5.

[116] Beim Erblasser wäre sein letzter Wille die zu besteuernde Entscheidung.

[117] Letzteres findet sich besonders häufig bei der Übergabe eines Unternehmens.

in die Einkommensteuer zu integrieren. Allerdings muss in einem solchen Mehr-Steuerarten-System ein Weg gefunden werden, die einzelnen Steuerbemessungsgrundlagen in die Bezugsgröße „steuerliche Leistungsfähigkeit des Gesamtsteuersystems" umzurechnen, doch soll dies im Rahmen dieser Arbeit nicht vertieft werden.[118]

Die Maßgröße Markteinkommen verdeutlicht den Unterschied zwischen dem Erlangen von Verfügungsmacht über Einkommen im Rahmen einer eigenen Erwerbstätigkeit (= Einkommensentstehung) und einem Zuwachs an Vermögen aufgrund der Einkommensverwendung eines anderen. Insofern findet sich auch in diesem Problembereich eine Fortsetzung des Themas der Abgrenzung zwischen erwerbswirtschaftlich motivierten Zahlungen und den privat veranlassten, mit der Besonderheit, dass es hier weniger um die Ermittlung des erwerbswirtschaftlichen oder konsumtiven Charakters einzelner Aufwendungen geht als vielmehr um deren „richtige" personenbezogene Zurechnung. Die immer noch aktuellen Streitfälle,[119] „in denen es um die Frage geht, ob eigene Einkünfte oder abgeleitete Nutzungen bezogen werden, ob eine steuerlich beachtliche Übertragung einer Quelle oder eine unbeachtliche Abtretung von Einkünften gegeben ist, lassen sich mit dem Kriterium des Vermögenszuwachses, der Disposition über Einkünfte nicht lösen. In der Tat wird bei dieser Lösung wieder übersehen, daß der bloße Zuwachs an Vermögen, ein Mehr an Leistungsfähigkeit für sich gesehen einkommensteuerlich irrelevant ist und daß der Zuwachs seine steuerliche Relevanz erst dadurch erhält, daß er auf einer eigenen Einkunftsquelle basiert. Die entscheidende Frage nach der persönlichen Zuordnung der Einkunftsquelle kann an Hand der tatsächlichen Verfügungsmacht über die Einkünfte gerade nicht entschieden werden."[120]

---

118 Vgl. Schneider (1994), S. 44 und S. 259. Vgl. hierzu aber die grundsätzlichen Überlegungen unter F.3.3.3.

119 Zu nennen sind hier insbesondere die Anerkennung von Verträgen unter Angehörigen, gerade in sog. Familiengesellschaften und die unterschiedlichen steuerlichen Folgen beim Nießbrauch bzw. bei einer vorweggenommenen Erbfolge. Vgl. z.B. Söffing (1979), S. 133 sowie Fischer (1998), S. 280.

120 Ruppe (1979), S. 17.

F.3.2.2. Dispositionsbefugnis über die Einkommensquelle

F.3.2.2.1. Grundlagen

Wenn nun das verbindende Element der Erwerbstätigkeiten eines systematisierten Einkommensteuerrechts die Teilnahme am Marktgeschehen ist, so muss als Zurechnungssubjekt der Einkommensquelle derjenige angesehen werden, der über diese Teilnahme und damit über die Leistungserstellung disponieren kann. Wer die Möglichkeit hat, Marktchancen zu nutzen, Leistungen zu variieren und auch zu verweigern, indem er seine Arbeitstätigkeit einstellt, Kapital zurückzieht, Mietverhältnisse kündigt usw., ist entscheidend an der Einkommensentstehung beteiligt.[121] Daraus abgeleitete Einkommensverteilungen wie Unterhaltszahlungen, Geschenke und Erbschaften sind dagegen einkommensteuerrechtlich unbeachtlich.[122] Zurechnungssubjekt dieser Interpretation des Einkommens ist also derjenige, der über die Erwerbstätigkeit (= Leistungserstellung) entscheiden kann und nicht der, dem die Früchte dieser Leistung letztlich zufließen.[123]

Innerhalb einer Systematik der individuellen Veranlagung[124] bietet die Dispositionsbefugnis ein taugliches Kriterium, um den Charakter einer Markteinkommensbesteuerung für Sachverhalte zwischen Angehörigen zu präzisieren.

F.3.2.2.2. Verbleibende Probleme bei der praktischen Umsetzung

Besteht Einverständnis über die grundsätzliche Eignung des Kriteriums „Dispositionsbefugnis über eine Einkommensquelle" für die hier zu diskutierende Zurechnungsproblematik, ist für dessen praxisgerechte Umsetzung jedoch noch nichts bewirkt. Am Beispiel der Einräumung eines Nießbrauchs würden vorstehende Ausführungen etwa zu folgender Interpretation führen: Einkommensbezieher ist der Nießbraucher nur dann und insoweit, *„als ihm die entscheidenden Dispositionsbefugnisse über die Quelle*, d.h. insbesondere die Möglichkeit der

---

121 Vgl. Ruppe (1979), S. 18. Insoweit spricht auch Biergans (1993), S. 80, von der notwendigen Voraussetzung der tatsächlichen Sachherrschaft über ein Wirtschaftsgut.

122 Vgl. Gramlich/Treisch (1997), S. 2354.

123 Zutreffend Ruppe (1979), S. 19.

124 Innerhalb einer gemeinsamen Veranlagung oder einer typisierenden Zurechnung der Einkommen minderjähriger Kinder bei ihren Eltern stellt sich die Zurechnungsfrage ja nicht.

Ausnützung von Marktchancen und der Leistungsverweigerung *zustehen.*"[125] Wann dies der Fall ist, kann allerdings nicht mehr allgemein, sondern nur für einzelne Nießbrauchstypen entschieden werden. Man kommt hier also nicht umhin, auf einzelvertragliche Regelungen und die tatsächliche Handhabung einzugehen.[126]

Einer freien Disposition des Nießbrauchers dürfte beispielhaft eine jederzeit frei widerrufliche Nutzung eines z.B. von den Eltern unentgeltlich überlassenen Mietwohngrundstücks entgegenstehen. Gleiches gilt für eine befristete Gebrauchsüberlassung, wenn das Nutzungsrecht danach ausläuft oder einseitig vom Nießbrauchbesteller verlängert werden kann.[127] Doch sind hiermit nur Bruchstücke aus dem Spektrum der Nießbrauchsvarianten erwähnt. Die mehrfachen Änderungen von Rechtsprechung und Verwaltungspraxis auf diesem Gebiet lassen erahnen, dass es auch bei einem Konsens im Hinblick auf das maßgebende Zurechnungskriterium noch zahlreiche Detailfragen zu klären gilt.[128] Dies gilt gleichermaßen für verwandte Formen, die im Rahmen der sog. vorweggenommenen Erbfolge eingesetzt werden, wie die Vermögensübergabe gegen dauernde Last oder Leibrente.[129]

Die Schwierigkeit in der Besteuerungspraxis liegt häufig darin, dass eine als Einkommensquelle anzusehende Leistungsbeziehung, gerade bei Vereinbarungen zwischen Familienangehörigen, oft nicht eindeutig dem einen oder anderen Familienmitglied zugerechnet werden kann. Dennoch erfordert die Zurechnungsfrage eine Lösung nach der Entweder-Oder-Technik. Das bedeutet Zurechnung der Einkommensquelle nur bei einer Person und nicht etwa eine nur teilweise Zurechnung bei den Beteiligten. Folglich ist bei solchen Mischsachverhalten zu prüfen, bei wem die für eine Zuordnung maßgebenden Merkmale stärker ausgeprägt sind.[130] Jedoch sollte es möglich sein, im Laufe der Zeit Kriterien herauszufiltern, die einen wichtigen Beitrag zur Bestimmung der Dispositionsbefugnis leisten. Schließlich hat man auch im aktuellen, chaotischen Einkommensteuerrecht solche Kriterien entwickelt, freilich ohne diese an einem allgemeinen Maßstab auszurichten.

---

125 Ruppe (1979), S. 21.

126 Vgl. Ruppe (1979), S. 21.

127 Vgl. dahingehend Schmidt (1979), S. 62 f. Demgegenüber hält Söffing (1979), S. 137 f, eine Nichtanerkennung des Nießbrauchs in den geschilderten Fällen zwar für denkbar, leugnet aber unter dem Blickwinkel „Primat des Zivilrechts" die sachlichen Gründe, die für eine steuerrechtliche Abweichung von der zivilrechtlichen Behandlung sprechen.

128 Ein Überblick über die Nießbrauchsgestaltungen findet sich bei Korn (1999), S. 1461 ff.

129 Vgl. z.B. Biergans/Koller (1993), S. 741 ff; Weber-Grellet (1993), S. 1 ff; Spiegelberger (2000), S. 1073 ff; Hipler (2001), S. 1918 ff sowie Schwind/Bäuml (2004), S. 74 ff.

130 Vgl. Ruppe (1979), S. 36.

Der Nachteil einer derartigen Prüfung des Gesamtbildes der Verhältnisse ist die Abhängigkeit von zahlreichen Einzelmerkmalen. Bei der Beurteilung von Leistungsbeziehungen, z.B. zwischen Vater und (volljährigen) Kindern, wird es somit eine Rolle spielen, „ob es sich um eine entgeltliche oder unentgeltliche Vereinbarung handelt, ob übertragene Vermögenswerte, die Grundlage einer Einkunftsquelle sind, dem Zugriff von Kindesgläubigern ausgesetzt sind und der Vater dadurch oder auf Grund anderer Gegebenheiten ein Vermögensrisiko eingeht. Es wird die Bestandskraft der Vereinbarung festzustellen und zu würdigen sein; die Tatsache, ob ein übertragener Vermögenswert gegenüber Dritten oder gegenüber dem Vater genutzt wird, kann Bedeutung haben. Vorbehaltene Verfügungsrechte des Vaters werden zu berücksichtigen sein und auch der absolute Umfang der erforderlichen Dispositionen scheint beachtlich.“[131]

Alle diese Einzelfallkriterien beinhalten die Gefahr, dass die Zurechnungsfrage einen Komplexitätsgrad annimmt, der unter dem mehrfach erwähnten Aspekt des Steuerrechts als Massenverfahren bedenklich wäre.[132] Den in der Vergangenheit von Rechtsprechung und Finanzverwaltung beobachtbaren Versuchen, diesem Problem durch ein zunehmendes Abstellen auf die Einhaltung nachprüfbarer formaler Kriterien zu begegnen,[133] ist jedoch eine strikte Absage zu erteilen. Eine oberflächliche Würdigung zivilrechtlicher Formvorschriften mag zwar einfach zu handhaben sein, kann aber bei einer eigenständigen Tatbestandsbildung im Steuerrecht letztlich nicht maßgebend sein.[134] Zudem zeigen sich selbst bei den eigentlich leicht überprüfbaren Formvorschriften Vollzugsdefizite in der Besteuerungspraxis. Abgesehen von dem bereits erwähnten Umstand, dass die genaue Beachtung von Formvorschriften gerade Merkmal einer bewussten Steuerspargestaltung sein kann und somit nicht ökonomischen Notwendigkeiten folgt, werden steuersparende Effekte durchaus auch ohne die Befolgung der formalen Kriterien erzielt.

So setzt die zivilrechtliche Wirksamkeit von Verträgen mit Beteiligung Minderjähriger de lege lata i.d.R. deren Vertretung durch einen Ergänzungspfleger

---

131 Ruppe (1979), S. 37.

132 Dies lässt sich unschwer aus dem Umfang der nach geltendem Recht existierenden Zurechnungsprobleme prognostizieren. Vgl. hierzu Schmidt/Heinicke, EStG, § 4 Rz 520, mit Hinweisen auf eine Vielzahl an Urteilen zu diesem Problemfeld. Beispielhaft seien genannt: zu Arbeitsverträgen BFH v. 10.3.1993, BStBl II 1993, S. 604; zu Schenkungs- und Darlehensvereinbarungen BFH v. 18.12.1990, BStBl II 1991, S. 911, vgl. hierzu auch BMF v. 1.12.1992, BStBl I 1992, S. 729; zu Gesellschaftsverträgen BFH v. 5.6.1986, BStBl II 1986, S. 798; zu Mietverträgen BFH v. 28.3.1995, BStBl II 1996, S. 59.

133 Ein Überblick über den inzwischen eingetretenen Wandel der BFH-Rechtsprechung findet sich bei Hoffmann (1997), S. 649 ff.

134 Vgl. Ruppe (1979), S. 11 f und die Ausführungen unter F.2.2.2.

voraus[135] und ist auch maßgeblich für die steuerliche Anerkennung der Vertragsbeziehung.[136] Dies hindert jedoch nur wenige daran, z.B. Zinsen aus Sparbüchern, die lediglich auf den Namen des minderjährigen Kindes lauten, als dessen Einkünfte zu deklarieren, um so die Steuervergünstigung des Sparer-Freibetrags, des Existenzminimums und eventuell noch Tarifvorteile zu erzielen. Diese Gestaltung wird selbst von Banken empfohlen, ohne auf die in der Praxis der Massenfälle nicht bewältigbare, aber eigentlich erforderliche Bestellung eines Ergänzungspflegers hinzuweisen. Ob eine solche Gestaltung letztlich steuerlich aberkannt wird, hängt entscheidend vom (unterschiedlichen) Kenntnisstand des zuständigen Sachbearbeiters beim Finanzamt sowie vom „Unglück" einer möglichen (Außen-) Prüfung ab. Damit ist eine gleichmäßige Besteuerung hinsichtlich des tatsächlichen Belastungserfolgs aber nicht gewährleistet.[137]

Auch wenn an dieser Stelle nur der Grundgedanke einer Zurechnung von Einkommen nach dem Merkmal Dispositionsbefugnis aufgezeigt werden soll, dürfte deutlich geworden sein, dass auch nach der Besinnung auf ein einziges maßgebliches Zurechnungskriterium dieses sich zunächst einer Bewährungsprobe an konkreten Zweifelsfällen zu unterziehen hat. Im Vergleich zum aktuellen Einkommensteuerrecht ist jedoch bereits dadurch eine deutliche Reduzierung der Streitfälle vorhersehbar, als aufgrund der bereits dargestellten Schritte einer Systembereinigung und der beizubehaltenden Zusammenveranlagung von Ehegatten Einkommensverlagerungen zwischen diesen ohne steuerliche Wirkung bleiben. Das Gleiche gilt infolge der geforderten steuerlichen Nichtanerkennung von Leistungsbeziehungen zwischen Eltern und ihren minderjährigen Kindern.

Ungelöst blieben somit insbesondere Zurechnungsprobleme von Eltern und volljährigen Kindern, von Geschwistern oder von Großeltern und Enkeln. Einerseits könnte für diese noch auftretenden Einzelfälle nun eine Art Checkliste der Einkommenszurechnung am Merkmal der Dispositionsbefugnis entwickelt werden. Andererseits ist es ein zentrales Anliegen dieser Arbeit, Lösungsansätze aufzuzeigen, die zu einer Vereinfachung des Steuerrechts beitragen. Deshalb kann das Besteuerungsziel auch in einer weiteren Typisierung und Pauschalierung der restlichen Problemfälle der Einkommenszurechnung gesehen werden, statt in einer differenzierten, einzelfallorientierten Rechtsverordnung. Dementsprechend sollen nachfolgend noch „Denkanstöße" zu einer möglichst weitgehenden Sicherung einer einfachen Besteuerung (i.V.m. dem Zurechnungskriterium Dispositionsbefugnis) gegeben werden.

---

[135] Vgl. §§ 181, 1629 Abs. 2, 1795, 1909 BGB.

[136] BFH vom 23.4.1992, BStBl II 1992, S. 1024; BFH vom 31.10.1989, BStBl II 1992, S. 506.

[137] Vgl. hierzu Meyding (1998), S. 220 ff.

F.3.3. Vereinfachung durch Abstimmung zwischen Einkommenszurechnung und Schenkungsteuer

F.3.3.1. Ausgangssituation

In den vorhergehenden Ausführungen wurde im Hinblick auf die fehlende Marktbeziehung bei Erbschaften und Schenkungen eine Trennung von Einkommensteuer und Erbschaft- bzw. Schenkungsteuer befürwortet. Vernachlässigt man an dieser Stelle die Unterschiede in der Ausgestaltung und den Konsequenzen einer Erbschaft-/Schenkungsteuer als Nachlass- oder Erbanfallsteuer und nimmt man den grundsätzlichen Tatbestand des geltenden Erbschaft- und Schenkungsteuergesetzes als gegeben hin, so sind im Hinblick auf die Bezugsgröße steuerliche Leistungsfähigkeit in einem Mehr-Steuerarten-System, die Bemessungsgrundlagen Markteinkommen und Vermögenszuwachs aus Erbschaft und Schenkung aufeinander abzustimmen. Nun würde eine Analyse dieses gesamtsteuerlichen Problemkreises das Untersuchungsobjekt dieser Arbeit sicherlich übersteigen. Dennoch lassen sich gerade im Verhältnis zwischen Einkommenszurechnung und Schenkungstatbestand Austauschbeziehungen aufzeigen, die einerseits zu einer Lösung der verbleibenden Zurechnungsprobleme innerhalb einer Einkommensteuer beitragen können und andererseits Hinweise auf das Erfordernis der Abstimmung zwischen unterschiedlichen Steuerarten geben können. In Bezug auf die hier interessierende Frage einer möglichen Verlagerung von Einkommen genügt ein Blick auf die Schenkungstatbestände, da mit dem Erbfall (Todesfall) Gestaltungen zur Erzielung von Progressionsvorteilen zwischen Erblasser und Erben bei der Einkommensteuer überflüssig werden.

F.3.3.2. Ausgewählte Beispiele mit typischen Zurechnungsproblemen

F.3.3.2.1. Nießbrauch

Angenommen, ein Elternteil verfügt über eine Einkommensquelle (Annahme: festverzinsliches Wertpapier) mit einem tatsächlichen Wert von EUR 200.000.[138] Die Verzinsung dieser Erwerbsquelle soll 5% p.a. betragen und

[138] Um der Unsystematik der Bewertungsregeln des Erbschaft- und Schenkungsteuergesetzes aus dem Weg zu gehen (vgl. hierzu Schneider (1998), S. 1288 f; Bareis/Elser (1997), S. 557 ff), sei hier nur ein festverzinsliches Wertpapier im Privatvermögen betrachtet,

würde somit zu einem steuerlichen Einkommen von jährlich EUR 10.000 führen. Da die Eltern aufgrund weiterer Erwerbstätigkeiten einem unterstellten Grenzsteuersatz von 40% unterliegen, befragen sie ihren Steuerberater nach möglichen steuersparenden Gestaltungsalternativen. Dieser empfiehlt, die Einkünfte aus dem Wertpapier der volljährigen Tochter zuzuordnen, da diese aufgrund ihres Studiums über keine weiteren Einkünfte verfügt. Nehmen wir ferner an, dass die Eltern das Wertpapier (den Vermögenswert als solchen) nicht aus der Hand geben wollen, so bietet sich ein sog. Zuwendungsnießbrauch an,[139] mit der Folge, dass die Zinsen dem Einkommen der Tochter zugerechnet werden.

Der dadurch erzielte steuerliche Vorteil liegt auf der Hand. Er beträgt jährlich EUR 4.000,[140] in fünf Jahren[141] somit EUR 20.000. Da es zudem dem typischen Lebensvorgang entsprechen dürfte, dass das Kind ohne diese Verlagerung der Einkommensquelle eine analoge Unterstützung der Eltern in Form des Unterhalts erhalten hätte,[142] stellt sich die Frage, wie eine derartige Differenzierung aus der „Umqualifizierung" von Unterhalt in einen steuerlich relevanten Nießbrauch zu rechtfertigen ist. Dies gilt gerade dann, wenn der Nießbrauch z.B. auf die Zeit des Studiums begrenzt ist. Deshalb wäre zu überlegen, ob nicht die Anerkennung einer einkommensteuerlichen Verlagerung auf Angehörige mit einer entsprechenden schenkungsteuerlichen Konsequenz verbunden werden sollte. Bevor jedoch darauf einzugehen sein wird, sollen noch weitere Beispielsfälle skizziert werden.

Im nächsten Fall befinden sich die schenkenden Eltern bereits im „Ruhestand", d.h. in der Begriffswelt des geltenden Einkommensteuerrechts, dass beide weder Einkünfte aus Land- und Forstwirtschaft, Gewerbebetrieb, selbständiger oder

dessen steuerlicher Wert gem. § 12 Abs. 1 ErbStG i.V.m. §§ 9, 11 und 12 BewG im Gegensatz zu dem eines Grundstücks oder von Betriebsvermögen mit dem Verkehrswert übereinstimmen soll.

139 Da hier nicht die Detailregelungen der Verwaltungspraxis und der Rechtsprechung untersucht werden sollen, wird von der derzeit in Frage gestellten Bestellung eines unentgeltlichen Zuwendungsnießbrauchs beim Kapitalvermögen abstrahiert. Vgl. aber BFH v. 14.12.1976, BStBl II 1977, S. 115; BMF v. 23.11.1983, BStBl I 1983, S. 508; BMF v. 24.7.1998, BStBl I 1998, S. 914. Im Übrigen ist die grundsätzliche Unterscheidung zwischen Zuwendungs- und Vorbehaltsnießbrauch beim Kapitalvermögen ebenso bedenklich wie die unterschiedlichen Folgen eines Zuwendungsnießbrauchs bei Einkünften aus Kapitalvermögen gegenüber denen aus Vermietung und Verpachtung. Entsprechend wird die generelle Verneinung der Einkünftezurechnung beim Nießbraucher von Kapitalvermögen in der Literatur auch kritisch gesehen. Vgl. Korn (1999), S. 1473 f; Schmidt/Heinicke, EStG, § 20 Rz 21. Auch § 20 Abs. 2a Satz 3 EStG schließt eine Zurechnung beim Nießbraucher nicht grundsätzlich aus.

140 Zinsen von EUR 10.000 x Steuersatz von 40%.

141 Z.B. passend zur Dauer des Studiums.

142 Vgl. hierzu die §§ 32 Abs. 6 und 33a Abs. 2 EStG.

nichtselbständiger Arbeit beziehen. Zwar verfügen sie über gesetzliche Rentenzahlungen[143] und Mieteinnahmen sowie über Zinsen aus einem Wertpapier. Dennoch sind diese Einkünfte deutlich geringer als diejenigen ihrer unverheirateten und berufstätigen Tochter. Entsprechend betrage der Grenzsteuersatz der Eltern 20%, derjenige der Tochter 40%. Um die bestehenden Freibeträge des ErbStG möglichst nochmals nutzen zu können, möchten die Eltern Teile ihrer Wertpapiere mit einem auch steuerlich maßgebenden Gesamtwert von EUR 800.000 bereits jetzt auf die Tochter übertragen. Nach zehn Jahren soll dann weiteres Vermögen übergehen.[144]

Angesichts der einkommensteuerlichen Gesamtsituation und der schenkungsteuerlichen Behandlung empfiehlt ihr Steuerberater eine Übertragung von Wertpapieren im Wert von EUR 205.000 je Elternteil unter gleichzeitigem Zurückbehalt der Erträge.[145] Damit kann der schenkungsteuerliche Vorteil einer Übertragung innerhalb der Freibeträge des § 16 ErbStG mit dem einkommensteuerlichen Vorteil einer Zurechnung der Einkünfte beim Familienmitglied mit dem geringeren Einkommensteuersatz kombiniert werden.[146] Zwar können mit dieser Gestaltung auch erbschaft- und schenkungsteuerliche Nachteile verbunden sein, wenn die zurückbehaltenen Erträge zu einem späteren Zeitpunkt ebenfalls übertragen werden müssen.[147] Dies gilt jedoch nur für den Fall, dass alle Möglichkeiten des umfangreichen Gestaltungsfeldes,[148] zu denen insbesondere auch Kettenschenkungen zur optimalen Ausnutzung von Freibeträgen gehören,[149] bereits ausgenutzt wurden.

---

143 Evtl. Betriebsrenten werden hier vernachlässigt.

144 Vgl. § 14 Abs. 1 ErbStG i.V.m. § 16 Abs. 1 Nr. 2 ErbStG.

145 Zum Vorbehaltsnießbrauch vgl. Korn (1999), S. 1465 ff. Erbschaft- und schenkungsteuerrechtlich ist der Nießbrauch als Nutzungs- bzw. Duldungsauflage zu sehen, deren Kapitalwert nach den §§ 13 - 16 BewG zu ermitteln ist; vgl. R 17 Abs. 3 ErbStR. Da hier jedoch der Schenkende (bzw. dessen Ehegatte) nutzungsberechtigt ist, wird die daraus resultierende Belastung nicht berücksichtigt; vgl. § 25 ErbStG.

146 Bei unterstellten Zinsen von wiederum 5% beträgt der einkommensteuerliche Vorteil jährlich EUR 4.100 (= EUR 20.500 x [40% - 20%]).

147 Gerade wenn die 10-Jahresfrist noch nicht verstrichen ist. Allerdings nur, wenn kein „anderer Weg" gefunden wurde, die Erträge zu verwenden (z.B. Beitrag zur Urlaubskasse oder zum Autokauf).

148 Vgl. Bareis/Elser (1997), S. 562.

149 Ausführlich hierzu Rautenberg/Korezkij (1999), S. 81 ff.

F.3.3.2.2. Vermögensübertragung gegen private Versorgungsleistung

Abschließend sei noch auf den Fall einer Vermögensübertragung gegen wiederkehrende Leistungen hingewiesen. Hier wird ebenso wie beim Vorbehaltsnießbrauch (aber im Gegensatz zum Zuwendungsnießbrauch) ein schenkungsteuerlicher Tatbestand erfüllt, mit der ebenfalls bestehenden Möglichkeit einer Freistellung des übertragenen Vermögens innerhalb der erbschaft- bzw. schenkungsteuerlichen Freibeträge. Die Besonderheit dieser Form der Vermögensübertragung besteht nun darin, dass die zukünftigen einkommensteuerlichen Folgen der Übertragung im Wesentlichen frei gestaltbar sind. Denn die „Gegenleistung" in Form einer dauernden Last oder Leibrente hängt grundsätzlich nicht vom Wert des übertragenen Vermögens oder den damit erzielten Erträgen ab. Der zukünftig einkommensteuerlich relevante Abzug als Sonderausgaben beim Beschenkten bzw. der Ansatz als wiederkehrende Bezüge beim Schenker kann somit steueroptimal gestaltet werden.[150] Im Vergleich zum Vorbehaltsnießbrauch können diese Beträge zum einen weitgehend unabhängig von den tatsächlichen Erträgen des übertragenen Vermögens festgelegt werden.[151] Zum anderen besteht durch die Ausgestaltung als dauernde Last oder Leibrente die Wahlmöglichkeit, über die Zurechnung der gesamten Zahlungen oder nur deren Ertragsanteil zu disponieren.

Begründet wird diese „Zwitterstellung" zwischen Gegenleistungsrente und Unterhaltsrente[152] mit der Rechtsfigur der vorbehaltenen Vermögenserträge. Hiernach soll sich der Vermögensübergeber in Gestalt der Versorgungsleistungen typischerweise die Erträge seines Vermögens zurückbehalten, die nunmehr allerdings vom Vermögensübernehmer erwirtschaftet werden.[153] Insoweit läge ein Vergleich mit einer Vermögensübertragung unter Nießbrauchsvorbehalt nahe. Ein solcher Vergleich ist jedoch verfehlt, weil beim Nutzungsvorbehalt das Risiko der Fruchtziehung weiterhin der Übertragende trägt. Demgegenüber geht das Ertragsrisiko beim Vermögensübergang gegen Versorgungsleistungen auf

---

[150] Vgl. § 10 Abs. 1 Nr. 1a EStG i.V.m. § 22 Nr. 1 EStG.

[151] Wobei das übertragene Vermögen bisher wenigstens teilweise dazu beitragen sollte, die Existenz des Übergebers zu sichern. Vgl. bereits BMF v. 23.12.1996, BStBl I 1996, S. 1508 ff sowie BMF v. 26.8.2002, BStBl I 2002, S. 893 (insbes. Rz 17). Seit dem Beschluss des GrS des BFH v. 12.5.2003, BB 2003, S. 2158, können abänderbare Versorgungsleistungen nur noch dann als dauernde Last abgezogen werden, wenn sie aus den erzielbaren laufenden Nettoerträgen des übergebenen Vermögens gezahlt werden können. Insofern liegt also eine Grenze für die steuerliche Anerkennung der „Unterhaltsleistung" vor. Vgl. hierzu auch GrS des BFH v. 12.5.2003, BB 2003, S. 2163.

[152] Vgl. Fischer (2000), S. 11001 ff.

[153] GrS des BFH v. 5.7.1990, BStBl II 1990, S. 847; GrS des BFH v. 15.7.1991, BStBl II 1992, S. 78.

den Erwerber des Vermögens über, denn ihm wird eine von der Fruchtziehung unabhängige Verpflichtung zur Zahlung der wiederkehrenden Bezüge auferlegt.[154]

Die lange Zeit bestehende Uneinigkeit darüber, ob Versorgungsleistungen auch im Zusammenhang mit der Übertragung ertraglosen Vermögens (z.B. selbstgenutztes Einfamilienhaus) begründet werden können,[155] zeigt, dass in der Vergangenheit keine operationalen und steuersystematisch haltbaren Abgrenzungskriterien existierten. Zwar ist die Rechtslage durch zwei Entscheidungen des Großen Senats des BFH vom 12.5.2003 nunmehr weitgehend geklärt.[156] Die bestehenden Gestaltungsspielräume sind aber weiterhin beträchtlich.[157] Letztlich ist die Rechtsprechung zum Bereich der Versorgungsleistungen als ergebnisorientiert zu bezeichnen. Dem Steuerpflichtigen soll wohl ein Wahlrecht bei Übergabeverträgen eingeräumt werden. Steht die Vermeidung der Aufdeckung stiller Reserven im Vordergrund, kann die „Gegenleistung“ in Form von wiederkehrenden Bezügen als unentgeltlicher Vorgang dargestellt werden. Als Folge hiervon treten an die Stelle einmaliger (evtl. außergewöhnlich hoher) Veräußerungsgewinne kontinuierliche Einnahmen beim Bezieher, während der Zahlende Sonderausgaben geltend macht. Wird dagegen die (Teil-) Entgeltlichkeit des Vermögensübergangs präferiert, z.B. im Hinblick auf die Schaffung von zusätzlichem Abschreibungspotential, lässt sich auch dies steuerlich wirksam umsetzen.[158]

Für die hier zu fixierende Maßgröße Markteinkommen kann im Hinblick auf eine gleichmäßige Besteuerung aber kein Sonderrecht für Versorgungsleistun-

---

154 Vgl. Biergans/Koller (1993), S. 748. Zwar führt der Beschluss des GrS des BFH v. 12.5.2003 zu einer Annäherung in der steuerlichen Qualifikation der Vermögensübertragung gegen private Versorgungsleistung und dem Nießbrauchsvorbehalt soweit genügend Erträge vorhanden sind. Dies ändert sich jedoch, wenn die „vorbehaltenen Erträge“ ausbleiben. Allerdings werden in der Praxis i.d.R. Anpassungsmöglichkeiten gem. § 323 ZPO vereinbart.

155 Während der XI. Senat des BFH in seinem Urteil vom 23.1.1992, BStBl II 1992, S. 52, Versorgungsleistungen auch dann anerkannte, wenn die wiederkehrenden Zahlungen nicht aus dem übertragbaren Vermögen erzielbar sind, stellte der X. Senat allein auf die Ertragskraft des übertragenen Vermögens ab, vgl. BFH v. 10.11.1999, BStBl II 2000, S. 188. Vgl. hierzu auch Fischer (2000), S. 11001 ff. Stellvertretend für die ebenfalls widerstreitenden Meinungen in der Literatur Spiegelberger (2000), S. 1073 ff sowie Hipler (2001), S. 1918 ff.

156 GrS des BFH v. 12.5.2003, BB 2003, S. 2158 und S. 2163.

157 Ausführlich hierzu Schwind/Bäuml (2004), S. 76 ff.

158 Gerade bei der Übergabe von ganzen Betrieben ist die Beurteilung von Leistung und adäquater Gegenleistung nur schwer überprüfbar. I.d.R. dürften bei gewollter Entgeltlichkeit Einmalbeträge („Kaufpreis“) vereinbart werden, wenngleich auch Veräußerungsrenten als Gegenleistung in Betracht kommen. Vgl. Biergans/Koller (1993), S. 748.

gen gelten. Werden anlässlich eines Erwerbs/Übertrags von Vermögensgegenständen seitens des Erwerbers Ausgaben getätigt und wird der erworbene Vermögensgegenstand zu Erwerbszwecken verwendet, sind diese Ausgaben entsprechend den bereits genannten Bilanzierungs- und Bewertungsregeln zu erfassen.[159] Dabei ist es unerheblich, ob die Ausgaben in Form von Einmalbeträgen oder wiederkehrenden Leistungen erbracht werden.[160] Der Versorgung des Übertragenden dienen dessen Einnahmen ökonomisch in jedem Fall. Aus Sicht einer Markteinkommensbesteuerung kann es folglich nur darum gehen, den einer Marktbeziehung entsprechenden Teil der Rechtsbeziehung (= Leistung und Gegenleistung) von demjenigen zu trennen, der nicht auf erwerbswirtschaftliche Gründe zurückzuführen ist. Ökonomisch spiegeln sich (vorbehaltene) Vermögenserträge (also Einnahmenüberschüsse) selbstverständlich im Kaufpreis bzw. den Anschaffungskosten wieder, gehören sie doch neben den alternativen Anlagemöglichkeiten zur maßgeblichen Bestimmungsgröße der Vorteilhaftigkeit einer Investition.[161] Eine Vergütung von zukünftigen Erträgen im Kaufpreis eines Vermögensgegenstandes wird deshalb auch unter fremden Dritten stattfinden und ist folglich kein besonderes Kennzeichen des Rechtsinstituts der Vermögensübergabe gegen private Versorgungsleistung.

Diese Ausführungen mögen an dieser Stelle genügen. Es sollte deutlich geworden sein, dass die Vorstellung von vorbehaltenen Vermögenserträgen „einen intersubjektiven Einkommenstransfer beinhaltet"[162], der sich weder mit den handlungsorientierten Einkommensteuertatbeständen des geltenden Einkommensteuergesetzes[163] noch mit dem hier vorgestellten Markteinkommensbegriff in Einklang bringen lässt. Bereits die Zuordnung zu den Sonderausgaben macht deutlich, dass die eigentlich erforderliche Zurechnung der Zahlungen zu dem Steuersubjekt, „das die zur Reinvermögensmehrung führende Erwerbstätigkeit am Markt ausgeübt hat"[164], offensichtlich nicht gelingt oder aber gar nicht gewollt ist.[165]

---

159 D.h. Neutralisierung der Ausgaben durch Aktivierung der Anschaffungskosten oder Kürzung des Gewinns/Einkommens durch Abzug als erwerbswirtschaftliche Aufwendungen.

160 Vgl. Biergans/Koller (1993), S. 749.

161 Der Begriff der Investition umfasst sowohl den Kauf z.B. einer Maschine als auch den Erwerb eines ganzen Unternehmens, wozu eben die wiederkehrenden Leistungen als eine Form der (Teil-) Gegenleistung gehören.

162 Biergans/Koller (1993), S. 749.

163 Vgl. Biergans/Koller (1993), S. 749.

164 Biergans/Koller (1993), S. 749.

165 So kommt in der sog. Wertverrechnungstheorie das grundsätzliche Problem einer Verrechnung von Leistung und Gegenleistung bereits deutlich zum Ausdruck, ohne jedoch große Beachtung zu finden. Vgl. Schmidt/Heinicke, EStG, § 10 Rz 65 „Gegenleistung"; Fischer (2000), S. 11001 ff.

F.3.3.3. Erfüllung eines schenkungsteuerlichen Tatbestandes als Konsequenz (Kehrseite) einer geänderten Einkommenszurechnung

Die vorstehenden Beispiele haben gezeigt, dass es in der derzeitigen Rechtslage Gestaltungsvarianten gibt, bei denen eine unentgeltliche Änderung in der Einkommenszurechnung zwischen nahen Angehörigen ohne Konsequenzen im Hinblick auf schenkungsteuerliche Tatbestände möglich ist, obwohl es sich dabei nicht um eine Markttransaktion handelt und infolgedessen die Frage nach der Bereicherung des Bedachten nahe liegt. So erhält der Beschenkte beim Zuwendungsnießbrauch zwar nicht die eigentliche Einkunftsquelle, aber doch offensichtlich etwas, was die Attraktivität einer Einkunftsquelle ausmacht: Einnahmen (Erträge), die höher sind als die Ausgaben (Aufwendungen). Dies gilt insbesondere für Einkunftsquellen, deren Renditen weitgehend unabhängig vom Arbeitseinsatz des Nießbrauchers zustande kommen, wie etwa beim Nießbrauch an einem Wertpapier oder an einer vermieteten Wohnung.[166] Sieht man einmal von Buchverlusten ab,[167] wird der (zugewendete) Nießbrauch i.d.R. einen positiven Kapitalwert analog § 13 BewG aufweisen, der als Bereicherung im Sinne von § 7 Abs. 1 Nr. 1 ErbStG i.V.m. § 10 Abs. 1 ErbStG qualifiziert werden könnte.

Diese Sichtweise führt insoweit auch zu einer Gleichbehandlung mit dem Vorbehaltsnießbrauch, als die dort zurückbehaltenen und eventuell nicht verausgabten Erträge zu einem späteren Zeitpunkt auch schenkungsteuerpflichtig auf den schon als Eigentümer der Nießbrauchsquelle zu qualifizierenden Beschenkten übergehen. Vorbehalts- und Zuwendungsnießbrauch würden sich dann nur im zeitlichen Ablauf unterscheiden. Während beim Vorbehaltsnießbrauch zunächst die Quelle übertragen würde und erst zu einem späteren Zeitpunkt die nach der Übertragung beim Vorbehaltsnießbraucher noch angefallenen Erträge,[168] wäre die Reihenfolge beim Zuwendungsnießbrauch umgekehrt. Zunächst ginge der (Kapital-) Wert der übertragenen Erträge über,[169] während zu einem späteren Zeitpunkt die Quelle folgt.

---

166 Anders läge der Sachverhalt bei einem Nießbrauch an einem Betrieb, dessen Einnahmenseite nicht weitgehend durch marktwirtschaftliche Rahmenbedingungen (Anlagezins bzw. ortsübliche Miete) vorgegeben ist, sondern maßgeblich vom Arbeitseinsatz und den Managementqualitäten des Nießbrauchers bestimmt wird.

167 Hier könnte innerhalb des Familienkreises die Intention darin gesehen werden, die (buchmäßig) negativen Einkünfte der Person zuzurechnen, die sich in der höchsten Progressionsstufe befindet.

168 Sofern diese eben nicht bereits verausgabt wurden.

169 Die Schwierigkeiten liegen dabei in der Konkretisierung des Kapitalwertes. Dieser mag für einen Nießbrauch an Wertpapieren und einzelnen Vermietungsobjekten noch relativ einfach zu ermitteln sein. Für einen Nießbrauch an komplexem Immobilienvermögen

Ökonomisch betrachtet bleibt allerdings die Frage nach dem Sinn einer Spaltung der Erträge aus einer Einkommensquelle von der Quelle selbst. Bestimmen doch genau diese „Erträge" (theoretisch die daraus resultierenden Kapitalwerte) den Wert der Quelle selbst.[170] Damit existiert für Schenkungstatbestände das Problem, zukünftig erwartete Erträge und Aufwendungen im Zeitpunkt der Schenkung zu bewerten. Ohne auf die Lösung dieser Problematik hier näher eingehen zu können, dürfte es jedoch sowohl aus einkommensteuerlicher als auch aus schenkungsteuerlicher Sicht wenig sinnvoll sein, ausschließlich auf den Verbleib zugewendeter oder vorbehaltener Erträge abzustellen. Statt dessen sollte für die Frage, ob lediglich Einkünfte abgetreten werden oder aber eine Einkunftsquelle übergeht,[171] auch für schenkungsteuerliche Zwecke auf das Merkmal der Dispositionsbefugnis zurückgegriffen werden. Wenn dann etwa nur Zinsen aus einem Wertpapier einem Familienangehörigen zugewendet werden, einkommensteuerlich aber keine Zurechnungsänderung vorgenommen wird, bliebe der Vorgang auch schenkungsteuerlich unbeachtlich. Im Gegensatz dazu würde bei einem Wechsel der Dispositionsbefugnis und einer daran anknüpfenden geänderten Subjektzurechnung bei der Einkommensteuer ein schenkungsteuerlicher Vorgang ausgelöst, soweit dem erhaltenen Vermögen nicht eine wie auch immer gestaltete Gegenleistung (= entgeltlicher Vorgang) gegenübersteht.

Damit würden die aktuell existierenden Differenzierungen zwischen „Vermögensstamm" und „daraus entstehenden Erträgen" hinfällig. Die Übertragung eines Nießbrauchs an den Erträgen bei gleichzeitigem Zurückbehalt der Dispositionsbefugnis wäre dann bei einer Immobilie ebenso wenig möglich,[172] wie bei einem Wertpapier.[173] Für das Beispiel unter F.3.3.2.1. würde dies bedeuten, dass die einkommensteuerliche Zurechnung der Zinserträge von jährlich EUR 4.000 bei der Tochter nur dann möglich ist, wenn auch der Übergang der Dispositionsbefugnis unterstellt wird. Dies würde dann aber einen schenkungsteuerlichen Tatbestand auslösen. Natürlich wäre damit eine Einengung des Variantenreich-

---

oder Betrieben treten dagegen Quantifizierungsprobleme auf, weil es sich dabei um ex ante-Größen handelt, deren Tauglichkeit für Besteuerungszwecke bereits verneint wurde. Bei Erträgen aus Betrieben besteht zudem die Schwierigkeit bzw. Unmöglichkeit einer Trennung der Ertragsbestandteile, die prinzipiell bereits vorhanden sind (Bsp. guter Name, gutes Produkt), von denjenigen, die aus dem Arbeitseinsatz bzw. den Managementqualitäten des Nießbrauchers resultieren. Hier wären also ebenfalls vereinfachende Annahmen zu treffen.

170 Sieht man einmal von eigengenutzten Vermögensgegenständen wie z.B. dem Einfamilienhaus ab.

171 Vgl. Ruppe (1979), S. 25.

172 Hier können die Einkünfte derzeit in bestimmten Fällen dem Nießbraucher zugerechnet werden. Vgl. BMF v. 24.7.1998, BStBl I 1998, S. 914; Korn (1999), S. 1473.

173 So bereits die aktuelle Rechtslage. Vgl. BFH v. 14.12.1976, BStBl II 1977, S. 115; BMF v. 23.11.1983, BStBl I 1983, S. 508; BMF v. 24.7.1998, BStBl I 1998, S. 914.

tums bei den Nachfolgeregelungen verbunden, die der eine oder andere bedauern mag. Im Hinblick auf ein möglichst entscheidungsneutrales, gleichmäßiges und einfaches Steuerrecht sind gestaltungsunabhängige Vorschriften allerdings systematisch vorzuziehen.

Für eine weitere Abstimmung zwischen Einkommen- und Schenkungsteuer wäre m.E. vordringlich auf eine Einbeziehung der hohen Freibeträge des ErbStG zu achten.[174] Wollte man gesellschaftspolitisch die hohen persönlichen Freibeträge im ErbStG beibehalten,[175] würde eine Verknüpfung des unentgeltlichen Teils einer geänderten Einkommenszurechnung mit der Erfüllung eines schenkungsteuerlichen Tatbestandes zumindest eine Anrechnung auf diese Freibeträge erfordern.[176] Darüber hinaus bleibt allerdings die Frage, ob neben den hinlänglich bekannten Verstößen gegen eine gleichmäßige Erbschaftsbesteuerung,[177] die der BFH zum Anlass nahm, deren Verfassungsmäßigkeit prüfen zu lassen,[178] nicht eine Bereinigung der hohen Erbschaft- und Schenkungsteuerfreibeträge im Hinblick auf ein Zusammenspiel von EStG (Marktleistungsaustausch) und ErbStG (kein Leistungsaustausch) notwendig wäre. Qualifizierte Aussagen hierüber erfordern freilich eine ausführliche Analyse der zueinander in Beziehung stehenden einkommensteuerlichen und schenkungsteuerlichen Bemessungsgrundlagen sowie des Austauschverhältnisses für die daran anknüfenden Steuersatzverläufe.[179]

F.4. Zusammenfassung

- Nach einer vorausgegangenen Systembereinigung (nur noch eine Einkunftsart und eine Ermittlungsmethode) bleibt als Kernproblem die Verlagerung von Einkommen zwischen Steuerpflichtigen und ihren Angehörigen, wenn

---

[174] So sollte etwa eine Schenkung verbunden mit einer späteren Rückschenkung eine höhere Steuerzahlung auslösen als die zwischenzeitlich denkbaren Vorteile aus einer geänderten Zurechnung bei der Einkommensteuer.

[175] Bei den typischen vorweggenommenen Erbfolgen sind dies i.d.R. diejenigen nach § 16 Abs. 1 Nr. 1 und 2 ErbStG.

[176] Wenn also im Beispiel unter F.3.3.2.1. die einkommensteuerliche Zurechnung bei der Tochter bejaht würde, wäre der Freibetrag gem. § 16 Abs. 1 Nr. 2 ErbStG infolge der gleichzeitigen Verwirklichung eines schenkungsteuerlichen Tatbestandes bereits in Höhe von EUR 200.000 ausgeschöpft.

[177] Vgl. Schneider (1998), S. 1288 f; Bareis/Elser (1997), S. 557.

[178] BFH v. 22.5.2002, DStR 2002, S. 1438.

[179] Zum Problem einer Gleichmäßigkeit der Besteuerung in einem Mehrsteuerarten-System vgl. Schneider (1994), S. 38 ff u. S. 43 ff.

für diese unterschiedliche Steuersätze gelten. Entscheidenden Einfluss auf die Lösung dieses Zurechnungsproblems hat die Veranlagungsform. Denn nur bei einer Individualveranlagung stellt sich die Frage einer Verlagerung von Einkommen. Werden Angehörige demgegenüber weitgehend gemeinsam veranlagt (z.B. Familienbesteuerung), so erübrigt sich eine Zurechnungsänderung unter steuerlichen Gesichtspunkten.

- Für eine sachgerechte Zurechnung von Einkommen in der Praxis - speziell zwischen Angehörigen - sind (materielle) Vereinfachungen notwendig, weil ansonsten negative Wirkungen auf die hier verfolgten Leitbilder (Entscheidungsneutralität, Gleichmäßigkeit und Einfachheit) zu befürchten sind. Diese negativen Wirkungen gehen von einer Überschätzung der Praxistauglichkeit bloßer Formalien oder von einer Zunahme der Komplexität durch die alternative Suche nach Einzelfallgerechtigkeit aus.

- Mit den vorgestellten Lösungsansätzen wurde der Versuch unternommen, mögliche materielle Vereinfachungen aufzuzeigen. Diese sind allerdings z.T. mit dem Makel behaftet, sich vom theoretischen Idealbild zu entfernen. Hierzu gehört auch die Wertung, dass eine (modifizierte) Zusammenveranlagung von Ehegatten letztlich zu einer „gerechteren" tatsächlichen Steuerbelastung führt als das theoretische Ideal der mit einer Markteinkommensbesteuerung korrespondierenden Individualveranlagung. Denn bei einer getrennten Veranlagung der Mitglieder einer „Haushaltsgemeinschaft Ehegatten" könnten diese über entsprechende Gestaltungen ihre jeweilige Bezugsgröße Markteinkommen optimieren, um so den Zustand einer Zusammenveranlagung (mit Splittingvorteil) faktisch herzustellen. Zudem kommt einer gemeinsamen Veranlagung von Ehegatten die Aufgabe zu, zu einer notwendigen Vereinfachung des Steuerrechts beizutragen. Denn ohne diese Typisierung steht man vor dem m.E. nicht lösbaren Problem, Verträge zwischen Ehegatten hinsichtlich ihres erwerbswirtschaftlichen Anteils sowie hinsichtlich ihres Unterhalts- und/oder Schenkungsanteils abzugrenzen.

- Eine ebenfalls denkbare Familienveranlagung/-besteuerung wurde dagegen als zu weitreichend abgelehnt. Ein Verzicht auf eine gemeinsame Veranlagung von Eltern und ihren Kindern erscheint auch deshalb angebracht, weil hier andere Möglichkeiten einer typisierenden Vereinfachung bestehen. So kann auf eine Typisierung nach dem (objektiv überprüfbaren) Alter der Kinder zurückgegriffen werden. Daran anknüpfend wurde für Vertragsverhältnisse zwischen Eltern und ihren minderjährigen Kindern eine grundsätzliche Zurechnung bei den Eltern vorgeschlagen.

- Für vertragliche Beziehungen zwischen Eltern und ihren volljährigen Kindern erscheint diese pauschale Annahme nicht mehr sachgerecht. Folglich bleibt es auch insoweit beim Grundsatz der Individualbesteuerung. Aufgabe des Merkmals „Dispositionsbefugnis“ ist es dann, die für eine Markteinkommensbesteuerung bedeutende Abgrenzung in originäre Einkommensentstehung und personenbezogenem Einkommenstransfer (= Einkommensverwendung) für diese Vertragsverhältnisse zu präzisieren. Das Gleiche gilt für steuerliche Zurechnungsfragen zwischen Angehörigen im Allgemeinen.

- Auch wenn mit der „Dispositionsbefugnis über eine Einkommensquelle“ ein einheitliches Zurechnungskriterium vorliegt, muss dieses jedoch für Einzelfälle konkretisiert werden. Abgesehen von untauglichen Formvorschriften, besteht somit die Gefahr, dass mit der Prüfung des Gesamtbildes des Einzelfalls die Zurechnungsfrage erneut zu komplex wird. Da zahlreichen Einzelfallregelungen im Sinne einer einfachen Besteuerung aber Einhalt geboten werden sollte, wurde vorgeschlagen, den Übergang der Dispositionsbefugnis und damit der einkommensteuerlichen Zurechnung zumindest mit entsprechenden schenkungsteuerlichen Konsequenzen zu versehen. Dies kann zwar die notwendige Beurteilung des Übergangs der Dispositionsbefugnis nicht ersetzen, wird aber die Zahl der lediglich steuerlich motivierten Einkommensverlagerungen tendenziell verringern.

- Wem die vorgeschlagenen Vereinfachungen und die damit verbundenen Ausnahmen vom Grundsatz der Individualbesteuerung zu weit gehen,[180] der findet in der Dispositionsbefugnis ein systematisches Kriterium, um die bei uneingeschränkter Geltung der Individualveranlagung (und unterschiedlichen Steuersätzen) vermehrt auftretenden Probleme der Zurechnung von Einkommen zu lösen.

- Somit lassen sich die „Eckwerte“ der hier befürworteten Regeln einer Zurechnung von Einkommen wie folgt darstellen:

---

[180] Zu denken wäre hier an den Vorrang des theoretisch Gebotenen (formelles Gesetz) und eine weniger starke Betonung des tatsächlichen Belastungserfolges (pragmatische Umsetzung).

Individualbesteuerung
- theoretisches Ideal -

↓

Markteinkommensbesteuerung
- zur Abgrenzung von originärer Einkommensentstehung und personeller Einkommensverwendung -

konkretisiert ↓ durch

Dispositionsbefugnis
- Zurechnungskriterium -

↓

Ausnahmen
- Vereinfachungsgedanke -

Art	**Begründung**
Zusammenveranlagung von Ehegatten	Würde faktisch unterlaufen
Nichtanerkennung von Vertragsverhältnissen mit minderjährigen Kindern	Stellt in aller Regel Unterhalt (= Einkommensverwendung) dar
Abstimmung von einkommensteuerlicher Zurechnungsänderung mit schenkungsteuerlichem Vorgang (restliche Angehörige, insbes. volljährige Kinder)	Schränkt rein steuerliche Gestaltungen ein, weil in jedem Fall eine dementsprechende Erfassung droht

G Schlussbemerkung

Die vorliegende Arbeit will verdeutlichen, dass eine Lösung der Kernprobleme des Einkommensteuerrechts auf der Basis der aktuellen Rechtslage immer wieder an ihre Grenzen stößt. Ursächlich hierfür ist die kaum noch erkennbare Systematik, hervorgerufen durch ökonomisch nicht nachvollziehbare Prognosen über die Einkunftserzielungsabsicht, unterschiedliche Einkunftsarten mit divergierenden Ermittlungsmethoden oder eine fehlende Konzeption für die Zurechnung von Einkommen. So verwundert es denn auch nicht, dass die zurückliegenden Reformversuche nicht den erwünschten Erfolg brachten. Denn im Hinblick auf diese grundsätzlichen Problembereiche wurden bestenfalls kosmetische Eingriffe vorgenommen. Eine echte Reform muss demgegenüber zwingend den gegebenen Rahmen des aktuellen Einkommensteuerrechts verlassen.

Da sich ein „gerechtes“ Steuerrecht letztlich am tatsächlichen Belastungserfolg messen lassen muss, kommt einer praxisorientierten Vorgehensweise sowohl bei der Festlegung der Besteuerungsziele als auch bei deren Umsetzung eine herausragende Bedeutung zu. Immunisierungsstrategien (z.B. vollkommener Kapitalmarkt), die zu nicht real existierenden modelltheoretischen Überlegungen führen, ist in diesem Kontext eine Absage zu erteilen. Entsprechend wurde in dieser Arbeit die Intention verfolgt, auf der Basis theoretisch abgeleiteter und real beobachtbarer Ziele der Steuerpflichtigen, ein praktikables und dennoch systematisches Rahmenkonzept zu entwerfen.

Zwar sind hierfür Kompromisslösungen und damit Abweichungen vom theoretischen Idealbild notwendig. Dies muss aber keinesfalls mit dem Verlust systemtragender Prinzipien einhergehen. Im Übrigen sind alle Einkommensteuersysteme auf Kompromisse aus Typisierungen und Pauschalierungen angewiesen, was insbesondere für das prinzipiell nicht lösbare Problem der Trennung von Investition und Konsum gilt. Die Beurteilung der Effizienz derartiger Regelungen kann nur empirisch erfolgen.

Eine absolute Gerechtigkeit wird kein Steuersystem der Welt gewährleisten können. Es wäre aber schon viel erreicht, wenn sich die weitere Forschung und Auseinandersetzung mit dem Thema an folgender Leitlinie orientieren würde: „Unterstütze jenes Steuersystem, das Du wählen würdest, wenn Du nicht wüßtest, ob Du zu den Armen oder Reichen gehörst (oder zu den Alleinerziehenden oder Ehegatten, den Gewinneinkünftlern oder Überschußeinkünftlern usw.).“[1] Mit diesem Ansatz sollte es möglich sein, „mehr Gerechtigkeit“ durch den Abbau offensichtlicher Ungleichbehandlungen im geltenden (Einkommen-) Steuerrecht zu verwirklichen.[2]

Hierzu möchte die vorliegende Arbeit einen Beitrag leisten und den zahlreichen aktuellen Reformentwürfen, die sich im wesentlichen stärker um die Gesamtdarstellung eines Einkommensteuergesetzes bemühen, eine zusätzliche Diskussionsgrundlage bieten. Denn m.E. sollten die Beteiligten einer Steuerreform die behandelten Problemfelder in ihre Regelungsvorschläge einbeziehen, wenn sie nicht nach einer allseits erhofften und dringend gebotenen Umsetzung überrascht feststellen wollen, dass „schon wieder“ zahlreiche Streitfälle zu lösen sind.

---

1 Homburg (2000), S. 233; zustimmend Siegel (2001b), S. 272.
2 Vgl. Schneider (1994), S. 48.

Literaturverzeichnis

Adler / Düring / Schmaltz (1987):
Rechnungslegung und Prüfung der Unternehmen, Kommentar, 5. Aufl., Stuttgart.

Adler / Düring / Schmaltz (1995):
Rechnungslegung und Prüfung der Unternehmen, Kommentar zum HGB, AktG, GmbHG, PublG nach den Vorschriften des Bilanzrichtlinien-Gesetzes, neu bearb. von Karl-Heinz Forster, 6. Aufl., Teilbd. 1, Stuttgart.

Alarcón García, Gloria (1997):
Der Abzug von Berufsausgaben im spanischen Einkommensteuerrecht - Ein Vergleich mit dem deutschen Einkommensteuerrecht, in: Steuer und Wirtschaft 1997, S. 333 - 340.

Ault, Hugh J. (1979):
Möglichkeiten und Grenzen der Übertragung von Einkunftsquellen nach amerikanischem Steuerrecht, in: Tipke, Klaus (Hrsg.), Übertragung von Einkunftsquellen im Steuerrecht, DStJG Bd. 1, S. 155 - 165.

Ault, Hugh J. (1998):
Steuervereinfachung im internationalen Vergleich, in: Fischer, Peter (Hrsg.), Steuervereinfachung, DStJG Bd. 21, S. 107 - 128.

Bader, Axel (1996):
Das Zwei-Konten-Modell auf dem Prüfstand, in: Neue Wirtschafts-Briefe 1996, S. 2859 - 2864.

Bader, Axel / Dambeck, Harald (1998):
Anerkennung des Zwei-Konten-Modells durch den Großen Senat, in: Neue Wirtschafts-Briefe 1998, Blickpunkt Steuern 5/98, S. 1663 f.

Balke, Michael (1997):
Aus- und Fortbildungskosten - Abschied von einer herkömmlichen Unterscheidung nach „Berufskästchen" im Einkommensteuerrecht, in: Neue Wirtschafts-Briefe 1997, S. 1269 - 1273.

Bareis, Peter (1986):
Plädoyer für ein neues Konzept beim steuerlichen Abzug von Schuldzinsen - Zugleich Ergänzungen zum Beitrag Siegels in Steuer und Wirtschaft 1985, S. 207, in: Steuer und Wirtschaft 1986, S. 118 - 127.

Bareis, Peter (1991):
Transparenz bei der Einkommensteuer - Zur systemgerechten Behandlung sogenannter „notwendiger Privatausgaben", in: Steuer und Wirtschaft 1991, S. 38 - 51.

Bareis, Peter (1991a):
„Kinderlast", Steuertarif und Besteuerung nach der Leistungsfähigkeit - Folgerungen aus der Rechtsprechung des BVerfG, in: Deutsches Steuerrecht 1991, S. 1399 - 1403 und S. 1434 - 1437.

Bareis, Peter (1995):
Die notwendige Reform der Einkommensteuer 1996 - Thesen der Einkommensteuer-Kommission im Vergleich mit den Tarifvorschlägen des BMF und des Finanzministeriums NRW, in: Deutsches Steuerrecht 1995, S. 157 - 164.

Bareis, Peter (1995a):
Markteinkommensbesteuerung und Existenzminima - noma locuta, causa finita?, in: Elschen, Rainer / Siegel, Theodor / Wagner, Franz W. (Hrsg.), Unternehmenstheorie und Besteuerung, Festschrift für Dieter Schneider, Wiesbaden, S. 39 - 75.

Bareis, Peter (1996):
Steuerreform durch Steuersystembereinigungen, in: Baron, Stefan / Handschuch, Konrad (Hrsg.), Wege aus dem Steuerchaos, Stuttgart, S. 29 - 64.

Bareis, Peter (1996a):
Die Diskussion um einen „Stufentarif" bei der Einkommensteuer, in: Deutsches Steuerrecht 1995, S. 1466 - 1472.

Bareis, Peter (1997):
Steuern für Lenkungszwecke erwünscht?, in: Zeitschrift für Praxisorganisation, Betriebswirtschaft und elektronische Datenverarbeitung 1997, S. 246 - 248.

Bareis, Peter (1997a):
Brutto- oder Nettoprinzip bei der Einkommensbesteuerung?, in: Zeitschrift für Praxisorganisation, Betriebswirtschaft und elektronische Datenverarbeitung 1997, S. 215 - 218.

Bareis, Peter (1997b):
Rechtsformwahl, Gesetzesaktionismus und die Reform der Unternehmensbesteuerung, in: Wagner, Franz W. (Hrsg.), Steuerberatung im Spannungsfeld von Betriebswirtschaft und Recht, Festschrift für Heinz Stehle, Stuttgart, S. 21 - 40.

Bareis, Peter (1998):
Diskussion, in: Fischer, Peter (Hrsg.), Steuervereinfachung, DStJG Bd. 21, S. 66 - 83.

Bareis, Peter (2000):
Gebietet das Grundgesetz bei der Ehegattenbesteuerung die Mißachtung ökonomischer Wirkungen? - Analyse eines Rechtsgutachtens Klaus Vogels, in: Steuer und Wirtschaft 2000, S. 81 - 90.

Bareis, Peter (2001):
Die Familien- und Ehegattenbesteuerung aus deutscher Sicht - rechtliche und ökonomische Aspekte, IFF Forum für Steuerrecht (St. Gallen) 2001, S. 270 - 282.

Bareis, Peter (2002):
Zur Kritik am „Karlsruher Entwurf zur Reform des EStG", in Steuer und Wirtschaft 2002, S. 135 - 147.

Bareis, Peter / Allmendinger, Daniela / Selg, Carmen (1997):
Neuansätze des Familienlastenausgleichs, in: Hessisches Ministerium für Frauen, Arbeit und Sozialordnung, veröffentlicht unter: HMFAS (Hrsg.), Frauenpolitische Aspekte im Einkommensteuerrecht, Teil 3, Wiesbaden.

Bareis, Peter / Elser, Thomas (1997):
Analyse des neuen Erbschaftsteuerrechts, in: Deutsches Steuerrecht 1997, S. 557 - 562.

Bayer, Hermann-Wilfried / Müller, Friedrich Paul (1978):
Das Einkommen - der Steuergegenstand des Einkommensteuerrechts?, in: Betriebs-Berater 1978, S. 1 - 5.

Becker, Enno (1940):
Die Grundlagen der Einkommensteuer, Berlin.

Berg, Hans-Georg / Schmich, Rolf (2002):
Die Beschränkung des Verlustabzuges im Karlsruher Entwurf zum Einkommensteuergesetz, in: Deutsches Steuerrecht 2002, S. 346 - 348.

Bering, Stefan (1999):
Gewerblicher Grundstückshandel bei Veräußerung mehrerer Grundstücke an eine weiterveräußernde GmbH, in: Neue Wirtschafts-Briefe 1999, Fach 3, S. 10741 - 10744.

Berz, Stefan (1997):
Liebhaberei und Segmentierung einer einheitlichen gewerblichen Tätigkeit von Personengesellschaften, in: Deutsches Steuerrecht 1997, S. 358 - 360.

Biergans, Enno (1992):
Einkommensteuer, 6. Aufl., München.

Biergans, Enno (1993):
Zur personellen Zurechnung latenter Einkünfte, in: Raupach, Arndt (Hrsg.), Ertragsbesteuerung: Zurechnung, Ermittlung, Gestaltung, Festschrift für Ludwig Schmidt, München, S. 75 - 103.

Biergans, Enno / Koller, Andreas (1993):
Vermögensübertragungen gegen private Versorgungsleistungen, in: Deutsches Steuerrecht 1993, S. 741 - 750.

Bilsdorfer, Peter (1998):
Die Üblichkeit als Kriterium für die steuerliche Anerkennung von Angehörigenverträgen, in: Neue Wirtschafts-Briefe 1998, Fach 2, S. 6925 - 6932.

Bitz, Horst (1998):
Die Gewerblichkeit von Immobilienveräußerungen - Übersicht über die aktuelle Rechtslage und Gestaltungsempfehlungen, in: Deutsches Steuerrecht 1998, S. 433 - 438.

Blankart, Charles B. (2003):
Öffentliche Finanzen in der Demokratie, 5. Aufl., München.

Bordewin, Arno (1996):
Besonderheiten der Ertragsbesteuerung bei Familienpersonengesellschaften, in: Der Betrieb 1996, S. 1359 - 1371.

Bordewin, Arno (1999):
Abfärbung gewerblicher Tätigkeit, in: Neue Wirtschafts-Briefe 1999, Fach 3, S. 10703 - 10704.

Bornhaupt, Kurt-Joachim von (2001):
Abschreibung auf 300 Jahre alte Meistergeige, in: Neue Wirtschafts-Briefe 2001, Fach 3, S. 11635 - 11638.

Bornheim, Wolfgang (1999):
Beschränkung des Mehrkontenmodells durch das Steuerentlastungsgesetz 1999/2000/2002 - Auswirkungen des neuen § 4 Abs. 4a EStG 1999 auf Personengesellschaften und deren Finanzierung durch ihre Anteilseigner, in: Deutsches Steuerrecht 1999, S. 702 - 706.

Büchele, Martin (1997):
Der Apotheker-Fall – Beschluß des Großen Senats vom 23.6.1997 - Erwiderung zu Weber-Grellet, in: Der Betrieb 1997, S. 2447 - 2448.

Bühler, Wilhelm / Schutter, Ernst Georg (1994):
Einfachere Steuern für Bürger und Finanzamt - Gewandelte Voraussetzungen für den Verwaltungsvollzug in den Finanzämtern, dargestellt für den Oberfinanzbezirk Karlsruhe für die Jahre 1978 bis 1994, in: Bühler, Wilhelm / Kirchhof, Paul / Klein, Franz (Hrsg.), Steuervereinfachung, Festschrift für Dietrich Meyding, Heidelberg, S. 177 - 205.

Burchardi, Friedrich (1981):
Möglichkeiten der dritten Gewalt, zur Vereinfachung des Steuerrechts beizutragen, in: Steuer und Wirtschaft 1981, S. 304 - 321.

Christiansen, Alfred (2002):
Ein Versuch zur „Entziehbarkeit“ von Missverständnissen - Replik auf Siegel, in: Deutsches Steuerrecht 2002, S. 1196.

Dann, Wilfried (1994):
Steuervereinfachung und Steuerberater - Stand der öffentlichen Diskussion, in: Bühler, Wilhelm / Kirchhof, Paul / Klein, Franz (Hrsg.), Steuervereinfachung, Festschrift für Dietrich Meyding, Heidelberg, S. 133 - 143.

Dehne, Klaus-Jörg / Rosenberg, Dirk / Zitzelsberger, Heribert (1999):
Einführung aktiver und passiver Einkünfte in das System des Einkommensteuerrechts - Zugleich ein Beitrag zu der Verlustverwertungsbeschränkung bei aktiven gewerblichen Einkünften durch Infizierung mit passiven Einkünften im Entwurf des Steuerentlastungsgesetzes 1999/2000/2002, in: Der Betrieb 1999, S. 114 - 117.

Döllerer, Georg (1971):
Maßgeblichkeit der Handelsbilanz in Gefahr, in: Betriebs-Berater 1971, S. 1333 - 1335.

Doralt, Werner (1998):
Sind Rückstellungen steuerpolitisch gerechtfertigt?, in: Der Betrieb 1998, S. 1357 - 1358.

Drenseck, Walter (1993):
Ist die Wiedereinführung des allgemeinen Schuldzinsenabzugs aus verfassungsrechtlichen Gründen geboten?, in: Raupach, Arndt (Hrsg.), Ertragsbesteuerung: Zurechnung, Ermittlung, Gestaltung, Festschrift für Ludwig Schmidt, München, S. 845 - 866.

DWS-Symposium (2001):
DWS-Symposium zu Verlusten im Steuerrecht, in: Beihefter zu Deutsches Steuerrecht 49/2001, Kammer-Report, S. 2 f.

Einkommensteuer-Kommission (1995):
Thesen der Einkommensteuer-Kommission zur Steuerfreistellung des Existenzminimums ab 1996 und zur Reform der Einkommensteuer, Bundesministerium der Finanzen (Hrsg.), Bd. 55, Bonn.

Elschen, Rainer (1991):
Entscheidungsneutralität, Allokationseffizienz und Besteuerung nach der Leistungsfähigkeit - Gibt es ein gemeinsames Fundament der Steuerwissenschaften?, in: Steuer und Wirtschaft 1991, S. 99 - 115.

Elser, Thomas / Neininger, Monika (1999):
Abgrenzbarkeit privat veranlasster Schuldzinsen aus ökonomischer Sicht, in: Der Betrieb 1999, S. 172 - 177.

Ernst & Young (2001):
Blick über die Grenze: Steuern in Frankreich, unter: www.ernst-young.de, Steuern transparent, Beiträge 2001 (5.7.2001), S. 1 - 16.

Ernst & Young (2001a):
Blick über die Grenze: Steuern in Spanien, unter: www.ernst-young.de, Steuern transparent, Beiträge 2001 (23.8.2001), S. 1 - 20.

Ernst & Young (2001b):
Blick über die Grenze: Steuern in den USA, unter: www.ernst-young.de, Steuern transparent, Beiträge 2002 (4.4.2002), S. 1 - 19.

Eschbach, Werner (1997):
Das Gleichheitspostulat und die Steuerfreiheit von Veräußerungsgewinnen in der privaten Sphäre, in: Deutsches Steuerrecht 1997, S. 2005 - 2007.

Fischer, Peter (1998):
Resümee, in: Fischer, Peter (Hrsg.), Steuervereinfachung, DStJG Bd. 21, S. 267 - 283.

Fischer, Peter (2000):
Abgrenzung zwischen privater Versorgungsrente und Unterhaltsrente, in: Neue Wirtschafts-Briefe 2000, Fach 3, S. 11001 - 11004.

Flies, Rolf (1997):
Überlegungen zur Abgrenzung zwischen Ausbildungs- und Fortbildungskosten, in: Deutsches Steuerrecht 1997, S. 725 - 729.

Flume, Werner (1972):
Gesellschaft und Gesamthand, in: Zeitschrift für das gesamte Handelsrecht und Wirtschaftsrecht 1972, S. 177.

Franke, Günter / Hax, Herbert (1989):
Pensionsrückstellungen und Steuerersparnisse, in: Der Betrieb 1989, S. 1881 - 1882.

Fuisting, Bernhard (1902):
Die preußischen direkten Steuern, Bd. 4: Grundzüge der Steuerlehre, Berlin.

Gassner, Bruno (1993):
Steuergestaltung und ihre Grenzen bei Familiengesellschaften, in: Raupach, Arndt (Hrsg.), Ertragsbesteuerung: Zurechnung, Ermittlung, Gestaltung, Festschrift für Ludwig Schmidt, München, S. 771 - 785.

Gramlich, Ludwig / Treisch, Corinna (1997):
Korrespondenzprinzip, Unterhaltszahlungen und Einkommensbegriff, in: Der Betrieb 1997, S. 2349 - 2354.

Groh, Manfred (1979):
Übertragung von Einkunftsquellen durch Beteiligung an einer Familienpersonengesellschaft, insbesondere die Angemessenheit der Gewinnverteilung, in: Tipke, Klaus (Hrsg.), Übertragung von Einkunftsquellen im Steuerrecht, DStJG Bd. 1, S. 97 - 123.

Groh, Manfred (1988):
Verbindlichkeitsrückstellung und Verlustrückstellung: Gemeinsamkeiten und Unterschiede, in: Betriebs-Berater 1988, S. 27 - 33.

Groh, Manfred (2001):
Der missverstandene Schuldzinsenabzug - Anmerkungen zum BMF-Schreiben vom 22.05.2000, in: Deutsches Steuerrecht 2001, S. 105 - 109.

Groß, Andreas (2001):
Verfassungsrechtliche Zweifel zum Verrechnungsverbot von Spekulationsverlusten in Veranlagungszeiträumen bis 1998, in: Deutsches Steuerrecht 2001, S. 1553 - 1555.

Gruber, Erwin / Heine, Ulrich / Seebald, Ute / Thaler, Georg (1997):
Erfolgsfaktor Nachfolgeberatung - Neues Geschäftsfeld unterstützt die Mandatssicherung, in: Zeitschrift für Praxisorganisation, Betriebswirtschaft und elektronische Datenverarbeitung 1997, S. 254 - 255.

Häfele, Hansjörg (1994):
Steuervereinfachung - Nur ein politisches Lippenbekenntnis?, in: Bühler, Wilhelm / Kirchhof, Paul / Klein, Franz (Hrsg.), Steuervereinfachung, Festschrift für Dieter Meyding, Heidelberg, S. 51 - 60.

Haegert, Lutz (1991):
Eine empirische Widerlegung der gängigen Thesen über die Ursachen für die Überlastung der Finanzgerichte, in: Betriebs-Berater 1991, S. 36 - 46.

Haegert, Lutz (2001):
Die Bedeutung der Verlängerung steuerlicher Abschreibungszeiträume für die Investitionsbereitschaft von Unternehmern, Betriebswirtschaftliche Diskussionsbeiträge der Wirtschaftswissenschaftlichen Fakultät der Humboldt-Universität zu Berlin, Nr. 15, 2001.

Haig, Robert M. (1921):
The Concept of Income - Economic and Legal Aspects, The Federal Income Tax, New York, S. 1 - 28.

Harenberg, Friedrich E. (1997):
Vermietung von Wohnmobilen als Liebhaberei - Niedersächs. FG, Urteil v. 13.2.1997 - IX 251/96 - in: Neue Wirtschafts-Briefe 1997, Fach 3, S. 10185 - 10188.

Hegemann, Jürgen / Querbach, Torsten (2000):
Nicht abzugsfähige, betrieblich veranlasste Schuldzinsen - § 4 Abs. 4a EStG i.d.F. des Steuerbereinigungsgesetzes 1999, in: Deutsches Steuerrecht 2000, S. 408 - 416.

Hellwig, Peter (1984):
Der Verlust im Steuerrecht - Ein Dauerbrenner mit neuem Zündstoff, in: Deutsches Steuerrecht 1984, S. 287 - 291 und S. 325 - 330.

Helsper, Helmut (1995):
Die Chaotisierung der Steuerrechtsordnung als Folge eines verfehlten Zusammenspiels von politischer Führung und juristischer Expertenkompetenz, in: Betriebs-Berater 1995, S. 17 - 25.

Henselmann, Klaus (1994):
Erfolgsmessung und Steuerbelastung - Eine Analyse geltender Vorschriften und ausgewählter Reformvorschläge zur Erfolgsmessung und ihre Wirkung auf die Steuerbelastung von Unternehmen, Heidelberg.

Hergarten, Lothar (1999):
Zur geplanten Abschaffung des Zwei-/Drei-Konten-Modells - Kritische Beleuchtung eines problematischen Gesetzesentwurfs, in: Deutsches Steuerrecht 1999, S. 54 - 57.

Herrmann / Heuer / Raupach:
Einkommensteuer- und Körperschaftsteuergesetz, Kommentar (Loseblattsammlung), Lieferung 193 (September 1998), Köln.

Herzig, Norbert / Briesemeister, Simone (1999):
Systematische und grundsätzliche Anmerkungen zur Einschränkung der steuerlichen Verlustnutzung, in: Deutsches Steuerrecht 1999, S. 1377 - 1383.

Herzig, Norbert / Lutterbach, Thomas (1999):
Besteuerung privater Veräußerungsgeschäfte nach dem Steuerentlastungsgesetz 1999/2000/2002, in: Deutsches Steuerrecht 1999, S. 521 - 527.

Hipler, Lothar (2001):
Die Vermögensübergabe gegen Versorgungsleistung vor der Entscheidung des Großen Senats des BFH, in: Deutsches Steuerrecht 2001, S. 1918 - 1925.

Hofer, Hannes F. (2000):
Aktuelle Problembereiche des gewerblichen Grundstückshandels, in: Deutsches Steuerrecht 2000, S. 1635 - 1639.

Hoffmann, Wolf-Dieter (1997):
Die BFH-Rechtsprechung zu Verträgen mit Nahestehenden auf dem Prüfstand des Bundesverfassungsgerichts, in: Deutsches Steuerrecht 1997, S. 649 - 651.

Hoffmann, Wolf-Dieter (1999):
Gastkommentar, in: Der Betrieb v. 16.4.1999 (Heft 15), S. I.

Holdorf, Britta (2001):
Frage der Verfassungsmäßigkeit der Verlustabzugsbeschränkung nach § 2 Abs. 3 EStG, in: Betriebs-Berater 2001, S. 2085 - 2092.

Homburg, Stefan (1997):
Soll die klassische Einkommensteuer wiederbelebt werden?, in: Rose, Manfred (Hrsg.), Standpunkte zur aktuellen Steuerreform, Vorträge des Zweiten Heidelberger Steuerkongresses 1997, Heidelberg, S. 107 - 114.

Homburg, Stefan (2000):
Allgemeine Steuerlehre, 2. Aufl., München.

Honisch, Werner (2000):
Zu den Inflationstendenzen bei der Liebhaberei, in: Deutsches Steuerrecht 2000, S. 545 - 546.

Hundsdoerfer, Jochen (2002):
Die einkommensteuerliche Abgrenzung von Einkommenserzielung und Konsum, Wiesbaden.

Isensee, Josef (1994):
Vom Beruf unserer Zeit für Steuervereinfachung, in: Steuer und Wirtschaft 1994, S. 3 - 14.

Jacob, Herbert (1970):
Teilwertabschreibung oder Verlustausgleich?, in: Die Wirtschaftsprüfung 1970, S. 61 - 68.

Jakob, Wolfgang (1993):
Der Steuertatbestand im Grenzbereich zwischen privater Vermögensverwaltung und gewerblicher Tätigkeit, in: Raupach, Arndt (Hrsg.), Ertragsbesteuerung: Zurechnung, Ermittlung, Gestaltung, Festschrift für Ludwig Schmidt, München, S. 115 - 125.

Jarzyk-Dehne, Friederike (2003):
Pauschalierungen im Steuerrecht, Berlin.

Kallwass, Wolfgang (1998):
Privatrecht, 16. Aufl., Köln.

Kaltenborn, Bruno (1999):
Streit um die Einkommensteuer: Die Reformvorschläge der Parteien im Vergleich, Baden-Baden.

Kanzler, Hans-Joachim (2001):
Die Besteuerung von Ehe und Familie, in: Ebling, Iris (Hrsg.), Besteuerung von Einkommen, DStJG Bd. 24, S. 417 - 462.

Kempermann, Michael (2002):
Der gewerbliche Grundstückshandel nach der Entscheidung des Großen Senats des BFH vom 10.12.2001, in: Deutsches Steuerrecht 2002, S. 785 - 789.

Kessler, Harald (1994):
Die Drohverlustrückstellung auf dem höchstrichterlichen Prüfstand - Stellungnahme zum Vorlagebeschluss des X. Senats des BFH vom 26.5.1993, X R 72/90, in: Deutsches Steuerrecht 1994, S. 567 - 575.

Keune, Peter / Oeldemann, Johannes (2000):
Neuregelung des Schuldzinsenabzugs nach § 4 Abs. 4a EStG i.d.F. des Steuerbereinigungsgesetzes 1999 - Darstellung, Prüfschema und Zweifelsfragen, in: Neue Wirtschafts-Briefe 2000, Blickpunkt Steuern 4/00, S. 1461 - 1467.

Kirchhof, Paul (1994):
Der verfassungsrechtliche Auftrag zur Steuervereinfachung, in: Bühler, Wilhelm / Kirchhof, Paul / Klein, Franz (Hrsg.), Steuervereinfachung, Festschrift für Dieter Meyding, Heidelberg, S. 3 - 20.

Kirchhof, Paul (1998):
Steuergleichheit durch Steuervereinfachung, in: Fischer, Peter (Hrsg.), Steuervereinfachung, DStJG Bd. 21, S. 9 - 28.

Kirchhof, Paul (1998a):
Diskussion, in: Fischer, Peter (Hrsg.), Steuervereinfachung, DStJG Bd. 21, S. 66 - 83.

Kirchhof, Paul (2001):
Erläuterungen zum Karlsruher Entwurf zur Reform des Einkommensteuergesetzes, in: Deutsches Steuerrecht 2001, S. 913 - 917.

Kirchhof, Paul (2003):
Das EStGB - Ein Vorschlag zur Reform des Ertragsteuerrechts, in: Deutsches Steuerrecht 2003, Beihefter 5 zu Heft 37, S. 1 - 16.

Kirchhof, Paul u.a. (2001):
Karlsruher Entwurf zur Reform des Einkommensteuergesetzes, Heidelberg.

Klein, Franz (1994):
Entscheidungen des Bundesfinanzhofes - Beiträge zur Komplizierung oder zur Vereinfachung des Steuerrechts?, in: Bühler, Wilhelm / Kirchhof, Paul / Klein, Franz (Hrsg.), Steuervereinfachung, Festschrift für Dieter Meyding, Heidelberg, S. 73 - 86.

Knobbe-Keuk, Brigitte (1989):
Bilanz- und Unternehmenssteuerrecht, 7. Aufl., Köln.

Knobbe-Keuk, Brigitte (1993):
Sind aller guten Dinge drei?, in: Raupach, Arndt (Hrsg.), Ertragsbesteuerung: Zurechnung, Ermittlung, Gestaltung, Festschrift für Ludwig Schmidt, München, S. 741 - 749.

Kohlhaas, Karl-Friedrich (2001):
Kommentar zum BFH-Beschluss vom 9.5.2001 - XI B 151/00, in: Betriebs-Berater 2001, S. 1665 - 1668.

Kohlhaas, Karl-Friedrich (2002):
Die Neuregelung des Schuldzinsenabzugs gemäß § 4 Abs. 4a EStG, in: Deutsches Steuerrecht 2002, S. 298 - 300.

Korezkij, Leonid (2001):
Anrechnung der Gewerbesteuer nach § 35 EStG, in: Betriebs-Berater 2001, S. 333 - 344 und S. 389 - 394.

Korn, Klaus (1999):
Nießbrauchsgestaltungen auf dem Prüfstand, in: Deutsches Steuerrecht 1999, S. 1461 - 1476 (Teil I) und S. 1512 - 1516 (Teil II).

Kramer, John L. / Phillips, Lawrence C. (1991):
Prentice Hall's Federal Taxation, 1992. Comprehensive, Englewood Cliffs, N.J.

Küting, Karlheinz (2000):
Die Rechnungslegung in Deutschland an der Schwelle zu einem neuen Jahrtausend - Bestandsaufnahme und Ausblick, in: Deutsches Steuerrecht 2000, S. 38 - 44.

Küting, Karlheinz / Kessler, Harald (1993):
Grundsätze ordnungswidriger Verlustrückstellungsbildung - exemplifiziert an den Ausbildungskostenurteilen des BFH vom 25.1.1984 und vom 3.2.1993, in: Deutsches Steuerrecht 1993, S. 1045 - 1053.

Küting, Karlheinz / Kessler, Harald (1997):
Der Streit um den Apotheker-Fall: Meinungssache oder Stimmungsmache? - Erwiderung zum Beitrag von Weber-Grellet, in: Der Betrieb 1997, S. 2441 - 2446.

Küting, Karlheinz / Kessler, Harald (1997a):
Rückstellungsbildung nach der Entscheidung im „Apotheker-Fall“ - Anmerkungen zum Beschluss des Großen Senats des BFH vom 23.6.1997, GrS 2/93, in: Deutsches Steuerrecht 1997, S. 1665 - 1673.

Kußmaul, Heinz / Klein, Nicole (2001):
Überlegungen zum Maßgeblichkeitsprinzip im Kontext jüngerer nationaler sowie internationaler Entwicklungen, in: Deutsches Steuerrecht 2001, S. 546 - 550.

Lang, Joachim (1993):
Zur Subjektfähigkeit von Personengesellschaften im Einkommensteuerrecht, in: Raupach, Arndt (Hrsg.), Ertragsbesteuerung: Zurechnung, Ermittlung, Gestaltung, Festschrift für Ludwig Schmidt, München, S. 291 - 306.

Lang, Joachim (1993a):
Entwurf eines Steuergesetzbuches, Bonn.

Lang, Joachim (1994):
Steuergerechtigkeit durch Steuervereinfachung - Eine Nachlese zur Diskussion der Frage „Steuerchaos - und kein Ende?“, in: Bühler, Wilhelm / Kirchhof, Paul / Klein, Franz (Hrsg.), Steuervereinfachung, Festschrift für Dieter Meyding, Heidelberg, S. 33 - 48.

Lang, Joachim (1995):
Unternehmenssteuerreform, in: Elschen, Rainer / Siegel, Theodor / Wagner, Franz W. (Hrsg.), Unternehmenstheorie und Besteuerung, Festschrift für Dieter Schneider, Wiesbaden, S. 399 - 418.

Lang, Joachim (1996):
Vom Steuerchaos zu einem Steuersystem rechtlicher und wirtschaftlicher Vernunft, in: Baron, Stefan / Handschuch, Konrad (Hrsg.), Wege aus dem Steuerchaos, Stuttgart, S. 117 - 164.

Lang, Joachim (1998):
Eröffnung und Rechtfertigung des Themas, in: Fischer, Peter (Hrsg.), Steuervereinfachung, DStJG Bd. 21, S. 1 - 7.

Lang, Joachim (2001):
Prinzipien und Systeme der Besteuerung von Einkommen, in: Ebling, Iris (Hrsg.), Besteuerung von Einkommen, DStJG Bd. 24, S. 49 - 133.

Lauth, Bernd (2000):
Endgültiger Abschied von der Einheitsbilanz?, in: Deutsches Steuerrecht 2000, S. 1365 - 1372.

Leibfried, Peter / Weber, Ingo (2003):
Bilanzierung nach IAS/IFRS, Ein Praxisleitfaden für die Umstellung - mit Fallbeispielen und Checklisten, Wiesbaden.

Märkle, Rudi (1994):
Steuervereinfachung durch die Verwaltung, in: Bühler, Wilhelm / Kirchhof, Paul / Klein, Franz (Hrsg.), Steuervereinfachung, Festschrift für Dietrich Meyding, Heidelberg, S. 117 - 131.

Mennel, Annemarie (1979):
Steuerrechtliche Grundsätze der Übertragung von Einkunftsquellen in ausgewählten europäischen Staaten, in: Tipke, Klaus (Hrsg.), Übertragung von Einkunftsquellen im Steuerrecht, DStJG Bd. 1, S. 177 - 187.

Mennel, Annemarie (1997):
Grundsätze der Einkommensteuern im internationalen Vergleich, in: Internationale Wirtschafts-Briefe 1997, Gruppe 2, S. 1311 - 1318.

Meßmer, Kurz (1988):
Komplizierung des Steuerrechts durch die höchstrichterliche Rechtsprechung?, in: Steuer und Wirtschaft 1988, S. 223 - 238.

Meyding, Dietrich (1998):
Vereinfachender Gesetzesvollzug durch die Verwaltung, in: Fischer, Peter (Hrsg.), Steuervereinfachung, DStJG Bd. 21, Köln, S. 219 - 231.

Meyer-Scharenberg, Dirk (2000):
„Liebhabereitest“ am Beispiel der fremdfinanzierten Rentenversicherung nach dem BFH-Urteil vom 15.12.1999, X R 23/95, in: Deutsches Steuerrecht 2000, S. 670 - 677.

Meyer-Scharenberg, Dirk / Fleischmann, Hans Gunnar (1995):
Erste Anmerkungen zum Beschluss des Großen Senats zum gewerblichen Grundstückshandel, in: Deutsches Steuerrecht 1995, S. 1409 - 1411.

Mitschke, Joachim (1988):
Ökonomische Analyse einkommensteuerlicher Einkunftsermittlung und Alternativen steuerlicher Einkommensperiodisierung, in: Steuer und Wirtschaft 1988, S. 111 - 132.

Moxter, Adolf (1987):
Zum Sinn und Zweck des handelsrechtlichen Jahresabschlusses nach neuem Recht, in: Havermann, Hans (Hrsg.), Bilanz- und Konzernrecht, Festschrift Goerdeler, Düsseldorf, S. 361 - 374.

Moxter, Adolf (1997):
Zum Verhältnis von Handelsbilanz und Steuerbilanz, in: Betriebs-Berater 1997, S. 195 - 199.

Moxter, Adolf (1997a):
Zur Abgrenzung von Verbindlichkeitsrückstellungen und (künftig grundsätzlich unzulässigen) Verlustrückstellungen, in: Der Betrieb 1997, S. 1477 - 1480.

Moxter, Adolf (1998):
Pauschalrückstellungen in der Steuerbilanz unzulässig?, in: Der Betrieb 1998, S. 269 - 272.

Moxter, Adolf (1998a):
Künftige Verluste in der Handels- und Steuerbilanz, in: Deutsches Steuerrecht 1998, S. 509 - 515.

Müller, Welf (2001):
Die Ausnahme und die Regel - Ein Lehrstück, dargestellt am sogenannten Maßgeblichkeitsprinzip, in: Deutsches Steuerrecht 2001, S. 1858 - 1864.

Neus, Werner / von Hinten, Peter (1992):
Besteuerung und Investitionsvolumen bei unsicheren Erwartungen, in: Die Betriebswirtschaft, S. 235 - 248.

Nickel, Jörg R. (1998):
Abgrenzung und Konkurrenz von Einkünftetatbeständen im Einkommensteuerrecht - Methodische Grundlagen, Fallgruppen, Auslegungsfragen, Bielefeld.

Obermaier, Arnold (1991):
Die Ferienwohnung und die neueste Rechtsprechung des BFH, in: Deutsches Steuerrecht 1991, S. 1613 - 1615.

Oestreicher, Andreas / Spengel, Christoph (1999):
International Accounting Standards, Maßgeblichkeitsprinzip und Besteuerung, in: Der Betrieb 1999, S. 593 - 600.

Offerhaus, Klaus (1997):
Heinrich Beisse, der Große Senat und die Steuervereinfachung, in: Budde, Wolfgang Dieter / Moxter, Adolf / Offerhaus, Klaus (Hrsg.), Handelsbilanzen und Steuerbilanzen, Festschrift für Heinrich Beisse, Düsseldorf, S. 377 - 388.

Olbertz, Peter (1998):
Ist die Kritik an der Entscheidung des Großen Senats des Bundesfinanzhofs zum Mehrkontenmodell berechtigt?, in: Betriebs-Berater 1998, S. 2186 - 2190.

Paus, Bernhard (1996):
Gewerblicher Grundstückshandel durch Beteiligung an Personengesellschaften - Einschränkungen der Einheitstheorie, in: Deutsche Steuer-Zeitung 1996, S. 172 - 176.

Perridon, Louis / Steiner, Manfred (1997):
Finanzwirtschaft der Unternehmung, 9. Aufl., München.

Pezzer, Heinz-Jürgen (1995):
Steuerliche Gestaltungen und ihre Grenzen bei Vermietung und Verpachtung unter nahen Angehörigen, in: Deutsches Steuerrecht 1995, S. 1853 - 1859 und S. 1898 - 1902.

Prinz, Ulrich (1996):
Gewerblicher Grundstückshandel - Entwicklungstendenzen, Problemzonen und verbleibende Gestaltungsmöglichkeiten, in: Deutsches Steuerrecht 1996, S. 1145 - 1152.

Quantschnigg, Peter (1998):
Vereinfachungen des Einkommensteuerrechts, in: Fischer, Peter (Hrsg.), Steuervereinfachung, DStJG Bd. 21, Köln, S. 129 - 143.

Raupach, Arndt (1998):
Steuervereinfachung durch die Rechtsprechung?, in: Fischer, Peter (Hrsg.), Steuervereinfachung, DStJG Bd. 21, S. 173 - 217.

Rautenberg, Hans Günter / Korezkij, Leonid (1999):
Unentgeltliche Vermögensübertragungen im neuen Erbschaftsteuerrecht, in: Deutsches Steuerrecht 1999, S. 81 - 88.

Rautenberg, Hans Günter / Korezkij, Leonid (1999):
Hat die Abgrenzung zwischen gewerblichem Grundstückshandel und privaten Grundstücksveräußerungen immer noch materielle Bedeutung?, in: Betriebs-Berater 1999, S. 1638 - 1640.

Rawls, John (1971):
Eine Theorie der Gerechtigkeit, 1979; deutsche Übersetzung des Originaltextes: A Theory of Justice, Harvard 1971 durch Hermann Vetter, Frankfurt.

Reich, Markus (2001):
Neuordnung der Familienbesteuerung, IFF Forum für Steuerrecht (St. Gallen) 2001, S. 251 - 269.

Ritzer, Claus J. / Stangl, Ingo (1999):
Einführung einer Mindestbesteuerung durch Beschränkung von Verlustausgleich und -abzug bei Verlusten aus passiver Tätigkeit durch das Steuerentlastungsgesetz 1999/2000/2002, in: Deutsches Steuerrecht 1999, S. 1 - 9.

Rödder, Thomas / Schumacher, Andreas (2004):
Ertragsteuerliche Änderungen für Unternehmen zum Jahreswechsel 2003/2004, Die wesentlichen Änderungen der verabschiedeten Gesetze gegenüber den Regierungsentwürfen, in: Deutsches Steuerrecht, S. 207 - 210.

Rose, Manfred (1996):
Argumente für ein konsumbasiertes Einkommensteuersystem ohne Subventionselemente und die Schutzverzinsung (das Existenzminimum) des Kapitals, in: Baron, Stefan / Handschuch, Konrad (Hrsg.), Wege aus dem Steuerchaos, Stuttgart, S. 65 - 88.

Rose, Manfred (1997):
Vorwort, in: Rose, Manfred (Hrsg.), Standpunkte zur aktuellen Steuerreform, Vorträge des Zweiten Heidelberger Steuerkongresses 1997, Heidelberg, S. 5 - 7.

Rose, Manfred (1997a):
Steuerliche Gleichbelastung alternativer Formen der Altersvorsorge und Vermögensbildung, in: Rose, Manfred (Hrsg.), Standpunkte zur aktuellen Steuerreform, Vorträge des Zweiten Heidelberger Steuerkongresses 1997, Heidelberg, S. 17 - 35.

Rose, Manfred / Mühl-Schimmele, Petra (1997):
Konsumorientierte Steuersysteme, in: Zeitschrift für Praxisorganisation, Betriebswirtschaft und elektronische Datenverarbeitung 1997, S. 155 - 159.

Ruppe, Hans Georg (1979):
Möglichkeiten und Grenzen der Übertragung von Einkunftsquellen als Problem der Zurechnung von Einkünften, in: Tipke, Klaus (Hrsg.), Übertragung von Einkunftsquellen im Steuerrecht, DStJG Bd. 1, S. 7 - 40.

Ruppe, Hans Georg (1980):
Die Abgrenzung der Betriebsausgaben/Werbungskosten von den Privatausgaben, in: Söhn, Hartmut (Hrsg.), Die Abgrenzung der Betriebs- oder Berufssphäre von der Privatsphäre im Einkommensteuerrecht, DStJG Bd. 3, S. 103 - 147.

Ruppe, Hans Georg (1998):
Steuergleichheit als Grenze der Steuervereinfachung, in: Fischer, Peter (Hrsg.), Steuervereinfachung, DStJG Bd. 21, S. 29 - 65.

Schanz, Georg (1896):
Der Einkommensbegriff und die Einkommensteuergesetze, in: Finanz-Archiv, 13, S. 1 - 87.

Scheffler, Wolfram (2001):
Auswirkungen des Karlsruher Entwurfs zur Reform des EStG auf die Steuerbilanz, in: Steuern und Bilanzen 2001, S. 904 - 914.

Schildbach, Thomas (1989):
Maßgeblichkeit - Rechtslage und Perspektiven, in: Betriebs-Berater 1989, S. 1443 - 1453.

Schmidt, Ingo (1987):
Wettbewerbspolitik und Kartellrecht - Eine Einführung, 2. Aufl., Stuttgart.

Schmidt, Ludwig (1975/76):
„Väter und Söhne" - Möglichkeiten und Grenzen der Einkommensverlagerung zwischen Eltern und Kindern, in: Steuerberater-Jahrbuch 1975/76, S. 149.

Schmidt, Ludwig (1979):
Möglichkeiten und Grenzen der Übertragung von Einkunftsquellen auf Kinder, in: Tipke, Klaus (Hrsg.), Übertragung von Einkunftsquellen im Steuerrecht, DStJG Bd. 1, S. 41 - 67.

Schmidt, Ludwig (1992):
Anmerkung (zum BFH-Urteil vom 31.7.1991), in: Finanz-Rundschau 1992, S. 18.

Schmidt, Ludwig (2000):
Einkommensteuergesetz-Kommentar, 19. Aufl., München, zitiert: Schmidt / Bearbeiter, EStG.

Schmidt, Reinhard H. (1986):
Grundzüge der Investitions- und Finanzierungstheorie, 2. Aufl., Wiesbaden.

Schmidt-Liebig, Axel (1997):
Grundstücksverkäufe als Gewerbebetrieb, in: Der Betrieb 1997, S. 346 - 349.

Schmidt-Liebig, Axel (1997a):
Neuere Rechtsprechung des BFH zur Abgrenzung gewerblicher und privater Grundstücksgeschäfte, in: Finanz-Rundschau 1997, S. 325 - 333.

Schmidt-Liebig, Axel (1999):
Abgrenzung zwischen gewerblichen und privaten Grundstücksgeschäften - Methodische Grundlagen, Gestaltungsmöglichkeiten, steuerliche Folgen, Rechtsprechungsübersicht, 3. Aufl., Bielefeld.

Schneider, Dieter (1969):
Die Problematik betriebswirtschaftlicher Teilwertlehren, in: Die Wirtschaftsprüfung 1969, S. 305 - 313.

Schneider, Dieter (1974):
Abschreibungsverfahren und Grundsätze ordnungsmäßiger Buchführung, in: Die Wirtschaftsprüfung 1974, S. 365 - 376.

Schneider, Dieter (1978):
Maßgeblichkeit der Handelsbilanz für die Steuerbilanz und Besteuerung nach der Leistungsfähigkeit, in: Betriebs-Berater 1978, S. 1577 - 1581.

Schneider, Dieter (1979):
Bezugsgrößen steuerlicher Leistungsfähigkeit und Vermögensbesteuerung, in: Finanzarchiv, Bd. 37, S. 26 - 49.

Schneider, Dieter (1981):
Die Wissenschaftsgeschichte der Trennung von Kapital und Einkommen: Ökonomische Zwänge gegen gesellschaftliche Konventionen, in: Neumark, Fritz (Hrsg.), Studien zur Entwicklung der ökonomischen Theorie I, Berlin, S. 137 - 161.

Schneider, Dieter (1984):
Leistungsfähigkeitsprinzip und Abzug von der Bemessungsgrundlage, in: Steuer und Wirtschaft 1984, S. 356 - 367.

Schneider, Dieter (1987):
Reform der Unternehmensbesteuerung durch „Eckwerte“ oder durch Cash-flow-Besteuerung?, in: Betriebs-Berater 1987, S. 693 - 699.

Schneider, Dieter (1987a):
Wachstumsneutrale Unternehmensbesteuerung bei Wettbewerb und als Principal-Agent-Problem, in: Schmalenbachs Zeitschrift für betriebswirtschaftliche Forschung, 39, S. 431 - 454.

Schneider, Dieter (1989):
Reform der Unternehmensbesteuerung aus betriebswirtschaftlicher Sicht, in: Steuer und Wirtschaft 1989, S. 323 - 339.

Schneider, Dieter (1989a):
Steuerfreie Kapitalbildung in dreistelliger Milliardenhöhe durch Pensionsrückstellungen?, in: Der Betrieb 1989, S. 889 - 895.

Schneider, Dieter (1989b):
Steuerersparnisse bei Pensionsrückstellungen allein durch die Aufwandsvorwegnahme?, in: Der Betrieb 1989, S. 1883 - 1887.

Schneider, Dieter (1992):
Investition, Finanzierung und Besteuerung, 7. Aufl., Wiesbaden.

Schneider, Dieter (1994):
Grundzüge der Unternehmensbesteuerung, 6. Aufl., Wiesbaden.

Schneider, Dieter (1995):
Betriebswirtschaftslehre, Bd. 1: Grundlagen, 2. Aufl., München.

Schneider, Dieter (1995a):
Streitfragen der Rückstellungsbilanzierung als Problem der Risikokapitalbildung, in: Der Betrieb 1995, S. 1421 - 1426.

Schneider, Dieter (1997):
Betriebswirtschaftslehre, Bd. 2: Rechnungswesen, 2. Aufl., München.

Schneider, Dieter (1997a):
Betriebswirtschaftslehre, Bd. 3: Theorie der Unternehmung, München.

Schneider, Dieter (1998):
Killerviren steuerlicher Gerechtigkeit in Reformvorschlägen zur Unternehmensbesteuerung - Ein Diskussionsbeitrag, in: Deutsches Steuerrecht 1998, S. 1287 - 1293.

Schneider, Dieter (1999):
Abbau von Steuervergünstigungen durch Skalpierung der Maßgeblichkeit und Verlustverrechnung als „Stärkung der Investitionskraft"?, in: Der Betrieb 1999, S. 105 - 110.

Schneider, Dieter (2002):
Steuerlast und Steuerwirkung: Einführung in die steuerliche Betriebswirtschaftslehre, München.

Schulze-Osterloh, Joachim (1993):
Zivilrechtliche Theorien in der neueren Rechtsprechung des Bundesfinanzhofs zum Ertragsteuerrecht, in: Raupach, Arndt (Hrsg.), Ertragsbesteuerung: Zurechnung, Ermittlung, Gestaltung, Festschrift für Ludwig Schmidt, München, S. 307 - 314.

Schwarz, Jörg (1991):
„Liebhaberei" im Bereich der Einkünfte aus Vermietung und Verpachtung, in: Deutsches Steuerrecht 1991, S. 401 - 407.

Schwendy, Klaus (1993):
Familiengesellschaften und Gestaltungsmißbrauch, in: Raupach, Arndt (Hrsg.), Ertragsbesteuerung: Zurechnung, Ermittlung, Gestaltung, Festschrift für Ludwig Schmidt, München, S. 787 - 808.

Schwind, Heike / Bäuml, Swen Oliver (2004):
Vermögensübertragung gegen Versorgungsleistungen im Lichte der neuen Rechtsprechung des Großen Senats - Konsequenzen für die Gestaltungspraxis, in: Betriebs-Berater 2004, S. 74 - 78.

Schwinger, Reiner (1992):
Einkommens- und konsumorientierte Steuersysteme - Wirkungen auf Investition, Finanzierung und Rechnungslegung, Heidelberg.

Seeger, Siegbert F. (1993):
Die Gewinnerzielungsabsicht - ein unmögliches Tatbestandsmerkmal, in: Raupach, Arndt (Hrsg.), Ertragsbesteuerung: Zurechnung, Ermittlung, Gestaltung, Festschrift f. Ludwig Schmidt, München, S. 37 - 50.

Seeger, Siegbert F. (2000):
Das deutsche Steuerrecht zu Beginn des 21. Jahrhunderts - Notwendige Reformen aus Sicht der Finanzgerichtsbarkeit, in: Deutsches Steuerrecht 2000, S. 10 - 15.

Seer, Roman (1998):
Diskussion, in: Fischer, Peter (Hrsg.), Steuervereinfachung, DStJG Bd. 21, S. 66 - 83.

Siegel, Theodor (1985):
Eigen- oder Fremdfinanzierung und steuerlicher Schuldzinsenabzug - Zur Schuldzinsenzuordnung in der neueren Rechtsprechung des Bundesfinanzhofs, in: Steuer und Wirtschaft 1985, S. 207 - 220.

Siegel, Theodor (1995):
Herstellungskosten und Grundsätze ordnungsmäßiger Buchführung, in: Elschen, Rainer / Siegel, Theodor / Wagner Franz W. (Hrsg.), Unternehmenstheorie und Besteuerung, Festschrift für Dieter Schneider, Wiesbaden, S. 635 - 672d.

Siegel, Theodor (1996):
Ökonomische Analyse und steuerrechtliche Prüfung von Zwei- und Mehrkontenmodellen - Zu den Vorlagebeschlüssen des X. und XI. BFH-Senats, in: Deutsches Steuerrecht 1996, S. 1496 - 1502.

Siegel, Theodor (1998):
Zeitwertbilanzierung für das deutsche Bilanzrecht?, in: Betriebswirtschaftliche Forschung und Praxis 5/1998, S. 593 - 603.

Siegel, Theodor (1998a):
Zur Verwechslung von Liquidität und Eigenkapital, in: Rautenberg (Hrsg.), Sächsische Steuertagung 1998, Ökonomische und rechtliche Aspekte der Unternehmensbesteuerung, 1998, Leipzig, S. 46 - 65.

Siegel, Theodor (1998b):
Der Irrtum des Großen Senats zu den Mehrkontenmodellen - Zugleich eine ökonomische Gegenposition gegenüber der Verteidigung des BFH-Beschlusses vom 8.12.1997 durch Wolff-Diepenbrock, in: Deutsches Steuerrecht 1998, S. 621 - 623.

Siegel, Theodor (1999):
Rückstellungen für Anschaffungs- oder Herstellungskosten in Ausnahmefällen?, in: Der Betrieb 1999, S. 857 - 858.

Siegel, Theodor (1999a):
Kreditaufnahme, Mittelverwendung und Mehrkontenmodell, in: Betriebs-Berater 1999, S. 445 - 447.

Siegel, Theodor (2001):
Plädoyer für eine systemkonforme Reform der Gewerbesteueranrechnung nach § 35 EStG, in: Betriebs-Berater 2001, S. 701 - 703.

Siegel, Theodor (2001a):
Zur geplanten Neuregelung der Rückstellungen in Handelsbilanz und Steuerbilanz, in: Deutsches Steuerrecht 2001, S. 1674 - 1676.

Siegel, Theodor (2001b):
Splitting: Notwendiger Effekt oder fragwürdiger Vorteil?, in: Betriebswirtschaftliche Forschung und Praxis 3/2001, S. 271 - 280.

Siegel, Theodor (2002):
Unentziehbarkeit als zentrales Kriterium für den Ansatz von Rückstellungen, in: Deutsches Steuerrecht 2002, S. 1192 - 1196.

Siegel, Theodor (2002a):
Anpassungsrückstellungen aus der Sicht des I. Senats des BFH und aus der Sicht der GoB, in: Der Betrieb 2002, S. 707 - 709.

Siegel, Theodor / Bareis, Peter (1999):
Strukturen der Besteuerung - Arbeitsbuch Steuerrecht, 3. Aufl., München.

Siegel, Theodor / Schneider, Dieter (1994):
Existenzminimum und Familienlastenausgleich: Ein Problem der Reform des Einkommensteuerrechts, in: Deutsches Steuerrecht 1994, S. 597 - 604.

Sigloch, Jochen (1983):
Grundfragen steuerbegünstigter Kapitalanlagen - dargestellt am Beispiel von Kommanditbeteiligungen, in: Fischer, Lutz (Hrsg.), Unternehmung und Steuer, Festschrift für Peter Scherpf, Wiesbaden, S. 221 - 251.

Sigloch, Jochen (1995):
Einkommensbesteuerung der Unternehmen - Stand und Perspektiven, in: Elschen, Rainer / Siegel, Theodor / Wagner Franz W. (Hrsg.), Unternehmenstheorie und Besteuerung, Festschrift für Dieter Schneider, Wiesbaden, S. 673 - 702.

Simons, Henry C. (1938):
Personal Income Taxation, The Definition of Income as a Problem of Fiscal Policy, Chicago.

Söffing, Günter (1979):
Möglichkeiten und Grenzen der Übertragung von Einkunftsquellen durch Bestellung eines unentgeltlichen Nießbrauchs für Familienangehörige, in: Tipke, Klaus (Hrsg.), Übertragung von Einkunftsquellen im Steuerrecht, DStJG Bd. 1, S. 125 - 139.

Söffing, Günter (1988/89):
Verletzung des Nettoprinzips, in: Steuerberater-Jahrbuch 1988/89, S. 123 - 145.

Söffing, Günter (1996):
Gedanken zur Rechtfertigung der Betriebsaufspaltung, in: Deutsches Steuerrecht 1996, S. 1225 - 1228.

Söffing, Günter (1996a):
Die Drei-Objekt-Grenze beim gewerblichen Grundstückshandel, in: Deutsche Steuer-Zeitung 1996, S. 455 - 458.

Söffing, Günter (1996b):
Gewerblicher Grundstückshandel - Eine Beurteilungshilfe, in: Deutsche Steuer-Zeitung 1996, S. 353 - 363.

Söffing, Günter (1998):
Gewerblicher Grundstückshandel, in: Der Betrieb 1998, S. 1683 - 1688 und S. 1733 - 1739.

Söffing, Günter (2001):
Die Betriebsaufspaltung - Formen, Voraussetzungen, Rechtsfolgen, 2. Aufl., Herne.

Söffing, Günter / Fleischmann, Hans Gunnar (1984):
Die Auswirkungen des Beschlusses des Großen Senats vom 25.6.1984 GrS 4/82 auf Immobilienanlagen, in: Der Betrieb 1984, S. 2433 f.

Söhn, Hartmut (1980):
Betriebsausgaben, Privatausgaben, gemischte Aufwendungen. Entwicklungen einer einkommensteuerrechtlichen Kausaltheorie am Beispiel umstrittener Abgrenzungsfälle, wie PKW-Unfallkosten, Aufwendungen für Telefon, Reisen, Fachtagungen, Arbeitszimmer, in: Söhn, Hartmut (Hrsg.), Die Abgrenzung der Betriebs- oder Berufssphäre von der Privatsphäre im Einkommensteuerrecht, DStJG Bd. 3, S. 13 - 102.

Sommer, Ulrich (1998):
Nachfolgeberatung - Angebot zur Förderung des Mittelstandes, in: Zeitschrift für Praxisorganisation, Betriebswirtschaft und elektronische Datenverarbeitung 1998 - Sonderheft, S. 94 - 102.

Spiegelberger, Sebastian (2000):
Der Sonderausgabenabzug privater Versorgungsrenten - Zwölf Argumente für den Typus 2, in: Deutsches Steuerrecht 2000, S. 1073 - 1077.

Spindler, Wolfgang (1996):
Einkünfteerzielungsabsicht bei den Einkünften aus Vermietung und Verpachtung - Rechtsprechung des BFH, in: Neue Wirtschafts-Briefe 1996, Fach 3, S. 9597 - 9600.

Spindler, Wolfgang (1997):
Neuere Tendenzen in der steuerrechtlichen Beurteilung von Mietverhältnissen unter nahen Angehörigen, in: Der Betrieb 1997, S. 643 - 648.

Stein, Michael (1999):
Einbeziehung von Sonderabschreibungen in die steuerliche Totalüberschußermittlung, in: Neue Wirtschafts-Briefe 1999, S. 454 - 456.

Stein, Michael (2001):
Liebhaberei trotz positiven Gesamtüberschusses?, in: Neue Wirtschafts-Briefe 2001, Fach 3, S. 11771 - 11772.

Sterba, John (1974):
Justice as Desert, Social Theory and Practice 3.

Steuerberater- und Wirtschaftsprüfer-Jahrbuch (2003):
bearb. v. Knief, Peter, Deutscher Sparkassen Verlag GmbH, Stuttgart.

Steuerreformkommission (1971):
Gutachten der Steuerreformkommission 1971, Bonn.

Steuerreform-Kommission (1997):
Reform der Einkommensbesteuerung - Vorschläge der Steuerreform-Kommission vom 22. Januar 1997, „Petersberger Steuervorschläge", Bundesministerium der Finanzen (Hrsg.), Bd. 61, Bonn.

Stobbe, Thomas (1997):
Neue Koordinaten des Steuerbilanzrechts?, in: Finanz-Rundschau 1997, S. 361 - 365.

Stuhrmann, Gerd (1993):
Einzelfragen zur Familienpersonengesellschaft, in: Raupach, Arndt (Hrsg.), Ertragsbesteuerung: Zurechnung, Ermittlung, Gestaltung, Festschrift für Ludwig Schmidt, München, S. 403 - 419.

Thomas, Michael-Ingo (1997):
Arbeitnehmer-Pauschbetrag und Nettoprinzip, in: Deutsche Steuer-Zeitung 1997, S. 617 - 620.

Tipke, Klaus (1979):
Rechtfertigung der Themenwahl, Ziel der Untersuchungen, in: Tipke, Klaus (Hrsg.), Übertragung von Einkunftsquellen im Steuerrecht, DStJG Bd. 1, S. 1 - 5.

Tipke, Klaus (1987):
Steuerrecht, 11. Aufl., Köln.

Vinzenz, Klaus (1993):
Der Fiskus noch auf dem Boden des Grundgesetzes?, in: Deutsches Steuerrecht 1993, S. 550 - 558.

Völkel, Dieter / Karg, Helmut (1994):
Umsatzsteuer, 5. Aufl., Stuttgart.

Völlmeke, Monika (1995):
Die Rechtsprechung des BFH zu § 12 EStG - Aufweichung des Aufteilungsverbots?, in: Deutsches Steuerrecht 1995, S. 745 - 753.

Vogel, Klaus (1999):
Besteuerung von Eheleuten und Verfassungsrecht, in: Steuer und Wirtschaft 1999, S. 201 - 226.

Vogel, Klaus (2000):
Erwiderung, in: Steuer und Wirtschaft 2000, S. 90.

Voos, Christoph (1999):
Aktuelle Tendenzen bei der Ermittlung des Totalüberschusses bei den Einkünften aus Vermietung und Verpachtung, in: Deutsches Steuerrecht 1999, S. 877 - 883.

Wacker, Roland (1999):
Zur Neuregelung des Schuldzinsenabzugs in der „Mehr-Konten-Situation" - oder: was können wir von Österreich lernen?, in: Deutsches Steuerrecht 1999, S. 1001 - 1010.

Wagenhals, Gerhard / Kraus, Margit (1997):
Neuansätze des Familienlastenausgleichs, in: Hessisches Ministerium für Frauen, Arbeit und Sozialordnung (Hrsg.), Frauenpolitische Aspekte im Einkommensteuerrecht, Teil 3, Wiesbaden.

Wagner, Franz W. (1989):
Die zeitliche Erfassung steuerlicher Leistungsfähigkeit, in: Hax, Herbert / Kern, Werner / Schröder, Hans, Zeitaspekte in betriebswirtschaftlicher Theorie und Praxis, Stuttgart, S. 261 - 277.

Wagner, Franz W. (1990):
Die umgekehrte Maßgeblichkeit der Handelsbilanz für die Steuerbilanz - Eine Analyse ihrer ökonomischen Wirkungen, in: Steuer und Wirtschaft 1990, S. 3 - 14.

Wagner, Franz W. (1991):
Steuersystem und Unternehmenstheorie, in: Ordelheide, Dieter / Rudolph, Bernd / Büsselmann, Elke (Hrsg.), Betriebswirtschaftslehre und Ökonomische Theorie, Stuttgart, S. 75 - 96.

Wagner, Franz W. (1992):
Neutralität und Gleichmäßigkeit als ökonomische und rechtliche Kriterien steuerlicher Normkritik, in: Steuer und Wirtschaft 1992, S. 2 - 13.

Wagner, Franz W. (1995):
Leitlinien steuerlicher Rechtskritik als Spiegel betriebswirtschaftlicher Theoriegeschichte, in: Elschen, Rainer / Siegel, Theodor / Wagner, Franz W. (Hrsg.), Unternehmenstheorie und Besteuerung, Festschrift für Dieter Schneider, Wiesbaden, S. 723 - 746.

Wagner, Franz W. (1997):
Kann es eine Beseitigung aller steuerlichen Ausnahmen geben, wenn es keine Regel gibt?, in: Deutsches Steuerrecht 1997, S. 517 - 521.

Wagner, Franz W. (1998):
Aufgabe der Maßgeblichkeit bei einer Internationalisierung der Rechnungslegung - Eine Analyse der ökonomischen Wirkungen des Bilanzsteuerrechts, in: Der Betrieb 1998, S. 2073 - 2077.

Wagner, Franz W. (2001):
Karlsruher Entwurf zur Reform des Einkommensteuergesetzes - Anmerkungen aus der Perspektive ökonomischer Vernunft, in: Steuer und Wirtschaft 2001, S. 354 - 362.

Wagner, Franz W. (2002):
Welche Kriterien sollten die Neuordnung der steuerlichen Gewinnermittlung bestimmen?, in: Betriebs-Berater 2002, S. 1885 - 1892.

Wagner, Franz W. / Dirrigl, Hans (1980):
Die Steuerplanung der Unternehmung, Stuttgart u. New York.

Wagner, Franz W. / Wenger, Ekkehard (1996):
Theoretische Konzeption und legislative Transformation eines marktwirtschaftlichen Steuersystems in der Republik Kroatien, in: Sadowski, Dieter (Hrsg.), Regulierung und Unternehmenspolitik, Wiesbaden, S. 381 - 397.

Waigel, Theo (1994):
Geleitwort, in: Bühler, Wilhelm / Kirchhof, Paul / Klein, Franz (Hrsg.), Steuervereinfachung, Festschrift für Dietrich Meyding, Heidelberg.

Wangler, Clemens (1999):
Gewerblicher Grundstücks- und Wertpapierhandel - Wohin führen die Kriterien der Rechtsprechung, in: Deutsches Steuerrecht 1999, S. 184 - 187.

Wassermeyer, Franz (2001):
Anmerkungen zum Karlsruher Entwurf zur Reform des Einkommensteuergesetzes, in: Deutsches Steuerrecht 2001, S. 920 - 924.

Weber-Grellet, Heinrich (1992):
Wo beginnt die Grenze zur „Liebhaberei"?, in: Deutsches Steuerrecht 1992, S. 561 - 566 und S. 602 - 607.

Weber-Grellet, Heinrich (1993):
Veräußerung-Versorgung-Unterhalt - Unter welchen Voraussetzungen können Versorgungsleistungen als Sonderausgaben abgezogen werden?, in: Deutsches Steuerrecht 1993, Beihefter zu Heft 31, S. 1 - 8.

Weber-Grellet, Heinrich (1997):
Maßgeblichkeitsgrundsatz in Gefahr?, in: Der Betrieb 1997, S. 385 - 391.

Weber-Grellet, Heinrich (1997a):
Der Apotheker-Fall - Anmerkungen und Konsequenzen zum Beschluss des Großen Senats vom 23.6.1997 GrS 2/93, in: Der Betrieb 1997, S. 2233 - 2238.

Weber-Grellet, Heinrich (1997b):
Replik, in: Der Betrieb 1997, S. 2446 - 2447.

Weber-Grellet, Heinrich (1997c):
Replik, in: Der Betrieb 1997, S. 2448.

Weber-Grellet, Heinrich (1998):
Liebhaberei im Ertragsteuerrecht, in: Deutsches Steuerrecht 1998, S. 873 - 877.

Weber-Grellet, Heinrich (1998a):
Das häßliche Bilanzsteuerrecht - Die geplanten Änderungen des Bilanzsteuerrechts durch das Steuerentlastungsgesetz 1999, in: Der Betrieb 1998, S. 2435 - 2438.

Weber-Grellet, Heinrich (1999):
Der Maßgeblichkeitsgrundsatz im Lichte aktueller Entwicklungen, in: Betriebs-Berater 1999, S. 2659 - 2666.

Weber-Grellet, Heinrich (2002):
Anmerkung (zum Beschluss des GrS des BFH vom 10.12.2001), in: Deutsches Steuerrecht, S. 492 f.

Weber-Grellet, Heinrich (2004):
Rechtsprechung des BFH zum Bilanzsteuerrecht im Jahr 2003, in: Betriebs-Berater 2004, S. 35 - 41.

Wissel, Harald (1997):
Einkünfteerzielungsabsicht und Einkommensbegriff, Hamburg.

Wöhe, Günter (1983):
Die Aufgaben der Betriebswirtschaftlichen Steuerlehre und das Postulat der Wertfreiheit, in: Fischer, L. (Hrsg.), Unternehmung und Steuer, Wiesbaden, S. 5 - 20.

Wöhe, Günter (1984):
Einführung in die Allgemeine Betriebswirtschaftslehre, 15. Aufl., München.

Wöhe, Günter (1986):
Betriebswirtschaftliche Steuerlehre, Bd. 1, Halbbd. 2: Der Einfluss der Besteuerung auf das Rechnungswesen des Betriebes, 6. Aufl., München.

Wöhe, Günter (1987):
Bilanzierung und Bilanzpolitik - betriebswirtschaftlich, handelsrechtlich, steuerrechtlich, 7. Aufl., München.

Wosnitza, Michael (1996):
Die Besteuerung von Ehegatten und Familien - Zur ökonomischen Rechtfertigung eines Realsplittings, in: Steuer und Wirtschaft 1996, S. 123 - 136.

Entscheidungen des Bundesverfassungsgerichts (BVerfG)

Datum:	Az.:	Fundstelle:	
12.10.1951	1 BvR 201/51	BVerfGE 1	S. 14
28.06.1960	2 BvL 19/59	BVerfGE 11	S. 245
22.05.1963	1 BvR 78/56	BVerfGE 16	S. 147
12.10.1978	2 BvR 154/74	BVerfGE 49	S. 343
08.03.1978	1 BvR 117/78	HFR 1978	S. 293
03.11.1982	1 BvR 1104/79	BVerfGE 61	S. 319
06.12.1983	2 BvR 1275/79	BVerfGE 65	S. 325
22.02.1984	1 BvL 10/80	BVerfGE 66	S. 214
08.10.1991	1 BvL 50/86	BVerfGE 84	S. 348
25.09.1992	2 BvL 5,8,14/91	BVerfGE 87	S. 153
10.04.1997	2 BvL 77/92	BVerfGE 96	S. 1
27.06.1991	2 BvR 1493/89	BStBl II 1991	S. 654
22.07.1991	1 BvR 313/88	DStR 1991	S. 1278
22.06.1995	2 BvL 37/91	BStBl II 1995	S. 655
07.11.1995	2 BvR 802/90	BStBl II 1996	S. 34
30.09.1998	2 BvR 1818/91	DStR 1998	S. 1743
10.11.1998	2 BvR 1057/91	BStBl II 1999	S. 182
04.12.2002	2 BvR 400/98 u.		
	2 BvR 1735/00	DStR 2003	S. 633

Entscheidungen des Bundesfinanzhofes (BFH)

Datum:	Az.:	Fundstelle:		
06.05.1959	VI 183/57 U	BStBl III	1959	S. 292
20.09.1960	I 108/60 U	BStBl III	1960	S. 461
22.06.1962	VI 50/61 S	BStBl III	1962	S. 376
17.03.1966	IV 233/65	BStBl III	1966	S. 171
19.10.1970	GrS 2/70	BStBl II	1971	S. 17
08.11.1971	GrS 2/71	BStBl II	1972	S. 63
22.11.1972	I R 252/70	BStBl II	1973	S. 405
18.02.1976	I R 116/75	BStBl II	1976	S. 480
13.10.1976	I R 79/74	BStBl II	1977	S. 540
14.12.1976	VIII R 146/73	BStBl II	1977	S. 104
09.03.1977	I R 203/74	BStBl II	1977	S. 515
23.06.1977	IV R 17/73	BStBl II	1977	S. 825
27.06.1978	VIII R 168/73	BStBl II	1978	S. 674
17.01.1978	VIII R 31/75	BStBl II	1978	S. 335
27.11.1978	GrS 8/77	BStBl II	1979	S. 213
06.03.1980	IV R 182/78	BStBl II	1980	S. 718
21.10.1980	VIII R 81/79	BStBl II	1981	S. 452
08.07.1982	IV R 20/78	BStBl II	1982	S. 700
24.03.1983	IV R 123/80	BStBl II	1983	S. 598
10.08.1983	I R 120/80	BStBl II	1984	S. 137
25.06.1984	GrS 4/82	BStBl II	1984	S. 751
15.11.1984	IV R 139/81	BStBl II	1985	S. 205
21.03.1985	IV R 25/82	BStBl II	1985	S. 399
19.11.1985	VIII R 4/83	BStBl II	1986	S. 289
31.01.1986	VI R 78/82	BStBl II	1986	S. 355
05.06.1986	IV R 53/82	BStBl II	1986	S. 798
09.12.1986	VIII R 317/82	BStBl II	1988	S. 244
03.06.1987	III R 209/83	BStBl II	1988	S. 277
23.02.1988	IX R 157/84	BStBl II	1988	S. 604
14.03.1989	VIII R 373/83	BFH/NV	1990	S. 38
11.05.1989	IV R 43/88	BStBl II	1989	S. 797
24.05.1989	I R 213/85	BStBl II	1990	S. 8

31.10.1989	IX R 216/84	BStBl II	1992	S. 506
27.11.1989	GrS 1/88	BStBl II	1990	S. 160
01.12.1989	III R 56/85	BStBl II	1990	S. 1054
06.04.1990	III R 28/87	BStBl II	1990	S. 1057
11.04.1990	I R 22/88	BFH/NV	1990	S. 768
04.07.1990	GrS 2-3/88	BStBl II	1990	S. 817
05.07.1990	GrS 4-6/89	BStBl II	1990	S. 847
21.08.1990	VIII R 25/86	BStBl II	1991	S. 564
05.09.1990	X R 107/89, 108/89	BStBl II	1990	S. 1060
15.11.1990	IV R 63/88	BStBl II	1991	S. 238
20.11.1990	VIII R 15/87	BStBl II	1991	S. 345
18.12.1990	VIII R 1/88	BStBl II	1991	S. 911
25.02.1991	GrS 7/89	BStBl II	1991	S. 691
15.07.1991	GrS 1/90	BStBl II	1992	S. 78
18.07.1991	V R 86/87	BStBl II	1991	S. 776
31.07.1991	VIII R 23/89	BStBl II	1992	S. 375
18.09.1991	XI R 23/90	BStBl II	1992	S. 135
11.12.1991	III R 59/89	BFH/NV	1992	S. 464
23.01.1992	XI R 6/87	BStBl II	1992	S. 52
23.04.1992	IV R 27/91	BStBl II	1992	S. 898
23.04.1992	IV R 46/91	BStBl II	1992	S. 1024
09.02.1993	IX R 42/90	BStBl II	1993	S. 658
10.03.1993	I R 118/91	BStBl II	1993	S. 604
26.05.1993	X R 72/90	BStBl II	1993	S. 855
09.12.1993	IV R 130/91	BStBl II	1995	S. 202
28.03.1995	IX R 47/93	BStBl II	1996	S. 59
28.06.1995	XI R 34/93	DStR	1995	S. 1868
03.07.1995	GrS 1/93	BStBl II	1995	S. 617
27.07.1995	VI R 32/95	BStBl II	1995	S. 841
14.11.1995	VIII R 16/93	BFH/NV	1996	S. 466
24.01.1996	X R 255/93	BStBl II	1996	S. 303
25.01.1996	IV R 76/92	BFH/NV	1996	S. 678
23.04.1996	VIII R 27/94	BFH/NV	1997	S. 170
07.05.1996	IX R 69/94	DStR	1996	S. 1359
09.05.1996	IV R 74/95	BStBl II	1996	S. 599
18.06.1996	I R 69/95	BFH/NV	1997	S. 408
25.06.1996	VIII R 28/94	BStBl II	1997	S. 202

26.06.1996	X R 155/94	DStRE	1997	S. 130
13.08.1996	IX R 48/94	BStBl II	1997	S. 42
18.09.1996	I R 69/95	BFH/NV	1997	S. 410
04.12.1996	I R 54/95	DStR	1997	S. 492
02.04.1997	X R 21/93	BStBl II	1997	S. 565
23.06.1997	GrS 2/93	DB	1997	S. 1897
30.09.1997	IX R 80/94	DStR	1997	S. 2013
29.10.1997	X R 183/96	BStBl II	1998	S. 332
19.11.1997	X R 78/94	DStR	1998	S. 198
21.11.1997	VI R 4/97	DStR	1998	S. 287
05.12.1997	VI R 94/96	DStR	1998	S. 375
08.12.1997	GrS 1-2/95	DStR	1998	S. 159
14.01.1998	X R 1/96	BStBl II	1998	S. 346
19.02.1998	IV R 11/97	BStBl II	1998	S. 603
20.05.1998	III B 9/98	DStR	1998	S. 1301
17.06.1998	X R 68/95	BStBl II	1998	S. 667
14.09.1999	IX R 59/96	BStBl II	2000	S. 67
19.10.1999	IX R 30/98	BStBl II	2000	S. 223
19.10.1999	IX R 39/99	BStBl II	2000	S. 224
10.11.1999	X R 46/97	BStBl II	2000	S. 188
25.07.2000	VIII R 35/97	BB	2001	S. 408
08.11.2000	I R 6/96	BB	2001	S. 566
08.11.2000	I R 10/98	BB	2001	S. 569
29.11.2000	I R 31/00	BB	2001	S. 933
15.12.2000	IX B 128/99	DStR	2001	S. 250
23.01.2001	VIII R 71/98	BFH/NV	2001	S. 894
24.01.2001	I R 39/00	BB	2001	S. 1241
26.01.2001	VI R 26/98	BStBl II	2001	S. 194
09.05.2001	XI B 151/00	BStBl II	2001	S. 552
31.05.2001	IV R 81/99	BFH/NV	2001	S. 1331
27.06.2001	I R 45/97	BB	2001	S. 1893
27.06.2001	I R 11/00	BB	2001	S. 2050
10.12.2001	GrS 1/98	DStR	2002	S. 489
22.05.2002	II R 61/99	DStR	2002	S. 1438
09.07.2002	IX R 47/99	LX-Nr.	813266	
05.11.2002	IX R 48/01	BStBl II	2003	S. 646
12.05.2003	GrS 1/00	BB	2003	S. 2158

12.05.2003	GrS 2/00	BB	2003	S. 2163
30.07.2003	X R 7/99	DStR	2004	S. 598
26.02.2004	IV R 43/02	LX-Nr.	817377	

Entscheidungen der Finanzgerichte (FG)

Gericht, Datum:	Az.:	Fundstelle:		
FG Baden-Württemberg				
06.11.1997	6 K 99/97	Haufe Index		424599
FG Düsseldorf				
09.11.1994	2 K 1140/93	EFG	1995	S. 421
FG Köln				
20.09.1995	12 K 3827/93	EFG	1996	S. 13
FG München				
19.09.1995	2 K 1623/94	EFG	1996	S. 212
FG Münster				
15.11.1995	7 K 4163/91 E	EFG	1996	S. 422
15.10.1997	1 K 6133/94 E	DStRE	1998	S. 260
07.09.2000	4 V 1612/00 E	EFG	2000	S. 1253
15.11.2000	4 V 1612/00 E	DStRE	2001	S. 281
FG Niedersachsen				
13.02.1997	IX 251/96	EFG	1997	S. 661
27.02.1997	XIV 556/94	EFG	1997	S. 961
04.06.1997	IX 23/97 V	EFG	1997	S. 1231
FG Rheinland-Pfalz				
06.09.1996	3 K 1265/94	EFG	1997	S. 337
FG Saarland				
07.12.1999	1 K 41/98	EFG	2000	S. 314

Gesetze

Einkommensteueränderungsgesetz 1973	BStBl I 1973, S. 545
Steuerentlastungsgesetz 1999 v. 19.12.1998	BGBl I 1998, S. 3779
Steuerentlastungsgesetz 1999/2000/2002 v. 24.3.1999	BGBl I 1999, S. 402
Steuerbereinigungsgesetz v. 22.12.1999	BGBl I 1999, S. 2601
Steuersenkungsgesetz v. 23.10.2000	BGBl I 2000, S. 1433
Steuersenkungsergänzungsgesetz v. 19.12.2000	BGBl I 2000, S. 1812
Steueränderungsgesetz 2001 v. 20.12.2001	BGBl I 2001, S. 3794
Unternehmenssteuerfortentwicklungsgesetz v. 20.12.2001	BGBl I 2001, S. 3858
Gesetz über die Versorgung von Altfahrzeugen v. 21.6.2002	BGBl I 2002, S. 2199
Steuervergünstigungsabbaugesetz v. 16.5.2003	BGBl I 2003, S. 660
Steueränderungsgesetz 2003 v. 15.12.2003	BGBl I 2003, S. 2645
Gesetz zur Umsetzung der Protokollerklärung der Bundesregierung zur Vermittlungsempfehlung zum Steuervergünstigungsabbaugesetz v. 22.12.2003	BGBl I 2003, S. 2840
Gesetz zur Änderung des Gewerbesteuergesetzes und anderer Gesetze v. 23.12.2003	BGBl I 2003, S. 2922
Haushaltsbegleitgesetz 2004 v. 29.12.2003	BGBl I 2003, S. 3076

Verwaltungsanweisungen

BMF-Schreiben v.	23.11.1983	IV B 1 - S 2253 - 90/83	BStBl I 1983, S. 508
BMF-Schreiben v.	25.10.1990	IV B 3 - S 2225 a - 115/90	BStBl I 1990, S. 626
BMF-Schreiben v.	20.12.1990	IV B 2 - S 2240 - 61/90	BStBl I 1990, S. 884
BMF-Schreiben v.	23.07.1992	IV B 3 - S 2253 - 29/92	BStBl I 1992, S. 434
BMF-Schreiben v.	01.12.1992	IV B 2 - S 2144 - 43/93	BStBl I 1992, S. 729
BMF-Schreiben v.	08.03.1993	IV B 2 - S 2174 a - 1/93	BStBl I 1993, S. 276
BMF-Schreiben v.	23.12.1996	IV B 3 - S 2257 - 54/96	BStBl I 1996, S. 1508
BMF-Schreiben v.	12.05.1997	IV B 2 - S 2177 - 29/97	BStBl I 1997, S. 562
BMF-Schreiben v.	14.05.1997	IV B 4 - S 2264 - 23/97	BStBl I 1997, S. 566
BMF-Schreiben v.	24.07.1998	IV B 3 - S 2253 - 59/98	BStBl I 1998, S. 914
BMF-Schreiben v.	04.11.1998	IV C 3 - S 2253 - 8/98	BStBl I 1998, S. 1444
BMF-Schreiben v.	15.06.1999	IV A 8 - S 1551 - 45/99	DStR 1999, S. 1427
BMF-Schreiben v.	25.02.2000	IV C 2 - S 2171 b - 14/00	BStBl I 2000, S. 372
BMF-Schreiben v.	22.05.2000	IV C 2 - S 2144 - 60/00	BStBl I 2000, S. 588
BMF-Schreiben v.	15.12.2000	IV D 2 - S 1551 - 188/00	BStBl I 2000, S. 1532

BMF-Schreiben v. 27.09.2001	IV A 5 - S 2283 - 85/01	BStBl I 2001, S. 635
BMF-Schreiben v. 26.08.2002	IV C 3 - S 2255 - 420/02	BStBl I 2002, S. 893
BMF-Schreiben v. 29.11.2002	IV A 5 - S 2283 - 133/02	BStBl I 2002, S. 1352
BMF-Schreiben v. 29.07.2003	IV C 3 - S 2253 - 73/03	BStBl I 2003, S. 405
BMF-Schreiben v. 20.10.2003	IV C 3 - S 2253 a - 48/03	BStBl I 2003, S. 546
BMF-Schreiben v. 26.03.2004	IV A 6 - S 2240 - 46/04	DStR 2004, S. 632

OFD Koblenz v. 02.12.1997, S 2177/S 7102 A - St 311/St 512	DStR 1998, S. 167 f
OFD Frankfurt v. 17.05.2000, S 2253 A - 48 - St II 23	DB 2000, S. 1641
OFD Rostock v. 02.05.2000, S 2253 - St 231	DStR 2000, S. 927

Philip Jensch

Einkommensteuerreform oder Einkommensteuerersatz?

Alternative Ansätze einer Reform der direkten Besteuerung unter besonderer Berücksichtigung steuerpraktischer Gesichtspunkte

Frankfurt am Main, Berlin, Bern, Bruxelles, New York, Oxford, Wien, 2004.
342 S., zahlr. Tab.
Schriften zur Wirtschaftstheorie und Wirtschaftspolitik.
Verantwortlicher Herausgeber: Klaus W. Zimmermann. Bd. 30
ISBN 3-631-50643-0 · br. € 56.50*

Die deutsche Einkommensteuer wird seit längerer Zeit einhellig als zu kompliziert angesehen. Die vielen bislang durchgeführten Steuerreformen haben daran nichts geändert; eher ist das Gegenteil der Fall. Vor diesem Hintergrund und mit Blick auf die jüngere Diskussion um konsumorientierte Steuerreformen wird in dieser Arbeit untersucht, ob nicht eine Steuerpraxis, die sich stärker am reinvermögenszugangstheoretischen Einkommensbegriff orientiert, steuerpraktisches Vereinfachungspotential bietet, oder ob sich Steuervereinfachungen besser durch Verfahren wie „Zinsbereinigte Einkommensteuer", Ausgabensteuer oder abgeltende Besteuerung von Kapitalerträgen (als Form einer „Dualen Einkommensbesteuerung") erreichen lassen. Die Erörterungen basieren auf einer einführend dargestellten allgemeineren Grundlagensicht der Bestimmung steuerlicher Bemessungsgrundlagen.

Aus dem Inhalt: Steuertheoretische Grundlagen · Steuerrechtliche Bemessungsgrundlagen ausgewählter Steuerreformvorschläge · Alternative Steuerreformvorschläge in einem problemorientierten steuerpraktischen Vergleich

FSC
www.fsc.org
MIX
Papier | Fördert gute Waldnutzung
FSC® C083411

Kolibri 360 GmbH
Ferdinand-Jühlke-Straße 7
99095 Erfurt, Deutschland
produktsicherheit@kolibri360.de

Druck:
CPI Druckdienstleistungen GmbH
im Auftrag der
Kolibri 360 GmbH
Ferdinand-Jühlke-Str. 7
99095 Erfurt